一个革命的幸存者

曾志回忆录

曾志 著

四川人民出版社

图书在版编目（CIP）数据

一个革命的幸存者：曾志回忆录 / 曾志著. —成都：四川人民出版社，2020.4（2025.1 重印）
ISBN 978-7-220-11381-9

Ⅰ.①一… Ⅱ.①曾… Ⅲ.①曾志（1911-1998）—自传 Ⅳ.① K827=7

中国版本图书馆 CIP 数据核字（2019）第 140975 号

YIGE GEMING DE XINGCUNZHE　ZHENG ZHI HUI YI LU
一个革命的幸存者：曾志回忆录
曾志 著

责任编辑	张微微　王其进
封面设计	张　科
版式设计	戴雨虹
责任校对	袁晓红
责任印制	祝　健
出版发行	四川人民出版社（成都市三色路238号）
网　　址	http://www.scpph.com
E-mail	scrmcbs@sina.com
新浪微博	@四川人民出版社
微信公众号	四川人民出版社
发行部业务电话	（028）86361653　86361656
防盗版举报电话	（028）86361653
照　　排	四川胜翔数码印务设计有限公司
印　　刷	成都国图广告印务有限公司
成品尺寸	170mm×240mm
印　　张	32.25
字　　数	511千
版　　次	2020年4月第1版
印　　次	2025年1月第10次印刷
书　　号	ISBN 978-7-220-11381-9
定　　价	78.00元

■版权所有·侵权必究
本书若出现印装质量问题，请与我社发行部联系调换
电话：（028）86361656

目 录

一个革命的幸存者：曾志回忆录

第一章　少儿时代

002 / 悬壶济世的祖父和书呆子父亲
004 / 开明的母亲
008 / 保住天足
011 / 与长沙豪绅政客家的娃娃亲
014 / 考上第三女子师范学校，又投笔从戎

第二章　初涉洪流

020 / 讲习所里唯一的女兵
023 / 15 岁加入共产党
025 / 懵懂的第一次婚姻
028 / 马日事变遭搜查机智脱身
031 / 衡山武装斗争
033 / 地下斗争
034 / 报送密件，化险为夷
037 / 家乡遇险
039 / 任卓宣叛变革命

第三章　经历失败

042 / 威武与和蔼——两个不一样的朱德
045 / 激情青年走向极端
047 / 极左政策损害农民利益
049 / "焦土政策"导致农民强烈反对
052 / 夏明震之死
054 / 陈毅公开承认"焦土政策"错误

第四章　井冈上下

058 / 再嫁蔡协民，初识毛泽东
060 / 井冈山朱毛大会师
063 / 参加黄洋界保卫战
069 / 第一个孩子被迫送人
072 / 毛委员的调令
076 / 毛委员说我是"女皇"
080 / 进军闽西开辟新根据地
084 / 随毛泽东离开井冈山
086 / "少年师"与激进行为
088 / 毛泽东的调查研究
091 / 毛泽东重回红四军
093 / 跟随蔡协民做白区工作

第五章　白区岁月

098 / 负责高风险工作

102 / 初识陶铸

105 / 机智脱险

109 / 转战福州

113 / 组织上把我的第二个孩子送人换经费

116 / 厦门"三五"惨案

119 / 消沉的蔡协民

120 / 再会毛泽东

123 / 毛泽东为我们饯行

126 / 浴血闽南

130 / 我和蔡协民结束夫妻关系

133 / 蔡协民用壮烈的死表明对党的忠诚

137 / 我与陶铸真心相爱了

139 / 中央突然通知：陶铸被捕叛变

第六章　驰骋闽东

146 / 初到闽东

150 / 建立农民武装"红带会"

152 / 初见詹如柏

154 / 范浚被暗杀与"北詹"有关

157 / 建立闽东第一个红色政权

161 / 苦命的三儿春华

164 / 江平血洒闽东

166 / 克服困难，坚持斗争

167 / "甘棠暴动"威震闽东

169 / 叶飞被刺命大不死，庄毓麟病重无人问津

172 / 游击队长范铁民

173 / 创建闽东苏区，收编"海匪"柯成贵

178 / 主持闽东土改，拟定《分田纲要》

180 / 冒险寄钱挽救陶铸生命

182 / 消灭气焰嚣张的"五虎兄弟"

185 / 闽东特委开会严厉批评我

188 / 我被撤销职务，留党察看

191 / "发配"寿宁

193 / 畲族大嫂救了我

196 / 烂眼阿婆一剂草药使我病情好转

198 / 望着远去的闽东海岸我泪如泉涌

201 / 迷茫的中途

205 / 离开闽东被诬为"动摇逃跑"

第七章　千里寻党

210 / 给陶铸去信招致危险

215 / 在上海艰难度日

217 / 终于回归党的怀抱

220 / 在上海积极开展各种抗日救国活动

223 / 奔赴延安

225 / 在八路军办事处听到陶铸消息

第八章　武汉重逢

228 / 陶铸劝说我留在武汉

230 / 陶铸与李克农，闹了一出"三岔口"

233 / 陶铸主办"汤池训练班"

237 / 再遭撤职

第九章　两条战线

242 / 冒险劳军传佳话

244 / "军民合作饭店"与"军民合作运输队"

250 / 得到"佩剑将军"暗中保护

255 / 疾驰于"荆、当、远"

258 / 国民党变脸，"军民合作饭店"处境恶化

264 / 解放后才知道张克侠是秘密党员

268 / 住院治眼疾巧遇陶铸

271 / 平林店被扣

275 / 国民党送我到中原局

第十章　宝塔山下

280 / 又见彭老总

282 / 见到毛主席百感交集

286 / 我和陶铸在延安团聚

289 / 被王明谩骂

291 / 产后大出血几乎丧命

294 / 与毛主席谈贺子珍

297 / 不说违心话被认为"死顽固"

301 / 我与叶群的交往

303 / 我被选为党的"七大"候补代表

308 / 抱着赴死的决心踏上沙场

第十一章　转战东北

314 / 中央致电陶铸赶往沈阳执行新任务

318 / 任铁西区委书记，建立工人武装组织

321 / "铁西事件"牺牲了五位同志

324 / 陶铸的"马褡子"

327 / 义马救主

331 / 陶铸说，这是一次可歌可泣的"小长征"

334 / 西满分局会议上的分歧

337 / 地委书记吕明仁之死

341 / 真正的英雄——东北人民

345 / 极左歪风险些毁掉农民对共产党的拥护

348 / 杨顺清千里送亮亮到东北

355 / 陶铸落下"男儿泪"

360 / 在沈阳和陈云一起工作

第十二章　工业书记

366 / 女工业部长下矿井

370 / 极左的阴影令我不安

372 / 深入最基层

373 / 出任工业书记

376 / "大跃进"我的头脑也发热了

379 / 对在广州做工业书记的反思

381 / 主席在寿宴上发狠话

第十三章　陶铸落难

386 / "文革",我预感到陶铸即将被打倒

391 / 陶铸以为主席保了他

394 / "中央文革"发动打倒陶铸

398 / 陶铸拒绝江青拉拢,最终成为"刘、邓、陶"

401 / 陶铸怒斥江青："你干涉得太多了！"

404 / 陶铸凛然宣布："我对我所做的一切负责！"

406 / 面对精神和肉体摧残,陶铸以诗明志

410 / "心底无私天地宽！"

第十四章　监管插队

418 / 到粤北插队劳动

421 / 邱屋的凄惨景象触目惊心

426 / 劳动的愉悦抚慰我内心的伤痛

430 / 小外孙带给我的欢乐与艰辛

434 / 第一次探望女儿

438 / 第二次临夏探望女儿

442 / 当我离开时全村人泪流满面

第十五章　北京供养

446 / 做梦都没想到主席会让我回京

450 / 战友相逢万寿路

455 / 小外孙的"反动口号事件"

459 / 周总理询问我的病情

463 / "反击右倾翻案风"我的处境又险恶起来

466 / 周恩来逝世引发"天安门事件"

第十六章　耀邦麾下

472 / 中组部风波

475 / 胡耀邦出任中组部部长

479 / 胡耀邦的勇气和领导艺术

483 / 所谓的"陶铸叛徒集团"罪

486 / 耀邦的信任

489 /《一封终于发出的信》轰动全国

第十七章　照人余光

496 / 抓住黄昏尾巴报答党的信任

501 / 当选"十四大"代表，列席"十五大"

后　记

一个革命的幸存者 曾志回忆录

第一章 少儿时代

- 悬壶济世的祖父和书呆子父亲
- 开明的母亲
- 保住天足
……

悬壶济世的祖父和书呆子父亲

我出生在湖南省宜章县的一个官僚地主家庭。

我的祖父叫曾秦章,听说清朝时在永新县当过把总,相当于现在的县武装部部长。虽是赳赳武夫,却偏爱读书,尤其精于医道。不知何年何故,祖父解甲归田,举家回到宜章老家王家冲。

祖父自此悬壶济世不再舞刀弄棒。凭着精湛的医术和行侠仗义、古道热肠,祖父很快成为当地驰名的中医。他不仅在家号脉诊病,还自己上山采摘草药,回来后搓药丸、制药膏。经常有人抬着轿子到我家请他去看病,祖父有求必应,遇到穷苦人家看病,就免费施诊送药,因此深得乡人的敬重。

湖南宜章风光

祖父是一个酒仙，每日三餐少不了酒。为此，家中专门腾出场所酿酒，母亲过门后就学会了酿酒，以使家中常年储备有六七坛陈酒供祖父享用。他还有一个怪癖，喜欢用打来的野味下酒，可新鲜那会儿却不吃，硬是把肉搁在柜子里，待发臭后再吃。真让全家人感到不可思议。

在我6岁那年，祖父突然带着我们全家人离开王家冲，进城去了。在宜章县城，祖父只花二三百元，就从一位急着用钱的破落财主那里，买下了一座有好几进且有店面的砖瓦大院。在那里，祖父继续行医，但不到一年，自己却病死了。不知祖父何时结下的一伙冤家，到家里大闹灵堂，祖母一气之下，一周后也愤然去世。

在往县城搬家时，祖父就把家给分了。我的父亲叫曾祯，毕业于长沙法政学院，思想比较开明，算是当时的新派人物，但他却是一个十足的书呆子。他曾在长沙花钱买了个厘金局局长的位子。常人看来这是个赚钱的职位，可他不仅没赚到钱，还让人家给坑了，赔了积蓄和田产。

无奈，父亲只好回到宜章经商。成千上百种买卖，他偏选了个最没有销路的酱菜生意。小县城里家家户户都做腌菜、酱菜，他却到郴州运回酱萝卜、酱姜、豆腐乳之类的，其结果自然是空守柜台，门可罗雀。后来只好再回长沙做事，仍是不得要领，"赔了夫人又折兵"，将祖上遗下的田产差不多折腾个精光。

我的母亲对此很有意见，一天到晚骂他是"昏君"，迂腐无能，办事不力，考虑问题不切实际，老在孩子们面前说他的不是。

父亲长年在外读书、做事，与母亲本无感情，加上受新思潮的影响，在长沙花钱娶了个小姨太。这个小姨太是一个满族人的养女，算不上很漂亮，和父亲结婚时才15岁，但他们关系融洽，情投意合。然而好景不长，在官场和商场屡遭挫折，郁郁不得志，使父亲像他两个兄弟一样英年早逝，年仅36岁。尽管父亲终生一事无成，但他却保住了一个知识分子规规矩矩做事，小小心心做人的节操，而这些在贪官污吏充斥的旧中国官场确是难能可贵的。

我们家一共四个姐弟，我是长女，还有两个弟弟、一个妹妹。

我的大弟昭仁，抗日战争时中山大学撤退到坪石，他进校读了一段时间书。1949年新中国成立后，他到武汉进入军政大学学习，毕业后分配在军工厂所属的职工学校当数学教员。1953年他随工厂迁往大连，直到退休。

我的妹妹昭德，生下她后，母亲为了照顾弟弟，便把她送给别人奶养。养母对她没感情，直到十五六岁才送她去上学，后来嫁给了一个国民党部队的连长，部队开拔去四川，她就离开了家乡。

我的小弟昭礼，比我小十三四岁。他还算比较幸运地完成了自己的学业，在大学时接受了革命思想的熏陶。新中国成立前夕，他所就读的广州的一所大学被迫停课，他便回到家乡建立游击队，开展武装斗争。新中国成立后，他们的队伍被编入地方部队，他进入了武汉军政大学深造，毕业后分配到南海舰队司令部的一个俱乐部当主任，是个中尉，工作干得很出色。但是后来在审查历史时，以他在广东的学校读书时是三青团骨干为由，将他下放到贵州，在贵阳市手工业局下属的一个工厂当副厂长。后来他得了肺气肿和心脏病，50多岁就去世了。其实，昭礼这个三青团员是在广东上学时，按校方的规定集体加入的，他也不是什么骨干，只是一个小组长罢了，但当时却没有弄清楚。小弟本来很有前途的政治生命，就这样被断送了。

我虽然出身在这样一个没落的官僚地主家庭，但幸运的是，我的祖父和父母亲在当时来说还算比较开明正直而不守旧。加上我出生和成长的那个年代，正处在新旧民主主义革命交替转换的风云激荡之际，而这些对于我童年时代性格的形成、人生最初价值观念的确立，以及后来接受进步思想走上革命道路，都起到了一定的影响作用。

开明的母亲

我想特别写一下我的母亲，因为她生前多次嘱咐过，要我把她一生的经历写出来，供在神龛上以作纪念，并传之于子孙后代。

我的母亲叫吴富田，出生在一个盐商之家。

母亲的娘家在本县离坪石镇不到五里的一个叫接官亭的村子。宜章靠近广东而远离长沙，当时湖南完全靠广东的海盐，从广东用船将盐运抵宜章后，就要改用骡马驮过一段光滑的石板山路，到郴州后再装船上路。年复一年，骡马的脚印深深地嵌在这段被人称之为骡马路的石板上。外祖父主要是做盐的生意，也兼做其他的杂货生意，终年来往于湖广之间。

外祖父育有三男一女，母亲排行最小。大舅、二舅死得早，唯有三舅活到60多岁。外祖父也死得早，我没见过他。此后，外祖母便没有再嫁，支撑着这个半农半商的小康之家。亲人相继过早辞世的悲痛，使她哭瞎了眼睛。但是这个坚强的老人，硬是摸索着洗衣做饭，直到70多岁去世。遗憾的是，我至今不知道她的姓名，只是她的音容笑貌依稀可忆。

曾志（右）与母亲

母亲17岁那年嫁到曾家，婚后父亲仍回长沙法政学院继续学业，只有放假才回家。四年后，母亲生下我，月子坐得十分隆重，外祖父家送了四抬礼盒，有孩子的衣服、用品和吃的东西，光是鸡蛋就送了四五百个。

我的母亲是一个缠着小脚的农村家庭妇女。她善良朴实，乐于助人，坚强开朗，贤惠能干，同一家人相处和睦，左邻右舍的人也都很喜欢她、尊重她。

但她唯独与父亲关系很僵。父亲读了不少书，可是并不开窍，终生一事无成。他不会赚钱，就懂得花钱，还死要面子，只好靠变卖田产维系。母亲不肯交出田契，两人因此经常吵架。更让母亲生气的是，父亲居然在长沙花钱娶了个小姨太，并把她带回家中。父母两人只好分居单独过，基本上不往来。母亲曾不止一次对我说过，她这辈子吃尽了名义夫妻的苦。

饱受目不识丁之苦的母亲，省吃俭用，千方百计地支持孩子们上学读书，对我这个女儿也不例外。

这与当时的风气也不无关系。那时宜章有好几个大地主送子女到大城市读书，他们参加了五四运动后，回到家乡传播革命，进行启蒙教育。如邓中夏，他的父亲是宜章县议员，叫邓典模。听母亲说，他们家讲新礼教，父子俩通信称兄道弟，平等相处。

正是在他们的宣传影响下，一些有钱人的家庭都把子女送往大城市读书。

出去读书的人中不少人参加了革命，像我的启蒙老师彭镜秋①，是女子师范学校的第一批学员，五年后学成回到家乡办学，传播革命思想。我母亲与他们接触多年，所以思想很开明。我父亲是读书人，却没什么思想，但也不守旧，为人厚道，支持我上学读书。我8岁到长沙读书，12岁回家后再次出去读书，钱都是我母亲出的。

尽管母亲是个没见过多少世面的农村家庭妇女，但受到见多识广的外祖父以及那个家庭的影响，她思想开明，通情达理，易于接受新事物，喜欢与年轻人往来，同情、支持革命。

我12岁那年去长沙读书，路途遥远，要坐轿子还要乘船，母亲却很放心，只托轿夫路上多关照，让我孤身一人坐轿子到郴州再转长沙。

她对我的事很少干涉，甚至投身革命也从不反对，反而还很支持。那时我才十五六岁，这是一个令任何母亲都不会放心的年龄，但是深明大义的母亲明明知道这是要杀头的事，却丝毫没有流露出内心的担忧和沉重，总是默默地支持着我。

大革命时，宜章县委就设在我们曾家大院。县委书记和他的妻子以及隔壁小学的一批年轻教师也住在我们家。母亲待他们如同亲人，经常给他们做好吃的。在与他们的接触中，母亲接受了一些新的思想，她用实际行动关心和支持革命事业。

马日事变②后，大批共产党人惨遭杀害，中共宜章县委被迫转移。县委将一批文件和《向导》《新青年》等革命书刊，交给他们认为值得信赖的曾家大嫂保管。母亲冒着杀头的危险，将这些东西藏在阁楼的夹层楼板中，等待着有朝一日党组织派人取走。数年后我回到家乡，母亲还对我提起此事。

我对母亲说："这些文件书籍放在家中很危险，还是销毁了吧。"

"不行！这是县委放在这里的，我不能乱动，将来我还要如数还给他们。"母亲毫不含糊地说。

---

① 彭镜秋（1900~2001），湖南宜章人，原名曾璞，早年毕业于湖南衡阳第三女子师范学校，后入中央军校武汉分校第六期女生队，1928年加入中国共产党，同年参加红军，1943年奉派前往东北工作，新中国成立后任黑龙江省民政厅副厅长等职务，1958年调中共中央组织部工作。

② 1927年，蒋介石在上海发动"四一二"反革命政变之后，5月21日，反动军阀何键、许克祥等在长沙制造反共事件，大肆捕杀共产党人及国民党左派人士。因21日的电报代日韵目为"马"字，故称"马日事变"。

1935年，红军长征经过宜章，两位衣衫褴褛、饿得走不动的掉队红军战士讨上家门。当母亲得知他们的身份和处境后，悄悄地把他们带到厨房，让他们吃得饱饱的，然后每人塞给两块现大洋，让他们追赶部队去。

　　是年，我为了避难回到宜章，不久突然接到一封从广州寄来的信，说福建省委被破坏，叛徒带人到广州抓我，幸好我已离开广州。估计敌人会随后追踪而至，叫我尽快离开老家。母亲知悉后，迈着她那双小脚连夜跑到轿子铺请轿子，翌日一大早送我上了路。尽管她也知道，那是一条很可能不再回归之路，但她没有眼泪、没有悲伤，只是要我自己多加珍重；同时祈求佛祖保佑我，保佑革命早日成功。

　　父亲死后，我们家原有的300多亩田产已被变卖得所剩无几。母亲只有依靠余下的20多亩地的地租和一点房租收入，勤俭节约、苦心操劳，艰难地维持着这个败落残破的家直到新中国成立。

　　1949年宜章解放了。我在延安党校的同学宋维静[①]，在宜章境内的南岭煤矿当军代表。南岭到宜章有40多里路，宋代表乘吉普车去看望了我的母亲。感激不已的母亲竟然做了许多好吃的，挎着篮子，迈着小脚，走了40多里的路，回访了宋代表，并在那里住了好几天，参观了煤矿。

　　同年秋天，我在中南工业部担任副部长，母亲到武汉看我。那时是供给制，我吃小灶，母亲经过秘书长批准吃大灶。我经常把饭打回来同她一道吃，她没吃过馒头，说馒头好吃，就只吃馒头不吃菜。

　　有一次，我参加全国工矿考察团到北京出差，母亲要警卫员马国亮带她到机场看飞机、坐飞机。警卫员恰好认识武汉飞机场的师政委，他们真的把我母亲带到飞机上参观了一番。老人家这里摸摸，那里看看，还在飞机座位上坐了一阵。虽然飞机没有带她飞上蓝天，但足以让她大开眼界，心满意足了。母亲就是这样，对什么都很好奇，很有兴趣，喜欢接受新思想、新事物。

　　1952年，我调到广东电业局工作，母亲也和我们一道住在电厂后面的工人宿舍里。那里共住有七八家人，她和工人邻居们相处得很好，十分密切热乎。平时她经常将好吃的东西分送给左邻右舍，邻居们也常给她送来一些好

[①] 宋维静（1910~2001），广东高明县人，1927年参加革命，曾参加广州起义，新中国成立后曾担任全国政协委员等职务。

吃的。

春节时，母亲叫我把家不在广东的工人、工程技术员请回家来，亲自煮饭烧菜请他们吃。

记得一位工会主席的家里养了几只火鸡，送给母亲三个火鸡蛋，母亲用自己养的鸡把火鸡蛋孵成了小火鸡，老人高兴得笑逐颜开，像个天真的孩子。

我家门口的马路上种着一种有毒的叫石栗子的树，结的果实像核桃。她摘了许多果实用火煨熟吃了，结果中了毒又吐又泻，情况很危险。当时我不在家，回来后才听邻居说起这事。老人家就是这样，吃什么东西总是要吃个够。有一次我不在家，她和宋维静买了一个十多斤重的大西瓜，狼吞虎咽，最后吃得她撑着了肚子，鼻子直往外流清水。

母亲平时自己省吃俭用，我给她买了些糖果饼干，她总是舍不得吃，要留给孙子。广东这地方很潮湿，她虽然把东西包得很严实，但时间一长就发霉变质，结果孙子吃了以后得了急性肠胃炎。

母亲身体不好，1959年突然得了脑血栓，三个月后拄着拐杖出院了。她不想死在广州，怕火葬，要求回湖南老家。我们只有顺从了她。

1963年秋，母亲因心肌梗死悄然去世，走完了她72年的人生旅途。

我之所以单独开个章节写母亲，是为了了却她老人家的一桩心愿。

保住天足

1911年4月4日（农历三月六日），在母腹中待了12个月的我，终于姗姗来到这个人世间。母亲后来告诉我，她16岁时嫁到曾家，四年后总算有喜，全家人像盼什么稀世珍宝似的等待着曾家传人的诞生。人家都说十月怀胎，但我却不知什么缘故，似乎不大理会全家人急切的心情，在母腹中多待了一阵，方迟迟降生。难怪母亲说我是怪胎。

父亲给我取了名字叫"昭学"。

我的出生地叫王家冲，那里景色秀丽，风光旖旎。房前有一条水渠，清澈的溪水款款流过，屋后背靠郁郁葱葱的山冈，周围是一大片稻田和菜园。我在那里无忧无虑地度过了童年时光，直到6岁才随祖父搬到宜章县城里去住。

小时候，我是个相当顽皮的女孩，胆子大，个性强，脾气倔，好奇心重，特有主意。跟小朋友们一起玩儿，我从来是支使别人而不受他人摆布，从小就显露出贯通一生的倔强和独立不羁的性格。

尤其是好奇心特强，什么事都想尝试一下，有时还干点恶作剧什么的。看见祖父那么爱喝酒，我也想尝尝，大人越是说小孩不能喝酒，我就越想偷偷地尝几口。一天趁大人们不注意，我溜进酒窖，陈酒又甜又香，那一次不知偷喝了多少，最后醉倒在酒坛子旁边了。事后我免不了挨了一顿揍。

看见棺材，好奇心作怪，趁大人们忙于入殓之事，我就偷偷地爬进棺材里，闭目挺身地躺了好一会儿，就为体验一下死人躺在其中是啥滋味。

4岁那年，我抓了家中一只抱窝的母鸡放在水渠里玩，结果把母鸡给淹死了。我怕挨母亲打，跑到后山躲了起来，后来迷了路，自己走不回来。到了晚上，村里很多人点着火把到处找我。当大家找到我时，我正躺在又厚又松软的松毛上酣睡着……

气得半死的母亲打了我一顿还不算完，又把我绑在凳子上，然后拿出一条长长的白布给我裹脚，边裹边骂："看你以后还野不野！"

可怜我那双小脚丫啊，四个脚趾被使劲窝向脚掌心，被布条一层层缠着，再用针线缝死。这是中国那个时代几乎每个女孩都要经受的酷刑。我疼得忍不住哼哼，还不敢大声哭。祖母听到呻吟声走了过来，看到心爱的孙女在活受罪，气得大骂母亲，并抡起洗衣棒追打她。母亲无奈，只好解开了裹脚布，这通罪好在前后仅半个时辰。

后来，在外接受妇女解放新思想的父亲也明令家人，不得再给我裹脚。就这样，我的天足得以保住，并用这双天足走上了漫长而坎坷不平的革命道路。

要感谢祖母！如若不是她那一声怒喝，一根棒槌，我就会像那个时代的绝大多数妇女一样，成为一个摇摇晃晃的小脚女人，那么嵌印在我人生旅途上的将是另外一种足迹。

彭镜秋

尽管孩提时代的我淘气调皮，但祖父、祖母却十分喜爱我的机灵、勤快和嘴甜。我常跟着祖母下菜地，她让我干啥我就干啥。她年纪大了，有人陪她说话就高兴。祖父也爱带我去玩儿。有一次，他同我上山去采油茶籽，天黑了也忘了回家，是我催他，他才记起。回家后祖父在家人面前夸我说："要不是我孙女，天黑了我还不知道回家呢！"

6岁时，我们全家人跟随祖父搬进县城，此时父亲也从长沙回到宜章。父母亲都同意送我上学，除了启蒙之外，也想通过学校和老师治治我的野气。

这是一所刚开办的女子学校，两位老师都是在我父亲的积极鼓励下，考入设在衡阳的湖南第三女子师范学校的，毕业后她们回到家乡办起了第一所女子学校，学校就设在我家隔壁。

记得第一天上学是祖母陪我去的。一进校门，我就被祖母按着跪在"孔圣人神位"前，恭恭敬敬地磕了三个响头。学校读的是新学，国文课从"人、口、手、足"等最简单的字开始，对我来说太容易了，因此我依然有时间淘气玩耍。在校两年，我仍改不了调皮劲，没事就爬到高高的树上，吓得老师在下面直叫唤。

有一次课间休息，我们几个调皮鬼合伙将一个很老实的男同学骗到学校后面的小树林里，绑在一棵树上。后来割草的人发现了他，才给他松了绑。老师知道此事后，用粉笔在地上画了个大圈，罚我们几个站圈，足足站了两节课。

尽管我在学校调皮捣蛋，但学习成绩不差，所以，我的启蒙老师彭镜秋特别喜欢我。后来彭老师投身革命，成为一名共产党员。她现在就住在北京木樨地。在她九十寿辰的时候，我专程登门祝寿。几十年来，我对她只有一个称呼——老师！

是啊，人生的第一个老师，往往是最令人难忘的。

与长沙豪绅政客家的娃娃亲

正当我无拘无束地享受着童年乐趣的时候,家里却给我定了亲。我们两家是世交,未来的公公叫吴静,比我父亲长几岁,是个十分活跃的政客,念过不少书,还是宜章县议员和湖南省议员。他家上层关系复杂,同军界、政界经常往来,关系密切。

吴家是个中等殷实家庭,有几十亩田地、一幢房产。吴家还办实业,长沙电灯公司有他们的股份。那时吴静住在长沙,拿省议员的俸禄。订婚时送的订婚礼非常讲究,抬来几大盒子。7岁的我看到这些礼物,还真搞不懂这到底是怎么回事。

吴静只有两个儿子,同我订婚的是长子,比我年长7岁。小儿子比我大2岁,患有羊角风病,傻乎乎的一个人。吴静娶了大小两个老婆,另有一个外室。

我8岁那年初秋,吴静派他的侄子到宜章接他的小老婆去长沙住,父亲请他们顺便把我带到长沙读书。我们先坐轿子到郴州,然后再乘船到长沙。

到长沙后,我住在父亲的另一个家中。我头一次感到不开心,因为我再也得不到祖父、祖母的疼爱和母亲的庇护了。我和父亲、姨娘以及3岁的小弟弟一起过。姨娘偏爱弟弟,不能一视同仁,无论分什么吃的,给我的一份总是少的、差的。我觉得委屈、憋气,体察到了最初的不平等和感情的冷漠。

我们住的房子是租的,共三间。房子前面有个花圃,专门卖兰花;屋后不远处有个大寺庙和一个广场。

吴家的房子也是租的。这本是一个旧官僚的宅院,高大的圆顶门楼,很是气派。进入大门,便是花厅、客厅,有一个带天井的小院,其后是卧室、书房、饭厅、厨房,甚是宽敞。尽管居住的是租来的房子,但吴家却十分讲究、摆气派。我们两家离得很近,除世交之外,又加上联姻,因此两家人经常往来,十分亲密。

我在长沙读的是衡翠小学。这是一个很有名气的职业学校,可以学刺绣手工艺,有很多二十来岁的女青年在校学习湘绣,而我那时只能上普通小学的课程。

20 世纪初长沙街景

有一天早晨,我发现我得到的早餐糯米糍粑比小弟弟的少。不知怎的,心中蕴藏已久的无名怒火被点着了,我操起秤杆照着姨娘的后脑勺"啪"地就是一下,打得她连呼救命。父亲闻声出来,拿起菜刀追我,吓得我撒腿就跑,一口气跑到未来的婆家。

吴家没有女儿,对我特好,把我当女儿看待,收留在家中。接着,吴家又送我到学费昂贵的美国人办的教会学校益湘小学读书。我平日住校,放假时吴家用黄包车接回,每个学期交费70块现大洋。放假时,吴静还亲自挑选两个年轻漂亮的英文、国文教员,负责教我和他的两个儿子。

刚到吴家的一段时间里,我感觉一切都还不错,享受着富家千金的荣华富贵。但渐渐地我觉得那里的一些事令人困惑和费解。呼吸惯了乡间淳朴清新空气的我,感受到的只是压抑和一股腐朽的霉味。

吴家老爷口头上标榜进步、追求民主,在实际生活中却是一个十足的封建老太爷。每当老爷回府时,所有的奴婢、姨太、妻子都得排队到门口恭候迎接。老爷登堂入室后,送茶的、宽衣的、更鞋的、捶腿的、打扇的、递毛巾的、拿报纸的,大家围着他一人转。我们早上起床要向老爷请早安，晚上睡觉也要道晚安。吃饭时的规矩就更多了，夏天吃饭时，婢女要站在老爷身后打扇；冬天时，菜碟子下面要用开水保温，夹菜只能夹近处的，远处的菜他的大老婆没给他夹，你就不能去夹，我和他的两个儿子也不例外。

老爷在家时，一切规规矩矩；老爷不在家时，那就翻了天似的，一切都随便得很。

但是对几个孩子，老爷却摆出一副道貌岸然的样子。一天，老爷向老师了解我们的学习情况，老师说我学得好；说他的大儿子笨，学不进去；小儿子傻，就更不行了。老爷盛怒之下，将大儿子绑在凳子上用竹条打，把屁股都打烂了，趴在床上好几天都起不来。老爷喜欢我，从不打骂我，有时还和我说说笑笑。他经常在客人和家人面前说我是他的女儿，说将来老了要依靠我。但有一次，我因为站在大门口被他看见，罚跪20分钟才算罢休。他的小老婆也因为站在大门口挨了打。

老爷在外也参与政治活动，可能是拥谭延闿[①]、倒赵恒惕[②]，但失败了，回到家中一气之下病倒了，躺了八个多月就死了。老爷死后，吊唁十分隆重，许多官僚、军阀都来吊唁，我们披麻戴孝地陪着，来一批人哭一次，没完没了。

老爷的葬礼回宜章老家举行，全家也随船迁回宜章县城住，我同他们一起回去参加葬礼，途中坐船就坐了40多天。埋葬了老爷之后，我又同那个未婚夫一道回长沙，继续教会学校的学业。

不久，我离开了那个没落的豪门绅士之家。参加革命后，我受到了许多革命的教育，逐步理解了当初的困惑。都说有钱人家表面上仁义道德，背地里男盗女娼，我比别人就体会得更加深刻。

[①] 谭延闿（1880~1930），湖南茶陵人，曾任湖南督军、省长等职务，曾授上将军衔，并担任南京民国政府主席、行政院院长。他还是著名书法家，蒋介石宋美龄结婚，谭延闿为介绍人。

[②] 赵恒惕（1880~1971），字夷午，湖南衡山人，日本士官学校炮科毕业，同盟会会员，参加过辛亥革命，国民党上将军衔，担任过湖南省省长、湘军总司令等职务。

考上第三女子师范学校,又投笔从戎

1924年夏天,学校放暑假,我回了趟宜章。假期过后,我又返回长沙读书。在郴州到衡阳的船上,我认识了同船的几个衡阳女师的学生,从她们那里,我初步了解到女师的一些情况。

这是一所设在衡阳的省立第三女子师范学校,教规严格,教学有方,校园规模宏大,整洁卫生,共有800多名学生和100多名补习生。

船到了衡阳,我还得换乘火轮船去长沙。那几位女生劝我还没开学别急着走,到她们学校去玩几天。好奇心驱使我真的跟着她们去了。

校园果然大得出奇。一进校门,就是一个偌大的操场,教室、办公楼、宿舍均是一色的青砖瓦房。校园中还建有鱼塘、花池,校园旁边有一大片橘子林,后面是一大片松树林。

图为衡阳耒河汇入湘江处老照片。当年曾志由宜章到长沙路过这里。

到校后，我就住在她们宿舍。说来也巧，此时正赶上学校半年一度的招取新生考试，校门口贴着布告，每个县招两名，而宜章县却空缺无人报考。她们就鼓励我去报名，可是当时我小学还没有毕业。

她们极力鼓动我说："你就试一试吧！"

我鼓起勇气去了。没想到居然考上了，而且考得还不错，八个人当中我考了第三名。

那时，年轻的中国共产党已经成立，各种新思想、新观念如雨后春笋般勃发，大革命的浪潮正呈风起云涌之势。不过，只有13岁的我，对这些政治时事还没有发生兴趣。我依然沿着童年的生活轨道我行我素，热衷的只有两件事——看小说和体育运动。

我看小说用的不光是课外时间，晚上自习课的大部分时间也在看小说，只是在查房时把课本拿出来做做样子。有时上课，我把小说藏在课本底下，装作在听讲看课文，其实是在看小说，老师不到跟前一般是发现不了的。要考试了，我就临时抱佛脚，每次考试居然还不错，成绩中上。

然而，我最感兴趣的还是体育运动，我那旺盛的精力，似乎只有在操场上才能得到充分宣泄。我像一匹不知疲倦的马儿，总爱在篮球场上奔跑，在跳马架上翻飞，在沙坑前腾越，在跑道上冲刺……总之，一切体育运动我都喜欢。由于我是学校的优秀球员，因此和其他40多位体育好的同学享有单独用餐的优待，伙食较之其他同学要好些。

也许正是得益于在第三女子师范学校的体育锻炼，练就了我的良好体质，使得我在后来的游击斗争生涯中，能够对付各种恶劣环境，和男同志一道在崇山峻岭间与敌人周旋。

1925年春，新学期刚开学，学校教务长召开全校学生大会，传达省长赵恒惕的一道命令，说不许学生参加共产党，不许听信共产党的宣传，违者轻则开除，重则判刑甚至杀头。我当时听了感觉很恐怖，搞不懂共产党到底是啥东西，也没有兴趣去搞清楚这些问题。反正事不关己，听完了也就过去了，我依然整天泡在操场上。

这是我第一次听说中国还有个共产党。

当时我做梦也没有想到，时隔一年后，我不仅参加了这个党，而且终生与这个党永不分离！

不过当时我对国民革命还是有些印象的。那时国民党左派在学校搞了个半公开的区党部,负责人叫夏明衡①,还有毛泽建②等人,但她们究竟做些什么事,我并不知道,也没去过问。后来我才知道,她们当时就已经是共产党员了。

那时湖南的农民运动正闹得轰轰烈烈,学校里反帝反封建的宣传相当活跃,也有人宣传共产党、共产主义。我听得较多的是宣传反对旧礼教、反对男女不平等。说那些封建军阀、豪绅地主表面上仁义道德、正人君子,暗地里男盗女娼、尔虞我诈,都是坏东西。对照我在吴家大院的所见所闻,我觉得这些宣传都是事实,我能接受,也是非常拥护的。

同样,我还接受了男女平等的宣传。旧社会女人在家里受压迫,像我母亲,吃饭都要单独在矮桌子上吃,有时要等男人吃完才轮到女人吃。那时提倡剪短发,我很快响应,将一头秀丽的长发给剪掉了,放假回家因此挨了父亲的一顿臭骂。

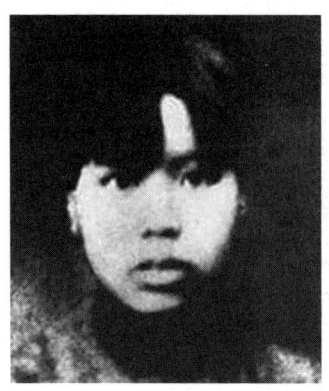
毛泽建

夏明衡

---

① 夏明衡(1902~1928),湖南衡阳人,系夏明翰烈士胞妹,1924年参加革命,曾任中共湘南特委委员,1928年牺牲,年仅26岁。

② 毛泽建(1905~1929),湖南湘潭人,系毛泽东堂妹,1923年参加革命,1928年5月被捕,1929年9月就义于衡山。

是年夏天，学校放假。我们几个宜章籍的第三女子师范学校的同学和几个第三男子师范学校的同学结伴回家。从衡阳到宜章有400多里，因为是逆水，不能乘船，我们只好步行回家。

沿途看到一些学生模样的男青年，背着行囊，三三两两地往南走。我们好奇地打听：

"你们这是到哪里去？"

"去广州报考黄埔军校。"

"要不要女生？"我急着问他们。

"不要女的。"

我当时真的好生失望。

我从小立志当巾帼英雄，做现代花木兰，渴望成为一名军人，幻想女扮男装去打仗。我们湖南不像别处，认为"好铁不打钉，好男不当兵"，而是有崇武的传统，这可能是受曾国藩建立湘军的影响，社会公众普遍认为当兵光荣，甚至有钱人家也喜欢送子女去参军。我从来不把自己当女孩看，因此当兵习武的愿望也就格外强烈。

因此，看到这些热血男儿如大鹏振翅向南飞去，我是何等地羡慕。我真恨不得自己也变成七尺男儿。

终于，机会来了！

1926年的初秋，新的学年开始不久，一天我在饭厅里吃饭，隐隐约约听到隔壁几个女同学正在叽叽咕咕议论什么考试的事。我随便问了一声"考什么"，她们回答说是考"农民运动讲习所"。我当时还不清楚农民运动讲习所是干什么的、学什么的。她们告诉我是"学革命道理、学军事、学怎样发动开展农民运动"的。一听说有学军事，我就来劲了，请求她们带我去报名。她们说初试已经结束，只剩下复试了。我央求她们带我去见讲习所的负责人。

她们见我主意已定，便真的把我带去见讲习所的总队长赵伯诚。我对他说："我早就想学习军事，我一定要进讲习所，我一定会刻苦学习，遵守纪律……"他看我情真意切，大有不达目的绝不罢休的架势，终于做了让步，破例准予我直接参加复试。我高兴得呀，又蹦又跳。

在入学填写报名表时，我郑重地在姓名那一格里填写了"曾志"二字。

同学们不解地问我:"为什么改名了?"

"我就是要争志气!"我不假思索地回答她们。

两天后,我如愿以偿。从此我离开了第三女子师范学校,走进了设在衡阳惠民中学的"湖南农民运动讲习所"。当时我并没有意识到,我的人生道路将在这里来个急转弯,从此走上了一条血雨腥风、曲折坎坷的革命道路。

第二章 初涉洪流

- 讲习所里唯一的女兵
- 15岁加入共产党
- 懵懂的第一次婚姻
- ……

讲习所里唯一的女兵

湖南农民运动讲习所,是继毛泽东在广州创办农民运动讲习所之后,第二个培养农民运动斗争骨干的场所。除少数农会干部外,招收的学员绝大部分是青年学生,总共112人,其中有十几名女生。

我当时才15岁,是最小的一名学员。

讲习所设在已停课很久的教会学校惠民中学。

讲习所的构架完全按照军队建制,只不过叫总队、区队、小队,相当于连、排、班。所长彭平之[①]是一名早期共产党员,曾在萍乡安源煤矿办平民夜校,和李立三、刘少奇等同志一起发动领导过工人运动,大家都很敬重他。总队长赵伯诚,是黄埔军校第一期的学员;教务主任夏明震,毕业于广州农民运动讲习所,是衡阳农民协会的委员长;总务主任兼讲习所党支部书记叫宾利用。下面的区队长则都是国民党部队派来的连排级干部,小队长多是农民协会的区干部。彭平之还有其他工作,所以不常到学校来,具体管学校的是总队长赵伯诚和总务主任宾利用。教务主任夏明震也经常到校讲课。

当我踏进讲习所的第一天,就脱下学生装,换上灰军装,剪短头发,戴上大盖帽,扎上绑腿,束紧皮带,对着镜子仔细照。

我终于成了一名梦寐以求的女兵,一名英姿飒爽的女兵。

讲习所所学课程七分政治、三分军事。政治课主要讲共产主义ABC,讲帝国主义论、社会进化论,讲全国的农民运动形势,讲怎样发动农民、组织农会和领导农民运动。另外,还经常召开报告会,介绍北伐军进军形势和国

---

① 彭平之,生于1900年,湖南湘乡人,字承玺,号绶宗,中共早期党员,曾与毛泽东一起进行革命活动,后跟随毛泽东到江西中央苏区开展革命工作,在同敌人作战时壮烈牺牲,新中国成立后被追认为革命烈士。

民革命运动发展的形势。军事课刚开始时是学军操,后来还进行野外训练、实弹射击,等等。

记得第一次上军事课,教官是国民党军队派来的,学的是立正、稍息、向左向右转和向后转等。那些洋学堂出来的女学生随便惯了,对上操不以为然,做动作不认真,嘻嘻哈哈打打闹闹。教官大声训斥也不管用,少数女生还是那样吊儿郎当,他气得用厚皮鞋对着站得歪歪扭扭的一些女学员又踢又骂。

这一踢非同小可,踢得女学员直抹眼泪。这些女学员有的是富家出身,平时娇气和高傲惯了,哪里受得了如此粗暴的对待。于是,她们串联好,在一周后的一次政治测验时,每人都写上同样的意见:坚决反对军阀作风,赶走××区队长,否则我们就不上他的课。几乎所有的女学员都响应了这次抗议,唯有我没参与。因为我立志要当兵,喜欢上军事课,因此觉得没必要与她们搅在一起。

衡阳是一个历史悠久的文化名城。图为著名的石鼓书院外景照片。1925年毛泽东在这里开办了湖南农民运动讲习所。

彭平之

所长彭平之知道此事后非常生气，这还了得！刚开课就敢不服从教官，违反训练纪律。这种人不适应军事训练，也不适合搞农民运动。第二天早上点名时宣布，这次的提意见是违纪行为，并宣布农民运动讲习所的全体女学员一律转到政治运动讲习所去。有些怕苦怕累的女学员求之不得，而一些有志于农民运动的女学员却后悔地哭了。

下操后，我找到总队长提意见："我没有违反纪律，为什么把我也转过去？"他说："你一个女生留下不方便。"我说没什么不方便的，有困难我可以克服，厕所我可以晚上去，澡我可以在男生洗过之后再洗，反正我不走。在我的强烈要求下，赵队长再次做出让步，把我单独留下。我自己住一间，不久所里派人专门为我挖了个小茅坑。

就这样，我成为讲习所里唯一的女兵，恐怕也是大革命年代最早投笔从戎的女青年之一。

原来在讲习所同窗的女同学中，有毛泽东的堂妹毛泽建，还有夏明翰、夏明震的妹妹夏明衡，她们都是共产党员。我们在一起时，她们好像很忙。不久她们转到政治运动讲习所后，我们就没有什么联系了。

农民运动讲习所就剩下我一个女生后，大家就把我看得很特别。每当学员队出操时，总会吸引很多人到街边来看热闹。人们指指点点，想从队列中找出哪一个是女的。当时我早把头发剪得跟男生一样短，于是人们总是把排在最后的那个小男生当成是我。我们经常到第三女子师范学校大操场打野歇，也会引来许多女生，特意看看当初的校友、如今的女兵是怎么个当法的。

那个时代的女人大都是小脚女人，对女人的定义就是洗衣服、做饭、生孩子。看到我不仅穿军装、扛大枪，而且撒开大脚丫与男人一样出操、行军、摸爬滚打，觉得不可思议。在衡阳，我成了一个引人注目的新闻人物。

15 岁加入共产党

讲习所里只剩下我一个女兵了，我深知自己的分量，决心为千千万万受压迫受歧视的妇女姐妹争志气！

我想，男女平等，男的能做到，我也一定能做到，而且要比男的做得更好，就是再艰苦、再困难、再紧张，我也要坚持下去。我克服了生理上的种种不便和不利，咬紧牙关战胜困难。虽说是农民运动讲习所，但我们的学习生活完全是军事化的。军事训练相当多，也相当严格。野外训练，不管刮风下雨，无论道路上坑坑洼洼，是泥是水，让卧倒我就毫不犹豫地趴下，叫冲锋端起长枪就上，完全忘记了自己是个女性。

特别是紧急集合，一般都在夜间进行。开始要求五分钟，后来要求三分钟就要到达指定地点集合，谁去晚了就要挨批评、受处分（罚站、关禁闭）。为此，我每天入睡时，把衣服、帽子、绑腿、皮带放在固定的位置，并把它记熟了。不管什么时候，军号一响，我就一下爬起来，摸黑随手抓起衣服就往身上套，然后跑步到指定地点站队集合，因此我从来没有迟到过。当然晚上睡觉决不允许不解绑腿带或不脱衣服，否则查铺时被发现也是要受处分的。

我并没有因为自己是女兵而要求特殊照顾，或降低对自己的要求。当时衡阳一带闹土匪，说是要来进攻衡阳，我们怕土匪晚上来袭击摸哨，精神上很警惕，远远地看见人就喊口令举枪盘查。男生站几班岗，我也一班不少。每次急行军，我都咬着牙关紧跟队伍，一次也没掉过队。半年的军训，所学的所有科目，我都认真对待，一丝不苟，一次批评没挨过，且成绩也属中上。我从中得到很大的锻炼，也增长了不少军事常识。

不仅如此，我对政治学习竟也产生了浓厚的兴趣。我初步接触了马克思的科学社会主义原理，懂得了人类社会进化的过程，了解了帝国主义的本质，认识了中国革命的形势和任务……这些丰富的理论知识，使我豁然开朗，耳目为之一新。回想过去，我从来不用功读书，是那样的无知。我暗暗地自责，并贪婪地吸收着这些全新的知识和丰富的营养。我开始思考一些革命和人生的重大问题。

我首先想到的是我的婚约及未婚夫的家庭。在讲习所里，政治教官给我们讲了许多革命道理，其中就指出要打倒封建旧礼教，提倡男女平等、婚姻自由。而我在那个吴家生活四年的所见所闻和亲身感受到的，不正是革命要推翻的那种腐朽没落、扼杀人性的封建旧礼教吗？它曾经吞噬过不知多少青年的幸福和生命。如今，作为一个革命的新女性，难道我还要去充当它的牺牲品吗？

我决心反抗这桩包办婚姻！

我给母亲写了封信，说明自己已选择了革命的道路，那桩婚事当初是父母包办的，如今还是请母亲出面去解除。深受旧式婚姻之苦的母亲理解自己的女儿，只好备了几桌酒席，请了几位德高望重的中人，退回了聘礼。对方也是世交，知道已无可挽回，也就同意退婚了。

摆脱了精神上的枷锁，接受了革命思想的熏陶，我仿佛变成了另外一个人，再也不是过去那个幼稚、淘气、贪玩、成天蹦蹦跳跳、脑子里一片空白的女孩子了。我感到自己充实了、坚强了，有了质的转变。我越来越坚定地树立了对共产主义的信仰和为劳苦大众翻身解放而奋斗的志向。

有一天，总队长赵伯诚单独找我谈话，他郑重其事地问我："曾志，你愿意不愿意加入中国共产党？"

"愿意！"我毫不迟疑地回答。

湖南衡阳农民运动讲习所毕业同学合影。右起第七人是曾志，她在这里加入了中国共产党。

赵队长当即就拿出一张纸，让我填写了姓名、籍贯和个人的一些情况。几天后，他又发给我一张表格，像现在的入党志愿书，两张纸对开的，我填好交上去。一个星期后，他高兴地告诉我，党支部已经批准了我的申请。

10月底的一天，我被通知到农民协会办公楼上。入党仪式是秘密举行的。支部书记宾利用主持仪式，衡阳地委组织部部长、教务主任夏明震代表党委讲话，他十分严肃地说："从今天开始，你们就要开始一个新的政治生命了。肉体只是人的躯壳，政治生活是人至高无上的精神力量和灵魂支柱。肉体可以牺牲，政治生命却不能动摇改变，你们要一生一世保持对党的忠贞不渝……"这些话70年来我仍然牢牢记在心间。

面对墙上悬挂的党旗，我和20多位男学员庄严地举起了右手，跟着宾利用书记向党宣读了誓言。

接下来，每个新党员表态发言。轮到我时，我太兴奋、太激动了，以至不知道该用怎样的语言来表达我的态度。最后，我只讲了两句话："从今以后，我生为党的人，死为党的鬼！我要为共产主义奋斗终生，永不叛党！"

1927年3月，不满16岁的我，以总分第八名的优异成绩从讲习所毕业，从此成为一名职业革命者。

懵懂的第一次婚姻

常言道，物以稀为贵。农民运动讲习所只有我一个女生，还没等毕业，就有许多单位来联系要我。

因为我是党员，我服从组织的决定，首先是到农民协会做专职妇女干事，其次是接受警察大队的聘请，做政治助理员，算是正式的军官，每月有50块大洋的薪水。警察大队共400多人，我每周到那里上一两节政治课，有时全体集中上大课，有时则下到中队去上小课；有时在礼堂上课，有时就在草坪上席地讲授。后来，我也到妇女运动讲习所为她们讲过几次课，那里的学员有几十个人，文化程度和年龄参差不齐。

记得那时去讲课，也不懂得什么讲课艺术，就凭着与生俱来的胆大，年纪轻记性好，我照着在讲习所里学到的东西，依葫芦画瓢。总之，一个年轻的女教官，加上崭新的知识、浅显的道理，大家都很愿意听我的课，如此而已。

夏明震

当然,我的主要工作还是在衡阳农民协会。作为专职的妇女干事,我就住在妇女部机关的房子里。

正是这座房子造就了我的第一次婚姻。

说来话长。尽管那时是国共合作时期,但共产党员的身份对外还是保密的。为了便于工作,衡阳公开共产党身份的只有三位同志。一是湘南特委书记陈佑魁①,化名王达山。二是负责妇女工作的朱石君②,她是个达官显贵家的小姐,家在长沙朱家花园,有上千亩土地,内有亭台楼阁。她在长沙师范学校读书时,接受了革命思想,背叛了她的封建家庭。还有一个就是不久后成为我丈夫的夏明震。

我与他的结合并不是自愿的,完全是舆论所迫。

那时我才16岁,刚从讲习所毕业,满脑子都想着工作和事业,根本没考虑婚事,甚至连找对象谈恋爱的意识都没有。

我办公、居住的那所房子,表面上挂农民协会妇女部的牌子,但实际上是湘南特委的一个秘密聚会地点,特委的几个领导经常在此开会、研究工作。夏明震是组织部部长,经常找人来谈话。夜深了,我便先睡。他们开他们的会,开完了就走,那是常有的事。

那时,正是大革命的鼎盛时期,湖南的农民运动开展得轰轰烈烈,广大农民在乡间打土豪、分田地,吓得地主都逃到城里藏身。地主老财们恨透了农民运动,恨透了共产党,他们网罗地痞、流氓、土匪,在衡阳郊外建立反动武装,扬言要攻打衡阳城,杀害工会、农会负责人,放共产党人的血。因此,衡阳决定戒严宵禁。

有一天夜里,夏明震召集会议,一直开得很晚。像往常一样,困了,我就先睡了。半夜里,醒来一翻身,发现有个人靠在我的床边躺着呢,原来是夏明震。

---

① 陈佑魁(1900~1928),苗族,湖南麻阳人,1922年加入中国共产党,1928年被国民党逮捕,不久英勇就义。

② 朱石君(1902~1981),女,原名朱舜华,曾用名张琼,湖南汝城人,1922年由杨开慧、刘少奇介绍加入中国共产党,早年在湘南从事地下工作,新中国成立后在上海从事教育工作30余年。

我把他推醒，问他："他们都走了，你为什么不走？"

"我的住地远，外面戒严我回不去了。他们有的住得近，有的另外找到了地方，我没处去，只好在你这里靠一靠，天一亮就走。"

我见他是和衣而睡，连被子都没盖，且无恶意，也就没理会，翻个身又睡了。第二天一早，他没叫醒我就走了。

早上起床我也没在意这事。吃早饭时住在我隔壁间的总务主任宾利用见到我笑嘻嘻地问："昨晚过得一定很高兴、很愉快吧？"

我一下子意识到他指的是什么，顿时感到了莫大的委屈和耻辱。下午夏明震来找我解释，我不听，把他赶了出去。

后来，他找了妇女主任龙淑①来做我的思想工作。龙淑说，现在这事已有很多议论，你怎么解释人家也不会相信，这已经是骑虎难下了。夏明震原来也没什么思想准备，但他对你的印象很好，现在革命者讲自由恋爱，他愿意同你结合，我看你们俩就结婚算了，我给你们做介绍人。不然你怎么办，舆论对你不利。

她还告诉我，夏明震出身书香门第，祖父是做官的，母亲是大地主家的小姐，读过不少书，懂诗文。夏家兄妹五人都投身革命（后来都为革命英勇捐躯，夏明震有个哥哥，便是"砍头不要紧，只要主义真，杀了夏明翰②，还有后来人"这首著名的就义诗的作者）。夏明震曾由母亲做主定过一门亲，女方大他好几岁，念过一些书，当时正在妇女运动讲习所学

1927年春夏明翰与妻子郑家均在武昌合影

---

① 龙淑，湖南麻阳人，系麻阳第一批中共党员，曾与杨开慧是同学。龙淑的丈夫陈佑魁，经毛泽东介绍于1922年加入中国共产党，1928年在长沙牺牲。

② 夏明翰（1900~1928），字桂根，湖南衡阳人，1919年参加学生爱国运动，1921年冬由毛泽东、何叔衡介绍加入中国共产党，1928年遭叛徒出卖被捕，不久牺牲。

习。夏明震对她并不满意，正和第三女子师范学校的一个女生自由恋爱，那女的追他追得很紧。

说实话，当时我对夏明震并没有太多的好感。虽说他年轻英俊、才华横溢，但讲话老是慷慨激昂，像个演说家。我觉得这人太热情奔放，且锋芒毕露，欠缺点稳重，所以印象并不是很好。相比之下，我对总队长赵伯诚印象更好些。

一天早上，我刚起床开门，夏明震就冲了进来，抓住我的双手动情地说："我是真心爱你的，你就不要拒绝了，同我结婚吧！"

说着说着就在我面前跪下了。

看着他那样苦苦地哀求，我的心也软了。

婚礼是那样的简单，没有仪式，没有酒宴，也没有鞭炮。当时正处在"四一二"反革命政变前夕，衡阳的斗争形势相当紧张。夏明震在组织部机关住，那是一个很秘密的地方，能到组织部去的大概也只有几个人。定好一个日子，我就悄悄地搬到他那儿去住了。那天晚上，我们买了一些糖果、花生、瓜子、糕点放在小桌上，大家聚在一起热闹热闹，就算是结婚了。

这就是我的第一次婚姻。它是那样的偶然，又是如此的简单。

马日事变遭搜查机智脱身

当我们还没有感受到新婚的幸福和甜蜜，国民党反动派就开始向我们挥起了屠刀。

1927年5月21日，湖南反动军阀许克祥[①]在长沙发动马日事变，破坏国共合作，屠杀共产党人。工会、农会被查封，工人纠察队遭缴械被迫撤出长沙，一批共产党员和进步人士遭到残酷杀害，长沙陷入一片白色恐怖之中。

长沙马日事变没几天，衡阳的形势也急转直下。为了防备敌人的进攻，夏明震等一批公开身份的共产党员和农民协会各分会的主要负责人以及工人纠察队撤出衡阳，上南岳衡山打游击；特委机关也迅速撤离，转入地下斗

---

① 许克祥（1890~1964），湖南湘乡人，国民党陆军中将，曾任国民党第37军副军长职务，1927年发动针对共产党人的反革命马日事变。

争。为了提高警惕,我们转移到了西湖小学。西湖小学位于衡阳城西门外,比较偏僻,校长是地下党员,还有几个教员也是我们的同志,那时,这所学校已停课。

特委机关暂时设在那里,特委书记还有几个男同志以及两个第三女子师范学校的学生,

1927年5月21日,反动军阀许克祥在长沙发动马日事变,疯狂屠杀共产党人。

都住在这所学校的教工宿舍里。我们把武器和自制的土炸弹藏在纸篓里,上面盖上废纸,把一些文件和宣传品藏在学生床铺的稻草垫下面。

一天晚上8时许,我从外面执行任务回来,正和大伙儿抢着做饭,突然传来一阵脚步声,黑暗中走进了一个国民党军官和他的卫兵,我定睛一看,原来还是个熟人。我曾是警察大队的政治助理员,给他们讲过课,所以彼此认识。

我不解地问他:"你今天怎么会到这儿来?"

"我的营前些天刚到这一带驻防,就住在离这儿不远的寺庙里,晚上没事过来看看。"

这时,我透过卫兵手中灯笼的灯光,一眼看到门外有十几条黑影,枪上的刺刀闪着寒光。我觉得不对劲,但装出一副浑然不知、若无其事的样子,抱歉地说:"哎呀营长,我正在做饭手很脏,没法跟你握手,我去洗个手就来。"

我回到厨房后面,看到一个男同志急匆匆地走在我前面,只见他跳到墙角一个放小便桶的木架上,再翻身过墙不见了。我也学着他翻身过墙,然后在黑暗中拼命地往前跑,穿过一片菜园,跑到一处黑黢黢的乱山冈上。

待我回过神来,再看四周,立即被吓出一身冷汗。我的身前身后停放着十几副待葬的灵柩,在惨白的月光下,那些黑森森的家伙愈发显得狰狞可怕,远处传来几声猫头鹰凄厉的啼叫,令人毛骨悚然。

陈佑魁（1900～1928），男，苗族，湖南麻阳人。1928年4月19日，在长沙浏阳门外英勇就义。

可是这时我反而忘记了害怕，因为令我心急如焚的是，特委书记陈佑魁近日身患腮腺炎高烧不退，此时正睡在厅堂旁的房间里。我从陈东日副团长那里取回的三支匣子枪就放在他那屋子里，一旦敌人搜出，那就完了！

一向不信佛也不敬神的我，此时不由得闭目祈祷："马克思在天有灵，千万保佑我们的特委书记，保佑我们的同志不出什么事情吧！"

那一夜，我就在那里躲着，也不知道什么叫害怕了。好不容易熬到天亮，这时我才发现昨晚慌不择路，把一双白鞋弄得全是黑泥巴。我找到水沟，把鞋清洗干净，然后溜到学校附近，观察动静。不一会儿，看到昨晚先跑出的那位男同志走进学校，里面没什么动静，我也就跟着进去了。

一进屋，见几位女同志正在厅里好端端地坐着，特委书记安然无恙，也好端端地在床上躺着。我不由自主长长地出了口气，一屁股坐在那儿了。我问，昨晚没发生什么事吧？她们告诉我，昨晚来了十几个敌兵，把各房间都把守住，搜查完了又盘问一番，我们说是教员，放假了没有回家，就住在学校。敌人信以为真，后来见没什么结果就走了。

奇怪的是，敌人居然没有搜查特委书记的房间，门口的士兵听到一声吆喝，也就撤走了。而那时，陈佑魁早已手握双枪，打开扳机，准备和敌人以死相拼。这真是奇迹！我对大家说，这是马克思在天显灵（然而奇迹不会有第二次，不久之后，陈佑魁被捕，壮烈牺牲于敌人的屠刀之下）！

那之后不久，特委书记对我说："你在国民党警察大队任过职，又是外地人，很难隐蔽下来，随时都有危险，组织上决定让你到南岳衡山去搞武装斗争。"我一听很高兴，夏明震也在那里坚持斗争，我又可以和他在一起了。另外，我也渴望打仗，我要向杀害无数战友的国民党反动派讨还血债。

几天后，我踏上了前往南岳的行程。

衡山武装斗争

南岳衡山，位于湖南的东南部，是我国五岳名山之一。衡山的最高峰叫祝融峰，海拔1290米，那里地势险峻、云雾缭绕、松竹葱郁，是开展游击斗争的理想战场。

马日事变后，衡阳、衡山等县一批暴露身份的共产党员率领农协骨干、农民赤卫队，于6月撤到南岳衡山，准备在那里坚持武装游击斗争。湘南特委在山上建立了武装斗争指挥部，指挥长就是夏明震，副指挥长是朱石君，手下有400多人马。

国民党当局也纠集了山下几个县的民团武装数百人，与山上革命武装形成对峙局面。他们封锁了上山的重要路口，盘查过往行人，企图切断山上与山下的联系。

为了避免引起敌人的怀疑，我化装成一个富家小姐，雇了一顶轿子上山。路上还算顺利，没有遇到盘查。

20世纪初的衡山风光

上山后我终于见到了夏明震，他看到我从天而降也非常高兴："你来得正巧，过几天我就要走了。我要到长沙向省委汇报这里的斗争情况，这里交朱石君指挥，你就同她在一起吧！我过几天就赶回来。"两天后他就走了。

那时山上的同志们士气高昂，正积极准备回击山下敌人的进攻。但他们缺少枪支弹药，多数人拿的是梭镖、大刀，鸟铳还算是好的了，步枪加起来才20多支，匣子枪还是我搞到的那几支，由几位领导佩带着。

农民们用一种迷信的办法来壮胆：先杀一头猪，烧香拜佛，请菩萨保佑打胜仗；然后杀一只鸡，喝鸡血酒盟誓，决心打败国民党反动民团的进攻。

一天，在树上窥望的哨兵传来敌情，敌兵分四路攻上山来。在朱石君同志的指挥下，农民武装进行了英勇的还击，同时虚张声势，在洋铁桶里放爆竹，迷惑敌人。我们一连打退了民团的几次进攻。

战斗十分激烈，民团仗着人多枪好频频发起进攻。我们凭着有利地形，居高临下，顽强地抵抗着。

但是后来我们的人越打越少，到第二天下午清点人数时，400多人的队伍，除死伤之外，只剩下几十个人了。原来这些来自附近几个县的农民赤卫队员相信迷信，原先还是很勇猛的，但后来看到子弹真能打死人，很多人就偷偷地开溜了，有的躲起来了，只留下骨干积极分子。

怎么办？朱石君当即召开会议作出决定，敌众我寡，不能硬拼，大家分散隐蔽，等待时机再聚合。

衡山区农协的副委员长劝我们说："你们两个女同志都不是本地人，在此难以立足，甚至会连累我们。你们还是离开这里到别的地方去吧。"其他同志也这样劝我们。

因此朱石君决定同我一道去长沙，找省委汇报工作。

我们先坐小船，后坐火轮，大约两天后便来到长沙，与省委顺利地接上了头。朱石君向省委领导汇报了南岳武装斗争的情况。

这时组织上通知我，夏明震也在这里，你的工作和夏明震一起分配。

我找到夏明震，他一见到我便说："你来得正是时候，组织上要我们俩到郴县加入郴州县委，从事地下工作，两天后就走。"

郴州县委实际上是中心县委，附近的郴县、宜章、桂东、桂阳、嘉禾、蓝山、临武、永兴、耒阳、资兴等县都归郴州县委领导。夏明震调任郴州县委书记，我任秘书长。

地下斗争

对我来说，从事地下工作，一切都得从头学起。

我们到郴州的第一件事，就是组织了一个小家庭。一个叫陈奇①的同志从亲戚家为我们租了套房子，各种用具都是现成的。过去我从没过过小家庭的生活，不会煮饭做家务，现在有了小家庭，感到做家务是很头痛的事。

首先是白天不会生火，晚上不会用湿煤封火，有时一边火燃着，另一边却熄了，做的饭也是一边稀饭一边生米，经常吃不上或吃不好饭。

我那时年轻性急，可越急越不行，一向坚强的我，为这事哭过好几回鼻子。一直摆弄了半个多月后，我才学会生火做饭。

第二难关就是打水洗衣服。那时用井水，井很深，长长的桶绳使劲摇晃就是打不到水。还有洗衣服，不知怎么搞的，搓衣服时这只手经常把那只手抓破，血都滴在衣服上了。

最让我苦闷烦躁的是，从公开的环境转入地下，一时难以适应。过去干工作风风火火，现在纪律规定不能随便出去，说话都要小心慎重，而当时我的头发相当短，也不敢出去走动。马日事变后，反动派编了顺口溜，"巴巴头，万万岁，漂漂鸡婆遭枪毙。""巴巴头"指梳个髻子，"漂漂鸡婆"

当年的郴州

---

① 陈奇（1904~1932），湖南桂东人，1924年加入中国共产党，曾参加秋收起义，任桂东县委书记、红四军第10师政委等职务。1931年，陈奇与张国焘意见严重冲突，后被张国焘以若干莫须有罪名杀害，时年28岁。

是指头发剪得像母鸡尾巴一样短，短发的就要抓起来。因此，我整天待在家里，觉得很苦闷，加上火生不着人就急，经常对着夏明震发火，好在他能理解。

到了中秋，看看左邻右舍买鱼买肉准备过节，我们却犯难了。

当时从事地下工作，生活非常艰苦，没有经费，主要靠地方同志的供给，两人的生活费每天只有两三个铜板，每餐只有一个菜，不是萝卜就是白菜。但是中秋节总得应付一下，你不搞点东西吃，房东邻居就会产生怀疑，因为夏明震的公开身份是教员。

我上街买了只鸭子，拿回家就杀，给它一刀没出血，再来一刀才见血，我以为它死了，没想到它呱呱叫着满地跑，我只好把鸭子的头砍下。褪毛时，怎么弄也搞不干净，我只好连毛带皮给扒了。现在回想起来真是可笑，当时我们确实不会过日子。

生活清苦还是小事，我们并不在乎这些，主要的苦闷还是工作。地下工作不能公开，只能秘密进行，我们盼望着有一天能重新与敌人面对面真刀真枪地干，总觉得那样才痛快！

报送密件，化险为夷

大约是那年的9月初，郴州县委交给我一个特别任务，由一位叫刘清泉的年轻人陪同到衡阳，将一份秘密报告送交湘南特委。

这对于在郴州城里深居简出倍感苦闷的我来说，不啻是一份美差。我愉快地接受了任务，拎来一个小藤箱，装上几件衣服和洗漱用具，并将用草纸书写的密件卷在一卷卫生草纸中。

第二天一早，我和刘清泉就上路了。从郴州到衡阳300多里，要到耒阳才有长途交通车，我们步行两天抵达耒阳。为了节省经费，我们想了一招——半路截车。我们从耒阳一直走了20多里路，远远看见一辆汽车过来，就站在公路中央，司机只好将车停住，伸头就骂："你们不要命啦！"我们也没吭气，赶快爬上了车。无奈司机心肠太硬，任凭我怎么说也不让便宜，这时一个商人模样的乘客主动解难："差额的两元钱我替他们出了。"

汽车到了靠近衡阳的东阳渡停了下来，我们下车坐船过湘江。那时正值军阀交战，两军隔江对峙。东阳渡渡口由广东军阀占据，有两个连把守，过往行人都要仔细盘查。轮到我时，我镇定地回答："我是第三女子师范学校的学生，学校因时局动乱停课提前放假，因而回家待着。现在学校也不开学，我只好回校去取回行李。"

当兵的见没什么破绽，叫我开箱检查。他在箱子里翻来翻去，幸好没有打开那卷卫生草纸。

这时，那士兵的眼睛突然盯着我拿伞的手，疑问道："你既然是个女学生，怎么手上有茧子？"

这真是我料想不到的问题。

"我在学校喜欢体育运动，这些茧子是举哑铃和做棒棒操磨出来的。"我急中生智，从容应答。

"你的手拿过枪！"那士兵不信，劈头又诈。

"我们女生看到枪都怕，别说是拿枪。"我故作害怕地应道。

那士兵依然不信，把我带到长官那里。那位长官正在理发，见我一身素净的女学生打扮，问了一些第三女子师范学校的情况，我应答如流。于是他把手一挥："走吧，走吧！"

我急忙往码头跑，渡船已发动正要离岸。又是那位商人见我朝码头奔来，忙叫停船。待我上了船，他又替我们买了船票。唉！真是遇见了一位好心人！

我们到了衡阳，在第三女子师范学校那条街的江岸上找到接头地点，见到了接头人周鲁[①]。周鲁原是湘南共青团特委书记，陈佑魁调任省委组织部部长后，他可能是代理中共湘南特委书记。我首先简要介绍了郴州县委活动的情况。他听完我的汇报后，就叫我到长沙将这些情况直接向省委汇报，并告诉我接头地点和暗语。

同来的刘清泉折回衡阳，我只身一人带着密件继续前行。我混在运送国民党部队家眷的人群中上了一艘小火轮，船顺水而下，很快到了长沙。

长沙的接头地点叫"悦来客栈"，老板和伙计都是地下党员，他们安排我住下等待向省委汇报。一天晚饭后，突然来了一群警察，对旅客逐个检查，凡是怀疑的立即带走。

[①] 周鲁，生于 1899 年，湖南溆浦人，早年参加革命，曾担任湘南共青团特委书记。

我当时随身只有一个小藤箱，几件衣服，不像是出远门的旅客。我想起住在隔壁的刚在饭桌上认识的年轻人，想必也是自己的同志，也许他能给我帮助。我赶忙走进他的房间，那人见状，似乎猜到了几分，连忙安慰我别慌。让我就说是他的亲戚来看他的，其余的由他来对付。一会儿警察进来了，见那人像个学生，穿着讲究，行李齐全，很有钱的样子，没再多问。当问到我时，他抢着答："这是我表妹，来这里看我的。"警察见我像个清纯的女学生，问了两句就走了。我总算有惊无险地过了检查关，但敌人把客栈老板及几个可疑的旅客给抓走了。

第二天一早，省委派人把我接了去。当时我还不知道那人要把我带到哪里去，七拐八拐最后到了一座小楼，进屋一看才知道是陈佑魁、龙淑夫妇的家。我简要地汇报了情况，把那封密件交给了他们，并在他家住了下来。

四五天后，陈佑魁交给我一封秘密的指示信，叫我带回郴州，并做了口头指示：现在不宜搞武装暴动和公开的斗争，要分散秘密行动，积蓄力量，发展组织，等待时机。

我带着省委的指示立即返回，有位叫黄琳的年轻人也要南下，我们以表兄妹相称结伴而行。很久以后我才知道，那位青年就是新中国成立后任过最高人民法院院长的江华①。十余年后，我在延安碰到江华，他见了我直笑，我被他笑糊涂了。他笑着说："你不记得我啦？咱们曾是表兄妹呀！"

"你这人啊，胆子真大。"江华接着说。

经他这一说，我想起了后来在火轮船上遇到的一件事。当时有两个国民党的连级军官找我闲聊，我竟然海阔天空地与他们聊了起来。当船停下来上

新中国成立后，江华曾担任最高人民法院院长。

---

① 江华（1907~1999），原名虞士聪，湖南江华人，瑶族，1926年加入中国共产党，1928年参加红军，新中国成立后曾任浙江省委书记、最高人民法院院长等职务。

岸时，他们请我上去吃饭，我也真的跟他们去了。我当时是这样想的，既然人家要与你接近，你就大大方方地和他们往来，你扭扭捏捏的，反而让人怀疑你。

船到了衡阳，我到原来的联络站找周鲁，没见到他。他托人捎话说："特委没什么交代了，你就先回去吧。"这样，我便离开衡阳，步行两三百里经耒阳、永兴，回到了郴州，完成了这次千里投送密件的任务。

家乡遇险

1927年11月底，郴州县委派我到宜章去视察工作，顺便回一趟家，看望父母。

宜章原来建立过县委，大革命失败后，改为特支，但嘉禾、蓝山、临武等县还是由宜章特支负责联系或者说领导。我这次的任务，是了解宜章包括那几个县的斗争情况。这是大革命失败后我第一次回家乡，想到马上能见到久别的父母亲了，心里十分高兴。

但是，当我回到家里经过父亲屋前，他对我理都不理。我心里纳闷着回到后院，母亲见我归来，真是喜出望外，拉着我的手直端详，接着手忙脚乱地给我做好吃的。

我问起父亲不理睬我的事，母亲反问我："你在衡阳时，他去找你，你不见他也不认他做父亲，他回来后把我大骂了一顿。"

"你养的好女儿，连父亲都不认了，她要么就别回来，她要回来我非打断她的腿不可！"他骂道。

经母亲这一说我才想起在讲习所时确有其事。那时农民运动在宜章蓬勃发展，到处都在打土豪劣绅，属于绅士之列的父亲很害怕，在逃经长沙途中，经过衡阳来看我。我不想见他，给他写了封信，信中说"我现在是革命者，你逃避农民运动就是反对革命，我不能见你，以后也不承认你是我父亲"。他看了信后气坏了，因此，一直还记恨着我。

第二天，有个同志来通知我说，夏明震也到宜章检查工作来了。他事先可没跟我说起这事，他就住在与我家只一墙之隔的地下党员的家里。

1961年1月广州达道路,曾志和母亲、女儿陶斯亮。

我把这事告诉母亲,她好高兴啊,做了好吃的点心、糍粑什么的,等着未曾谋面的女婿。

到了晚上,夏明震从那家的后墙跳到我家菜园,再从旁门直接进入母亲的房间。当时父母亲虽同住一幢房,但已分开过。父亲与姨娘、两个小弟弟住前院,母亲和我的弟妹住后院,前后院是隔开的。夏明震在屋里与母亲聊了一会儿,他说我们的同志大部分都在乡下坚持斗争,自己明天要去那里找他们了解情况,可能还要到别的县去,说完便起身告辞。第二天他果真走了。

傍晚时分,姨娘匆匆跑来告诉我,今天听你父亲对县长说:"我那不孝的女儿回来了,她不听我的训导,有不轨行为,有共党嫌疑,请县长把她抓起来关几天,教训教训她!"她要我小心提防着点。父亲虽没什么出息,但在宜章还算是个读书人、小绅士,县长是他长沙法政学院的同窗好友,因此常来家中叙谈。那阵子父亲背部长了一个大痈,流脓腐烂正卧床休息,县长来看他,狠心的父亲居然告发了女儿。

母亲知道这一情况后,对我说:"这个昏君既然同县长讲了,县长肯定会照办的,还是小心为好。"母亲连夜迈着她那三寸金莲,到两里以外的轿子铺去请轿子。

第二天,天刚蒙蒙亮,母亲便送我回郴州。

任卓宣叛变革命

夏明震离开宜章后，又到各县去巡视，走了许多地方，经临武、汝城、资兴，最后从永兴回到郴州。一方面沿途了解各县地下党组织的情况，另一方面布置各地搜集枪支，组织武装力量。特别是做好掌握枪支的民团的瓦解工作，为日后的武装斗争奠定基础。

他回来后高兴地告诉我，南昌暴动的队伍即朱德领导的工农革命军不久前到过汝城，还派人与当地地下党组织联系过，他们就在湘南一带活动。听到这一消息，我们精神振奋，更加积极地筹建革命武装。

不久，我们把郴州与宜章交界的良田镇地主民团的枪给缴了。有了枪，一批同志便上山建立了游击武装。

那时在宜章与广东坪石、乐昌交界的山区也活跃着一支武装力量，领导这支队伍的是湖南省委的任卓宣①。不过，这支队伍在那里打了两仗，维持了两三个月后便垮了。

任卓宣回到省委机关任宣传部部长一职，几个月后被捕。开始他很坚强，敌人慑于他在湖南的名气，将他秘密处决。没想到他活了过来，被过路的农民背回家中养伤。一个多月后，他伤愈回省委机关工作。没过多久，省委机关被破坏，他再次被捕。这次敌人改变策略，在威胁利诱下，任卓宣叛变投敌，改名叶青，最后成为托派分子。

在那支队伍中，还有一个女同志。队伍解散时，任卓宣把她安排在宜章乡下一个同志家住下，可她不会说本地话，很难立足，后来任卓宣介绍她到郴州来。她与我一见面，原来是我在第三女子师范学校的同学，叫郭怀振，我便留她在县委机关一起住。那支队伍的情况就是她告诉我的。

有一天，夏明震下乡去了，负责地下联络站工作的地下党员、米店老板

---

① 任卓宣（1896~1990），笔名叶青，四川南充人，早年在张澜的资助下赴法国留学，1923年在法国加入中国共产党，1926年回国，在广东、湖南从事地下工作，1927年被国民党逮捕，秘密处决时两次枪毙居然死里逃生，再次被捕后成为叛徒，后担任过国民党中央宣传部副部长。1950年赴台，1990年病逝。

娘黄传凤带来了三位年轻的共产党员。他们是参加广州暴动失败后回到家乡避难的黄埔军校学生，为首的叫朱英，黄埔军校三期的学生，在国民党军队任营职军官，另外两个都是连职。他们计划回到家乡后，设法筹建革命武装。

但是他们忽视了斗争的残酷性，对国民党的反共面目和当时的严峻局势认识不足，最后导致了悲剧。

那时，国民党范石生①部从广州路过郴州，朱英想通过在政治部工作的几位黄埔同窗的关系，搞些枪支弹药，然后上山开展武装斗争。他将这一计划和盘托出，结果，同窗无情地出卖了他们。

范石生部的政工部勾结地方当局，把朱英等人抓捕，将他们带到宜章一处河滩上秘密处决了。

据说，有两个人当场毙命，朱英受了重伤没死，附近的一个菜农发现他还活着，就把他背回家中藏了起来。后来敌人发现朱英的尸体不见了，估计没死跑了，就又在附近搜查，查到后的第二天就把他打死了。

当时我们正筹建革命武装，急需军事干部。想不到他们由于思想上的麻痹和轻率，把自己的生命给断送了，也给革命造成了损失。真是令人扼腕痛惜！

---

① 范石生（1887~1939），云南峨山人，早年加入中国同盟会，1911 年和朱德一起参加蔡锷领导的"重九"起义，后曾任国民党第 16 军军长，驻守广东及湘南一带。

一个革命的幸存者
曾志回忆录

第三章 经历失败

- 威武与和蔼——两个不一样的朱德
- 激情青年走向极端
- 极左政策损害农民利益
......

威武与和蔼——两个不一样的朱德

1928年1月，南昌起义失败后，朱德率领起义部队辗转到了宜章。他打着国民党胡少海部的旗号，在土豪劣绅的夹道欢迎下开进县城。接着又巧设"鸿门宴"，发起"年关暴动"，将宜章县长和一批豪绅地主一网打尽。

这样一来，宜章的工农革命运动又重新活跃起来，同时也在湘南一带造成巨大震动，鼓舞了宜章周边地区共产党人和贫苦农民的斗志。

组织上决定派我回一趟宜章，与朱德部队联系。我拿了几件衣服，提了个包袱和篮子就出发了。

我走到良田镇时，宜章的保安大队已在那里设卡，一律不许老百姓进入宜章，以防遭受赤化。站岗的团丁把我挡住了："宜章有共匪，你不能过去！"我只好往回走。没走多远，我就往稻田处插过，企图绕小道去宜章。没想到我被团丁发现，给抓了回去。"她要逃跑，也许是共匪。"经他这么一说，很多团丁便围了上来。

真是冤家路窄！保安大队长邝境明是我过去订婚的那个未婚夫的舅舅，保安兵中有一些是我前未婚夫老家村子里的人。他们见过我，也听说过我在衡阳与吴家退婚的事。

他们认出了我，恶狠狠地说："这不是原来吴静家未过门的小媳妇吗？这女人是暴徒，是共党分子！"

"枪毙了她！"

"杀了她！"一些人喊着就把我往地上按，抓住我的衣服，要我跪下，我不肯跪，把身上的棉袄都撕破了。

当时敌人有明文规定，只要抓住共产党，可随时就地正法。"宁可错杀一千，不许放走一人。"他们见我不从，就把我往保安队的队部里拖。

我拼命地挣扎反抗："你们冤枉人！我是回家路过这里的，我在外面读完书在郴州当教员，为什么说我是共党分子？你们血口喷人，没有证据呀！"

1928年1月,南昌起义失败后,朱德率部转战湘南,在这里巧设"鸿门宴",一举夺取宜章县城。

这时一个当官的闻声走了出来,他是保安大队的副大队长。

他一看到我惊讶地说:"这不是昭学吗?"

原来他是我父亲的老友欧阳叔,我小时候他常上我们家玩儿。

他说:"正好你回来了,你父亲前几天去世了。"

"是啊,我接到父亲去世的消息,就赶了回来。"我灵机一动,接上话茬。其实我并不知道父亲去世的消息。

"这几天你是无论如何过不去的,宜章已被'共匪'占领,他们把县长和有钱人家都给杀了,只有我们邝大队长幸免跑了出来。我看你今天就先住在这里,明天还是回郴州吧!"欧阳副大队长很客气地对我说。

这样我只好折回郴州。说来真是危险,幸亏遇上了欧阳叔,是他帮助我躲过了劫难,走出鬼门关。

朱德的部队占领宜章后,又在坪石打了个大胜仗,消灭了军阀的一个团,缴枪七八百条,还有机关枪、迫击炮。他们乘胜前进,计划攻占郴州。

工农革命军沿途攻占摺岭、良田,并与地下党领导的游击队会合。部队行进中,沿途农民兴高采烈,主动要求参军,或帮助部队抬担架、扛枪。大革命失败后隐蔽下来的，或避往外地的农会干部和积极分子也都重新复出，重整旗鼓。

当我们听说朱德的部队已打到良田镇，并向郴州挺进时，高兴得手舞足蹈。夏明震虽是领导干部，但他毕竟只有21岁，他把帽子扔来扔去，我和郭怀振就使劲地抢他的帽子，我们喜悦的心情简直无法形容。

但是我们也冷静地想过，工农革命军到了郴州，能不能长期驻扎还不明确，要是部队很快开拔，国民党卷土重来，我们地下党就要遭受破坏。因此县委决定，还是秘密活动，不公开共产党员的身份。

2月4日傍晚，夕阳渐渐西下，我们站在菜园里，远远看到苏仙岭上有一支穿着灰衣服的队伍往郴州城开来。我们估计这大概就是盼望已久的工农革命军，心里暗暗高兴。我爬到一堵矮墙上眺望，只见他们一部分往山上走，到了半山腰就往下打枪。打了一会儿枪，见没什么动静，就向城里开进了。

本来城里有一支国民党驻军，但工农革命军势如破竹，他们自觉不是对手，就溜之大吉了。

当天晚上半夜2点多，我和郭怀振偷偷跑到街上贴标语，部队的哨兵发现了过来盘问，当看过我们写的标语之后，他们非常高兴。我们见到他们，真像见到亲人，感到亲切得不得了。为了避免暴露，我们抓紧时间贴完标语，赶快溜回家里。

第二天上午，工农革命军在城隍庙召开群众大会，那里人山人海，大约有四五千人。工农革命军师长朱德在戏台上作报告，这是我第一次见到朱老总。他那时才40多岁，尽管络腮胡剪了，但远远看上去脸还是很黑。他围着一条绿围巾，穿着一件很长的黄颜色的齐脚大衣，显得威风凛凛、精神焕发。我当时心想，这人真威武啊！

到了晚上，夏明震带我去见朱德，我在那里看到的和白天在戏台上看到的判若两人。他见到我非常和蔼可亲，说话和风细语，像慈母一般，我紧张的心情一扫而光。我们不能在那里久待，夏明震汇报完工作，我们就告辞了。

朱德

激情青年走向极端

工农革命军攻占宜章、郴州的消息迅速传遍湘南。永兴、耒阳、资兴、汝城等县，在地下党组织和原农会骨干的领导下，奋起响应，在不到20天里，形成了湘南全区性农民武装暴动的新局面。湘南暴动波及整个湘南地区的十余个县，威震湘、粤、赣三省。

当时，工农革命军攻占郴州两三天后，就建立了各级苏维埃革命政权，并组织和恢复各级农会。

随之建立的是工农武装力量，以保卫胜利果实。宜章建立了工农革命军第3师，郴州的工人纠察队很快变成了赤色游击队，后来发展成为工农革命军第7师，师长邓允庭①，政委夏明震（后为蔡协民）。

在建立武装力量的同时，工农革命军掀起"肃清反革命"的运动。马日事变后，国民党反动派实行白色恐怖，血腥镇压革命。同样，当革命走向高潮时，当然也要毫不留情地、坚决肃清当地的反动势力。

打土豪分田地成为重头戏。有的地方除开仓清粮外，还开始分土地。

我在郴州郊区的南乡就参加过分田斗争，当时没经验，主要还是听取和尊重贫雇农的意见，同他们商量着干。主要的做法是：自耕农的土地基本不动；把地主的地按人口平均分给雇农；佃农租的土地多的拿出一部分，租得少的补一些，即抽多补少。

分得土地的农民兴高采烈，但还不放心，因为土地虽分到手，但田契还在地主手中。于是，我们就强迫地主把田契、高利贷账本等交出来付之一炬，再开个庆祝大会。这样农民群众的斗争激情更加高昂，整个湘南地区的革命形势发展迅猛，非常喜人。

造成这种局面的重要因素，我认为有两个：其一是朱德率领的工农革命军推动了湘南地区的革命斗争；其二是湘南地区具有良好的革命斗争传统和群众基础。这两个因素缺一不可，两者的结合才造就了湘南暴动风起云涌、

---

① 邓允庭（1879~1931），湖南郴县人，1897年加入中国同盟会，1927年加入中国共产党。曾参加湖南起义，之后任工农革命军第7师师长、红四军后方留守处主任等职。1931年牺牲。

轰轰烈烈的态势。

郴州苏维埃政府成立一个多月后，我们就在郴州召开了一次党的代表大会，大会将中共郴州县委改为中共郴属特委，书记还是夏明震，我还是做秘书长的工作。

中共郴属特委成立后，原来所领导的七八个县不变，只是把原来的支部升格为县委，以适应迅速发展的革命斗争需要。

面对如火如荼的革命形势，我热血沸腾，再也坐不住了。我从一个深居简出的不为人知的教员家眷，一下成为抛头露面的知名人物。我还做了刻意的打扮，把留长的头发又剪短了，脱下旗袍，换上了男学生装，扎着红腰带，有时头上裹着块红头巾，背着红缨大片刀，看起来十分威武神气，人称"红姑娘"。

我经常带领一批农民自卫军去抄地主豪绅的家，分掉他们的浮财，打开粮仓救济贫苦的农民，群众拍手叫好，人心大快！

那时在我身上有着一种红的狂热、革命的狂热。最为可笑的是，有一回，我路过城门楼，突然觉得这庞然大物太可恶，工农革命军攻城时，国民党部队就是依仗这个城门楼子阻挡革命军的，这样的地方应该毁掉它。

湘南起义纪念雕像

于是，一阵热血冲动，我一人抱来一堆干草跑上城楼，把二楼给点着了。本来就这样让它往上烧就行了，可那时没经验，热昏了头，我又跑上三楼去点火，当我从三楼下来时，楼梯已着火，险些下不来。

当我狼狈地从着火的门楼里跑出来时，一头撞见朱德和一大群围观的群众，朱师长不解地问我怎么回事，我说："这个城门楼太可恶！妨碍革命，我把它给烧了。"

奇怪的是，朱师长竟没说什么，只是很慈祥地笑了笑就走了。

当时郴州有一批热血青年积极投身革命，他们也同样是走极端。这些男女学生白天走上街头巷尾或深入农村，开展宣传、发动工作，晚上回来却是又唱又闹，疯疯癫癫的。夜间男女也不分，几个人挤在一张床上，深更半夜还吵吵闹闹的。

不过他们并不是现在所说的流氓，他们既不喝酒，也不赌博，只是在国民党封建制度压迫下感到压抑，渴求民主自由的新生活。他们以为现在解放了，男女平等了，男女也可以不分了。

湘南特委特派员何舍鹅知道此事后，大发脾气："这还了得！晚上男男女女都搂在一块儿睡，男女都不分了……这些人也是反革命，破坏我们的革命道德。如果发现谁再这样，就枪毙，就杀头！"

吓得这些年轻学生再也不敢胡作非为了。

极左政策损害农民利益

声势浩大的湘南暴动，动摇了国民党在湖南的统治基础，给地方反动势力以有力的打击，因此引起了国民党军事当局的恐慌。他们急忙调兵遣将，大肆"围剿"湘南工农革命军，企图把新生的郴州红色政权扼杀于襁褓之中。

驻扎耒阳的朱德率领的工农革命军受到了来自南北两面的夹击。北面是集结于衡阳的国民党白崇禧①部，南面是广东范石生部，他们与工农革命军形成

---

① 白崇禧（1893~1966），广西桂林人，国民党一级上将，号称"小诸葛"，桂系军阀代表人物，曾担任中华民国国防部部长等职务。

对峙局面。国民党部队不仅人多，而且装备先进，对郴州苏维埃构成了严重的威胁。

为了粉碎敌人的进攻，省委特派员席克斯、湘南特委特派员何舍鹅提出了一个极左的坚壁清野的"焦土政策"，即把从宜章至耒阳一线400多里长的公路两侧各5里内的城镇及农村的人和财物一律撤至偏远的农村，然后把搬空的房子烧掉，片瓦不留。

面对强敌硬拼不行，就玩点花样技巧，他们好像是从《三国演义》里学来的。他们认为敌人从宜章到衡阳要走好几天，这样就可以让进犯之敌无寸草御寒，无粒米果腹，不战而自垮。

特派员充满自信地说："到那时就等着去捡枪吧！"

尚处幼年的共产党组织，在大敌当前之时，居然想出这种异想天开的办法。他们就是没有想到这样做会引起公愤，会违背广大人民群众的利益，因而注定是要失败的。而我们当时也太天真幼稚了，竟也赞同他们的意见。

于是郴属特委作出决定，坚决执行"坚壁清野"的"焦土政策"。为此，先在党内进行动员部署，然后再向群众宣传贯彻。

这一政策的执行，无疑会遇到重重阻力甚至反对。群众不相信我们的宣传，有些积极分子是半信半疑，就是各级党员干部和苏维埃政府机关工作人员也是不赞成的。而隐蔽下来的以崔廷彦、崔廷弼为首的地主豪绅、反动分子便趁机煽风点火，在郴州策动反革命叛乱。他们说："鸟还得有一个窝呢，把房子烧了无家可归，让我们去乡下吃什么、住什么？"他们在背地里鼓动并组织群众反对烧房子。特别是郊区周围十几里的农民，更是坚决反对烧掉他们祖祖辈辈苦心营造的家。

干部群众的情绪和意见，以及反动分子在暗地里活动的复杂而严峻的情况，曾经多次反映上来，而包括夏明震在内的最高决策层，却被胜利冲昏了头脑，听不进干部群众的反对意见。他们说："我们的力量这么强大，一小撮反动分子在那里秘密活动翻不了天。"真是可悲的自信。

他们对此满不在乎，一意孤行，最后终于导致了历史的悲剧。

"焦土政策"导致农民强烈反对

3月中旬的一天上午,群众动员大会在郴州城隍庙广场召开。原定开会时间是10点,那天我和郭怀振起得早,9点多就来到会场,只见广场上已经会集了八九百人。同往常召开群众大会不同的是,郊区的农民们手上都拿着家伙,有锄头、扁担、镰刀,还有枪、梭镖和大刀。他们个个紧绷着脸,表情阴沉沉的,有的人还怒气冲冲。

还原画:郴州"焦土政策"开会旧址(原城隍庙)

整个会场上弥漫着一种恐怖紧张的气氛。我向他们解释,但他们根本听不进去,你一言我一语地反驳我。

"你们烧了房子,国民党部队就吃不成饭啦?就能把他们饿死?"

"我们祖祖辈辈在这儿住,要我们烧了房子到乡下投靠亲友,我们的亲戚都很穷,让我们投靠谁去呀?"

这时,我在南乡搞土改认识的那个支部书记也来了,他把我拉到一边悄悄地告诉我:"反动分子秘密部署,可能会利用农民的抵触情绪发动叛乱,他们扬言今天谁要是叫我们烧房子,就给他点颜色看看。看来今天要出大事,怎么办?"

同样,我在进入会场后也嗅到了一股可怕的火药味。

讲台上此时出现了一个人,大声说着:"乡亲们!鸟都有一个窝,我们是人,上有老下有小,祖祖辈辈都生活在这里。不搬家还有一条活路,烧了房子就只有死路一条。现在,反对烧房子的站在这一边。"

他的话音刚落,参加大会的农民、居民几乎都站过去了,就剩下我们党员干部和骨干分子站在另一边，非常孤立。

"共产党一定要烧我们的房子，我们就反对共产党、打倒共产党！"接着那人又大声喊。

我一听这样的口号都喊出来了，看来烧房子要出事，要发生流血事件。

情况万分危急！

我来不及多想就急忙溜出会场，向苏维埃政府机关跑去，想找苏维埃主席汇报。政府机关此时已搬到县城对面清源山的一座寺庙里。可是等我气喘吁吁地爬上山已晚了一步，夏明震和政府的几个主要领导都下山到会场去了。他们和我走的不是同一条路。

正着急，看到有个赤卫队员急匆匆地过河上了山，上气不接下气地告诉我们，反动派叛乱了，大会刚开始，叛乱分子就冲上主席台抓人，有个工农革命军的营长见状朝天开了一枪，反动分子就冲上去抢他的枪，他不让抢和他们扭成一团，结果被人拖到台下，活活打死了。夏明震等一批领导都被人从台上拖到台下，用梭镖扎……不得了了，整个会场一片混乱。

正在这时，我们看到山下人声鼎沸，有好几千叛乱分子和不明真相的农民过了河，从四面八方向山上冲来。

当时苏维埃政府机关有一个警卫排，有十几支枪，我就只好组织这个排抵抗。可是这些战士都是新兵，看到满山遍野都是反叛的农民，就鸣枪吓唬他们。农民听到枪声不敢上前，但也不退。在混入队伍中的反动分子鼓动下，农民一会儿又冲上山来。警卫排自觉抵挡不住，扔下枪就跑，喊回这个又跑了那个，最后全跑光了。

我看到反叛的农民快冲上来了，只好往茅草小路上跑。当时很混乱，我穿的是男学生服、戴着帽子，他们一时看不清我是女的。我急中生智，假装问："苏维埃在什么地方？"

"就在山上！"

反叛的农民以为我也是去围攻苏维埃的。这样我只好返身往山上跑，趁他们不注意，瞄准机会一下子钻进灌木丛躲了起来，所幸没有被发现。

没过多久，反叛的农民开始搜山。我看到不远处有人在那里找了一阵就走了，有的拿了些苏维埃政府机关的东西，从我身边不远处走过下山去了。我听到有个妇联主任跑过了河，被反叛的农民发现抓住，她大声喊："救命啊！救命啊！"

陈家大屋，是"焦土政策"发生时郴县苏维埃政府驻地。

我着急万分，但却没办法救她，结果她在河边被杀了。

我从上午10点躲在那里，一直熬到天快黑。我听到山下有人在喊："山上有人吗？我们是工农革命军教导队的，如果有人，就赶快下来和我们一起走。"

看到他们身穿灰军服，知道是自己人，我才放心地下山，跟着部队返回教导队的驻地。

教导队是培养军事骨干的单位，队员30多人大部分是年轻有为的青年学生，是南昌暴动后从武汉组织起来的，队长叫刘之志，黄埔军校四期毕业生，在武汉参加工农革命军。他的妻子许秀珍，原是武汉的一名中学生，一直跟随着他从南昌暴动到湘南暴动，是朱德领导的工农革命军中唯一的女同志。

到了教导队驻地，我紧张了一天的神经才算松弛下来，有了安全感，但我老想着上午的那场群众大会，预测着城隍庙里发生的一切。我想念那些同志，特别想念夏明震。他被人拖下戏台，结果会是怎样？我默默地祈祷着，但愿他们只是受了伤，可千万不能死啊！

吃晚饭时，我端起饭碗，眼泪就不知不觉地掉下来了，但看到有人来了我就急忙抹去，装作没事一样。我不愿意让人看到我哭鼻子。

大约是晚上8时许，哨兵进来报告，有一大群反叛的农民往这里冲来，他们是想来抢部队的枪。由于搞不清冲过来的是反叛农民还是反动分子,因此部队眼看着他们要冲过桥了,才被迫朝天打枪。教导队的战士都是训练有素的,使的都是清一色的匣子枪,他们一梭子打过去,就把农民吓跑了,一个领头的被抓住了。

此人十分顽固,被捆起来后还破口大骂共产党,说共产党放火杀人。当时我气得要命,大喊道:"你们杀了我们那么多同志,今天非宰了你不可!"

"对!宰了他!"队员们都异口同声地说。

这时,我不知道从哪里来的勇气和胆量,也许是仇恨和愤怒吧。我拿起梭镖用力朝他的肚子上扎去,他倒在地上,发出呼呼的喘气声和嗯嗯的呻吟声……那声音我至今还记得很清楚。这是我平生唯一一次杀人。

夏明震之死

由于局势混乱,敌情不明,孤立无援的教导队决定暂时离开郴州,与主力部队会合。我感到郴州地区发生这么大的事,我有责任向上级党组织湘南特委汇报,也就跟随教导队向永兴撤退。

当我们经过一个较大的村落时,只听得村里传来阵阵锣声。随后,一大群手举扁担、锄头、梭镖的农民,冲出村口追赶我们。教导队朝天开了几枪,便把他们镇住了,但他们嘴里仍喊着:"打死你们!打死你们!"

沿途经过三四个村,都受到同样的"礼遇",我们一路打一路撤,大约走了三四十里地,到了一个小镇上。当我们坐下休息正准备吃饭时,就听到不远处的戏台下有人喊着:"来人啊,救命啊!"

我们跑过去一看,发现有人被五花大绑,关在戏台下的小屋子里。他说他是当地农会干部,被还乡的大地主抓了起来,准备要杀头,后来听说我们的队伍要来了,就丢下他跑了。

我们赶快给他松了绑,他说:"还有两个农会干部,刚刚给活埋了,也不知是死是活。"我们急忙跑去挖开土一看,已经没气了,只好又重新把他们埋了。吃了饭,我们又继续赶路。

到了晚上天黑时,教导队才抵达永兴县城。我很快找到了湘南特委负责人周鲁，把实行"焦土政策"、开会动员以及后来发生的一切都向他作了汇报。我强烈要求，快派队伍打回郴州去！

周鲁听完汇报，觉得问题严重，连夜就去找工农革命军的负责同志请求派兵。工农革命军当即作出决定，派出一营兵力，急行军打回郴州去，平息叛乱。

部队了解到，一批反动地方武装和受蒙蔽的反水群众，见部队进城便逃到郴州附近的南塔岭。部队马上攻打南塔岭，消灭了地方反动武装，当场击毙反动豪绅崔廷弼。

仅仅时隔两天，当我再次看到郴州城，却是另一番惨烈的景象。城中心大街一片残垣断壁，使我甚感震惊。我们没烧过房子，但眼前却是满目焦土，这究竟是怎么回事呢？

原来，当反水的农民四处追杀共产党员和农会干部时，一些人死里逃生，跑到50里以外的良田镇。当地党政组织惊悉郴州反动派发动暴乱，马上召集5000多农民，连夜开进郴州，同地方反动武装及反水的农民激战，从当晚一直打到第二天上午。在混战中，反水的农民把整条街的房子给烧了。

我还看到街上到处是血迹，尸体有几十具，横七竖八东倒西歪……

我四下打听夏明震等的下落，有人告诉我被杀死的干部都在河边。我和战士们急忙赶到河边，最不愿意看到的惨烈景象还是出现了。

河滩上摆着九具尸体。夏明震面朝苍天，躺在那里，脸是青紫的，眼睛闭着，两只手还紧握着，衣服被撕开，胸前被刺了三四刀，肩上、肚子上、脚上都有伤，大概被砍了几十刀，两腿伸直，一只脚光着……我眼睛都看呆了，心直往下沉。……

夏明震烈士纪念碑

真是惨不忍睹！

那时天气还很冷，尸体还没有腐烂发臭，我们找来棺材，把他们逐一收殓好。我强忍着失去丈夫和战友的巨大悲痛，全身心地投入到收复郴州后的各项工作中。

两天后，夏明震等烈士被安葬在文帝庙附近。当时郴州工作百废待兴，千头万绪，因此没有召开隆重的追悼会，只组织了一批人去送葬。送葬时，我克制住自己肝肠俱裂的悲痛，没有为亲人送这最后的一程。

夏明震悲壮的死，深深地震撼了我，他才21岁，本不该死啊！但痛定之后，有更多的思考，并且愤怒使我加倍地坚强。我没有在众人面前哭，因为我不愿让人看见我此刻的脆弱。牺牲了那么多的战友我都没有掉过一滴眼泪，我也不愿只为自己亲人的牺牲而哭泣。

我只知道夏明震被埋在文帝庙，却不知道文帝庙在何方。前几年我回到郴州，想去凭吊先夫的亡灵，但听说文帝庙已拆了，夏明震等人的墓被迁到一个山脚下。我下山去寻找，山下正在修公路，他的骨骸已不知所终。

我的心里至今还十分不安啊！后悔当初没有去送他那最后的一程。

陈毅公开承认"焦土政策"错误

现在回想起来，郴州特委所做出的极左的"焦土政策"真是愚蠢至极、罪孽深重，它给党和人民带来的是不可估量的损失。

它损害了党和苏维埃政府在人民群众心目中的威信和形象，糟蹋了郴州地区的大好革命形势，使胜利果实和大好局面毁于一旦；它破坏了党和人民群众的血肉关系，损失了一大批党的干部，挫伤了群众的感情和积极性。极左路线造成的后果是极其严重的。

广大人民群众抵制"焦土政策"，反对烧房子，甚至因此与党反目成仇，而这却没有引起我们的警觉和反省。反动派恰恰利用了群众的抵触情绪和反抗心理，秘密策动、暗中唆使，挑起一场反革命叛乱，借农民群众之手向共产党和苏维埃政权大打出手，以致酿成了这场亲者痛、仇者快的互相残杀的悲剧，殃及党政军领导干部、共产党员、农会干部、赤卫队员以及不明真相的农民和无辜的群众，甚至包括一些青少年。

后来我还听说,最惨的是两三百名少先队员,都是些12岁至16岁的孩子们。反水的农民来了,他们就往山上跑,反水的农民哄骗说:"你们下来,就不杀你们。"

天真的孩子们相信了他们的鬼话,一下山就被包围了。毫无人性

图为当年的陈毅(右)与战友合影

的叛乱分子竟对手无寸铁的孩子们大开杀戒,好几十个少先队员最后惨死在血泊之中,尸体被丢到山沟里。

据不完全统计,共有1000多人屈死在那场残杀中,而真正的反动分子却藏在暗处,煽风点火,死得并不多。真是令人悲哀啊!

工农革命军打回郴州后,重新组建了中共郴州县委,由陈毅代理书记。他所做的第一件事就是召开群众大会,公开承认烧房子是错误的,今后不再搞"焦土政策",也不戒备森严,让大家安居乐业,该干什么就干什么。他还宣布除那些大地主豪绅和反动分子一定要镇压外,不明真相受反动分子欺骗的农民,一律既往不咎。

贫苦农民本来对土地革命运动是赞成和拥护的,听说共产党不追究以往的事了,他们又重新投入土地革命斗争,照样打土豪分田地,分粮济贫烧田契。

各级苏维埃政权和农会、妇联等群团组织也重新得到恢复和发展。在宜章与摺岭交界地区活动的工农革命军第7师,此时也回到郴州。农民自卫队重新拉起队伍,继续活动,郴州地区的革命形势很快得到好转。

郴州县委重组时,我不愿意留在地方工作。经组织上同意,我被调到工农革命军第7师党委办公室工作。

第7师是一支由郴州工人纠察队扩建发展起来的队伍,在与国民党部队和土匪武装的战斗中不断得到发展壮大。师长邓允庭,辛亥革命时曾任过蔡锷、黄兴部队的参谋长。蔡锷失败后,他离开军界遁入教门,当起牧师。北

伐战争时，他认识了一些共产党人，接受了共产主义的宣传。由于他思想比较进步，党组织决定发展他入党。

当时，夏明震代表组织找邓允庭谈话和主持入党仪式时，我也去了。

邓允庭说："我相信共产主义，也愿意加入共产党；但我也相信基督教，我不是迷信，而是相信其中的道理。共产主义讲为人民大众谋利益最终达到共同富裕，这和基督教讲平等、博爱是一致的。所以我不放弃基督教。"

那时部队急需军事干部，就任命他为第7师师长。不久，朱德派蔡协民来第7师任党代表。

正当郴州土地革命斗争再次风起云涌之际，广东和湖南的国民党部队已向郴州地区步步进逼，形势急转直下。

一天下午4点多，我们接到紧急通知，第二天一早一律撤出郴州，向江西井冈山转移，与毛泽东的队伍会师。

第二天一早，邓允庭师长带领主力队伍开赴良田一带，阻击和牵制来自广东的范石生部队。我也匆匆忙忙地跟着党代表蔡协民和师直属队一道，离开了郴州，向井冈山进发。

第四章 井冈上下

- 再嫁蔡协民,初识毛泽东
- 井冈山朱毛大会师
- 参加黄洋界保卫战
......

再嫁蔡协民，初识毛泽东

我跟随着郴州第7师师直机关一道转移。由于仓促行动，来不及通知苏维埃政府和群团组织的所有成员，因此当他们看到部队匆匆撤离，急忙也跟着撤出郴州。一些农会干部、赤卫队员担心受到敌人和还乡地主的报复，也跟着队伍跑，家也不要了。而他们的家属知道了这一消息，也不顾一切地跟在队伍后面跑，队伍越走越庞大、越混乱。

这是一支什么样的队伍呢？

在这支队伍中，有拄着拐杖的老人，有哭哭啼啼的孩子，更多的是一大群衣衫不整、神情恐慌的妇女。队伍中，有挑担子的，有背包袱提篮子的，有抱着孩子的，还有扛着梭镖的——梭镖上挑着包袱、衣衫，甚至尿布——简直像一支逃难的队伍。这条走走停停缓缓往前蠕动的长龙，首尾相距十几里。到了晚上，沿途露宿，生火做饭，四处火光熊熊，哭声吵闹声混成一片。

从郴州出发，经过资兴、桂东，100多里走了四五天，有时一天只能走二三十里。到了酃县①的水口镇一清点，尽管有些老人和妇女走不动折回去了，可跟出来的还有六七千人。再这样下去，不知何时能到达井冈山！万一遇到敌人，只好坐以待毙。

因此部队决定，在水口镇休整几天，整顿清理队伍。老人和妇孺尽量动员回去，或就在附近暂避一时，实在不能回去的干部家属随队伍前进，年轻力壮的男人留下。经过三天整编后，有两千多人留了下来，队伍精干多了。

经过休整，队伍轻装上路，两天后终于来到了井冈山脚下的酃县县城，队伍驻了下来，等候朱德率领的主力部队。

师直机关驻扎在一个祠堂里。一天傍晚，十分疲惫的我正倚着蔡协民的肩膀，等待着开晚饭。

---

① 酃县：旧地名，在湖南，今改称炎陵县。

那时，我刚同蔡协民结为夫妻。蔡协民是广州农民运动讲习所第一期学员，曾参加过八一南昌起义，是第24师铁军连指导员，后随朱德到湘南。当时，蔡协民调到郴州任第7师党代表，我调师党委办公室工作后，我们朝夕相处，他对我有好感，我对他亦敬佩爱戴。

虽说夏明震刚牺牲不久，我也因此感到不安，但当时认为，革命者随时都有牺牲的可能，夫妻关系也就不是什么重要的事了，哪还讲什么"三从四德"。再说，当时形势那么恶劣，战斗即将打响，而我又成为年轻的寡妇，我不想陷入是非，不想再谈恋爱。蔡协民是我的领导，有理论有文化，是一个成熟有水平的革命家，人又温文尔雅，因此在上井冈山前夕，我答应了他的求爱。对夏明震，当然是刻骨铭心的，但我想最好的纪念就是把他永远留在心中。

蔡协民

不久我和蔡协民结合了——没有仪式，没有喜宴，甚至连茶点都没有。

部队到酃县时，我刚有身孕，加上连日行军，已是疲乏得散了骨架似的。我倚靠着蔡协民慵懒地半睡着，只听得门外一个洪亮的声音高喊着："蔡协民同志，老蔡！老蔡在里面吗？"

还没等我反应过来，那人已随声而入。

我睁眼一看这位陌生的来客，身材高挑，气度不凡。他一见床沿上相依而坐还来不及站起的我们，笑道："嚯！金屋藏娇嘛。老蔡，好福气哟！"

他边开着玩笑，边自个儿拉了条长凳坐在我们对面，满含笑意地看着我们。

蔡协民忙拉我起身，向我介绍说："这位就是我常和你说起的毛泽东，毛润之！"

啊！他就是创办广州农民运动讲习所的毛泽东，一个如雷贯耳的名字，一个我仰慕已久的大名鼎鼎的革命家。我顿时倦意全消，肃然地坐在一边倾听着这两位师生和战友的谈话。

毛泽东在广州创办农民运动讲习所时，蔡协民就是他的学生，此刻两人久别重逢，自然十分高兴。尽管毛泽东那时已是一位很有名气的领导人，

井冈山时代的毛泽东

却没有一点架子,和蔡协民就像一对老朋友,很随便、很亲热。两人侃侃而谈,似乎把我给忘了。

我端详着毛泽东,中分式的黑色长发,清癯的面颊、智慧的双眸,举止潇洒自信,表情亲切而深沉。他谈笑风生、妙语连珠……他热情风趣、平易近人,使我对他由崇敬变成了仰慕。从那一刻起,我便对他没有了拘束,就是后来人们对他神化般地顶礼膜拜时,在我心目中,他还是那个热情风趣、平易近人的毛泽东。

他们说了好一阵子,毛泽东起身告辞。他最后说:"我这次下山是专门来接你们这支队伍的。朱德的队伍很快就到了,我还要去那里接他们。"我们一直目送着他那高大的身影消失在远处,消失在一片浓浓的暮色之中。

井冈山朱毛大会师

我们在酃县住了几天,朱德率领队伍从衡阳至耒阳间与敌作战后,经耒阳的东江、竹市和安仁的神州,到达沔渡。他们走的是另外一条路,比我们晚到两天,驻扎在砻市附近。这时我们第7师的主力部队在邓允庭师长的率领下经过沔渡,也来到了宁冈砻市。

1928年5月4日,在砻市南边的一个大草坪上,召开了朱毛井冈山胜利会师大会。会议由陈毅主持,他庄严宣布:全体部队改编为中国工农革命军第4军,朱德任军长,毛泽东任党代表,陈毅任政治部主任。

这就是中国革命史上具有划时代意义的"朱毛会师"。

会师大会之后,部队开始整编。根据中央的指示,红四军下辖6个团。朱德原来率领的工农革命军第4军第1师整编为第28团,毛泽东率领的部队整编为第31团,这是红四军的两个主力团。原来在井冈山斗争的袁文才、王佐的部队编成第32团,从宜章、郴州、资兴、永兴等县来的队伍,合编为三个团,郴州第7师番号取消,与宜章第3师整编为第30团,蔡协民仍在那个团担任党代表。

　　部队整编后,就上井冈山了。郴州第7师直属队的男女老少上千人,也随着我们上了山,在小井那儿驻了下来。

　　井冈山位于江西、湖南交界的罗霄山脉中段,这里距敌人重兵驻守的南昌、长沙、武汉等中心城市较远,新旧军阀连年混战,无暇顾及,反动统治势力比较薄弱;这里山高林密,群峰连绵,地势险要,林木苍翠,进可攻,退可守,回旋余地很大,且一举一动可以影响湘赣及附近省份。

　　小井位于井冈山地区的中心地带,还算是个大地方了,有五六个铺子,其他几个村连铺子都没有。小井溪的对面有不少石头山,据当地农民说,过去傍晚时分总有成群的猴子在石头上蹦来跳去,部队来后,就没有那么多了。

　　井冈山的田地很少,有几个田洞,最大的也只有几十亩,因此当地粮食奇缺。我们上山时虽带了些粮食,但男女老少上千人,一两天后便断炊了。

　　当时正值初夏四月,井冈山遍地是竹子,且正是长竹笋的季节,山上的竹笋已长得差不多人那么高了。为了充饥,我们只好把竹笋砍下来,剁成一块块的,放在一口大锅里煮,也没有盐放。有的竹笋纤维已经很长很硬,咬也咬不动,嚼得多进得少,吞下去的只是一些水和渣子,肚子还是饿的。

1928年5月4日,起义军在砻市广场召开万人军民大会,宣布中国工农红军第4军成立,从此奠定了我党武装革命的基础。图为红四军建军广场。

为了解决粮食供给问题，部队决定下山攻打永新县城。随军来的家属小孩加上缝纫工人、病号一百来人，被留在井冈山后方留守处，我跟着后卫队下山去了。

部队就像一群饥饿的老虎下山了。

攻打永新县城，拿山村是必经之道。那村比较大，有一支国民党的小股部队驻扎在那里。红军主力部队从罗浮下山，再走120里路，就到了拿山村。一阵猛冲，就把这个绊脚石踢平了。

我随着后卫队到拿山村时，主力部队已往永新去了。我们住在一个地主家里，房子是两层楼的。一些战士从二楼搜出了八九坛东西，是用很大的坛子装的，上面用泥封口。他们打开一看，是金黄色的糯米陈酒，顿时香气扑鼻。战士们抢着用土碗舀酒喝。

我也兴致勃勃地舀了半碗，一尝还真好喝，又甜又香，还有些黏稠。当时我走得又累又渴，不知不觉就喝了一大碗。那酒的酒劲真足，不到十分钟，我就觉得头晕目眩、天地翻转，后来便不省人事了，吓得战士们急忙用冷水往我头上浇，浇了好一阵子，才把我弄醒。我再次领略了酒的厉害。从那以后，我见酒三分怕。

第二天，我们进入已解放了的永新县城。这是我们撤出湘南后所到的第一座城镇。

袁文才

这时蔡协民调任第32团党代表，团长是袁文才①，我也随他到团党委办公室工作。

有一次，毛委员到我们团里开会，给连营以上干部讲解"敌进我退，敌退我追，敌疲我打，敌驻我扰"的游击战术"十六字诀"。他讲得绘声绘色，从实际到意义，再从意义到实际。我们到会的同志聆听了毛委员的讲话后，个个深受启示，信心百倍。

当时，毛委员还提出红军部队要完成三大任务，即人人要会打仗，人人要会做宣传群众工作，人人要会做组织群众工作。每个红军战

---

① 袁文才（1898~1930），江西宁冈人，早年带领农民造反，1926年加入中国共产党，1927年接受整编带队伍参加红军，1930年受诬陷被杀害。

士要既是战斗员,又是宣传员、组织员。

我们第32团留下两个连和一个独立营做地方工作,与我们机关干部合在一起,三至五人编成一个小组,一人分工一片,分散活动。白天到群众家里访贫问苦,宣传发动群众,组织建立农会、赤卫队和苏维埃政权;晚上到敌人驻地偷袭敌人,这里放几枪,那里投几个土手榴弹,或者在铁桶里放鞭炮,搅得他们夜不能寐。

敌人也常出来骚扰。他们一来,村子里的干部、赤卫队就掩护老百姓往山上撤。但敌人一般不敢在村里久驻,他们要是驻下,同样不得安宁。

我们就是用这种办法发动群众、牵制敌人,在永新和宁冈交界地区建立、巩固和发展了苏维埃区域。

参加黄洋界保卫战

是年5月至7月,毛委员、朱军长和陈毅率领红四军,利用井冈山方圆500余里的有利地形,转战于永新、宁冈、莲花、茶陵一带,开展游击战争,击溃国民党赣军的数次进犯,保卫了井冈山革命根据地。

6月23日,在我所工作的永新、宁冈交界地区,红四军集中优势兵力,在新、老七溪岭上摆开了战场。

根据军部作战部署,第31团的一部分兵力埋伏在白口附近的武功潭山上,配合主力袭击敌军前线指挥部;另一部分兵力组织永新、宁冈两县赤卫队、暴动队配合红军作战。

战斗的前夜,我住宿在第31团第3营的营部,十几人睡在一张晒谷子用的竹垫上。6月的井冈山区,气候凉爽,到了夜间更有一丝寒意,但大家想着明天即将发生的战斗,心里却是火热的。

第二天上午,红军指战员即进入了老七溪岭隘口阵地,迎接来自宁冈方向的进犯之敌。我们赤手空拳,营长蔡惠文不让我们上前线,叫我们等候担任后勤工作,其实我的心早已飞到前线。

可是,吃完早饭还没有动静。蔡营长不耐烦了,他坐下来要勤务兵为他理发。刚在头上剃了几刀,山头上响起了密集的枪声,他甩开勤务兵就往山头阵地飞奔而去。

朱德指挥龙源口战斗时的指挥部旧址

双方激战一天,山谷里硝烟弥漫、枪声震天。在战斗中,蔡惠文抽调班、排长和党员组成敢死队,向敌人猛冲,占领了敌人的制高点。最后战斗以敌人师长杨如轩身负重伤,敌军惨败而告终。我军歼敌一个团,击溃两个团,俘虏了大批敌兵,缴获了许多轻重型武器。红军军威大振,井冈山根据地进一步扩大。

当时边界群众中流传"不费红军三分力,打败江西两只羊"(指赣军头目杨如轩、杨池生),说的就是这次战斗的情况。因为这次战斗是在龙源口打响的,所以又叫"龙源口大捷"。

我是第一次参加这么大的战斗。虽说战斗的细节已经遗忘了,但是那次战斗中我们红军战士机智勇敢、奋勇杀敌的惊心动魄的场面,还时常萦回在我的脑海中。

8月中旬,朱德军长率红四军一部回师湘南攻克郴州,复又失败退回桂东一带。毛委员率第31团第3营往桂东方向迎接朱德的部队返回井冈山。

毛委员率部经过宁冈时,到我们团驻地来看望了我们。当时,我们团正在休整,战士们抓紧战斗空隙,有的在补衣服,有的在打草鞋,一派安静悠闲的气氛。更多的战士到村前的一条小河里洗澡。那时许多战士没有换洗的衣服,他们脱光衣裤,在河里洗干净、晒在石头上等衣服大致干了,就往身上穿。

毛委员见我和蔡协民坐在一起,又风趣地开起玩笑:"你们这一对形影不离,真是模范夫妻啊!"

突然,他发现我的肚子有些异样,知道我已怀孕(已有七个多月),便叫我尽快离开前线,回到井冈山后方留守处,并说用他的马送我上山。

第二天清晨,我骑上毛委员的马,带着简单的行李,从宁冈出发,经过茅草坪,沿着崎岖的山路,艰难地翻过了黄洋界山头,到达位于大井的红四军后方留守处。

后方留守处的主任，便是我们原郴州第7师的师长邓允庭。在会师整编时，上级考虑到邓允庭是旧军官、基督教徒，且年已将近50，他的夫人又是一个女传教士，也年纪不轻，近视眼，又怀了孩子快生了，因此不适合留在部队上，当后方留守处成立时，就把他俩都安排到那里。

后方留守处共有一百来人。那里有一个缝纫厂，有八九台缝纫机，20多个工人；有一个中药房，那时西药很少，主要靠中草药治病；有一个耕地班，主要是安置了一些跟随部队上山的干部家属，清一色的妇女、老头、老太太，他们有种田经验，就让他们负责耕种约20亩的土地；有一个司号班，都是一些13岁以下的孩子，由一个南昌起义时跟随朱德出来的老司号员教他们吹号；还有就是通讯班和病号、孕妇。

大井的范围不大，房子很小，一共只有一排房，一排房有五个门洞，一个门洞里两三间或三四间，所有的人都挤住在这些房子里。

山上的生活是十分艰苦的。首先是缺乏粮食，这里吃的粮食完全靠下面运上来，前方打了土豪，弄到了粮食，就通知我们下山去背回来。通讯班的战士下山背一袋粮上来，经常需要三五天的时间。后来前委领导作了一条规定，部队休整时都要给山上运粮食。毛委员和朱军长都亲自带头，和战士一起运粮食。当时运粮食没有那么多的扁担、箩筐，主要是靠背——就是把粮食装在裤腿里，两头一扎，架在脖子上。

有一次背粮食上山，我和朱军长走在一起，他有说有笑，不时地给大家鼓劲。在途中休息时，他还给大家讲故事，逗得大家哈哈直乐。"朱德的扁担"这个故事，就发生在这个时期。

物质生活虽然艰苦，但大家精神是快乐的。我们后方留守处一百来人差不多天天吃的都是辣椒干拌盐泡汤，好的时候偶尔能吃上一顿南瓜，觉得比吃肉还香。所以当时井冈山流传一首歌谣："红米饭，南瓜汤，吃起来，喷喷香！"这是红军战士对美味的南瓜发自内心的颂扬。

在山上，穿的、盖的比吃的更困难。秋天的井冈山经常细雨蒙蒙、浓雾重重，空气潮湿而寒冷。晚上我和几个女病号挤在一间房子里。泥土地很潮，我们就用杉树皮铺在地上当床板。盖的很少，我当时还有一条夹被，算是很不错了。有些同志连夹被都没有，就用禾草遮身。为了御寒，我们白天轮流到山上打柴，晚上就在屋子中间烧一堆火，大家围着睡觉。我们穿的更是五花八门，穿什么的都有。前方打了土豪，就给我们后方留守处送来一些穿的,有男人穿的长袍马褂、有女人穿的衣袖很宽很大还镶着花边的旧式女衫,什么颜色都有。我们的同志为了御寒,也顾不得那些,有什么穿什么。有时为了劳动起来方便些,就用根草绳子在腰上一扎,还挺精神的呢!

由于前方战事的发展,送回来的伤病员越来越多。原来设在中井的红军后方总医院已不能容纳,军部决定在小井再盖个医院。

我到后方留守处时,这项工作刚刚开始。我们留守处的全体同志,包括病号、老人、小孩都参加了建设医院的劳动。在我们大井的后山上,有一片茂密的杉树林,多年的杉树挺拔坚硬,是盖房子的好材料。我们留守处的同志就负责将树砍下来,削去枝条,剥掉树皮,然后将树抬到离我们住处有三里多路的小井。

我当时虽已怀孕七个多月,也跟着大家一起抬木头。大家争先恐后,干得很欢。小井那里的工地上也同样热气腾腾,有的人锯板子,有的人爬在上面搭架子……

大家紧张而欢快地工作着,小井红军医院很快就建好了。它是一幢完全由木头搭建起来的两层楼房。医院建好后我再没有去看过,据说后来住

当年的小井红军医院

了不少伤病员。第二年3月，敌人"会剿"井冈山时，这所医院被全部烧毁了。

在后方留守处的日子里，生活是艰苦的，但却很少听到有人叫苦发牢骚，这是因为我们心中有坚定的革命信念。是革命的意志和热情，激励着每个人坚持斗争，战胜困难，苦中作乐，永葆革命的青春。

8月下旬，湘赣两省的敌人乘我们红军主力部队正在湘南外线作战的机会，以四个团的兵力东西夹击"会剿"，企图一举荡平井冈山根据地。

当时在山上的红军还不足两个连，且各连兵力分散在周围的八个哨口。为了打退数倍于我的敌军，必须动员群众，依靠勇敢和智慧。黄洋界是通往井冈山上大小五井的必经之地，左边是深山峡谷，右边是悬崖陡壁，上黄洋界必经一个弯道，每次只能走一个人。敌人如果上来，可以瞄准一个打一个。因此只要扼守住黄洋界，就可以阻挡敌人对井冈山革命根据地的进攻。

当时军委的要求是"守住黄洋界"。

井冈山上所有的群众都被动员起来了。我们留守处也不分男女老幼，就连已有七个月身孕的我，也有幸参加了这一中国革命史上著名的"黄洋界保卫战"。我们连夜到山上砍竹子，将竹子削成两头尖尖的竹签，在火上烤一下再放到尿里泡一泡，这样的竹签又硬又利。我们在敌人上山必经的地方插满了一层层的竹签，并在插满竹签地段的前边挖了很多壕沟。有些壕沟是这次临时挖的，有些很早就挖好了。因为毛委员去湘南时就告诫大家，无论如何要守住井冈山，要早作准备。

黄洋界离我们住的大井有五六里路。我们后方留守处的同志除了一位女同志因即将临产没有参加外，所有的人都参加了战斗。我们身上没有枪，虽然不是直接参加作战，但都参加了削竹签、送信、护理、送饭等间接的战斗。我们由副营长谭希林[①]负责指挥，战斗打响的时候，我一直和他在一起。

---

① 谭希林（1908~1970），湖南长沙人，1925年加入中国共产党，1926年考入黄埔军校五期，1927年参加红军，新中国成立后曾任山东军区副司令员、北京军区副司令员等职务，1955年被授予中将军衔。

黄洋界战斗遗址

8月30日,当敌军向黄洋界哨口发起猛烈进攻的时候,我们就用早已准备好的朱军长在湘南打许克祥时缴获来的那两门炮和我们自制的"松树炮"狠狠地还击敌人。所谓的"松树炮",就是将松树干挖个窟窿,里面放进黑炸药,还有破碎的铁片、碗片、玻璃等东西,然后用铁丝箍紧。用的时候,将火药从后面一点,铁片、碗片一股脑儿全发射出去,也可以打半里路那么远。再加上居高临下,滚滚而下的乱石、断木,打得敌人鬼哭狼嚎、屁滚尿流。敌人连续进攻了几次都没能成功,最后丢下了一个县长、一个团长和无数士兵的尸体,狼狈地连夜逃回了老巢。

毛泽东有一首词叫《西江月·井冈山》,写的就是这一次黄洋界保卫战。

第一个孩子被迫送人

毛大嫂,其实也就三十几岁。她与我同乡,是原宜章县苏维埃主席,后来成为前敌委员会委员毛科文①的妻子。她是一个农家少妇,很能吃苦耐劳。在家时,她的丈夫是个职业革命者,经常在外活动,她一人默默地承担着全部家务。像犁田、施肥、割稻、堆稻草垛等一类很重的农活,全由她一人干了。她是当地不多见的一位劳动能手。

1928年4月,宜章第3师撤出湘南时,她随毛科文一起上了井冈山。因为她不认识字,又身怀有孕(她怀孕的月份比我晚一两个月),组织上就分配她在后方留守处做饭。

毛大嫂一个人要做一百来人的饭,十分辛苦。她每天要到离驻地一两里远的地方去挑水,半人多高的水桶,一百来斤,一天要挑好几趟。她有时还要自己去拾柴,捡一些芦草、松树枝回来。有时潮湿的柴火真难烧呀!浓烟滚滚就是不蹿火苗,她的两只眼睛被烟熏得通红,不断地流泪,不住地咳嗽……

真难为这位年轻的少妇,要她承受这么沉重的负担。但她从来不叫苦、不喊累,整天总是笑呵呵的,还老想着帮助别人。她的精神感动了我,于是我也经常去帮她拾柴挑水,我每次只能挑40斤。我给她的帮助实在是太微不足道了,而毛大嫂在我最困难的时候,给我的关怀和帮助则是太多了。

这一年11月7日,我临产了。因为是俄国十月革命纪念日,所以我就记住了这个日子。由于是难产,又是第一胎,我足足痛了三天才将孩子生下来。

后方留守处没有人会接生,只好由原宜章农民协会委员长杨子达的爱人来帮忙。她在广东学过几天护士,但对接生也是一窍不通。照理生完孩子人很虚弱应该让产妇休息,但她不是这样,而是按着我的肚子使劲地揉,结果肚子里的血水像流水一样"哗哗"地流出来。我昏死了过去。

多亏了毛大嫂,找来中药房的医生,先用勺子撬开我的嘴,用缠着头发的筷子伸到嗓子里搅,用头发刺激喉咙,让我苏醒了过来。然后,医生再用

---

① 毛科文(1898~1929),湖南宜章人,1925年加入中国共产党,1929年在与国民党的战斗中被俘,不久英勇就义。

姜汤和乌鸡白凤丸一点点地喂我，使我恢复过来。但由于下身流血不止，半个小时以后，我又昏死过去了。她们又用老办法让我恢复过来。这样反复折腾了好几次，到第二天才稳定下来。

11月的井冈山，北风呼啸，天气十分寒冷，毛大嫂他们为了让我尽量少受风寒，早早地为我用杉树皮搭了一个棚子，用竹子编了一面墙、一扇门和一张床，在床边搭了一张案板，又做了一张凳子。

我躺在这用竹墙和竹门围起来的小世界里，虽然屋外北风飕飕呼号，心中却感到一阵阵的温暖。

孩子生下来后，我的身体十分虚弱。毛大嫂一人要包揽厨房的一切活计，还要替孩子换洗尿布，磨米糊喂孩子。不久我又得了"奶疮"（乳腺炎），疼痛难忍，高烧不退。后来用中药"天星子"敷在乳房上，拔了脓头，高烧才退去。

有一次我在高烧中，没有奶水，孩子饿得直哭，我勉强爬起来，泡点白糖水喂孩子，结果孩子喝了后哭得更凶，脸色发青。我一尝，原来是把咸盐当成白糖了。那时孩子生下不到一周，喝盐水会把肠胃烧坏，好在喝得不多，后来再重泡了点糖水喂下，孩子总算停止了哭泣。

可是接踵而来的是"产褥热"，持续高烧不退。后来吃了一位中医开的凉药，高烧是压了下来，但身体愈加虚弱，动辄冷汗淋漓，双腿麻木沉重，不能下床行走。

幸亏邓允庭主任略通医道，给我开了几贴温补调理的方剂，病情才慢慢地好转。

孩子是生下来了，却无法抚养。当时我年仅17岁，对喂养孩子一窍不通，加上战争环境那么艰苦残酷，如何带得了孩子？

正在我犯愁的时候，有一天，王佐①部队一个姓石的副连长的妻子来看望我，我请她把这孩子送给当地群众抚养。她看这孩子可爱，便高兴地说："那就送给我吧。"她三年前生过一个孩子，后来死了，他们也很想有一个孩子。她说："我嫂子刚生了个孩子，我请嫂子一道喂养。"

于是，她就高高兴兴地把我刚出生26天的孩子抱走了。

---

① 王佐（1898~1930），原名王云辉，江西遂川客家人，1923年参加绿林武装，1928年接受红军改编加入红军并加入中国共产党，1930年被错杀，新中国成立后被追认为革命烈士。

一旦母子真的分离，我又难过起来。孩子毕竟是母亲的至亲骨肉，我的眼泪扑簌簌地往下淌。

这个孩子被石连长夫妇抚养成人，取名石来发。石连长去世后，来发继承了石家香火，植根井冈山。至于石来发苦难的经历，他如何能在以后的腥风血雨中生存下来，井冈山人民对他有怎样的大恩大德，他为何不来广州与我共同生活，"文化大革命"中他的遭遇及他为何至今还是一个农民……这些，需要另一本书才能写清楚了。如今他已有两个儿子，五个孙子和孙女。1952年，石来发24岁时我们才第一次重逢。后来我也曾两上井冈山，与孩子们欢聚。最近几年，他和儿孙们常来北京看我，每次都带来许多井冈山特产。看到孩子和这些东西，我不禁又想起在井冈山斗争的艰难岁月，怀念那些把鲜血洒在那片土地上的战友们。

产后40天，我接到上级党组织通知，让我到后方总医院去担任总支部书记。于是我告别了后方留守处，走上了新的工作岗位。

此后，我再也没见过毛大嫂。据说不久后在敌人对井冈山"会剿"的一次偷袭中，毛大嫂与后方留守处其他同志一道，与敌人殊死搏斗，终因寡不

1987年10月，曾志回到井冈山与石来发全家合影。

敌众而英勇牺牲了。

十年前，我重返井冈山，特意回到当年后方留守处的旧址去看了看，那座房子依然还在，看到它，我又不禁想起了毛大嫂。

她真是一位平凡而伟大的中国农家妇女！

毛委员的调令

后方总医院位于中井，离后方留守处只有四五里路。在产后这一个多月里，我的身体虽几经磨难，但当时毕竟年轻，很快就恢复了。赴任的路上，我踏着轻快的步伐，不到半个小时，就走到后方总医院，见到了总医院的院长曹荣和副院长萧光球。

说是后方总医院，也只有一二十间房子，不过它比后方留守处条件好一些，伤病员都有木板床或竹子床睡，还能按时起床吃饭。

在中井总医院住院的有30多人，多数是身患疟疾、肠胃炎、肺炎等一类疾病的红军病员。我看到曹里怀[①]、萧克[②]也在那里住院治疗，因他们留在新区治疗很危险，因此，被送回后方医院。医院里药品很少，西药基本没有，主要是中草药。最好的治伤药就是碘酒和黄金粉，在挨了枪弹的伤口上撒一点黄金粉，就可以消炎止血。医院没有正规的医生，只有几个卫生员。指战员们到医院一方面是治疗，一方面是休息。

真正的重伤病员都住在离中井几十里路的山洞里。那里地势险要，到处是悬崖峭壁，路很窄，马不容易上去，抬担架上去也十分艰难。因为这样的地方便于隐蔽，不易被敌人发现。那里有重伤病员50多人，有一个医生和几个护理人员。当我离开中井总医院的时候，还没来得及到山洞里去看过他们。后来听说这些同志在翌年3月，敌人"会剿"井冈山时全被杀害了。

---

① 曹里怀（1909~1998），湖南资兴人，原名曹李槐，字植三，号树邦，1928年参加革命并加入中国共产党，曾任红五军团参谋长，1955年被授予中将军衔，后来还曾任解放军空军副司令员等职务。

② 萧克（1907~2008），原名武毅，字子敬。湖南嘉禾人，黄埔军校四期毕业，曾参加北伐战争、南昌起义、井冈山斗争和长征，历任连长直至军长、军团长，新中国成立后曾任国防部副部长等职，1955年被授予上将军衔。

我到医院不久正赶上过新年。为了让伤病员高高兴兴地过年，我们在中井前面的半山坡用木料搭了个台子，举办了一场新年娱乐晚会。除伤病员外，周围的老百姓有很多人来看热闹。当时革命歌曲不多，主要是没有人编写，因此只好唱一些北伐时的歌曲，例如"打倒列强除军阀"一类的歌，本地战士唱了当地的山歌。主要的节目是演戏，戏是自己编的，演一些揭露土豪劣绅怎么欺压穷人一类的戏。因为是过新年，不能光演忆苦的节目，因此也穿插着一些逗乐的节目。我扮演了一个很厉害的老太婆，虐待媳妇，待人凶狠，最后没有好下场，逗得大家哈哈大笑。

军委领导对红军总医院很关心，部队打下了一个地方，弄到吃的就给送上来，有时通知我们下山去背。有一次王佐的部队打了胜仗，也派战士下山去背东西，送给总医院伤病员。过元旦的时候，下面给我们送来了几头牛和一些猪肉，伙房给做了几个菜，让大家美美地吃了一顿丰盛的晚餐，同时也给山洞里的重伤病员和其他驻地的伤病员送去了一些。

井冈山红军总医院原址内的纪念雕像

我在后方总医院工作的时间不长,只有20多天。在这些日子里,给我最深刻的感受是我们红军战士的革命乐观主义精神。后来有人问我:"你当时是总支部书记,你是怎样给战士们做思想工作的?"我回答他们一句话:"我们的战士觉悟很高,不需要我特别做他们的思想工作。"

事实上,尽管战士们并不懂得太多的革命理论,但他们都十分清楚地认识到,跟着共产党干革命是他们唯一的生路,参加红军就是参加革命,红军就是为穷人打天下的。他们想的就是——"赶紧治好病、养好伤,争取早日回前线,多杀敌人!"

他们的思想就是那么朴实,他们的革命意志就是那么坚定。

我在医院时同伤病员打成一片,同生活、同娱乐,有时随便聊聊唠唠。在聊天中,议论一些问题,有时也开展辩论,说说自己的观点和看法。在这些议论和辩论中,无形地对战士们灌输一些革命思想,使他们明白了一些是非问题。实际上,这也是思想工作的一种形式。

国民党反动派当局原以为,红四军主力8月攻打郴州失败后已经被消灭,但事实上,红四军从桂东撤回宁冈、永新根据地后,又重新得到恢复。为此,他们重新组织湘粤赣三省兵力,向井冈山根据地发动了第三次"会剿"。

前委召开会议,决定红四军主力迂回赣南,向吉安一带挺进,以动摇赣敌后方,迫使其"会剿"部队撤出。同时决定,以彭德怀及袁文才、王佐部队留守边界,应付湘赣进攻的敌军。

反"围剿"战争中的红军战士

1929年1月上旬的一天，蔡协民带领部队准备出发赣南，途经井冈山时，他依依不舍地对我说："这次部队出发，要到很远的地方，可能要很久才能回来。我们撤走后，敌人可能会来进攻，你要多加保重。我们这次打出去，就是为了牵制敌人，迫使敌人后撤。"因此我有了思想准备，大部队下山，我没有任何恐惧不安的思想情绪。因为井冈山的地势险要，山高林密，敌人就是打上山来，我们到处有隐蔽的地方，还可伺机袭击敌人。

　　但在大部队出发前的一天，即1月13日下午2点钟左右，从茨坪突然送来一张条子，这张条子是毛委员亲笔写的。他要我立即动身，赶快移交工作，天黑前赶到茨坪，第二天黎明与部队一起出发。

　　我回到房间，卷起夹被，找了一根竹棍，一头放夹被，一头放挎包和米袋，就出发了。

　　到了茨坪，在一个店铺里，我见到了毛委员，我不解地问："为什么要我赶来随队伍出发？"

　　"你问她们，是她们推举你，要你一同下山的。"毛委员笑着指向坐在旁边的伍若兰①、贺子珍②、吴统莲③等女同志说。

　　原来，前委为了做好下山沿途的群众工作，成立了一个工农运动委员会，宋乔生④为主任，下设宣传股、民运股、青年股和妇女组。这时，刚上井冈山的万安等县的游击队中有七八位没有念过书的农村姑娘也随同一起下山，她们和军部及前委机关的伍若兰、贺子珍、吴统莲等女同志都编在妇女组里。

　　伍若兰跟我说："你做过地方群众工作，所以我就推举你来当组长。"

　　当时的妇女组除了做一些缝缝补补的工作外，就是做群众工作和宣传工

---

① 伍若兰（1903~1929），朱德第四任妻子，湖南耒阳人，知识分子家庭出身，1925年加入中国共产党，之后任红四军宣传队长，1929年1月被国民党军队逮捕，同年2月牺牲。

② 贺子珍（1909~1984），毛泽东第三任妻子，江西永新人，1925年参加革命并入党，曾任红四军机要科科长，参加过长征，新中国成立后因身体不好一直在上海治病。

③ 吴统莲（1908~1967），原名吴仲廉，最高人民法院前院长江华的妻子，湖南宜章人，1927年参加革命，由曾志介绍入党，1929年参加古田会议并亲手抄写了会议"决议"，曾参加长征并到达陕北，新中国成立后出任浙江省高级人民法院院长，1967年在"文革"中遭迫害去世，但死因以及骨灰去向永远成谜。

④ 宋乔生（1891~1929），湖南湘潭人，1923年加入中国共产党，1928年上井冈山，任红四军军委委员，1929年遭地主武装袭击牺牲。

作。我在工农运动委员会还担任了民运股股长和政治部部务会议成员,在毛委员直接领导下工作。我记得每当行军时,毛委员总是将马让给伤病员骑,自己却一直坚持步行。他人高腿长,迈一步够我们跑两三步,跟他一起行军我们实际上是一路小跑。尽管这样,我们几个小青年也愿跟着他,因为他会说很多笑话和历史知识典故,又幽默爱开玩笑,我们总是一路跑一路笑,轻松愉快地就到了宿营地。我们爱跟着他,还有一个原因就是他会在一种快乐的气氛中不知不觉地向我们讲授革命道理、工作方法和原则,尤其是指导我们如何去做群众工作。

第二天,我跟随大部队下了井冈山,向赣南挺进,去开辟新的革命根据地。

毛委员说我是"女皇"

部队经过数日的长途跋涉,途经地势险要的大小行洲、崇义,并继续前往大余。

这一带崇山峻岭,道路崎岖。当时正是寒冬腊月,冰天雪地,天气格外冷峭,树枝挂满冰凌,道路结冰晶亮如镜。下坡时我们只好滑行,上坡时则用马刀斩冰开路。就这样连滚带爬,一天下来,人人都变成了泥猴子。天快黑的时候,我们到了大余县城,在城里美美地睡了一宿。

第二天,本准备再休息一天,突然听到城外枪声紧密,我们迅即跑出城外,爬到山冈上观看。这时子弹不断"嗖嗖"地从头上飞过,原来敌人已经尾追而至。疲惫之师,对敌人的偷袭毫无准备,只好仓促应战边打边退,我们军部、前委、工农委还有辎重部队,行动比较迟缓,被敌人追着屁股打。敌人控制了我们背后的制高点,向我们不停地扫射,子弹打得很密,但幸好没有一个被打伤。后来发现,我身上背的干粮袋竟斜着被打穿了两个窟窿。

我们到了山冈上,一看后面是很高的山,下面是很深的沟,追兵已离我们不远,情况十分危急。我们军部、前委、工农委一共100多人,一个个从山头向下面的山沟滚下去。幸好山坡上石头不多,草木也较少,滚下去,爬起来就跑。翻过一座山,这才摆脱了敌人的追击。

部队边打边撤,从早到晚,没吃没喝,急行军一整天。到了晚上九十点钟,指战员们一个个疲劳极了,只要一停下来,大家站着就睡着了。

这时我碰到了蔡协民,他这时是第31团党代表。他本来身体就弱,再加上一整天没吃没喝,途中瞻前顾后,跑上跑下,指挥撤退,更是疲劳不堪。到了下半夜,他几乎就要倒下去了。我只好托着他的双手,他的头搭在我肩上,昏昏沉沉地睡着了,只是双脚不由自主地来回移动。就这样,我半背半拖着他走了十几里路。大概晚上2点多钟,我们到了一个村子,部队休息下来。我把他扶到一个院子天井里,找了一把禾草让他躺下来。他全身像瘫了似的睡得什么也不知道了。

这时已是腊月中旬,快到过年的时候,这家农民已经做了一大缸糯米糍粑,我向老乡买了一块糍粑,在火上烤软了。把蔡协民摇醒后,让他吃了一块糍粑,他这才恢复了精神。

这一夜,沿途不少战士掉队。我看到有三个战士躺在地上,怎样叫唤也醒不过来,有的战士用枪柄敲打他们,也未见醒来。不知那几个战士后来是否赶上了队伍。

大庾岭战斗后,部队不能按原定路线行进,而是折回粤边南雄地界,经闽粤赣边界,转到兴国、吉安一带赣敌后方去了。沿途没有群众帮助,行军宿营、侦察工作都很困难。敌人采取轮番追击的策略,一路咬住不放,穷追不舍。红军为了摆脱敌人的尾追,只好避其锋芒,翻山越岭,踏着冰雪不化的羊肠小道走,每日急行军都在90里以上,弄得部队疲劳不堪。战士们开始发牢骚,而且将气撒到女同志身上,不是讽刺挖苦,就是歧视侮辱。我们气得不得了,但又无可奈何,只好憋在肚子里。

部队到达江西一个小镇子,当地古柏①同志的游击队和地下党与我们取得了联系。一天晚上,毛委员在一座祠堂里召开了一次官兵活动分子大会。会议有百来号人参加,毛委员先讲了形势和对策,然后让大家讨论,这时有一

古柏

---

① 古柏(1906~1935),江西长宁(今寻乌县)人,1925年加入中国共产党,后成为红军高级指挥员。红军主力长征后,古柏留下坚持斗争,1935年在战斗中英勇牺牲。

位男同志站起来说：我们部队不够精简，特别是女同志，有的怀孕，有的身体不好，不仅拖累了部队，还分散了指挥员的精力，既然这儿有地下组织，不如将体弱的女同志留下来。这时下面的人七嘴八舌地喊：把所有的女同志都留下来！我本来就憋了一肚子气，这下子总爆发了："你们男同志就是歧视女同志，这里到处是地方反动武装，即便有地下党组织也很薄弱，女同志留下来能生存吗？你们这是借刀杀人！"这后一句话的确是说得过头了，只见毛委员一下子站起来，用手指着我说："曾志！你是女皇啊！难道就是你关心女同志？"见毛委员动了气，大家都不吭气了，我气呼呼的，但也不敢再说话。

但是经过这一场争论，女同志一个也没有留下来。

在暂时摆脱敌军重兵尾追之后，红四军继续向赣南转移。

在计划去东固根据地休整的途中，我们到了一个叫项山的地方。当地反动势力猖獗，地方反动武装从屋子里朝我们行军的队伍打冷枪，晚上在村头打枪骚扰我们。为了避免与其纠缠，我们的部队都置之不理。

当晚，部队宿营后，传来军部下达的命令。第31团走前卫，3点钟出发；军部、前委直属部队4点半出发；第28团走后卫，天亮出发。

4点半时，我们正在一个小山冈下面的田里集合，突然从右侧响起了密集的排枪声。大家知道，这是敌人的正规部队包围上来了。朱德立即指挥一部分人抢占山冈制高点，其余的迅速撤离。

此时，天色蒙蒙亮，隐约可见枪声响处的山上有黑压压的人影，跟随朱德左右的手提机枪班，向黑影射击。敌人听到手提机枪声，立即集中火力回击，两个机枪手即刻负伤。

朱德见状，为了减少敌人的注意力，把身上的黄呢子大衣脱下扔了，并叫机枪停止扫射。我同伍若兰原来一直紧跟黄呢子大衣跑，跑着，跑着，突然黄呢子大衣不见了，手提机枪声也停了。

此时天还没亮，看不清四周情况，我们失去了目标。我们两人急忙往左侧的山边跑，敌人的子弹像雨点一样落在附近的水田里。前面遇到了一个一人多高的土堆，我抓着土堆上的一根树条，很敏捷地爬了上去。回头看伍若兰也在爬，我就继续往山上跑。

这时，天色已经发白，我看见山下的大路上有零星的队伍在行进，有的还挑着子弹箱、抬着迫击炮。我真想下山与他们会合，但没走几步，远处大批敌人开枪追了过来。我只好折回又往山上跑。到了一个岔路口时，我才发觉，伍若兰不见了,我还一直以为她跟在后面呢。

在山头上我看见了蔡协民,我关切地问:"看见毛委员、朱军长了吗?"

蔡协民回答说:"直属队的人差不多都撤出来了,就是没有看到毛委员、朱军长和他的特务排。"

为此我们大家都非常着急。

过了大约两个小时,我们终于见到朱军长和他的特务排,还有两名负伤的机枪手爬上山来。原来,他们在狙击敌人后走了另一条路,是绕道过来的。

伍若兰烈士雕像

朱军长首先关切地问毛委员的情况。当他得知毛委员还没突围出来时,当即传令:"第31团派一个营打回去,接毛委员!"

到了下午3点多钟,派出去的同志回来说,一路上打听不到毛委员的消息。听当地老表说,敌人大约来了两个连,他们没有进村搜索,打了一阵排枪,追了一阵,就走了。大家估计毛委员那里不会出什么问题,很可能往别的路走了。他身边有一个特务班,可以保护。

队伍只好一边前进,一边焦急万分地盼望毛委员回来。两三天以后,毛委员终于赶上队伍。

毛委员告诉我们说:"敌人从村边追过去了,我们赶紧从后山绕过来。因为道路不熟悉,翻山越岭走了好几天,才赶上队伍。"

几天来,因为打听不到毛委员的消息,我们大家都忧心忡忡,好像失去了主心骨,日夜坐卧不安。看到毛委员终于无恙归来,大家心里有说不出的高兴,整个部队一片欢腾——毛委员在红军干部中一直享有很高的威望。

但是,伍若兰却永远不会归队了。

一个多星期后传来了伍若兰的噩耗。后来听说,她在项山腿上受伤,被敌人抓去。敌人开始不认识她,她说她是伙夫,后来有个被俘的战士讲出了她的真实身份。当敌人知道她是朱军长的夫人后,就将她的头割下来,挂在赣州城楼示众。

听到这不幸的消息,我和同志们都十分悲痛!

朱军长此后独爱兰花,据说是为了纪念伍若兰同志。

进军闽西开辟新根据地

1929年2月上旬,红军势如破竹一举攻占瑞金城。这是我们离开井冈山,转战赣南以来占领的最大一座县城。

到底是大地方,瑞金城乃赣南边陲重镇,城里商贾云集,市井繁华,相当热闹。市民、商人见红军纪律严明,也就很快放下心来,人们照常生活,商店照常开门营业,市面秩序井然。

第二天早上,队里发了伙食津贴,我们四五个同志相约上饭馆吃它一顿解解馋。我们点了四道菜,正吃得来劲,突然街上行人四处奔逃起来,商店也纷纷上门板……

该死的敌人不让人吃顿安稳饭!

我们急忙丢下碗筷拼命往驻地跑,跑到门口,发现队伍已经出发。我们匆忙进去取了行李跟上队伍,一口气跑了几十里路。没停几分钟,接着又跑起来。到了大柏地,毛委员、朱军长已先期到达那里。

大柏地周围崇山峻岭,古木参天,是瑞金和宁都交界的咽喉地带。

这时我们发现除后有追兵外,左右两侧也有敌人,前面宁都县城还有敌军把守。而且到宁都还要过一座相当长的桥,预计敌军已派重兵在那里守候。如不在此决一死战,红四军就可能被敌人包围合击而全军覆没。连日来被敌人穷追不舍跑得满肚子气的指战员们,也要求同敌人拼个你死我活。

当晚,前委决定利用大柏地有利地形,趁追击的敌人疲惫不堪,包围圈尚未形成的有利时机,破釜沉舟同敌人作一决战,坚决把敌人击溃。

命令一下达,斗志高昂的指战员们迅速进入阵地,毛委员、朱军长亲临第一线指挥,我们军部、前委直属队伍也都进入阵地严阵以待。战斗从大年三十的下午3时一直打到年初一正午。红军战士浴血奋战,英勇杀敌,最后将刘士毅部完全击溃。战斗中,红军曾活捉敌团长萧致平,但因战士们不认识他没有特别看管,被他逃脱。刘士毅部被击溃后,从广东来的敌人和从宁都来的敌人也无心再战,溜之大吉。我红军绝处逢生,军威大振,乘胜追击,队伍浩浩荡荡长驱直入宁都县城。红军在宁都休整几天,筹款数千元。

这就是在红军史上具有战略意义的"大柏地战斗"。

大柏地是个新区,当地老百姓对红军不了解,受国民党反动派"共产共妻"的欺骗宣传,吓得都跑到山上躲起来了。部队吃了老百姓的粮食、油盐、蔬菜,老百姓不在,没法直接给钱,只好将钱放在罐子里,或是用纸包起来放在拔了菜的菜地里,写明红军的纪律和付给的钱数。有的没留钱,就打了借条,写明红军再来时,可持条付款。

红军秋毫无犯,给老百姓留下了良好的印象。后来,红军再次到大柏地时,很多人不仅不跑,还主动出来热情欢迎。

在井冈山苏区的毛泽东与朱德(左)

离开宁都后,红军挥师北上,到达东固。在江西地方红军第2团和第4团的帮助和掩护下,部队在那里安心休整一个多星期。这时,得悉井冈山已失守。

前委决定:红四军向闽西进军,开辟新的革命根据地。

1929年2月下旬,我们离开东固,掉头东进,经石城,向敌人兵力较为空虚的闽西进军。

从江西瑞金到福建长汀必须翻过一座叫长岭寨的大山,那里山高林密、竹草丛生,地势险要,是汀州城南的重要屏障。为了阻击红军攻占汀州城,福建省防军混成旅中将旅长郭凤鸣派遣重兵抢占长岭寨,并亲自坐镇指挥。

毛委员召集军委扩大会议,研究了敌我双方态势,决定进攻长岭寨,消灭郭凤鸣,直捣汀州府。

3月14日凌晨,红军指战员遵照军委的部署,兵分三路,向长岭寨发起总攻。战斗从上午8时左右打响,到中午即告结束。

那天下午,我们和毛委员经长岭寨下山,途中看到几个红军战士抬着一

毛泽东与贺子珍

个梯子,上面躺着一个穿呢子大衣、块头很大的人,我立即紧张起来,是朱军长负伤了?于是加快脚步走到近处想看个明白。

抬梯子的战士们兴高采烈地说:"我们打死了郭凤鸣!"听到这话,我心中的疑团顿时消失,一块石头落了地。长岭寨之战,共消灭敌人2000多人,缴获一大批武器,取得了比大柏地战斗更大的胜利。当天下午,红军浩浩荡荡地开进了汀州城。

当地群众听说红军打死了郭凤鸣,奔走相告,纷纷涌到街上观看,把街道挤得水泄不通。后来群众把郭凤鸣的尸体捆在梯子上,抬到汀州城最高的城门楼上示众三天,引得城里和乡下的老百姓络绎不绝前来观看,边看边骂。饱受大土匪、军阀郭凤鸣奴役之苦的汀州百姓,万众欢呼,感谢红军为他们除了一大祸害!

我们工农运动委员会的同志们抓住时机,张贴布告,刷写标语,向群众进行广泛宣传,收到很好的教育效果。

长汀,是福建西部重镇,经济文化比较发达,也是国民党专员公署所在地。红军在城中向地主豪绅筹得5万多元款饷,还补充了大量给养,并换上统一的新灰布军装。部队增加了枪支弹药,不少青年农民参加红军,部队补充了兵员。经过十几天的休息整编,整个红四军面貌焕然一新。

从井冈山下来后,屡遭敌军重兵的穷追猛打,屡次陷入绝境的红四军,自此扭转了被动挨打的局面,在赣南站住了脚跟。

我们还配合地方党组织,成立了长汀县革命委员会。这是我们走下井冈山以来,在赣南、闽西创建的第一个县级红色政权。同时还成立了农协、工会，建立了地方武装赤卫队。

自从走下井冈山后，我经常和贺子珍睡一个铺合盖一条被，协民写的信让贺子珍发现了，她看了还不算，还拿去让毛委员看。毛委员最爱跟贺子珍开玩笑，他们俩常常像小孩子一样，先是逗乐，你捅我一下，我打你一下，有时闹着闹着就真打了起来，可一会儿气就消了，又嘻嘻哈哈，闹着玩了。

不久蔡协民被调来红四军任政治部副主任，这样我们就在一起了。虽然没有挑明，但我估计这是毛委员的安排，毛委员看了协民的信，知道了我俩的苦恼，就将协民调来军部，让我们夫妻团圆。

1929年3月下旬，前委在长汀召开扩大会议，分析闽西、赣南的政治、经济形势，决定抓住蒋桂战争爆发，国民党军阀处于分裂、自顾不暇的有利时机，红四军主力不回井冈山，就在赣南、闽西这一大范围内创建新的革命根据地，与湘赣边界的红军割据区域遥相呼应。

4月初，红四军从长汀回师赣南，在瑞金与从井冈山突围出来的红五军主力部队会合。

在瑞金，我第一次认识了彭德怀军长，他说在井冈山见过我，可我没有一点印象。他们从井冈山突围出来，一路行军打仗十分艰辛，但我见他没有丝毫疲惫的样子。见面谈话时，他总是笑容满面，十分乐观，有一股英雄好汉的气魄，我打心眼里敬佩他。

红四军、红五军会师不久，彭德怀军长根据在于都召开的前委会议精神，率领红五军重返井冈山。

红军时期的彭德怀

随毛泽东离开井冈山

在红四军回师瑞金的途中，我和朱军长走在一块儿。那天傍晚，部队快到宿营地的时候，我们看到田野不远处有四只很大的肥猪在觅食。

我听到军长身边的一个战士惊讶地说："哇，这么大的肥猪，一头足有300多斤。这一定不是穷人家养的，肯定是地主或者富农的。"

"对！肯定是地主家养的，我们把它没收了，杀了它改善生活。"有人马上就附和着。

我们只当是开玩笑说的，但到了吃晚饭的时候，我们果然就吃上了久违的猪肉。

毛委员虽然很爱吃红烧猪肉，但他想到了战士们："问一问部队指战员们都吃上猪肉了没有？"一了解，部队上下都吃上了猪肉。他又要我们到供应部门查一下猪肉是哪里来的。供应部门回答说，没收了地主的猪。

可是，第二天早上刚出发，就有人来告状，说他的猪被红军杀了。后来一了解，那猪不是地主的，而是富农经商买卖的猪。

毛委员听了汇报后很生气，命令有关部门向那商人赔礼道歉，并退还了猪款。

晚上，毛委员召开干部会议，对此事提出了严厉的批评。指出，我们的商业政策，是不侵犯商人的利益。那人虽是富农，但他是经商的，猪是经商买卖的商品，我们不作调查就杀了商人的猪，就违反了党的商业政策，是土匪行为！

当时，军事干部中有个叫刘××的，此人早年留学德国，到苏联学过军事，后被上海党中央派来红四军工作，任政治部主任。他与朱军长是同乡，在军阀部队时也是同事，两人关系较好。他听了毛委员的批评后很不满意，觉得这次批评是冲着朱军长的，因为朱军长知道此事，却没有制止，也有一些责任。

会后，刘××在军长面前挑拨离间，说毛委员对你怎么能这样，说前委书记在政治上干预太多了。军队是司令部对外，政治部门不能对外，政治部门不能直接干预军队的事，等等。

刘××不仅如此，还到部队暗中活动，在其他军事干部中游说他的观点，有意制造矛盾。

为此，毛委员专门开会，就这个问题展开辩论。毛委员针对一些同志认为军事和政治是对立的单纯军事观点进行了反驳。他说，红军是共产党领导的革命军队，因此应绝对置于党的领导之下。红军的任务不单是打仗，它还要执行组织群众、宣传群众的任务，红军战士既是战斗员，又是组织员和宣传员，所以政治部门怎么能不对外呢？红军执行的是政治任务，如果红军不做群众工作，不去宣传发动群众，建立政权，只是打仗、游击，那么这支军队同国民党的军队又有什么区别呢？

但由于刘××的游说活动，加上当时红四军中确有一些干部存在军队应独立于政党之外的错误思想，对毛泽东的建军思想还不理解和接受，认为毛泽东有些武断。因此，在龙岩召开的红四军党的"七大"上，毛委员在改选前委时没有被选为前委书记。

自此，毛委员离开前委领导岗位，到闽西特委所在地上杭去指导地方工

毛泽东（左）和他身边的警卫员

作。之后，与毛委员持同一观点的谭震林①、江华、蔡协民、贺子珍等人也离开红四军相继前往。

记得在争论期间朱军长曾找过我，问我的观点如何。我当时只凭着自己入党后学到的一些理论知识和实践体会，回答说："党在军队中应起核心领导作用，大革命时，党在人民群众中，在国民党军队中都是如此。"

这样，在红四军党的"七大"后，我被划到毛泽东那一边去了。我看已无法再待在红四军，也就跟着毛委员去了福建。

"少年师"与激进行为

在我们到闽西之前，已有中共闽西临时特委，但不很健全。我们去了之后，闽西革命的领导力量得到加强，正式成立了特委，邓子恢②任特委书记，蔡协民任组织部部长，江华任秘书长，谭震林负责军事工作，张鼎丞③负责政府工作。在毛委员建议下，我被任命为闽西共青团特委书记。

由于红四军入闽有力地促进了闽西革命斗争的发展，加上特委领导力量充实后，各项工作得到迅速加强，共青团的工作也发展相当快。

红军所到之处，儿童团、少先队很快建立起来，接着，龙岩、永定、上杭、汀州等县相继建立了共青团县委。

在他们的发动领导下，广大青少年踊跃投身革命。儿童团承担了站岗、放哨的任务；年纪稍大点的就参加少年先锋队，开展斗地主、打土豪、分粮食浮财、烧地契等斗争；同时还协助大人们开展宣传发动群众的工作，并在其中发挥了很大的作用。

那时，闽西地方偏僻，封建势力猖獗，老百姓受封建影响深重，年轻

---

① 谭震林（1902~1983），湖南攸县人，1926年加入中国共产党，1927年冬上井冈山，新中国成立后历任浙江省委书记、国务院副总理、全国人大副委员长等职务。

② 邓子恢（1896~1972），福建龙岩人，1926年加入中国共产党，1927年创建闽西苏区，1929年配合毛泽东、朱德率领的红四军入闽作战，新中国成立后任中共中央农村工作部部长等职务。

③ 张鼎丞（1898~1981），福建永定人，闽西革命根据地主要创始人之一，新中国成立后任福建省委书记、中组部副部长等职务。

 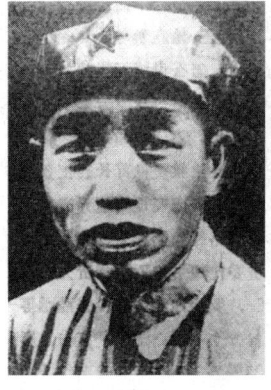 

邓子恢　　　　　　谭震林　　　　　　张鼎丞

人受旧礼教的压迫严重。少年先锋队在反封建、反旧礼教，主张男女平等、婚姻自由等方面做了大量的宣传工作，要人们不要相信命运之说，指出"三从四德"、封建宗法、封建迷信等都是地主阶级、有钱人压迫统治穷人的手段。

一些深受主人欺辱、受公婆虐待的丫头、童养媳，经过少年先锋队的宣传教育，纷纷起来反抗，投身革命。

对于那些巫婆、神汉、相命、算卦、跳大神的，还有虐待童养媳、婢女、丫头的，少年先锋队就组织青少年斗他们。随着斗争的不断深入，少年先锋队在全区普遍建立，而且逐步向军事化发展。永定、上杭县率先成立了"少年师"，以村为小队、区为中队、县为大队的建制来建立，只要特委一声令下，就能迅速聚合起一支上千人的队伍。

当主力红军开拔之后，少年先锋队也拿起武器，担负起保卫红色政权的任务。那时他们没有枪，只有鸟铳、梭镖和大刀，但是他们很勇敢。当地方反动势力乘红军不在卷土重来时，少年先锋队就配合赤卫队进行顽强的抵抗，有时还能缴获到一些武器。

在当时的闽西，"少年师"具有相当的影响。后来谭震林把少年师编入了第4纵队，"少年师"番号因此取消。他们参加了正规红军，踏上了长征的道路。

但是不可避免的是，年轻人也有做错事的时候。儿童团和少先队曾经到寺庙里砸菩萨、赶走和尚，把祠堂中祖宗的神位打碎，甚至发展到连祖坟的墓碑也挖掉，对虐待童养媳的人家进行体罚，捆绑游街示众等，造成个别地方老人、父母同年轻人、儿女发生尖锐矛盾，甚至打起架来。

共青团特委获悉后，赶忙召开会议，宣布我们既要反对封建旧礼教，又要尊重一些传统的东西，如祠堂的牌位、寺庙里的菩萨、坟上的墓碑，无碍革命斗争大局，用不着砸掉，否则不得人心。

针对一些童养媳解放了以后，对公婆等人进行报复的行为，我们也进行了教育，要她们尊重老人。

此外，当时的少先队是男女混编的，有些青少年认为解放了，男女平等了，生活上就无拘无束，乱搞男女关系。共青团特委知道后，立即进行严厉的批评教育，很快制止了这种极端行为。

毛泽东的调查研究

在红四军两次入闽的鼓舞和推动下，闽西的革命斗争形势发展迅速。

红军解放了龙岩、永定县城，建立了革命委员会。部队进行大规模的短距离分兵，广泛发动群众，建立地方武装，开展了分田运动，并很快将长汀、上杭、永定、龙岩、连城等县的红色区域连成一片。

毛委员在这一时期亲自指导闽西特委的工作，并亲笔起草了一批文件，帮助闽西苏区制定了一些法律制度。

当时闽西特委机关设在龙岩与上杭交界的苏家坡，毛委员、邓子恢都住在那里，毛委员有时也到蛟洋一带指导工作，但大部分时间在苏家坡。

重视调查研究，掌握第一手资料，是毛委员历来的良好工作作风。在红四军的戎马倥偬时期尚且如此，现在到了地方工作，时间较多，毛委员更是不失时机地开展各种调查研究，思考重要问题。

记得在苏家坡，毛委员用好几天的时间开了几场座谈会。毛委员每次邀请人数不多，只七八个，但请来的都是各种各样的人，有商人、小贩，有贫雇农、中农，有老人、年轻人和妇女，以便他根据不同的对象有针对性地了解不同的情况。

毛委员主持这样的座谈会、调查会不是一问一答式的，而是开得很生动

宣传画：毛泽东在苏区深入基层调查研究

活泼，像是在唠家常，有说有笑的。

毛委员给大伙提的问题，都是实际生活中遇到的社会问题，切合实际。大家见他这样平易近人，没有一点架子，也就无拘无束，你一言我一语地谈开了。有时他们也向毛委员提出一些问题，毛委员谈笑风生、旁征博引，能讲出许多通俗易懂的道理来。

毛委员主持的几次座谈会，我都在边上旁听，有时还帮忙做些搬桌椅、挂黑板、倒开水等杂务。但毛委员就是不要我记录，每次都是他自己亲自记录，每场会下来都要记上好几张纸。

毛委员很喜欢同群众接触，同三教九流交朋友。记得刚打下长汀城时，他就邀请过佃农、裁缝工人、老教书先生、老衙役、钱粮师爷、流氓头子等六种人来参加调查会，从各个侧面深入了解汀州社会的经济、政治状况。

后来，毛委员还在汀州召开工人座谈会，了解汀州的工业、手工业状况，了解社情民意。

1929年8月，为了粉碎敌三省"会剿"计划，红四军前委做出分兵决定，由朱德率领红四军主力离开闽西，到与广东交界的梅县、蕉岭一带游击，在外线打击敌人，吸引和减轻进攻苏区的敌人；毛委员率领两个纵队留在闽西，骚扰敌人，分兵发动群众。

毛委员这时不在苏家坡，而是到永定的虎岗一带，一方面指导地方工作,一方面做些调查研究工作。部队留下两个连队也在虎岗一带活动,保护毛委员。

大概是9月下旬,红四军主力部队从梅县、蕉岭回师闽西,一举攻克上杭县城。

听到这一消息后,我们几个人迅速收拾文件和行李,连夜从苏家坡翻山越岭赶路。在打下上杭县的第三天,我们抵达县城。

一两天后,毛委员也被担架抬着到了上杭。原来他在永定虎岗一带活动时不知得了什么病,全身浮肿蜡黄,肚子胀,看起来病得相当重。

在上杭,毛委员和我们住在一起。那是一座两层楼的房子,毛委员、邓子恢和我们都住在楼上。

当时部队里没有医生,我们从上杭街上一个西药铺里请来一个医生。他看过之后说:"得的是疟疾,又泻又烧,持续不愈,时间一长,体质逐渐虚弱,因此身上便出现浮肿。"

他给毛委员开了金鸡纳霜丸,说是特效药,吃了很快就会好的。另外,他要我们给毛委员增加营养,要一天吃一只鸡,再用两斤牛肉来熬汤喝。

当时驻扎上杭县城的红四军军纪严明,买卖公平,执行党的商业政策。因此商民安居乐业,商贸繁荣,鸡和牛肉都很容易买到,也很便宜。

我们专门为毛委员请了个厨师,每天为他炖一只鸡,烧两斤牛肉,烧得烂烂的,每顿饭都喝一碗牛肉汤。20天以后,在我们的悉心照顾下,毛委员的病痊愈,身上的浮肿也消失了。

不久,在上杭召开了红四军党的"八大",会后红军主力又到其他地方去了,我们只好撤出上杭,回到苏家坡。

身体已完全恢复的毛委员,和我们一起走回苏家坡。毛委员边说边缓缓地迈着大步,一副优哉游哉的样子,而我们却要一溜小跑地跟在旁边。但当时我们这群年轻人还是最爱跟着毛委员行军,听他讲笑话,摆"龙门阵",走一路笑一路。

毛委员说:"我现在身体完全好了,吃得也多,拉屎就像牛拉屎,一拉一大堆。"惹得我们笑破了肚皮。

毛泽东重回红四军

在苏家坡,我和蔡协民与毛委员工作在一起。我们住的房子中间有一个天井,两间房子遥遥相对,毛委员和贺子珍就住在我们的对面屋。

两个房间离得很近,若开着窗户的话,在屋里说话做事,对面屋的人都看得清、听得见。

我看到毛委员那时很用功,不知从哪儿弄来两本英文书,叫《模范英文读本》,是当时初中二年级的课本。虽然他有很重的湖南口音,读得也不很准,听起来令人发笑,但他坚持天天读。

那时贺子珍身体不好,鼻子常出血,以为是倒经。在上杭检查时,医生说是怀孕了。而且,可能是怀孕的缘故,贺子珍显得有些烦躁。毛委员又喜欢开玩笑,开过了头,贺子珍就生气,两个人便吵了起来。吵着吵着,你打我一下,我也打你一下,就这样打起来了。但一会儿,两人又和好如初有说有笑了。我和蔡协民经常耳闻目睹他们的打闹说笑。

上杭县苏家坡。1929年冬,红军自井冈山东征福建,毛泽东居住在这里。

在我们住地不远处有一条小溪和一座小桥，晚饭后，我们经常陪同毛委员夫妇去那里散步，欣赏暮色中的田园风光和落日的余晖。

有时，我们也爬到不远处的一个山洞里去玩。洞中的水里有一种鱼，能在陆地上爬，也能在水里游，叫的声音像小孩哭，当地人叫它"娃娃鱼"。我们还抓过这种鱼，吃起来味道鲜美。

小溪里也有很多的小鱼，当地群众用油脂多的树柴点了火，用铁丝编的罩子罩着，鱼见了火就聚拢过来。此时用渔网一捞，就能捞上几条，一个晚上就可以捞上两三斤。

有时我们也学着别人的样子去捞鱼，毛委员总是兴致勃勃地在一旁看着。毛委员很爱吃鱼，而且特别爱吃鱼头，因此，我们大家也很高兴去干这桩事，总觉得自己捞回来的鱼特别好吃。

1929年11月中旬的一天，陈毅突然到上杭苏家坡找毛委员，说是接毛委员回红四军。

原来，陈毅在红四军党的"七大"上接替毛委员担任前委书记，会后他前往上海向党中央汇报工作。党中央、周恩来向红四军前委发了指示信和口头指示，肯定了毛泽东关于"工农武装割据"的思想和建军思想，要他们请毛委员返回红四军。

当时我们都跟特委一起住在蛟洋。毛委员准备回部队，可这时贺子珍已怀孕六个多月了，不便随军。毛委员临出发前，找到我交代道："曾志，我要带队伍去江西，贺子珍怀孕了，无法随我走，她留下来，由你负责照顾她。"我以为"照顾"，就是让我离开工作，专门去护理贺子珍，不由得火了："我有我的工作，哪有时间伺候她生孩子！"毛委员也生气了，大声说："就是要你照顾！""就是不照顾！"我也大声地回顶。"一定要你照顾！"毛委员坚持道。我说："我是党的干部，我有那么多的工作要做，哪能成天去护理她呢？"毛委员知道我理解错了他的意思，就缓和下来："让你照顾她，又不是让你一天到晚去护理她，不过是要你多关心些罢了！"

我知道我理解错了，顿感赧颜，我放下声调向毛委员道："我跟子珍是好朋友，过去行军都常在一起吃饭睡觉，我从来都关心她、照顾她，你不说我也会这样去做的，刚才是我误解了你的意思。"

"理解了就好！那就多多拜托了！"毛委员说。

在那时，我们年轻人虽然崇敬毛委员，但却并不惧怕他，所以我敢妄为与毛委员吵架!

我想这大概是我此生第一次也是唯一一次对毛主席发火,后来每当我想到此事心中都深感内疚。

毛委员走后,我就和贺子珍住在一起。当时正好蔡协民到厦门向省委汇报工作去了,我就搬过去和贺子珍睡在一起。

毛委员离开苏家坡后,到了蛟洋、新泉,最后到汀州,与正在那里的红四军会合。毛委员又重新主持前委的工作。

1929年12月底,红四军第九次党代会在古田镇的一个祠堂里召开,这就是著名的"古田会议"。

那时,我作为闽西共青团特委书记,应邀列席了这次会议,听了毛委员的报告。

在红四军党的"九大"上,毛委员再次当选前敌委员会书记,并通过了著名的《中国共产党红军第四军第九次代表大会决议案》,即《古田会议决议》。会后,他和朱德、陈毅等率领红四军,经宁化、清流、归化,回师江西。

跟随蔡协民做白区工作

1930年1月,红四军第三次入闽,攻占龙岩城。闽西特委也随后赶往龙岩,并着手筹建闽西苏维埃政府。

在红四军入闽后一年里,闽西地区形成了一大片的苏维埃区域,各级苏维埃政权以及各级党组织、群众团体普遍建立,分田运动蓬勃开展,整个闽西的革命形势喜人。

这时,闽西特委作出决定,召开闽西工农兵代表大会,正式成立闽西苏维埃政府。

就在代表大会即将召开的前一天,来自各地的代表们都来齐了,住在一所中学的教工宿舍里。邓子恢和我们住在二楼,会场就设在学校的礼堂里。

第二天就要开大会了,大伙儿都很兴奋,交流着各地的情况,所以那天大家都睡得比较迟。

那时蔡协民的身体较差,晚上常要起来解手。那天晚上,他只身起床下楼,迷迷糊糊地往前走,正好有一根栏杆断了,他便从二楼一头栽到了楼下的三合土地上昏迷过去。

不知过了多久,他苏醒过来,爬上二楼稀里糊涂地走进另一位代表住的房间,昏倒在地上……

第二天清晨,那位代表起床,看见一个人躺在地上,旁边吐了一地,还有血块。于是他大声惊呼:"哎呀!这是谁倒在这里?"

当时蔡协民从厦门回来不久,很多人不认识他。楼里的代表们听到喊叫,都围拢了过来。有的人认出了他,便来敲我的门。

"快来看看是不是蔡同志?"

当时我也刚起床,一看蔡协民不在屋里,就急忙跑过去,一看果然是蔡协民,便把他扶回房间躺下休息。

这样,我只好在楼下找了个房间,搬到楼下来住,并请来医生为他诊治。医生说,他摔成脑震荡,还好地上有堆垃圾,尽管身上多处擦破皮肉,却没有骨折。医生要他卧床休息,起码要二十来天。

这样一来,蔡协民就不能参加代表大会了。我那时是共青团特委书记,必须参加会议,还安排大会发言。我只好两头兼顾,一边参加大会一边照顾他。

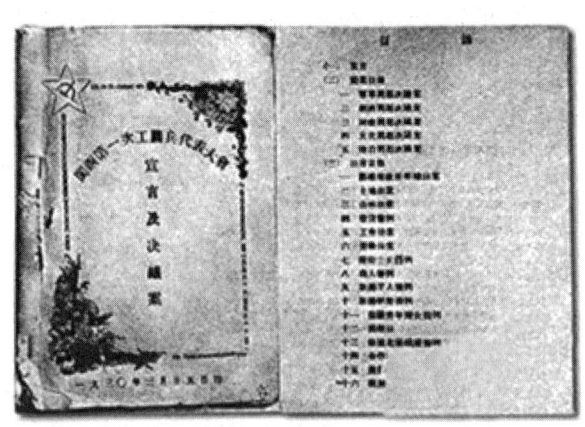

闽西第一次工农兵代表大会通过的宣言及决议

他摔伤后,感情变得非常脆弱,很容易伤感。我要是几个钟头或半天没去看他,他就非常难过,责怪我为什么这么长时间不去看他。我知道他心里难过。甚至有时他还像个小男孩那样,难过得流泪,很希望有人去看他、陪他、安慰他,所以我就尽量挤时间多陪伴他。

说实话,他当时摔得的确很重,整个身子都动弹不得。头疼得很,翻身说话都感到困难,要一句一句断断续续地说。

王海萍

等代表大会开完之后,蔡协民还没痊愈,只是可以起床,下地走一走。直到两个多月后,他才勉强康复。

5月间,福建省委军委书记王海萍①来闽西视察工作,我和贺子珍去见他。

蔡协民去厦门汇报工作回来后,对我提起过王海萍这个名字,还说厦门省委机关的一些同志曾问过他:听说你的爱人长得不错,但很厉害,是否像《水浒传》里的"母夜叉"孙二娘?他告诉那些人,没那事。当时我听了就觉得奇怪,省委那些领导到底听谁说的,怎么把我比作《水浒传》里的女强人!

一进门,王海萍正端着饭碗在桌前吃饭。他看到我们两人进来,听了自我介绍后,就用两个眼睛看了我半天,我不知他是否也以为我是"母夜叉"而这样奇怪地看着我。

那天我穿了件闽西土织布机织的、染成蓝颜色的粗布对襟衣。这件衣服原是贺子珍穿的,她怀孕后将我较宽大的衣服换去穿。加上我在闽西已待了较长时间,皮肤也比部队行军打仗时白嫩多了,并不难看吓人。

他大概觉得面前的我同他听说的"母夜叉"判若两人,所以感到很惊奇。尽管我没有问他,但我从他的眼神中能看出来。

---

① 王海萍(1904~1932),海南琼山人,1922年在上海接受马克思主义教育,1925年入党,曾任中共福建省委军事委员会书记、福建省委书记等职,1932年被叛徒出卖被捕,惨遭杀害。

王海萍回厦门不久,我和蔡协民便接到省委的通知,到厦门省委机关工作。我知道那将是一种与部队和苏区完全不同形式的斗争和生活。尽管我更喜欢在苏区工作,但是组织上已经决定了的事,我唯有服从,因为我是共产党员。

1930年6月初的一天,我和蔡协民踏上了前往厦门白区漫长而危险的旅途。

第五章 白区岁月

- 负责高风险工作
- 初识陶铸
- 机智脱险
……

一个革命的幸存者
曾志回忆录

负责高风险工作

1930年6月,在党中央政治局,以李立三为首的"左"倾冒险错误思想占据了统治地位。他们错误地分析了革命形势,认为当时革命力量的发展和军阀战争的爆发,已经具备了在全国各地组织大规模武装暴动的条件,中国革命的高潮已经到来!于是,做出了组织全国中心城市起义和集中全国红军进攻中心城市的冒险计划。

李立三

当时的中央认为,福建已经在闽西建立了革命根据地和苏维埃政权,如果把农村武装斗争与城市暴动结合起来,就更容易在福建首先取得胜利。

为了贯彻中央的路线,福建省委决定抽调干部加强城市白区的工作,组织厦门暴动。正是在这个大背景下,我和蔡协民奉命调到厦门,在福建省委机关工作。

当时,福建省委的活动经费主要是由闽西特委和红军提供的,取之于地主豪绅的浮财。

临行前,特委将一大笔经费交给我们转交省委。所谓的经费,就是几十两的黄金首饰。我找来一把雨伞,把竹把掏空,把30多个戒指拉直,一个个塞进雨伞的竹把子里。我又缝了个布袋子,将金项链装进去,缝在裤带上,

---

① 李立三(1899~1967),湖南醴陵人,无产阶级革命家,中共早期主要领导人,1921年加入中国共产党,曾犯过"左"倾冒险错误,但不久就认识改正。新中国成立后任中共中央工委书记等职,"文革"中遭受迫害,1967年在京蒙冤逝世。

缠在腰间，大约有一斤多重。剩下的几个金镯子就戴在左右的手腕上。

1930年7月初的一天，我和蔡协民在一位姓赖的同志护送下，从龙岩出发。

为了保险起见，我们三人不走大路，由永定的赤白交界处，翻山越岭，趁着黑夜来到广东、福建交界的峰市。这是一个集镇，归广东大埔县管辖。

在赖同志的引导下，我们找到了地下交通站。这是一个老字号店铺，店铺的后门外有一条小河，乘小船可直达大埔县城。

第二天晚上，我和蔡协民乘小船去大埔，又换乘小轮船到潮州。

在小轮船上，我们偶遇在上杭为毛委员治病的那位医生。他显然也认出了我们，只是点头笑笑，没有同我们交谈。

我和蔡协民对此毫无思想准备，对此人也不甚了解。倘若医生去告密，我们保准被捕，因为轮船上就有国民党警察，且无藏身之处，跳水逃跑，我们又不会游泳。所以，我们只好硬着头皮，故作镇静，任其变化。

船在江中不紧不慢地开着，我们心中却焦急万分，真希望船早点到达终点。好不容易看见潮州的轮廓出现在眼界，我们悬着的两颗心才渐渐落了下来。

船一靠岸，我们就急忙下船，混入熙熙攘攘的旅客人流之中。那位医生也紧随其后，但没什么动静。不一会儿，他便与我们分道扬镳了。

此刻我们才松了口气，航程中绷紧的心弦顿时放松。那位医生真是个好人！他若告密，肯定会得到一大笔奖赏。我们细想，身处上杭苏区的这位医生，一定受过共产党、苏维埃的影响，至少对革命是同情和支持的。

当晚，我们在潮州一家旅店过夜。第二天，到了汕头。从汕头搭海轮到厦门，在波涛起伏、一望无垠的大海中航行了两天多时间。

轮船终于靠上了厦门码头。只见码头上军警林立，关卡甚严。这意味着，我们将要踏上的是一座白色恐怖笼罩下的城市。

我和蔡协民一上岸，就有地下党的同志在等候我们，然后把我们带到省委机关驻地。那是两栋样式相同且紧挨着的房子，中间有一个院子，两房内部是相通的。省委书记罗明①住在其中的一栋，我们住在另一栋。

---

① 罗明（1901~1987），广东大埔县客家人，1925年加入中国共产党，曾任中共汕头地委书记、福建省委书记。因贯彻毛泽东战争思想，曾被定为"罗明路线"头目遭到批判。新中国成立后历任南方大学副校长、广东省政协副主席、全国政协常委等职。

罗明

这是我第一次见到罗明。罗明是广东大埔人,高高的个头,身体瘦弱,戴着眼镜,说话和气平缓,虽然只有三十来岁,却像个长者,令人尊敬。

我们在闽西时早就听人说起过罗明,而且都是用很尊敬的口吻,他在省委的几位领导同志中威信最高。

在我们来之前,罗明单身一人住在那里,吃饭也都是在外头打游击,东吃一顿,西吃一顿。我们住下后,便请他和我们一道用餐,就像一家人。

安顿下来后,我抽空观察了一下房屋和周围的地形道路,这是从事地下工作的需要。这栋房子看似两层,但实际上楼上与楼下是分割的,楼梯已被堵死,从屋后的山坡上有路直通二楼。

我想进一步了解一下二楼到底住着什么人。因为有几个早晨,我都曾见过一个身材高大的胖子,经常在走廊上来回走动。此人30多岁,穿戴不凡。我猜想他肯定不是等闲之辈,有可能是在国民党政府里做事的。

以防万一,我觉得还是有必要弄清此人的底细和来头,因为我们住在楼下,也许他能听得到我们的谈话。不查则已,一查足以让我们吓出一身冷汗。

原来此人是厦门市公安局的侦探长。作为国民党的鹰犬,这种人正是我们地下工作者的死对头。

看来此地不能久留,我们要趁敌人还没有嗅出什么味道之前,另找地方尽快转移。

我们很快在鼓浪屿的虎巷8号租到了一层楼房。这里共有七八个房间,有一个门单独进出,房租比较贵,楼下和对面的楼房由房东自用。

为了隐蔽视听,房子是由蔡协民以西药店老板的名义租下的,作为省委的机关驻地。我们称罗明为堂兄,称省委秘书处处长黄剑津为弟弟。除我和蔡协民是正式夫妻之外,组织上分别从漳州石码一带调了个叫谢小梅[①]的女同志,

---

[①] 谢小梅(1913~2006),福建龙岩县人,1930年加入中国共产党,1931年与罗明结婚,曾参加长征。由于有"罗明路线"帽子的阴影,新中国成立后谢小梅做过教员、工会干部、图书管理员之类的工作,1973年退休时的工资是45.5元。

从闽西调了个小学女教师郭香玉[1]，安排给罗明和黄剑津同志做假夫妻。她们就住在机关里，谢小梅负责刻蜡版、油印材料，郭香玉负责抄抄写写。我们还在当地请了一个50多岁立志终身不嫁的"自梳女"，帮助料理家务。

我在机关里的任务是抄写密件，与交通站联系，接送文件，与外界联络，同一些地下党员保持单线联系，其中有厦门大学教授、中小学教师等。

在机关里我是个忙人，差不多每天都得外出。由于我的公开身份是西药店老板的太太，租住的又是好楼房，为了应付房东和邻居，所以每次外出都需要穿金戴银的，而且不得不换上我不喜欢的旗袍与高跟鞋。

但有时还要看联络接头的对象，如果是来自苏区农村的，我在出门后，到了偏僻之处，又要取下金戒指、手镯和项链，以免在接头时暴露身份。

虽然罗明安排我从事这些危险性很强的工作，不过他还是多次叮嘱我，在白色恐怖笼罩下的敌占区从事地下工作，就要严格遵守秘密工作的原则，在街上碰到再熟悉的同志，也要装作不认识，甚至连眼睛都不能抬起来，以免引起盯梢的敌人注意。

我到厦门不久，有几位在"厦门劫狱"中胜利逃到闽西苏区的同志的妻子，她们听说我从闽西过来，想向我了解自己丈夫在那边的情况。经过组织的同意，我与她们相约在中山公园见面。

公园里游人稀少，我们四人装作结伴而行的游客，找了个僻静之处聊天。当她们从我那里得知她们丈夫的近况后，十分高兴也万分感激。

多年以后，罗明、谢小梅夫妇摄于当年工作过的地下交通站门前。

---

[1] 郭香玉（1897~1940），福建龙岩县人，1929年加入中国共产党，后成为谢觉哉同志夫人。1940年被出卖遭到逮捕，同年就义。

但事过不久,她们就在别人面前说起我的不是。原因是,有一两次我在大街上见到其中的一两位女同志,她们想与我打招呼,为了避免暴露身份,我将头转向另一边装作没看见,不搭理她们。由于她们不理解秘密工作的纪律,便认为"曾志这人非常傲慢,在路上碰到她,本想和她打招呼,可她把头一偏,理都不理,目中无人"。

听到这些风言风语,我心里也感到委屈和内疚。其实我何尝不想无拘无束地和自己的同志相聚,但这是纪律所不允许的,因此后来每当遇到这种情况时,我只好在心里默默地请她们原谅了。

初识陶铸

我刚到厦门没几天,正赶上一次武装冒险行动——攻打厦门盐务查验关。

对省委组织的这一行动,许多同志一开始就有不同的意见。多数同志认为,国民党的盐关对盐民"抽筋扒皮",恣意盘剥,对挑盐的农民也要抽税,若交的不够或交迟了,便又打又罚,群众痛恨已极,攻打盐关,不仅可为民除害,扩大党的影响,而且也可作为厦门武装暴动的一次演习。而一些同志则认为此举意义不大,弄不好不仅会造成无谓的牺牲,而且容易暴露自己,刺激敌人加强防范和"清剿"。

然而,省委领导头脑正处在"发烧"之中,听不进反对的意见,执意决定攻打盐关。

1930年7月25日上午,原计划组织厦门工人、农民、学生200多人,在厦门港举行反对军阀战争与拥护全国苏维埃代表大会,会后举行示威游行,因时间尚早,武装纠察队还未到齐,总指挥曾炎①便下令集合队伍冲入盐关捣毁了里面的设备,继之就在民生路渔行口一带举行示威游行,散发传单,公开演讲呼口号。

由于敌特事先已侦知我们的行动,调集部队和警察包围了游行队伍,甚

---

① 曾炎(1905~1930),福建平和县人,1927年加入中国共产党,1930年担任福建省委军事委员会工作,同年7月25日在攻打厦门盐税局时被捕牺牲。

至用机枪向手无寸铁的群众扫射，进行残酷镇压。愤怒的群众在武装纠察队的率领下，与敌人展开激烈的肉搏战达一个小时之久。与此同时，关押在思明监狱的20多名监犯，听到街上枪声大作也趁机暴动，他们打破监狱、冲出牢笼，加入肉搏战。搏斗中，总指挥曾炎为掩护群众当场牺牲，另外还有三人牺牲、三人受伤、五人被捕。

李立三"左"倾冒险错误，给革命带来了严重的损失和无谓的牺牲。1930年9月下旬党中央纠正了李立三"左"倾冒险错误，原先成立的厦门行动委员会也就停止了工作。

青年陶铸（左）与友人合影

一天，我在省委书记罗明的屋里见到了一位陌生的年轻人。他约二十三四岁，个头不高，却很精干，微黑的面庞，青腮帮子，一头不驯的浓密硬发，粗黑的眉下目光炯炯。他上身穿一件咖啡色广东衫，下着西裤、皮鞋。我觉得这人虽谈不上魁梧英俊，更谈不上潇洒儒雅，却自有一股逼人的英气。

罗明给我们互相做了介绍，我们都毫不掩饰地愣了片刻。

哦，原来他就是陶铸！

这个名字我在闽西时就听说过了，他就是震惊中外的"厦门劫狱"总指挥（一位华侨青年还根据此事创作了小说《小城春秋》，20世纪50年代还被改编成同名电影）。从监狱中获救的一批同志，后来奔赴闽西苏区，我就是从他们的讲述中了解到，陶铸是一位十分英勇又极有才干的同志，因此他在我脑海中留下了深刻的良好印象。

厦门思明监狱。1930年陶铸曾在这里劫狱，营救被捕同志。

陶铸也没想到，人们传说的闽西苏区蔡协民家的那个泼辣能干的"母夜叉"，竟然是白净秀气，一头垂肩秀发，穿着素净得体，举止端庄的年轻女人。难怪他大吃一惊。可见，当时人们都把我想象成一个又凶又丑的女人。

看到陶铸那副愣神的样子，我心里不由得暗自好笑。但紧接着下来，我对陶铸原来的那些好印象全没啦。

罗明与陶铸谈话，可陶铸坐在那里，眼睛看着窗外，一副爱听不听、爱理不理的样子。罗明仍然心平气和地说下去，可陶铸还是那么个心不在焉的劲头。罗明有些生气地说："你态度好点行不行？"陶铸也不示弱："难道要我跪着听你说话？"气得罗明好久说不出话来。

当时我想，陶铸怎么能这样对待领导？罗明在省委机关很有威信，备受尊重，又是年长我们许多的老大哥，而陶铸如此傲慢，实在是太过分了。

第一次见面，陶铸没给我留下什么好印象。但是当我进一步接触并了解了陶铸后，又不知不觉改变了对他的看法。

不久，在军委书记王海萍妻子那里我见到的是另一个陶铸。

陶铸与王海萍是一对非常要好的朋友。1928年在广州起义失败后，陶铸去了上海，中央分配他到红四军工作。途经厦门时，军委书记王海萍见他黄埔军校出身，经历过南昌起义和广州起义，懂军事且有作战经验，就恳切地将他截留下来，做兵运工作和搞武装斗争。王海萍先让他到厦门炮台当了三个月的兵，计划伺机兵变拖枪暴动，后来转来做劫狱工作。劫狱成功后，陶铸便留在省委军委机关工作，与王海萍夫妇同住在机关里。

有一阵，王海萍奉命去闽西巡视指导工作，偏偏不巧的是，他的妻子此时身患急性腹膜炎，因为没有钱，不等完全治好就提前出院了，在家里生活不能自理。王海萍把妻子托付给陶铸照顾，提着一颗悬着的心去了闽西。

陶铸尽心尽力去完成战友的嘱托，对王海萍的病妻给予无微不至、温柔体贴的照顾。他每天跑里跑外，烧火做饭，喂药喂水，洗洗刷刷，甚至像倒尿倒屎、洗涤污物这样的事，他也是一丝不苟、任劳任怨地去做，直到两个月以后王海萍回来。

当我耳闻目睹这一切后，十分感动。我觉得，他还是一个很重感情的人，富有同情心，对同志就像严冬里的一把火！

机智脱险

时至1931年3月，虎巷8号的"家庭成员"发生了变化，换成了另一批人，唯有原来的女佣人不变。那里成了省委宣传部和秘书处的机关，蔡协民和我已搬到另外一个地方。罗明也调到闽赣省委去了，他的工作由原军委书记王海萍接替。于是，王海萍夫妇就搬到那里居住。

不久，从闽西龙岩调来了一个男孩和他的母亲，也住在那里。那个男孩叫郭仕宜，我们都叫他小郭，他的任务主要是担任交通员。

毕竟那时的地下工作还不太成熟、不太严格，竟然在小小的机关驻地召开了一次有十几人参加的各县县委书记会议，尽管吃住开会都在屋里，但有那么多人出入，总会引起别人注意的。

不久后的一天，不知何故，一批警察突然包围了虎巷8号，抓走了在家的同志，有宣传部部长李国珍[①]、王海萍的妻子梁惠珍[②]、闽西来的老太太，连到机关来联系工作的组织部部长兼秘书长杨适也同时被捕。敌人还搜出了我们的印刷机器，然后将房子贴上封条。

多亏了那位女佣人，才使王海萍幸免于难。这位目不识丁的"自梳女"，虽然并不知道她的房主人是共产党，但是她以最朴实的感情，本能地认为这些都是好人，不同于她以前所侍候的那些阔佬。他们平等善待她、尊重她，这是任何女佣也享受不到的待遇。

[①] 李国珍（1902~1931），又名伯珍、谷珍，广东海丰人，1924年加入中国共产党，曾任海丰地区宣传部部长、中共福建省委委员、福建省委宣传部部长，1931年被捕，不久被杀害。

[②] 梁惠珍（1905~1931），海南琼山人，1926年加入中国共产党，1927年在上海遇到王海萍并结为革命伴侣，1931年春因叛徒出卖被捕，不久牺牲，年仅26岁。

尽管怀有六个月的身孕，依然惨遭杀害的梁惠珍烈士。

于是，她看王海萍和小郭上街还未回来，便趁敌人不注意，悄悄地溜了出来，站在街角处等着。第一个等到小郭，接着又等到王海萍，她告诉他们："不能进去了，有警察在里面检查。"因此搭救了王海萍和小郭。

被捕的那几位同志，很快就牺牲了。王海萍的妻子怀孕已六个月，残忍的敌人不准孩子出生，将母子一起杀害了。

我和蔡协民由于工作调整，蔡协民调任省委军委秘书，搬了新家，才躲过了这场灾难。

新家在鼓浪屿福州路127号，这是一座结构特别的四层楼洋房。鼓浪屿是个山坡地，这使得这房子的每一层都可以通向外面的公路，而楼内从一层到四层也有楼梯上下。这种结构的房子比较适合开展秘密工作。房东是个有钱人家，住一层楼，我们租住在第四层，有三个房间，外带一个厨房，厨房旁还有一个石洞，可以通向屋外的一个石头小房子。

不知什么原因，那阵子我常同蔡协民吵架。虽说我们两人是自由结合的，但我总觉得和他有些不协调，甚至有些格格不入，我不太喜欢他的性格，温柔有余刚毅不足。蔡协民比我大11岁，他总像对待小妹妹一样爱护我，但又生怕我对他不好，对我管得很死。

当时，省委机关有个秘书处长叫黄剑津，没什么事时，他经常到军委驻地找我聊天。蔡协民就很有意见，看不惯。他竟当面质问黄剑津："我同曾志两人感情深厚，你不要做第三者！"弄得黄剑津非常尴尬。

我觉得这是对我的莫大侮辱，他怎么能这样呢？依我的倔脾气，他越是这样，我越是对他不满意。

有一次，我们又吵架了，而且吵得很厉害。我一气之下跑到屋外的石头小房里睡觉去了。他来敲门，我不理他，他便很坚决地躺在门外冰冷的地上，大有我不开门他就誓不起来之势。

时间一刻一刻地过去，当时天气很冷，屋外的气温很低。我不忍心让他再躺下去，没办法只好起床开门让他进去……总之，由于我们年龄和性格的差异，在一起总是磕磕碰碰，不太和谐。

我曾想过，总有一天我们会分手的。

在国民党统治区从事地下工作，犹如坐在炸药堆上，随时都有引爆的危险。我们待人处事须小心谨慎，方方面面都得考虑周全，稍有不慎，就可能酿成大错。

一天，我准备过海去厦门，经过虎巷8号所在的那条大街时，突然被一个女人叫住了。

这女人是原来我们居住的虎巷8号房东的儿媳妇。省委机关被敌人破坏查封后，这家人可能已知晓我的身份，只要那女人喊一声："抓住她，她是共产党！"那我在鼓浪屿这个孤岛上就插翅难逃了。

这时，我的脑子飞速地转了一下，决定趁着她还没有恶意之前先沉着应付，再伺机逃脱。

我停住脚步，看那女人挺着大肚子，一颠一颠地跑过来，拉住我说："你原来租住我家的那房子被查封后，已经三个月没人租了。可房主仍写的是你们，在没有租出去之前，你还得补交这三个月的房租。"

"我搬的地方离这里较远，今天是偶然路过这里，我身上没带那么多钱。"

"那我陪你去取。"房东媳妇一点也不放松。

这时，我知道自己的判断完全正确，房东一家

因传说曾在这里打死老虎而得名的鼓浪屿虎巷。1930年代初，中共福建省委机关就设在这里。

已清楚我是共产党,不过她不是存心要出卖我。他们需要的只是钱,只要房租交清,大家就相安无事。

我很认真地对她说:"路挺远的,你又挺着个大肚子,我怕你累了。我看这样吧,我就在这店铺门口等着,看看有没有过往的熟人。若有的话,我就请他给家里捎个信,让家里把房租钱送来还给你。"

那媳妇也真傻,居然没识破我这缓兵之计,还挺高兴地说:"那好!那街角处的杂货铺,就是我娘家开的,我们就到那里去等吧!"

我们坐在店里,东张西望地找熟人。鼓浪屿的街上人来人往,游人如鲫,可是从早上9点傻等到12点,还是没有发现一个熟人。

其实不然,过往的行人中就有几个我认识的,但我只当没看见。当时党组织活动经费相当困难,如果那时真能掏得出钱来打发她,也就没有性命之忧了。因此,我心里还是盘算着怎么尽快摆脱这个傻得可爱的女人。

说她傻得可爱,是因为她的心眼还不坏。中午了,肚子开始叽咕,她很客气地邀我到不远处她娘家吃午饭。饭后,我们仍回店铺等人。

真是天赐良机!远处吹吹打打来了一支送葬的队伍。看来死的是个有钱人,那送葬的场面真够气派,众人抬着纸车纸马,浩浩荡荡地在鼓浪屿狭窄的街上穿过。交通一时中断,街两旁挤满了看热闹的人群。

趁着那房东儿媳正探头伸脑看得出神之机,我一转身,撒腿往街边的一个小胡同里跑去。由于从事地下工作的需要,我早已把这一带的街巷情况摸得烂熟,以备急需。

我七拐八拐,跑过几条小巷,穿过一家木材加工厂和一家医院,来到医院附近的一个渡口,跳上了一条正要开往厦门大学的渡船。

当小渡船开出较远后,我看到刚才跑过的巷口和海边,有许多巡警在那里跑来跑去,喊人吹哨子,一片热闹。也看到那个大肚子的女人在那里指手画脚,还手搭凉棚,向海里眺望。不过她怎么也想不到,我会转眼工夫消失得无影无踪。见到这般情景,我在心里暗自偷笑。

船到厦门大学后,我便赶回市区,在秘密交通站住了下来。

天黑后,我偷偷地潜回鼓浪屿,回到机关紧急处理一些事情,准备转移。为防万一,我连夜清理文件。半夜烧东西,怕冒烟有火光,且烧纸的气味也很重,会引起房东和邻居的怀疑。怎么办?

我急中生智,用一只大洗衣盆,将文件浸泡,再用搓衣板搓成纸浆,然后一点一点地用自来水将纸浆冲进下水道。因为下水道有一段是明沟，容易被发现，我就不时下去看看明沟里有无残存的纸浆。直到一切都处理得干干净净，东方已经发白。

第二天，我站在房前晾东西，惊愕地发现，隔壁住着的就是那房东的儿子，其媳妇的娘家也就在我的住处前面不远的地方。而且他显然也认出了我。

鼓浪屿已经不能再住下去，太危险了！

转战福州

1931年7月，我们接到上海党中央的指示，撤销福建省委，另设立厦门和福州两个中心市委，直属中央领导。厦门由王海萍负责，福州由蔡协民负责。

分成两个中心市委后，厦门中心市委就近负责闽南地区厦门、漳州、泉州一带的一二十个县、市，福州中心市委就近负责福州及闽东、闽中地区的一二十个县。

我临去福州前，组织上又交给我一个任务，清理一批寄存在厦门郊外的党内文件。

原福建省委早期设在厦门的郊区，罗明不知通过什么关系，在郊外租了一幢小洋楼。那里远离闹市区，偏僻安静，风景优美，屋外就有一片小树林。整幢小楼是空的，楼主人到国外去了。

我们到厦门时，罗明已搬出那里，和我们一起同住，但是省委还有好几大箱子的文件秘密地藏在那里。

罗明搬走后，看守房子的人又把房子租给其他人了。为了防止意外，组织让我到那里去处理那批文件。

我带了小郭做伴，当走进那幢小洋楼时，发现里面已经住进四五个青年人，好像是艺术学校的学生。这给清理工作带来极大不便。

文件藏在里屋的贮藏间里，进进出出都得经过学生住的房间和客厅，在这些人的眼皮底下要处理这几大箱的文件真不容易，万一哪一个好奇心重的年轻人，走进里间看一看我在捣鼓什么，那就糟了！

1930年，在厦门市思明区鼓浪屿街道内厝澳449号这座小院里，福建省委曾召开第二次代表大会。

我只有沉着应付，别无他法。

我很自然地对学生们说："我是在你们之前住在这里的旧房客，还有一些旧东西寄存在这里，需要清理一下，好把房间腾出来让你们使用。"他们也很客气地说："你请便吧。"便不再搭理我，干自己的事情去了。

我把自己关在里间，迅速地整理起文件来，把该保留的文件集中放在两个藤箱里，需要清理的文件材料也有好几堆。

怎么办呢？在里屋烧或抱到厨房的炉灶里烧，都容易引起怀疑和暴露，贮藏间里没有下水道，看来只有到屋外去烧了。

我非常镇静地抱着那些文件、报纸和印刷品，穿过学生的卧室和客厅，来到屋外的小树林子边上，然后把它们给烧了。文件太多了！足足烧了一个多小时。

庆幸的是，我在光天化日之下将那几堆文件材料烧透，片纸不留，也没有一个学生过来看我究竟在干些什么。野外也没有看到什么游人过来。

烧完文件，我回到屋里，将贮藏间打扫干净。然后，告别了那些年轻人，拎着箱子大模大样地离开了那幢小洋楼。

如果我稍有疏忽，不能保持沉着镇静而是很慌张的样子，那就势必引起学生们的怀疑，只要他们过来一瞧，那些都是共产党办的报纸和党内文件，我的身份便立即暴露。万一有个别学生去报告，我必死无疑，而且将给党组织带来严重的损害。

处理完这件事情，我便随蔡协民一起到福州去赴任。

没想到，刚到福州的当天，国民党警察、特务就给了我们一个"下马威"，把我们从旅馆里带走了。

在警察所里，他们连夜审讯，一直到深夜11点多。幸好，我们事先都准备了新的公开身份的说辞，两人口供一致，未露出什么破绽。警方叫我们取保，来接应的同志已在外面等候，连夜找来保人签字画押，才把我们给放了。

这是怎么回事呢？一到福州就遇上了麻烦。从敌人审问的情况看，他们似乎并没有把我们当共产党看，而是怀疑蔡协民拐带妇女。

我想可能是我们在住宿登记时，蔡协民为我写了一个假名字，我提出不要用这个名字，换另外一个假名字。没想到这一小小的不慎，却引起了旅馆的注意。他们再看我们两人年龄较悬殊，觉得可疑便报告了警方。真是有惊无险！

我们住进了福州中心市委为我们租的房子，它位于仓前山。那里实际上是一个贫民区，房子从上到下都是用木板钉起来的，卫生条件很差。

我的工作主要是坐机关，抄写秘密文件和与交通站、接头户联络。与在厦门比，福州工作的面没有那么宽，点也没有那么多，工作不是很忙。

我们到福州正赶上那一年福州地区霍乱大流行，仓前山一带住着很多贫民，好些人感染上了霍乱。我们天天都能听到死人家的哭声，看到有人抬着简易的棺材去埋。

当时我也很紧张，因为那时福州中心市委的经费很拮据，租不起好点的房子，也付不起昂贵的医疗费。万一感染上可怕的霍乱，那就只好等死了。

有一天深夜，我的肚子突然一阵绞痛，疼得我忍不住在床上打滚呻吟。那阵子蔡协民到农村视察工作去了，只有我孤身一人，无法上医院或请医生买药，我想忍一阵子也许会好起来。由于夜深人静，我的呻吟声惊动了住在木板房隔壁的一对日本夫妇。他们闻声便过来到楼上卧室察看，见我疼痛难忍，劝我说不要紧，他们有办法对付。

我是第一次领教"跳大神"。只见那日本男人手执一把刀，口念咒语，又蹦又跳；还用碗装上水和米，往我的身上洒；然后挥刀在门槛上砍劈，最后烧掉了一个用纸扎的小人。

虚弱的我躺在床上，也不好拒绝这两位热心的日本人的帮助，只好任由他们在我屋里折腾了半个多小时。我肚子再疼也只好强忍着，他们见我的病情有所"好转"，便客气地告辞了。

后来还是"十滴水"起了作用，疼痛慢慢缓解了。那对日本夫妇可能还认为是他们把鬼驱跑了呢！

不久，党中央派来了个巡视员叫姚××，到福州地区检查指导工作。他就住在我们前面的小楼上,刚来时他看到我们还挺客气,但当他几天不见再次出现时,脸色就很不好看,对我也不那么和气了,好像对我们特别是对蔡协民很不满意似的。

后来我见他几天不出门,一人躲在楼上写东西,写了又揉,揉了又写。事后我才知道他是给中央写报告,大大告了蔡协民一状。

中央巡视员姚××带着"左"倾盲动的思想框框来套福州的工作,因此,对福州中心市委很有意见。他认为福州中心市委的工作还不够大胆积极,执行中央指示精神不力。指责蔡协民对工作应付了事,较少开展示威游行、集会等活动。因此给蔡协民扣上了一顶"右倾"的大帽子!

中央巡视员一走,我们就搬出了仓前山。一是担心邻居那对来历不明的日本人,他们到过我们家里"跳大神",对我们已有所了解,日后还会来套近乎;二是担心那个地区霍乱流行,势必殃及我们。

新家位于市中心区,是一幢较新的两层的房子。房东与我们各住东西,中间共用一个天井。这里比较宽敞清洁,共有五间住房。

为此,我们从闽西调来了一个男孩,住机关。他叫张智,是张鼎丞的亲弟弟。这是一个机智聪明的孩子,在家乡闽西永兴时,受其兄长的影响,年仅10岁就参加了地下工作,当交通员。后来张智调到省委机关,继续当交通员。

1932年初,中共福州中心市委机关曾设立在仓前山天安寺旁的佛寺巷13号。图为福州市委旧址。

张智到福州后，对外充当我的弟弟，对内的主要任务是刻蜡版、油印机关报。稿件由蔡协民、我，还有其他同志编写提供。

在我们调到福州之前，邓子恢已从闽西调到福州，担任农村巡视员。他到闽东地区巡视指导工作，组织了抗捐、抗粮、抗税斗争。是年8月，他从闽东巡视回来后，也和我们住在一起。

在福州可比不上在厦门了。我到厦门时，从闽西苏区带去了许多金首饰，党的活动经费还比较充足。另外在厦门，我们的联系对象也比较多，实在没钱时，还可以找他们帮助。有的同志甚至把家里的金银首饰拿出来交给组织，用作活动经费。

可是，福州的活动经费十分困难，党员同志大都比较穷。我们每个月除了房租之外，伙食费每人只有六元。其中有一半还要花在交通费上，真正用在伙食上面的只有三元钱。

好在那时福州的物价比较便宜，但从事城市地下工作的同志，多扮成有一定身份的人，上街买菜，菜篮子里如果没装上点东西，街坊邻居是会怀疑的。因此，伙食还是要维持两荤两素的标准，不过那两荤是装点门面的。每次怎么摆出来再怎么收回去，直摆到快不新鲜时才吃。虽然那时我又怀孕了，但也无法增加营养。

如果要添置点服装，也要从伙食费、交通费里抠，多吃稀饭多走路，以节省费用。张智从闽西来的时候，我还要给他添置几件衣服。他有脚气病，穿球鞋就出汗溃烂，只好省钱为他买双皮鞋。

尽管生活清贫，但大家从不埋怨叫苦。比起在山里行军打仗，跋山涉水，风餐露宿，这点苦真算不上什么。

组织上把我的第二个孩子送人换经费

1931年的11月，我在福州生下了我的第二个儿子。福州中心市委组织部部长的妻子非常热心，她来照顾我坐月子，并且是按福州当地的习俗来照顾我。

孩子生下后，她就煎了几个鸡蛋，并用榛油炸老姜，又放了一斤多的糯米酒和很多的红糖，熬了两大碗，逼我喝下一大碗。我平时不喝酒，产后身体十分虚弱，喝下去后感觉昏昏沉沉，好像醉得厉害。但是过一阵子后，感觉特好。

福州还有一个习俗，产妇坐月子不能吃母鸡，要吃公鸡。这和我的家乡完全相反，湖南人说公鸡热性大，也不能吃姜，说吃了这些东西后人会发狂。而福州每顿都用很多姜、红糖、榛油、红酒，主食是鸡、鸡蛋和线面。

常言道，入乡随俗。福州有福州的水土，也就有了相应的饮食习俗，我就照这么吃，确实感觉良好。几天后，我的肚子就不胀了，子宫收缩得很好。一周后，我就下床干活了，买菜、做饭、洗尿布。她们劝我多卧床休养一阵，但我不忍心让别人伺候我，因为我自我感觉良好。

在生孩子之前，我曾给母亲写了封信，说我没办法带孩子，路途遥远，又无法送回家，只好送给别人了。母亲很快复了信，并寄了40块现大洋，叫我千万别把孩子送人，并要我把孩子送回家，由她来带。

照理用这些钱回一趟湖南是够了，但当时党的活动经费非常紧张，我从母亲寄来的40块大洋中，取出一半交给了组织，自己留下一半。

孩子满月后，逢人便笑，十分听话，人见人爱。大人手头忙时，他出奇地乖，一人静静地躺在摇篮里，不哭也不闹，还会定时拉屎，从不把屎尿弄到床上。我们见他长得壮实，给他取了个名字叫"铁牛"。

那段日子，我边工作边带孩子，紧张工作之余，享受着难得的天伦之乐。但好景不长，翌年初，我们接到中央免去蔡协民福州中心市委书记职务，调任厦门市委"巡视员"的通知。

显然，这是那个中央巡视员告"御状"的结果。

1932年1月，我随蔡协民一同回到厦门担任市委秘书长。我原打算稍作停留后，就请个假，把儿子送回老家。

一到厦门在旅馆里住下，厦门中心市委书记王海萍和新任福州中心市委书记陶铸就来看我们了。我对他们说起我的打算，请他们批准我的假期。王海萍则百般劝说，又是孩子太小，经不起旅途折腾啦；又是路程遥远，车船转换麻烦啦；又是担心大人小孩晕车晕船，弄不好会病倒在路上啦；又是来回要两个多月，耽误工作啦……

但这些都动摇不了我的决心，我仍坚持要送，而且路费勉强够用。蔡协民也同意我的意见。

最后，王海萍终于吐露了实情。原来我们还没有到厦门时，厦门中心市委急需经费，听说我们刚生了孩子，便擅自作出组织决定，已将孩子"送"

给一个叫叶延环①的同志。叶延环的家是有名的中医,而且还暗地里做些大烟生意,比较富裕。他结婚四年未有生育,很想领养个孩子。党组织已预收了100块大洋,而且已用得差不多了。所以我送也得送,不送也得送。

这种事在今天是绝对不能设想的!但是对那时的共产党人来说,革命利益高于一切,除了信仰之外,一切都是可以舍弃的,包括自己的鲜血和生命。

我无可奈何地对王海萍说:"既然组织上已经决定了,我们还有什么话可说呢?!"可是对30多岁的蔡协民来说,还真舍不得。事后他埋怨我这么快就答应了,已没有商量挽回的余地。

其实,我也是舍不得将小铁牛送人的。革命者的心也是肉长的,送掉亲生骨肉宛如从娘心上割去一块肉,更何况小铁牛又是一个可爱的孩子!如今要送人了,今生今世难说再见到,我的心情也是难以言喻的。

孩子送走前,我和蔡协民抱着孩子,特意去中山公园玩了一次。我将小铁牛放在草地上,发呆地看着他,使劲地记住他的模样。然后又一起去照相馆照了张全家福,我抱着铁牛坐着,蔡协民立于一旁。照完相后,我给小铁牛喂完最后一次奶,才依依不舍地把孩子交给其他同志抱走。

图为不久之后,壮烈牺牲的叶延环。

蔡协民、曾志夫妇与小铁牛合影。

---

① 叶延环(1908~1934),又名叶炎煌,福建大田县人,1927年加入中国共产党,1934年在厦门被捕后惨遭杀害。

送走孩子后，蔡协民便奉命到惠安、泉州等地巡视工作去了。

小铁牛刚到厦门时还是好好的。到了那个中医之家后，虽说一家人视若掌上明珠，但不巧的是，当时正是天花、麻疹流行季节，家里来了许多求医的麻疹、天花病孩，不到半个月小铁牛就染上了麻疹，接着又染上了天花。两个多月就断奶的孩子，又到了一个新的生活环境，并染上急症，尽管医生家人使出浑身解数，最终还是没能挽救铁牛幼小的生命。

起初大家都尽力瞒着我，但我还是知道了这一噩耗。我努力地压抑住心中的无限痛楚，一声不吭，仍然默默地忙碌，只是到了夜深时，才任由泪水纵横。

小铁牛与我共同生活了两个多月，我对他的印象比较深，确实是很有感情的。第一个孩子生下来，我病在床上，实际上是毛大嫂等人帮助我带的，26天后就送给别人；小铁牛这孩子跟我时间长，你说我怎不心痛呢？

提笔写到这里，小铁牛的音容笑貌又仿佛浮现在我眼前……

王海萍和我们同住机关，见我那几日神情恍惚，沉默寡言，知道瞒不住了，就将小铁牛染病夭折的详情如实相告，并恳切地安慰了我一番。

我望着眼前这位市委书记，眼睛湿润了。想到他不是也为革命献出了年轻的妻子和尚在腹中的孩子吗？如今孑然一身，他何尝不悲痛？但他却没有沉溺在个人的悲痛之中，而是更加拼命地工作。这样的领导是值得尊敬和学习的！

厦门"三五"惨案

1932年1月28日，日军侵占上海，国民党十九路军奋起抵抗，而国民党政府却下令十九路军撤离前线。厦门市民闻讯十分气愤，要求报馆及时张贴当日快报，供市民阅读。在日本领事馆的压力下，厦门市公安局指使警察在后滩驱散、拘捕围观战报的市民，激起了市民公愤。

3月5日，约五六千市民涌至公安局门前，质问局长。公安局警卫见状关上大铁门，游行队伍便停在公安局门口呼喊口号。公安局长下令手下用高压水龙头喷射驱赶群众。

一位勇敢的名叫林守书的汽车司机，攀上铁门，想从里面将门打开，好让队伍冲进去。这时军警竟然开枪，只见那小伙子从铁门上栽了下来。群众

"一·二八"淞沪抗战中奋起抵抗的国民党十九路军。

更加愤怒,"打倒国民党"的口号声喊得更加响亮。如此相持20分钟后,公安局见群众迟迟不肯散去,便再次命令军警瞄准群众开枪。当场打伤六人(其中一人伤重死于医院),群众被迫四散逃开。

"三五"惨案发生后的第二天下午,省委当即召开紧急会议,决定利用这个时机,发动各界爱国人士和市民举行更大规模的斗争。

那天夜里,我们在中山公园集合了千余人的队伍,打出大幅标语,高喊口号,散发传单,举行示威游行。队伍路过江声报社时,愤怒的群众砸烂了报社的招牌,接着捣毁了国民党思明县党部和思明报馆。当晚游行活动长达三个小时。

是夜,总商会负责人星夜跑到司令部,要公安局局长自动离职以缓和群众愤怒的情绪。厦门抗日救国会临时召开代表会,提出撤办公安局局长,抚恤死伤,恢复壁报,不禁止爱国运动组织"三五"惨案委员会等妥协条件。

8日,市委决定,以"三五"惨案为导火线,发动全市各界罢市、罢工、罢课,并决定召开各学校各团体代表大会,讨论后援问题。

17日,厦门各界代表召开大会,成立厦门民众"三五"惨案后援会,会上决定21日在中山公园举行追悼大会,通过斗争纲领。会后举行抬棺示威游行,掀起厦门反帝反国民党的高潮。

这一决定的作出,立即引起了国民党厦门当局的恐慌。他们加紧了对后援活动的破坏工作，通过社会民主党派领导的学校代表，在筹备会上提出推翻追悼会的意见，同时对死者家属进行利诱威胁。

我们也采取了对策，坚持17日代表大会的决议，追悼会不改期，加紧对中间分子、死者家属的工作，在报上登载追悼会的时间地点并发表宣言等；同时加强党团领导，做好学校、团体的工作。

20日，后援会第二次代表会在一所中学的教室里召开，各界代表七八十人出席了会议。代表们群情激愤，争论激烈，纷纷要求：召开纪念死者的追悼会，会后进行抬棺示威游行；惩办凶手、偿还血债，抚恤死者亲属；声援上海"一·二八"抗战，发起募捐支持抗日将士活动，等等。

一些被收买和利用的学校与团体的代表则提出不要在公园开追悼会，改到党部去开，追悼会延期举行等意见。

由于此次筹备会是公开召开的，因此这天也来了四五十个警察，虎视眈眈地站在会场后面和校园内，气氛顿时紧张起来。

主持会议的一位中学教导主任，见来了那么多的警察，便转变态度，不主张搞示威游行了，说会影响交通，妨碍学生上课、职员上班，更容易招致警察的干预，带来不应有的损失。一些学校的代表害怕事态扩大，提出退席放弃斗争。

然而，省委派去组织筹备会的一位有公开身份的同志，则坚持要在21日如期举行全厦门的抬棺示威游行。

会场里的警察害怕抬棺示威游行会使公安局威风扫地，遭受公众的强烈谴责。因此，他们威胁说："聚众示威游行是违法行为，警方将采取强硬措施进行干涉，甚至不惜动用武力。"

此时，会场上两种意见还是争执不下，大家情绪激昂，气氛十分紧张。会议已开了两个多小时，再僵持下去，肯定会出事，警察必定动手抓人。

在这关键时刻，我只好见机行事了。本来省委决定我在幕后指挥，交代我，若第一方案不行就执行第二方案。这时，我给地下党的其他同志使了眼色，示意他们不要再坚持下去了。最后会议决定追悼会延期至23日召开。

追悼会决定改期后，国民党厦门当局便有时间从容地从各方面来破坏"三五"惨案后援运动，最后达到迫使追悼会流产的目的。他们召集参加后援会的几个学校的校长加以威吓，并派出侦探监视一些学校的代表，进一步分化瓦解后援阵线。

当局付给死者陈再家属3000元，强迫其在报上登启事，说是此案已经了结；同时强迫另一死者林守书家属搬家，使我们无法找到他。他们还收买总商会、抗日救国会等团体，登报声明，不参与后援会。公安局也召集新闻记者谈话，说"三五"惨案已经结束。敌警备区司令部还张贴布告，禁止集会，加紧戒严。

鉴于形势已发生根本变化，为了避免我们以少数力量与统治阶级直接冲突而受到更大打击和损失，因此只好决定取消大规模的抬棺集会游行，改为分别举行小型的追悼会和飞行集会，派出宣传队至各区演讲，揭露国民党当局制造"三五"惨案的罪恶。

23日上午，厦门戒备森严，街头军警密布，一些学校召开了追悼会，有的学校学生准备举行示威游行，刚出校门便被警察挡了回去。

在国民党地方当局的高压和阴谋破坏下，"三五"惨案后援运动终于流产。

消沉的蔡协民

为了尽快地从失去爱子和斗争失败的痛苦中解脱出来，我暂时离开厦门机关，到外县农村去巡视工作。

我和叶延环同行，走陆路先后到同安、惠安、莆田等县，在有党组织工作的地方逗留几天，沿途了解情况。

1932年4月中旬，我回到厦门。当我回到机关驻地武当分巷（草仔垵）21号，却没见到蔡协民，他已受市委的派遣先行到漳州去开展工作，以迎接红军进漳；倒是见到了福州中心市委书记陶铸，他也是在福州听说红军打下了漳州，回厦门一趟。

陶铸向我谈起前几天他与蔡协民会面的情况。蔡协民到惠安县巡视工作一个多月，胜利领导了轰动闽南的惠北大抗捐斗争。当他满怀喜悦回到厦门中心市委机关与我团聚时，见我不在机关已下乡走了，等了几天也没有我的音

1932年的曾志

讯，他又接到通知到漳州。两人总见不着面，孩子又送人了，他觉得自己形影相吊，因此深感失望和难过。

平日不喝酒的蔡协民，在苦恼中也和陶铸喝起了闷酒，借酒消愁。

当年在红四军那场党领导军队的争论中，毛委员曾批评蔡协民是中间派，蔡协民嘴上没说，但心里却不服气。另外蔡协民当时在政治部工作，抄写布告时，漏写了一个字，将"共产党"写成"共产"，毛委员很生气，严厉批评他做事不认真，抄完也不校对一遍就贴出去。掉了个"党"字，这不是一般性的错误，是原则性错误，国民党反动派不就是骂我们"共产"吗？！毛委员气得甚至不愿见他："我不高兴看的人，我情愿看我的脚指头！"

喝酒时蔡协民说起这些事，痛哭流涕，说毛委员不了解他，对他不留情面。说话中，又扯到了我，骂我对他三心二意啦，不是真心爱他啦……

说到气头上，掏出我的照片撕得粉碎！

再会毛泽东

1932年4月下旬，中央红军攻占漳州后，为了开辟闽南新苏区，厦门中心市委决定将市委机关迁到漳州。

作为厦门市委秘书长，理应由我打前站，到漳州与红四军取得联系。从厦门到漳州必须先走水路，渡海到鼓浪屿对面的嵩屿岛；然后走陆路，从嵩屿到白水营，经石码最后到漳州。

当我从嵩屿到白水营时，我们设在一个小学的接头站同志告诉我，此路不通。许多土匪盘踞在白水营，拦路抢劫，抓人杀人；国民党部队也在那里设了关卡，阻止行人进入漳州。

无奈，我只好返回厦门。但是我又不愿意就这样回机关，我一定要完成这个任务。我在厦门码头上徘徊，寻找着办法和机会。

自红军攻占漳州后，厦门守敌十分紧张，他们不仅封锁了陆路，而且封锁了水路，江面上停泊了好几艘军舰，所有船只，无论是客轮还是货船一律不准去石码，就连往日码头上随处可见高声揽客的小筏子也不见了。

正在一筹莫展时，我发现了一条石码来的装粪船。我知道机会来了。当时厦门的粪便都是石码农民用船来清运出去的，看来只能将就着坐粪船走

红军攻克漳州纪念馆，素称"芝山红楼"。

了。我走上前去问："大叔，船还回去吗？"船老大说马上就走。我真是喜出望外，请求他捎我一程，他见我穿着朴素，蓝布衣服，黑裙子，布鞋，一副学生打扮，便满口答应。

这船除了满满一舱粪便之外，能坐人的地方也就是船头和船尾了。船老大在船尾掌舵，另一个大概是他的女人在前面划桨。我就坐在船头上，身后的粪水随着船身直晃荡，在阳光下蒸发出令人窒息的恶臭。但对我来说，只要能到漳州，再脏再臭也是无所谓的。

船经过关卡时，岸上的士兵一看是装粪船，也就懒得搭理，我那天的那身打扮同样也没引起敌人的怀疑。就这样，我顺利地到达了石码。

说来也巧，当天上午10点之前，石码还是敌人占领的，10点钟红军的队伍便开进了石码。下午我到石码时，看到我们的队伍还在陆续开进。我一路打听，终于在大港乾找到司令部所在地，那是一座基督教礼拜堂。

站岗的士兵把我拦下盘查，我告诉他们，我是厦门来的，要见你们的首长。正在这时，二楼上探出了一个脑袋，问哪里来的，找谁。我一抬头，便认出了他。他原是红四军里的一个师长，叫王良[①]。我喊他，可他莫名其

[①] 王良（1905~1932），重庆綦江人，1926年入黄埔军校五期，1927年加入中国共产党，曾跟随毛泽东参加秋收起义，是中国工农红军建军初期著名将领，1932年在战斗中壮烈牺牲。

政治部主任罗瑞卿

妙，一时没认出眼前学生模样的我来。待我报了姓名后，他惊讶地说："啊呀！曾志你怎么变成这般模样？"

我在红军部队时，总是把头发剪得短短的，一身男式打扮。如今留长了头发，穿起了裙子，难怪他认不出来。

王良高兴地叫我快进屋上楼坐。这时我才知道，他现在已经是红四军的军长了。经他介绍，我认识了同屋的参谋长聂鹤亭①。我说了此行的来意后，王良军长派人把我送到政治部。

在政治部驻地，我第一次见到了政治部主任罗瑞卿，他派了一部刚缴获的大卡车专程送我到漳州。

石码距漳州40多里地，一个小时后，我就到了设在漳州城西芝山南麓的省立龙溪中学"干之楼"的东路军总指挥部，见到了林彪司令员和聂荣臻政委。他们很热情地请我吃晚饭，有好几样菜。饭后，林彪司令员告诉我，毛泽东以中华苏维埃共和国临时中央政府主席和中央军委委员的身份，亲自指挥由红一、五军团组成的东路军东征福建，攻克漳州，此时也住在漳州。我一听十分高兴，要他们立即派人带我去见毛泽东。

毛泽东住在龙溪中学隔壁的教会学校寻源中学的校长楼里。这是一栋两层楼外墙漆成红色的建筑。

当我突然出现在毛泽东的办公室时，意外地发现蔡协民也在那里。毛泽东见到我同样觉得意外，他笑着说："曾志，你来得正巧，蔡协民正好在我这里。"

我说明了来意，毛泽东沉思了一会儿说："我们的部队在漳州到底能待多久现在还很难说，市委要迁过来，就过来吧，来了再说。"

随即，毛主席让出了他那间比较大的卧室给我和蔡协民，自己搬到旁边一间较小的房间住。之后一段时间，我们就一直住那里，直到红军撤出漳州。

---

① 聂鹤亭（1905~1971），安徽阜南人，1926年加入中国共产党，1927年参加南昌起义，曾参加长征。新中国成立后曾任哈尔滨市委书记、辽北军区司令员，1956年被补授予中将军衔，1971年逝世。

毛泽东为我们饯行

在红军攻占漳州之前,厦门中心市委已派邓子恢、蔡协民等到达那里指导漳州县委开展工作,以策应红军攻打漳州,并做好迎接红军的各项准备工作。

红军打下漳州后,王海萍率厦门中心市委一班人进驻漳州,开展工作。我曾负责起草了一份《告漳州同胞书》,毛泽东亲笔做了一些修改。我向毛泽东提出要求,想回部队工作,毛泽东同意了。但他说,这要征求一下市委书记王海萍的意见。后来我找了王海萍,他也表示同意。这样,我在漳州便较少参加当地的群众工作。

我曾陪同毛泽东到已跑得空无一人的省立龙溪中学的图书馆找书,我发现毛泽东对书情有独钟,爱书如痴,见好书如获至宝,埋在书堆里整整待了两天,挑出了好几担的书,什么内容的都有。后来听说,红军撤离漳州时,毛泽东的个人财物依然少得可怜,唯有书籍增加了好几倍,拉了有半卡车之多。除留下少数自己阅读外,他用这批书在瑞金创办了中央图书馆,丰富了苏区红军的文化生活。

有一次,我到街上办事,见一批战士围着一家大店铺,正在没收店里的东西。

那店里摆着各种橡胶制品,战士们只挑最实用的胶鞋拿。当时胶鞋对一个战士来说,那真是太心仪了,行军打仗最用得着。谁要是有一双胶鞋,那才叫众人羡慕呢!

我在仓库里意外地发现了很多万金油、八卦丹、肥皂、巧克力和女人穿的胶鞋等。这些东西,战士们都不知道其用途,因而没有人去动它们。我告诉他们,这些万金油、八卦丹以及肥皂,对部队来说可是热门货,万金油等药治那

毛泽东一生都酷爱读书

些头疼脑热、中暑拉稀十分管用。经我这一说，他们就动手将这些东西统统运走了。

我也比照我的脚拿了几双女胶鞋，以及肥皂、万金油之类的。我兴高采烈地回到住地，拿出一部分送给毛泽东，请他转交给贺子珍。

红军攻打漳州，旨在达成消灭国民党张贞①部，调动广东之敌，筹款筹粮等目标，现任务已基本完成，红军便决定回师中央苏区。当厦门中心市委知道红军就要离开的消息后，便研究讨论了红军退出漳州后的形势和创造闽南革命根据地的战略方针，决定集中精力发展壮大小山城根据地。

小山城根据地位于南靖、平和、漳浦等三县交界山区，方圆不到100里。那里山高路险，远离县城，交通闭塞。这个地方四周群峰环抱，盛产粮食，有五六个自然村，100多户，600多人口。陶铸在担任漳属特委书记时，想办法筹得了3000多元。除一部分上交省委做经费外，用余下的钱买了30多支驳壳枪，组建了一支游击队。

这支游击队后来发展为100多人，并在那里建立了小根据地。红军进漳时，我们要求红军给两个连，充实加强这支队伍，但红军没同意，只给了百来个轻伤员，并拨给200多支枪。漳州县委发动农民参军，使队伍扩大到600多人，有五个大队。

1932年5月下旬，红军退出漳州前夕，在漳浦县近郊正式成立了闽南红三团，蔡协民兼任总指挥，团长冯翼飞②，政委由闽南革命委员会主席、当地的群众领袖王占春③兼任。全团共800多人，编为五个连队，连排干部大部分是由中央红军派来的轻伤员担任。红三团成立后，即深入靖和浦一带农村，以小山城为中心开展游击斗争。

为了领导创建闽南新苏区，厦门市委决定成立漳州中心县委，辖漳州城内、南北乡、石码、海澄和靖和浦地区，由蔡协民任书记。

由于毛泽东和王海萍已同意我回中央苏区工作，因此我没准备随蔡协民

---

① 张贞（1884~1963），字干之，福建诏安人，国民党陆军上将，北伐时任国民革命军独立第4师师长，人称"闽南王"，曾任国民党首都卫戍司令等职，1949年去台湾。

② 冯翼飞（？~1932），海南人，黄埔军校毕业，1926年加入中国共产党，1932年在与国民党的战斗中壮烈牺牲。

③ 王占春（1905~1932），福建龙溪县人，1927年加入中国共产党，闽南根据地创始人之一，1932年在战斗中不幸中弹牺牲。

一同去漳南工作。当组织上决定蔡协民留在漳州任中心县委书记后，蔡协民口头上虽表示服从组织决定，但心里却很苦闷、很难过。

会后，蔡协民找到王海萍书记，提出要我和他一道前往小山城，否则会影响他的工作。这很让王海萍犯难，因为他已答复毛泽东，同意让我回中央苏区工作，罗明到漳州后知道此事也表示同意。现在蔡协民提出这个要求，就不好办了。

王海萍不好直接找我谈话，他知道我一定不会同意，但他又不得不考虑蔡协民的要求和情绪。他最后找到了毛泽东，请毛泽东出面。

毛泽东亲自找我谈话，他恳切地说："我本来是同意你回中央苏区工作的，但是如果蔡协民带着这样的情绪去漳南，势必会影响工作。他的身体不好，确实也需要你在他身边照顾。为了工作，我看你还是和蔡协民一起去创建新苏区吧，那也是很重要的工作嘛。"

说句心里话，我当时还真不乐意去。因为我那时已下了决心，趁着调动工作到中央苏区去，与蔡协民分手各奔东西。我对毛泽东也说过这事，但是，既然毛泽东出面这样说了，我又能再说些什么呢？

对于一个共产党员来说，服从组织决定是起码的要求。即使与个人的利益和意愿相左，也还是要执行组织决定的。

两三天之后，我们即将启程前往小山城，毛泽东特地设宴为我们饯行。我知道当时毛泽东在漳州生活十分清苦。他住在芝山红楼，单独起伙，秘书、医生、伙夫、警卫加上我们十来个人，天天就是豆芽加白菜，基本上没有荤菜。屋后的水缸里泡着两条一尺多长的海茄子[①]，不知怎么吃，一直泡在那里没动。记得我到漳州后，林彪司令员、我的同乡第12师师长刘炎[②]分别请我吃过饭，都是有鱼有肉的。尽管漳州是个城市，毛泽东的生活却没有什么改善。

但是，这一次毛泽东却破例叫警卫员去买了一只大火鸡，打开了一听从江西带来还没舍得吃的牛油罐头，满怀深情地为我们饯行。

尽管牛油并不好吃，可毛泽东的一片真心实意使我十分感动，至今记忆犹新。

---

① 海茄子：海参的一种。

② 刘炎（1904~1946），湖南桃源人，原名刘安焕，又名刘炳生。1927年加入中国共产党，黄埔军校四期毕业，参加过北伐战争、秋收起义、红军长征，1946年11月因病去世。

浴血闽南

1932年5月中旬,我和新组建的漳州中心县委一班人以及红三团,到漳浦小山城根据地开展工作。当时县委有五个常委——蔡协民、冯翼飞、王占春、我,还有一个当地的农民干部,我任组织部部长。

5月底,毛泽东率中央红军撤出漳州返回江西瑞金。红军退出漳州后,厦门中心市委也将机关迁回厦门。

我们在小山城一带发动群众打土豪、分田地、烧田契借约,发动农民参加红军,建立苏维埃政权和党的组织,开展武装游击斗争。在我们的努力下,苏区不断发展壮大。

王占春画像

然而,在红军攻占漳州时损兵折将的张贞并不甘心失败,他在漳州外围重新调集了大量部队,虎视眈眈,伺机反扑。

中央红军离开漳州不到半个月,张贞便率残部并纠集"翁母猪"、陈祥云的民团,杀气腾腾地向尚处于初创阶段的小山城根据地和刚成立不久的红三团发动了全面的"围剿",企图把我们这个刚刚诞生20多天的苏维埃政权扼杀在摇篮里。

强敌压境,我们当时面临的困难是可想而知的。返回厦门不久的中心市委此时刚被破坏,漳州中心县委与上级失去联系,陷入孤军作战的境地。刚改编成立的红三团,绝大部分是刚参军的农民赤卫队员,打枪都不大会,有的听到枪声还害怕,战斗力很差。

在这种敌强我弱的情况下,本该按照毛泽东的"十六字诀"开展游击斗争。但是,我们却盲目地执行罗明到漳州来所传达的中央指示精神,保卫苏区的每一寸土地,主动出击,以期打退敌人的进攻。

虽说,斗争前期也取得过像牙庄等战斗的胜利,消灭张贞部200多人,缴枪40多支,还攻下了漳浦县城,但从总体上讲,我们执行的是一个错误的方针，特别是因前期的胜利也滋长了自满轻敌的情绪，头脑难以清醒。

1932年6月5日，敌人动用了一个师约3000人的兵力，采取突然袭击的办法，包围了红三团驻地寨子村。敌人从四面八方涌了上来，并且抢占制高点断了我们的后路。

战斗打得异常激烈，部队伤亡惨重。团政委王占春率队在抢夺制高点的激战中身负重伤被抬下了阵地，几天后牺牲在一个山洞里。

当晚，队伍退至小山城。面对三面受敌，十里以外都是敌人的严峻局势，蔡协民做出了立即撤出小山城，向平和三坪迂回，跳出敌人包围圈的决定。

这是保存革命武装力量，以适应恶劣斗争形势而做出的正确选择，但后来这也成了厦门中心市委强加给我们的"逃跑主义"罪状之一。

红三团的动向很快被发现，敌人尾追而来，前后堵截。此时又遇天下大雨，山洪暴发，前路受阻。蔡协民等人决定主动出击，避免被动挨打。派人侦察，结果发现龙溪圩只有少数民团驻扎。原以为攻打这里取胜有望，谁料侦察有误，驻扎龙溪圩的是张贞部的一个加强营。结果可想而知，红三团再次受到损失，由富有战斗经验的老兵组成的尖刀连伤亡惨重。战斗失败，红三团被迫退回小山城。

县委召开会议，商量对策。经过讨论，权衡利弊，最后一致决定退守车本。

这时如果及时转移还不晚，而我们却采取了分兵把口，坚守阵地的错误战术，利用车本山上陡峭的地形，与敌人打起了阵地战。

6月23日，张贞部三个团加上邻县反动民团共1万多人攻上车本。激战中，指挥防守北线的冯翼飞团长率队与敌人展开白刃战，终因寡不敌众，英勇牺牲于阵地上。

敌人突破北线后，直插中路。在中路坐镇指挥的蔡协民被迫指挥部队分散突围。至此，以小山城为中心的根据地沦于敌手。

在当地籍战士的指引下，我们十分狼狈地往深山里撤退。

此时，我又有了身孕，求生的欲望驱使我随着队伍在荆棘和石头丛中没命地跑，最后终于摆脱了敌人的尾追，翻山越岭，躲进了深山老林。

在山上，我们远远望见几里外，一批又一批的国民党部队来回穿梭在搜山，而我们躲在山上不敢走动，担心暴露目标。

两天两夜下来，大伙儿没吃没喝，个个饿得头昏眼花。怎么办？总不能坐以待毙。我们决定等天黑后下山看看，弄点吃的东西回来。

当时很多人都走不动了，我好在口袋中还有一撮生米充饥，而且怀孕后本来也没什么食欲。等体力稍好些，我便自告奋勇化装成农妇下山。

好不容易盼到夕阳西下，我在当地一个熟悉道路地形的农会干部的陪同下出发了。翻过两座小山之后，发现在一条山溪边有一株野杨梅树，鲜红的杨梅果挂满了枝头。又饿又渴的我们，扑上前去大吃一通，体力才有所恢复。

在一个山坳里，我们看到不远处的牛棚前拴着一头黑水牛，它正在悠闲地吃着草，牛棚边晒着几件破衣服。经过仔细观察，在确认没有什么太大危险后，我们向牛棚走去。

牛棚里空无一人，只见到一个破盆子里还留着一点凉稀饭。此时的我们已顾不上许多了，三下五除二，便把稀饭给吃了。

等了很久，总算等回了主人。这些老根据地的群众真是好样的，敌人来了后，他们便带着家里的粮食和猪牛鸡鸭躲进深山，不把它们留给敌人。当他听我们把情况一说，就马上下山找来了地方上的负责同志。他们杀了一头猪，把肉和米合在一起煮了几大桶的饭，并连夜翻山越岭，把饭送到红军的隐蔽地。

这顿饭对于饿了两天的红军战士来说，实在是太美了、太香了！

第二天，队伍继续留在山头，讨论分析这次失败的教训和原因。

谈到这次惨重的损失，大家的心情都很沉重，显然我们已经认识到自己的错误。主要原因在于我们不能客观地看待自己的力量和形势，把游击区当成苏区看待。红色政权虽已成立，但还不巩固；很多地方还未建立党组织和分配土地，群众基础还较薄弱；红军刚组建，没经过训练和实践锻炼，便还击强敌的进攻，甚至采取进攻的策略。在这种情况下，与敌硬碰，死守阵地，怎么会不失败呢？

当时，我们还没有认识到中央的不放弃苏区每一寸土地的指示精神的"左"倾错误。只是认为，我们创立的闽南新苏区不能与中央苏区相比，中央苏区位于几省交界的地区，区域范围大，有强大的红军，政权建立和巩固多年。因此，不能按中央苏区的办法对付敌人，大家都同意这种分析。

最后，我们决定暂时分散游击，重新聚集力量，逐步恢复失地。我们将剩下的百来人分成好几个分队，分头寻找走散的战士，深入群众基础较好的村子，建立工作联系。

国民党部队见红三团团长、政委已被打死，红军死伤过半，群龙无首，以为"围剿"大功告成,便撤出闽南。除县城和重镇留些兵力外,其他地方都没有驻军。

这样便给闽南苏区的恢复创造了客观上的有利条件。不到一个月时间,我们经过分散秘密游击,严惩了地主反动分子;发动群众,恢复了农会和苏维埃政权;村与村都建立了工作联系,发现敌情及时通报;红军队伍从100多人迅速恢复发展到300多人。

正当各项工作顺利进展的时候,我却病倒了,主要是患了疟疾(打摆子),加上怀孕的反应。一会儿冷得上下牙直打战,一会儿又烧得迷迷糊糊,甚至流出大量的鼻血。

当时的中共中央由王明主持工作,他的"左"倾机会主义路线给革命带来巨大损失。

为了防止敌人的突然袭击,同志们将我从村子里撤到一个山洞里养病。狭小的山洞里阴冷潮湿,还有一股地下水流打洞里经过。他们为我找来一些干树枝,均匀地垫在没水的地方,上面再铺上一层厚厚的干草。

我在山洞里躺了好几天,蔡协民派人好不容易弄来了一些治疟疾的药。病情有所好转后,我又回到村子里养病。

一天,我又打起了"摆子",几床破棉被压在身上还冷得直发抖。这时,暗哨气喘吁吁地跑回村里,报告说敌人来了。村里的群众闻讯,便各自往后山撤退。

无奈的我,也只好硬撑起身子拖着病体往山上跑,但没跑多远便跌倒了。幸好一个年纪较大的战士见我倒下,急忙跑过来,背起我迅速往山上奔跑。

此时天色已晚,在半山腰上,他把我放下来想休息一下。没想到,我的脚刚着地,便失去了知觉。幸好那个老战士懂得些医术,用大拇指使劲掐我的人中,把嘴唇都掐破了;同时抠脚两边的筋,抠不动就用嘴咬。接着,又用嘴对着我的嘴做人工呼吸,最后我才慢慢地苏醒过来。

醒来的我,冷得再次全身发抖,像筛糠一样,牙齿一点也不听使唤。一位好心的大嫂见敌人的枪声已经停了，便大胆地冒险下山，摸黑回到家里，抱来了一床棉被，提来一壶开水。她用被子紧紧地裹住我的身子，又喂我喝下一些热水，我的身体才慢慢地暖和起来。

我猜想这大概是一股过路的敌人，只是骚扰了一下村子，便离开了此地。但想来还是相当危险的，如果不是那位红军老战士舍身相救，我也许就被进村的敌人给抓走了；如果他不懂得抠掐穴位，那么我恐怕再也醒不过来了。

我再一次在生与死的"中转站"里停留片刻后，又转身走了出来。

我和蔡协民结束夫妻关系

1932年10月下旬，刚刚病愈的我突然接到了厦门中心市委让我们速回厦门的通知，我和蔡协民被免去了职务。

回到位于碧山路161号的厦门中心市委机关，我发现几乎全是陌生的面孔，原来的那批领导都先后到马克思那儿报到去了。市委书记兼军事部部长王海萍在红军从漳州撤军后回到厦门不久，由于叛徒的出卖被捕牺牲了；组织部部长董云阁①和刚到厦门担任宣传部部长后接任书记不到一个月的许依华②，也相继牺牲或被捕，市委机关遭到严重破坏。

接替王海萍职务的，是在德国工作生活十几年，刚被共产国际派回上海再被中央派到厦门的许包野③，他是许依华的胞兄。

我们刚回厦门中心市委机关，就遭到了严厉的批判。其实在此之前，从7月至10月，即在我病重期间，厦门中心市委已经召开党团联席会议，并派

---

① 董云阁（1908~1932），又名董光泰、董光华，福建晋江人，少时随父到菲律宾求学，1925年就读厦门集美学校，1927年加入中国共产党，1932年5月25日被捕，不久牺牲。

② 许依华（1908~1940），原名泽藻，生于泰国，祖籍广东澄海，1926年加入中国共产党，1932年曾遭国民党逮捕，1940年3月，在党内"肃反"运动中被错杀。直至1986年，才由广东澄海县有关部门为其平反。

③ 许包野（1900~1935），泰国华侨，祖籍广东澄海，1923年由朱德介绍加入中国共产党，曾取得博士学位，曾在莫斯科东方大学任教五年，为共产国际运动做出了积极贡献。1935年被叛徒出卖被捕，不久壮烈牺牲。

人到漳州召开活动分子会议,在闽南党内展开了一场"反蔡协民路线"的斗争。

主持批判会的新任书记许包野刚到厦门不久,情况不了解也谈不出什么意见。然而,团市委书记万××却像一挺重机关枪,对我们连续开火。

万××的发言并不是从应该接受什么教训、错在哪里、原因何在等方面进行分析批评,而是尽给我们戴大帽子。他指责我们应对敌人进攻的政治策略,首先是脱离阶级立场,忽视其进攻的危险性,高枕无忧地放松了对敌人进攻的防御工作,完全是彻底的

许包野

右倾机会主义。其次是"保守主义",敌人进攻后,又不根据具体情况抵御敌人,而且跟着群众意见跑,群众不让走,要求打,你们就留下守在那里。第三是"逃跑主义",打不赢敌人,你们就不顾一切地逃跑,撇下群众一跑了之,以致造成这么大的伤亡和损失。此外,对于社会民主党及反动派采取迂腐的"慈悲主义",忽视肃反工作。

对这种不顾实际情况而乱扣帽子的做法,我和蔡协民是不能接受的!

对于闽南新苏区的失败和挫折,我们深感痛心,在会上也作了自我批评,对我们自己所犯的不容宽恕的错误进行了反省,给什么处分我们都没意见。不过,我们认为,批评的重点应该是找出原因、分析问题、总结经验和教训,以利于今后的工作。

对不切实际的批判,蔡协民和我深感愤慨。我据理力争,提出申辩,指出我们的错误不是这个主义、那个主义,而主要在于我们脱离客观实际,盲目执行了中央针对中央苏区提出的那套策略。我把当时在车本山头开会总结失败教训的认识和分析复述了一遍,最后重申我们的观点,还是应该按照毛委员指示的游击战争"十六字诀"来打,否则现在得到恢复发展的闽南根据地还会失去。蔡协民还执笔以我们两人的名义向市委上交了一份《对市委检阅决议的意见书》。

对于我们的申辩,他们倍感恼火,认为我们不能虚心接受组织的批评和同志们的帮助,企图以"左"倾的错误来掩盖右倾机会主义错误。

批判会开了两个半天,我至今仍觉得这个会让我受益匪浅。并不是他们的"正确"批评使我受到教育,而是通过这个批判会,我进一步理清了思路,更清醒地认识了闽南根据地失败的教训。这对于不久后我在创建和巩固闽东苏区的斗争中,避免犯同样的、更多的错误起到了借鉴的作用。

最后,市委作出《关于蔡协民在漳州工作错误的处分决定》,给蔡协民撤职和留党察看三个月的处分。对固执己见的我也做出了留党察看一个月的处分,重新分配工作。

受到如此不公正的处分后,我和蔡协民已不好在厦门待下去了。不是我们看不起厦门新市委的同志,而是他们大都是些新来的,不了解情况,听不进我们的意见。他们把我们看作是犯错误的同志,更不会信任和重用,因此我们请求调动工作。

蔡协民提出让我和他一起到上海去,找中央汇报另行分配工作,说哪怕受到更重的处分也在所不惜。

然而,我却不愿去上海。我想,中央更不了解我们的情况,人家也会把我们当犯错误的同志看待,这样连改正的机会都没有了。

我提出到福州去。我想,福州中心市委书记陶铸和下面的同志对我还是了解的、信任的,我改正错误,别人容易相信;另外,我在福州地区工作过,对那里的情况比较熟悉,也便于开展工作,将功补过。

厦门中心市委同意了我们的请求。自此,我和蔡协民各奔西东。临分别前,我向他提出就此分手,我们的夫妻关系实际上到此结束了。

11月,我随厦门大学数学系学生、原厦门中心市委秘书陈少尧一同来到福州,向福州中心市委报到。

福州中心市委从厦门中心市委写来的介绍信中,知道了我在厦门的情况,包括处分决定,因此到福州后,我第一件事就是将我在厦门,特别是在漳南的工作情况以及我的见解、认识,向书记陶铸和组织部部长陈之枢[①]作了详细汇报。他们认为我的看法和观点是客观的、正确的,因此对我并没有另眼看待。

经过这次挫折之后,我不但没有灰心和消沉,而且变得更加坚强。我决

[①] 陈之枢,早年参加革命,曾任中共福州中心市委组织部部长、市委书记,以及中共福建省委书记,但1934年叛变革命,当了国民党特务。

心加倍努力工作，以实际行动改变党组织和同志们对我的看法。

一个月后，福州中心市委根据我近期的良好表现，撤销了对我的处分。考虑到我在厦门曾担任秘书长一职，因此决定让我恢复原职，担任福州中心市委的秘书长。

我刚到福州时，同陶铸、谢飞^①等同志住在机关里。谢飞后来曾经是刘少奇的妻子，海南人，在南洋加入共产党，从事地下工作，后被当局驱逐回国。她当时的丈夫在中央苏区工作，因此不久后她便调回中央苏区了。

谢飞走后，我们就另外租了栋房子，陶铸和我、陈之枢和另外一个女同志组成两对假夫妻，建立了"家庭"。

谢飞

蔡协民用壮烈的死表明对党的忠诚

1932年秋天，上海中央局来了一纸通知，说蔡协民是"社会民主党"，要求凡是蔡协民工作过的地方，都要对蔡协民进行揭发批判，划清界限，肃清影响。

对于这突如其来的通知，我深感惊奇。我与他共同生活战斗了好几年，对他的革命历史还是了解的。

从外表上看，蔡协民清清瘦瘦、斯斯文文，经常穿着一件长衫，俨然一副"五四"知识分子的模样。作为一名领导者，他稳健缜密、认真负责，具有组织才干；作为一名共产党员，他意志坚定、矢志不移，对党的忠诚和热忱是毋庸置疑的；作为一个丈夫，他缠绵深情，把妻子看得很重……

---

① 谢飞（1913~2013），原名谢琼香，海南文昌人，1927年加入中国共产党。参加长征后，1935年与刘少奇在陕北结婚。新中国成立后从事政法工作，2013年在北京病逝。

我怎么也不相信，这样一位早年入党、参加红军，不管是在炮火纷飞的游击战场，还是在白色恐怖的白区，为革命出生入死、忠心耿耿的好同志，怎么会是"社会民主党"呢？他什么时候就变成了"社会民主党"？

陶铸对此亦有同感，因为陶铸对蔡协民还是比较熟悉的。为此，福州中心市委开了个会，也没叫我检举揭发，划清界限。福州中心市委认为，中央也许对蔡协民的情况不了解，因此决定以市委名义给中央写份报告，证明蔡协民清白无辜。不过，福州中心市委的努力最终无济于事。前几年我到古田开会，路过漳州时，漳州党史研究室的同志还说起他们在征集史料时，发现了当年的那份报告。今天这份报告还珍藏在漳州市委党史研究室。它是福州中心市委当年抵制中央错误指示，反对厦门中心市委在闽南发动所谓反对"蔡协民路线"斗争的有力佐证。

1933年初，穷困潦倒的蔡协民突然回到了福州。

由于中央刚发出过批判蔡协民的通知，蔡协民没有组织介绍信，按照地下党严格的纪律和规定，任何人都不能与他接头联系。但是，对他十分了解的陶铸还是去见了蔡协民，并且将这一消息告诉了我。

我提出要去见他一面，市委考虑到我们原来的关系，同意了。不过陶铸一再交代："你去见他可以，但绝对不能把中央的通知告诉他，否则你就违犯了党的保密纪律。"

在一个破旧肮脏的小旅店里，我见到了蔡协民。本来年纪就较大的蔡协民，此时几乎变成了一个衰弱的小老头。他痛苦地告诉我，从厦门与我分手到上海后，他住在一家旅馆里，和中央机关派来的同志接上了头。开始还是好好的，在第二次联系之后，便再没有人来理睬了。

他抱着很大的幻想一天又一天地干等着，到后来花光了盘缠，弄得无钱交房租、无钱吃饭，值钱的东西也典当光了。老板天天来催债，他不敢待在屋里，只好整天在马路上流浪，忍饥挨饿。他甚至想过，要在上海的马路上解手，以便让巡捕抓进去关几天，吃上几天饭，由此来解决饥饿问题。

最后，蔡协民终于意识到，他是被中央给抛弃了。

但什么原因呢？他百思不得其解。

为什么像他这样一个1923年入团，1924年入党的老党员，却被党组织抛弃？这种失去组织的痛苦，比饥寒交迫更加令他不堪忍受。他有时夜里尽做噩梦，醒来后冷汗淋漓，气得他脚踢拳砸，把被单撕扯成布条。

无奈，蔡协民依然天天到马路上徘徊，看看能否遇见熟悉的同志。终于有一天，他遇见了一位曾在家乡一道共事的老同学。那人是经商路过上海的，他听说蔡协民到上海找不到工作，流落街头后，给了蔡协民十块大洋。接着，蔡协民又碰到了福州中心市委专跑上海这条线的交通员陈冷才，并同他一道买了船票回福州。

说完这段苦难的经历后，蔡协民掏出一块衣料递给我说："买了船票，剩下点钱给你买了身衣料，拿去做件旗袍吧！"

我双手接过布料，一向坚强的我，此时也不禁鼻子一酸，潸然泪下。

他如此落魄悲哀，仍不忘夫妻之情，我的心中又是感动又是酸楚。我觉得我应该把实情告诉他，就是挨处分也认了。我不能对这样一个对党忠贞不贰的老同志再保所谓的"密"了。

蔡协民对中央的这一通知感到莫名其妙，不知道这一切是怎么发生的。但是我们十分清醒，现在一切解释和埋怨都是毫无意义的。无论是中央，还是厦门、福州的党组织都不会与他接头，或者接纳他。他唯有自己从头做起，开辟工作，以实际行动和成绩，甚至用鲜血和生命来证明自己的清白，证明自己是真正的共产党人。

我劝他还是回到厦门去，"在哪里出了问题，就回到哪里去"。一是可以到海军或炮台去当兵，伺机兵变拖枪上山打游击，建立武装，创建根据地；二是找一些过去熟悉的工人，介绍进厂去当工人，发动工人运动。

于是，蔡协民真的回到了厦门。后来他来信告诉我，他在建筑工地上做苦工，打石头、背枕木、抬木料，靠卖苦力养活自己，晚上就和一个老工人做伴，住在一个破工棚里。他边劳动边与工人接触，开展工运斗争。

一个文弱的书生，如果没有对党的忠诚和坚定的信念，是决不会忍受这种痛苦和煎熬的。

这期间，蔡协民找过厦门中心市委，他们见他表现不错，就在1933年7月调他到安溪县任县委秘书。当时那一带活跃着一支游击队，这原是一支土匪武装，拖枪改造后成为革命武装，后来发展成为一支红军游击队。由于缺乏军事干部，所以组织上又把蔡协民派去带队打游击。

直到年底，蔡廷锴①、蒋光鼐②等人发动"福建事变"③，罗明从中央苏区回到厦门主持新省委的工作。他知道蔡协民的遭遇后，严厉批评了原厦门中心市委的错误做法，并决定调蔡协民回厦门做城市基层工作。

蔡协民终于回到了党的怀抱。但不幸的是，1934年4月，正在厦门益安医院工作的蔡协民，被从闽西回来的叛徒苏文波发现告了密，随即落入敌手。他在狱中遭受严刑拷打、威胁利诱，但始终坚贞不屈。

是年5月，蔡协民高喊着"共产党万岁"的口号，在漳州英勇就义，时年33岁。他用壮烈的死，向党表明了自己的忠诚！

很久以后，我才知道了所谓蔡协民是"社会民主党"的由来。在闽南红三团里，有位指导员叫游生民，他也是从井冈山下到闽西的，红军进漳时负轻伤被留下充实到红三团。闽西苏区肃"社会民主党"时，厦门中心市委通知漳

"福建事变"主要发起人（从右至左）蔡廷锴、蒋光鼐、戴戟。

---

① 蔡廷锴（1892~1962），字贤初，广东罗定人，曾任国民党十九路军上将总司令并率部在"一·二八"事变中抗击日军，新中国成立后曾任全国政协副主席。

② 蒋光鼐（1888~1967），字憬然，广东东莞人，杰出爱国民主人士，抗日名将，与蔡廷锴一起指挥十九路军抗击日军，新中国成立后任纺织工业部部长、全国政协常委等职。

③ 在上海"一·二八"事变之后，蒋介石命蔡廷锴、蒋光鼐率十九路军到福建围剿红军。连连失利后，十九路军认识到内战没有出路，在与共产党秘密接触后，决心走抗日反蒋的道路。1933年10月26日，十九路军代表与中共签订"反蒋协议"，并成立"中华共和国人民革命政府"。这一事件史称"福州事变"。

州中心县委，此人是"社会民主党"。于是游生民被绑了起来准备内部处理。但是蔡协民分析再三，认为他不可能是"社会民主党"，不但没杀他，还把他给放了。厦门中心市委根据蔡协民也来自闽西，又放了姓游的，加上蔡协民领导漳州斗争期间所犯的错误，因此完全凭着主观臆测，认定蔡协民是游生民的同伙，是"社会民主党"。

厦门中心市委未经任何调查，就向中央写了报告，轻率地将一位优秀的领导干部、忠诚的共产党员推出了党的大门之外，基本断送了他的政治生命。

蔡协民雕像

我与陶铸真心相爱了

见过蔡协民之后，回到机关，我如实地向组织上汇报了我与蔡协民的谈话情况。陶铸对此非常生气，当即召开市委会议。大家认为我这是明知故犯，违犯了市委领导的告诫，泄露了党的机密，因此决定对我进行党纪处分：留党察看三个月。这可是一个很重的处分啊！

对此，我毫无意见，也很坦然，问心无愧。我是泄露了机密，但我没有做违背党的原则的事。我把事实告诉他本人，是为了对党的事业负责，为了对一个忠实于党的真正共产党人的政治生命负责。因为在我看来，没有什么能比一个共产党员的政治生命更重要了，我愿为了革命战友的政治清白付出任何代价。

尽管陶铸给了我一个严厉的处分，但这时，我对陶铸的感情却逐渐产生。

说实话，我过去对感情这类问题看得不是太重，体会也不深。虽说蔡协民对我确实很不错，可我对他的感情并不很深。自从与陶铸相处后，他对我有一种说不出的感情，对我处处关心、体贴，见到我总有一种很亲切的神态。同样，我也乐于同他相处，心里总挂念着他。他不在我身边时，我就会想他，如果他出门迟迟未归，我便坐立不安，担心他出事。而过去蔡协民外出时，我就没有这种揪心的挂念。

因此，我们这对假夫妻假戏真做，自然结合了。

但受到留党察看处分后，我又不得不离开市委机关，到党的外围组织革命互济会机关去协助工作。随后，我又搬出市委机关，住进了互济会机关。

住地对面房子的一楼，是一个制作牛皮的作坊，沤、染牛皮的气味儿，臭气熏天，一天到晚，熏得我头痛恶心。但我别无去处，只好硬撑着住下去。

正在这时，我的第三个孩子即将来到人世。快要生产了，我的口袋中只有几毛钱，弄得我一筹莫展。还是急公好义、能体恤人的陶铸，用他唯一值钱的毛毡当了三块大洋，花两块大洋，请来了附近街坊的一个接生婆。

那女人到家里后，二话没说，拿把剪刀在我的裤裆处，"咔嚓、咔嚓"就剪出一个大窟窿，接着用桌上的花露水擦了擦手就算消毒了。然后，她就很粗鲁地把手伸进我的子宫里去抠，探一探婴儿是否头朝下，结果把我的子宫口都抠破了，痛得我汗如雨下。

20 世纪 30 年代的福州

孩子总算生下来了，但我的子宫却被感染。只叹当时太困难了，无法住院生产，也请不起助产士，因为请助产士至少得花七块大洋。

与生第二个孩子不同的是，这次生育无人照顾。在我身边的只有陶铸，他既要忙工作，又要照顾我，真是忙得不可开交。他为我做饭、洗尿布甚至洗血裤子。他给了我无微不至的关怀和照顾，尽管生下来的并不是他的骨肉。

由于当时自己的处境并不好，加上身体状态极差，这第三个孩子也像前两个孩子一样，在生下来的第13天，就不得不送了人。当时我总认为，一个真正的共产党人，应该一心扑在工作上，不该花那么多的时间和精力去带孩子。现在看来，这种思想确实太偏激了。

孩子的养母，是一个从湖北到福州落户的盐商。那家男人去世后，寡妇一人，家里贫穷，想要个男孩当儿子养老。她的侄子是个警官，叫张铁，是地下党员。通过他的介绍，孩子就送给了他的婶母。为此，那寡妇请了个自己孩子都快两岁的奶妈，同时喂养着两个孩子。

送走孩子，本该再休养一阵，但是正在留党察看期间的我，对工作不敢有丝毫的怠慢。生性好强的我，拖着病弱的身体，又投入了新的工作。

中央突然通知：陶铸被捕叛变

1933年的3月，上海中央局来了个通知，叫陶铸立即到上海，另行安排工作，书记一职由组织部部长陈之枢接任。

正在闽东农村巡视工作、指导发动武装斗争的陶铸，接到通知后立即回到福州。对此次调动，陶铸虽感到意外，但并不知道其中原委，直到两个月后他在上海被捕入狱，才搞清楚是怎么回事。

原来，中央派来福州巡视工作的巡视员朱××，曾征求陶铸对王明的看法，生性秉直的陶铸毫不隐瞒地表露了自己的观点："他是吃洋面包的，我看他对中国革命的实际并不太懂！"这位巡视员回上海后，向主持中央工作的王明如实地转达了陶铸的看法。这可惹恼了这位总书记，这次调动，实际上是被王明巧立名目撤了职。

陶铸当时是不可能知道王明意图的，但他知道将要和我分手了。

在此之前，我们这对假夫妻还真没有像样地厮守在一起。我到福州后已怀孕，接着生孩子、坐月子，这期间又受处分搬出了机关，单独住在互济会。陶铸也经常下乡巡视，我们难得待在一起。而现在孩子刚送了人，身体刚复原，却又要分手了，也不知何时才能再相聚，我们彼此心中都有无限的依恋。

临行前，陶铸在一个旅馆租了一个房间，我们像真正的夫妻那样，恩爱相依，共同度过了十天幸福的"蜜月"。

4月下旬的一天，我们在旅馆门口依依分手，互道珍重，难分难舍。

刚开始时，我每周都能收到陶铸从上海寄来的两封信，信虽简短但充满热烈的感情。来了四五封信后，突然就断了消息。我每天翘首以待，等啊，盼啊……

时间一天天过去了，一个星期后还是杳无音信。

我预感到他可能出事了，但很快就安慰自己，他不会出事的！或许是被中央派到哪里去了，来不及写信；或许是到比较遥远的地方去了，信一下子接不到。

因与共产国际有着密切关系，王明曾一度掌握中共最高权力，陶铸因批评王明不懂中国革命而遭受迫害。图为王明（前排右一）和共产国际十大执委合影。

又一个星期过去了，还是没有他的消息，我的心里就更着急了，整日坐立不安，茶饭不香。我尝到了牵肠挂肚的滋味。

20多天后，陈之枢到互济会机关来找我，告诉我中央来通知，陶铸在上海被捕叛变，福州市委各机关要赶快疏散！

这真是晴天霹雳！炸得我一阵眩晕。

这怎么可能呢？谁人不知道陶铸是铮铮铁骨的硬汉，他可能被捕，但绝不会叛变！对此我深信不疑。

但对这叛变消息的来源，我却满腹狐疑。我只从陶铸的来信中知道，他到上海后，在四马路附近租下一个小亭子间住。几天后，中央局组织部派人来和他谈了一次话，临走时只是嘱咐："不要多出去，等待工作安排。"在白色恐怖的环境下，他只好每天待在亭子间里读书看报，只在晚上偶尔去马路边买张小报看看，等候中央通知，心里十分苦闷着急。

这些情况表明，中央还没给他安排工作，他与中央机关也没什么直接联系，只有与中央局交通员李友生的单线联系。

再说，要是陶铸真的在上海叛变了，那么这20多天来，福州中心市委机关和同志们何以安然无恙？这不合乎逻辑！

我去找反帝大同盟的负责人张铁，将听来的消息和我的分析告诉他，他也同意我的判断。

"这里有个简单的道理，如果陶铸真的叛变，现在已经20多天了，福州市委各机关也没采取应变措施，怎么一点也没遭到破坏？我在仓前山的住处，以前陶铸常来常往，我怎么还会如此平安无事？"他转而安慰我，"南昌起义、广州起义，陶铸都几乎是只身杀出重围，死里逃生，从未灰心颓丧过。你放心，事情不会这么简单。"

后来我才知道，陶铸到上海后，遭到与蔡协民相似的厄运，被晾在那个亭子间里苦挨时光，中央将他拒之门外。

与陶铸同行同住的，还有中央局派到福建国民党驻军刘和鼎①部做兵运工作的王善堂。此次他到上海接受新任务，被派往江西国民党军队中担任交通联络员。此人曾任中共南京市委书记，被捕后叛变。后来他又趁机逃回，

---

① 刘和鼎（1894~1969），安徽肥东人，国民党陆军上将，曾驻军福建参与蒋介石部署的"剿共"行动。1938年，刘和鼎在郑州花园口扒开黄河大堤，使千百万人的生命财产遭受损失。

重新混入党内。

1933年5月18日早晨，王善堂离开亭子间前往十六铺轮船码头，准备启程去江西，不料在码头上被特务认出被捕，旋即供出陶铸。近午时分，陶铸在亭子间里被捕，押往上海市公安局拘留所。

说陶铸叛变纯属谣言，其编造者就是嫉贤妒能、一心想排挤走陶铸的陈之枢。他给中央打了小报告，说陶铸搞家长制、一言堂，一个人说了算，没有集体领导。后来恰恰是他自己叛变了革命，使福州党组织遭到严重的破坏，当然这是后话。

事实上，陶铸被捕入狱后，在敌人的威胁利诱面前，表现出了一个共产党员坚贞不屈、富贵不能淫的高尚品格，严守了党组织的机密，经受住了严峻的考验。后来，陶铸被转移到南京宪兵司令部拘留所。三个月后，被移交国民党军法处，判处无期徒刑，终身监禁。他在狱中建立了秘密党支部，担任书记，团结狱中的同志，在那个特殊的战场上，与敌人展开了英勇机智的斗争。

1937年9月，陶铸被党组织营救出狱后告诉我，他被中央召去上海，正是朱××的汇报和陈之枢的小报告所致。这是陶铸在狱中听难友萧桂昌①告诉他的。萧桂昌问陶铸，你同朱××讲了什么？弄得王明很生气，以后可不要随随便便说话。

萧桂昌当时也是中央巡视员，到过福州两次。他是诗人，工人出身，后调任江苏省委组织部部长。在陶铸被捕的第二天，萧桂昌也被捕入狱，他见到陶铸风趣地说："你这个家伙，怎么也进来了？"

原来中央已决定调陶铸到江苏省委工作，主编《精华报》。这是一份江苏省委的内部机关报，叫陶铸去编报，显然是对他的不信任。没想到还没来得及通知，陶铸却被捕了。

由于陶铸的被捕"叛变"，我的工作处境就更难了。我已不可能再留在福州继续工作。陈之枢找我谈话，通知我到闽东地区工作。至于留党察看三个月的处分，鉴于我在互济会中的表现，市委决定撤销。到闽东后，参加福安中心县委的工作。

---

① 萧桂昌（1907~1972），广东中山人，1927年加入中国共产党，中共"四大交通员"之一，曾护送周恩来从上海到苏区。新中国成立后历任广州市委副书记、化工部副部长等职务。

陈之枢还说，市委机关计划转移，搬到新的地点。他要我在去闽东之前，将陶铸的母亲送回湖南祁阳老家。

当时，陶铸的母亲董唐姑正在福州，为了掩护儿子的地下工作，她也住在市委机关里。她每天迈着一双小脚操持着家务，支持儿子的革命斗争。

董唐姑是一个性格刚毅的女人，一个坚强不屈的母亲。当年她的丈夫陶铁铮参加武昌起义①，拥孙反袁，后为豪绅杀害。她指着丈夫的血衣，对两个儿子说："此仇不报，你们就枉为陶氏子孙！"

陶铸母亲董唐姑

陶铸参加革命后，敌人抓走他的母亲，把枪口对准她，要她交出大共产党陶铸，但她毫不畏惧。陶铸的母亲听说我要送她回湖南老家，决意不肯，坚持自己一个人走。但她毕竟是一个小脚女人，大字不识，且年近50，从福州到祁阳山重水复、千里迢迢，中途要换车船、找旅社，所以让她一个人走我还真不放心。

当我为陶铸的母亲买好船票送她上船时，见她好像满不在乎，而我却为自己不能尽孝道而难过地哭了。

也算陶铸的母亲有福气。她在旅途上结识了一位远离家乡、四处漂泊的年轻湖南女子，两人结伴而行。那女人说自己无家可归，母亲便劝她一同回祁阳老家，她果然愿意前往。两人回祁阳后，那女人便同一位早已脱离共产党的姓徐的先生结了婚。直到1937年国共合作抗战，她看到报纸上刊登有关八路军和彭德怀司令的消息后，才说出实话。

原来，她是彭德怀在国民党军队当团长时，一个部队驻地房东的女儿，两人结过婚。平江暴动②后，她没跟着队伍走，敌人抄了她的家，她无家可

---

① 武昌起义是1911年10月10日，在湖北武昌发生的一场旨在推翻清朝统治的兵变，也是辛亥革命的开端。

② 平江暴动是中共平江县委发起和领导的向国民党政府进攻的一系列农民暴动，始于1927年秋。之后，1928年滕代远、彭德怀领导国民革命军独立第5师之一团起义，成立工农红军第5军。

彭德怀前任妻子刘坤模

归便四处流浪。她的家人替她登了启事，同彭德怀脱离了夫妻关系。

当她得知彭德怀的消息后，便离开了姓徐的丈夫和女儿，只身跑到延安。彭德怀对她说："你已经登报与我脱离了关系，表态不跟共产党走，这是政治气节问题。因此我现在不可能再同你生活在一起了。"

但彭德怀还是很客气地对她说："你就留在延安学习吧！"果然，那女的就留在延安学习，并且同其他同志结了婚，生了孩子，后来一直从事财经工作[①]。

1933年6月初，我离开了福州，奔赴新的工作岗位。

---

① 这位"湖南女子"真名为刘坤模，1922年与彭德怀结婚。1928年彭德怀平江起义后，刘坤模在国民党追逼下昧着良心登报声明与"共党头子"彭德怀脱离夫妻关系。新中国成立后刘坤模曾任哈尔滨市粮食局局长、哈尔滨政协委员等职务。

一个革命的幸存者
曾志回忆录

第六章 驰骋闽东

● 初到闽东
● 建立农民武装「红带会」
● 初见詹如柏
……

初到闽东

1933年6月初,我在一名交通员的陪同下从福州乘小火轮,沿着漫长的海岸线往东北方向行驶。对我来说,这是一块陌生的土地,但我知道这里已经爆发了轰轰烈烈的农民运动和游击斗争。

在福州中心市委工作期间,作为秘书长,从闽东各地送来的材料、巡视员送交的报告和口头介绍中,我已经对这块土地以及发生在这块土地上的斗争有所了解。

闽东地区,包括原来的闽东北五县,即福安、宁德、霞浦、福鼎、寿宁,和原属闽中的连江、罗源,以及靠近闽北的古田、屏南。它东临大海,西靠闽北,南和福州毗邻,北与浙江接壤。海岸线长达1500多公里,境内有太姥山、白云山、鹫峰山坐落其间,沿海地域有三都澳港、赛岐港、罗源湾,以及西洋岛、梅花岛等岛屿。湍急的赛江,由北向南直贯境中,经三都湾注入东海。闽东是开展游击斗争的理想战场。

邓子恢曾作为市委巡视员,多次到闽东的福安、连江等地发动农民运动,掀起抗麦债斗争和"平粜"赊粮斗争的浪潮。

陶铸在担任中心市委书记期间,曾先后到连江、福安搞武装斗争。黄埔军校出身并参加过南昌起义和广州起义的陶铸,成功创建和领导了闽中工农游击第1支队和闽东北工农游击第1支队,从而点燃了闽东游击斗争的烈火。

在我到闽东之前,福州中心市委又先后

邓子恢

委派任铁锋①、叶飞②、练文澜③、江平④等人到那一带工作，广大贫苦农民被充分发动起来，同地主豪绅展开了抗税、抗捐、抗债、抗粮、抗租的"五抗"斗争。

临行前，福州中心市委书记陈之枢向我介绍过福安党组织的一些情况。福安中心县委南北两个区的领导人之间存在着尖锐的矛盾，他们各据南北两区，互不服气，互不买账。南区的领导人叫施霖⑤、詹建忠⑥（人称"南詹"），北区的领导人叫詹如柏⑦（人称"北詹"）。他们虽然都是共产党员，与国民党反动派势不两立，但是他们之间却也是水火不相容。

当时中心县委设在北区，詹如柏为书记，但施霖却不服他的领导，不承认中心县委。施霖和"南詹"不顾党的组织原则，自己另外成立了一个县委，要求接受福州中心市委的直接领导。

陈之枢要我先到南区去，做些调查，了解南区施霖和"南詹"的工作情

---

① 任铁锋（1910~1987），福建永泰人，早年侨居马来西亚求学，1927年回国，1929年加入中国共产党，在闽东开展武装斗争。新中国成立后被派往东南亚做情报工作并创办实业，但不久被以"反革命"罪判刑五年，1956年被释放并恢复工作。"文革"中再受多次冲击，被下放当统计员，1981年平反，1984年恢复党龄，1987年病逝。

② 叶飞（1914~1999），原名叶启亨，福建南安人，生于菲律宾。1929年参加革命，1932年加入中国共产党，长期在闽东从事武装斗争，1938年参加新四军抗击日本，解放战争期间屡立战功，任华东野战军第1纵队司令兼政委。新中国成立后任交通部部长、解放军海军司令员等职务。1955年被授予上将军衔，1999年病逝于北京。

③ 练文澜（1908~1974），又名练平，福建武平人。1926年加入中国共产党，并出任闽西日报社社长，1949年策划国民党军政人员起义，1952年回乡务农。"文革"期间被关押，1972年释放，1974年病逝。

④ 江平（1909~1933），原名许木煊，福建长乐人。1926年加入中国共产党，1928年在闽东开展农民运动，1929年赴苏联学习，1931年回国，1932年任闽东工农游击第1支队政委，1933年在与敌战斗中只身与敌搏斗，壮烈牺牲。

⑤ 施霖（1900~1935），原名施昌期，字雨村，福建福安人。曾名列"福建十大律师"。1926年参加革命，1931年加入中国共产党，1932年任福安县委委员，1933年领导"甘棠暴动"，1934年进行武装斗争，1935年因叛徒出卖被捕，不久从容起义。

⑥ 詹建忠（1908~1934），福建福安人。1931年加入中国共产党，1932年任福安县委委员，1933年因与县委某些领导意见分歧，和施霖等单独从事农民运动，1933年参与组织"甘棠暴动"。1934年因叛徒出卖被捕，不久壮烈牺牲。

⑦ 詹如柏（1902~1935），原名詹寅，福建福安人。1931年加入中国共产党，闽东党组织和红军的领导人之一。1935年因叛徒出卖被捕，不久牺牲。

况，查清他们另立县委的原因和他们双方矛盾的性质及焦点，党员群众对此有什么反映和意见，然后再到北区，参加中心县委的工作，尽可能地做好双方矛盾的调解工作。

小火轮抵达三都澳后，我们改乘小溪船，沿三都澳的海岸行驶。天黑后，在一个叫甘棠的地方，我们上了岸。

交通员把我带到一个农民的家里，与一位16岁的小姑娘同睡一铺。小姑娘天真活泼，认识几个字，对我十分热情。

我对交通员提出要见施霖。这姑娘听我说找施霖，对我更加亲切。她不无激动地告诉我，施先生在我们甘棠，没有人不说他好。他为我们贫苦农民做好事，替穷人打官司、算命、择日、写信，而且分文不取。村里人不和睦，他总是耐心劝解。他对人和气，真是个好人啊！

施霖曾经在南区当过校长，教过书。他以教书职业为掩护，团结詹建忠、陈洪妹①、阮英平②等一批人发动领导了南区的"五抗"斗争，甘棠一带的许多贫雇农甚至个别富农都信任他、尊敬他，称他为"先生"。他到哪里群众都为他保密，暗中警戒。

他真是"狡兔三窟"，我去见他，是经过了三个地方，等于通过三道防线才见面的。

施霖中等身材，身体较瘦弱，身穿深色便装布鞋，清洁得体，一种较慈祥和气的面容和神态，很似教书先生。他很客气地迎接我到里屋坐下。我发现这只是谈话场所，并不是他住的地方。

寒暄几句后，我开门见山地说："我是奉福州中心市委的使命特来找你的。你们请求市委承认你们组织的县委这一问题，市委已讨论过了。一个县只能设一个县委，党的组织不是帮会，绝不允许自由组合。一切党的基层组织的建立，都要经过上级党的同意。你们另立县委不符合党的组织原则，市委指示你们赶快取消。如果坚持不取消，就变成反对党组织的性质了。"

他大概被我这一番原则性极强的话给震住了，一时无言以对。

---

① 陈洪妹（1902~1934），福建福安人。1931年加入中国共产党，1933年参加"甘棠暴动"，曾任工农游击队支队政委，1934年在战斗中壮烈牺牲。

② 阮英平（1913~1948），又名阮玉斋，福建福安人。1932年加入中国共产党，1933年参加"甘棠暴动"，曾任中共闽东特委组织部部长，1948年被一群乡村歹徒图财害命。

"你们为什么要另立一个县委呢?"我放缓了口气,问道。

"我们对福州中心市委的领导毫无意见。市委对福安党的工作布置,如发动群众进行'五抗'斗争,开展游击武装斗争等我们都积极贯彻执行。我们另立县委,只是不愿意接受詹如柏的领导。他这人独断专行,遇事不同大家商量,很霸道。他对同志使阴谋,耍手腕,搞打击报复。他把手伸到南区拉拢南区的同志,在我们这里搞分裂活动,专门排挤我个人。"施霖说得激动起来,脸都涨红了。

施霖

施霖十分认真地对我说:"请中心市委相信我,我施霖绝不会反对党,我同国民党、豪绅地主势不两立!敌人是要杀我的,我只有跟共产党走,除此之外无路可走,请你相信我!"

我见他对党的基本组织原则和纪律还不了解,便和气地批评开导他:"共产党员对同志有意见,可以在党内会议上提出批评和帮助,或者书面向县委报告,或者向上级党组织反映,这些都是党的组织原则允许的。但决不允许党内有小派别、小团体存在,这是党的铁的纪律。你虽然入党时间不算短,但是对党章、党的民主集中制原则、党的纪律,还不大了解,你可要好好地学习和掌握哟。"

"那是,那是!你刚才讲的,我过去不太懂,要是知道,我就不会犯这样的错误了。"施霖认真诚恳地回答说,"我向中心市委保证,我们立即取消另立的县委,接受经上级党批准的福安中心县委的领导,把对个人和对党组织截然分开。对福安中心县委,我们今后不再称它为北区县委了。"

我见施霖态度端正,认识有所转变,便终止了谈话,并建议召开一次会议,解决干部的思想问题。施霖表示同意。

南区干部会议在另一个同志家楼上的贮粮间召开,参加的还有陈洪妹、詹建忠、王四弟、阮英平等人。大家听了我的发言后,对取消县委没有异议,都承认另立县委是错误的,并一致认为工作不能因此停顿。我提出,县委取消后,仍以原来就有的南区区委的名义领导南区工作,原来县委的同志要积极参加南区区委的工作,但不是县委身份。到会同志都表示同意。

接着，会议集中精力研究分析了南区形势和今后工作。我了解到，南区的"五抗"斗争年年都发动，但除了抗捐鸦片斗争取得较大的胜利外，其余的斗争发动规模小，都没有实现减轻农民负担的愿望，有时还会引起地主豪绅的镇压。南区的国民党驻军不多，地主豪绅主要利用民团"大刀会"来镇压农民的反抗。

建立农民武装"红带会"

经过进一步的深入调查，我对"大刀会"有了一定的了解。

当时的闽东社会，军阀混战，土豪劣绅当权，社会腐败，以致各地土匪、海盗蜂起。地主豪绅为了免遭土匪海盗劫掠，纷纷组建民团"大刀会"，以图自保。他们以"防匪护村"为名，宣传"大刀会"刀枪不入的神功，诱骗农民参加民团"大刀会"，并把"民团捐"摊派到农民头上，而领导权却掌握在自己手中。

"大刀会"是一种带有浓厚封建迷信色彩的会道门组织，以"坛"为单位，因会徒以大刀、梭镖为主要武器，故统称为"大刀会"。由于他们信奉的祖师和教派不同，有白莲教、黄巾教等，因而出现名目繁多的会名。如在南区甘棠一带就有"一心会""白带会""白鹤会""奶娘会""九仙会"，等等。各坛有自己敬奉的神灵和咒语，在作战前要祭神坛、吃神符、念咒语，以为这样就可以抵御敌人的刀枪。

"大刀会"的建立，曾使匪患得到控制。但随着党领导的"五抗"斗争的高涨，"大刀会"却在地主豪绅的指挥下，把矛头指向农民革命，充当了镇压农民运动的凶恶爪牙，暴露出他们的反动性，成为闽东革命的主要敌人之一。

但是，我们调查了各种教派的"大刀会"组织后发现，"大刀会"其组织形式是封建的，而学刀法拳法是为了进攻与自卫；打仗前将朱砂、辰砂用黄酒或水送服，是为了镇静、麻醉神经，不畏危险，有利于冲锋陷阵；在作战前不许和女人同房，这除了避秽外，还有助于保持充沛的体力；作战时要侧身前进，眼睛直视前方，不准东张西望，不准弯腰拾地上的东西等，都是为了作战时聚精会神，奋勇争先，这又不单纯是封建迷信。

那么，我们何不利用"大刀会"的形式，利用广大农民群众存在的迷信心理，把他们秘密武装起来呢？

我和区委的同志交换意见时，他们早就有了这种想法，认为这是一种极好的办法，只是因为这是一种封建迷信组织形式，怕上级党组织批评，不敢提出。我表示，仿效这种形式等于利用"旧酒瓶装新酒"，酒的性质不一样，为什么不可以利用呢？只要对"五抗"斗争有利，对武装农民有利，我们就可以大胆地干。封建迷信的东西，经过改头换面，用来对抗地主豪绅和国民党反动派，就绝不是封建迷信的内容了。

为了与地主反动武装"大刀会"有所区别，我们将这一农民武装组织名称定名为"红带会"，因为红色表示革命。红带也比较简单，不要法衣法帽，只要一条四五寸宽、四五尺长的鲜红粗布，做一条红带子，像军官的佩带一样，斜披在身上即可。"红带会"的武器也同样是大刀、梭镖，但它与"大刀会"有着本质上的不同。它不受地主豪绅的控制，而是一支党领导的农民革命武装，近似于闽西苏区的赤卫队。

我随着区委的同志在南区走村串寨，把组织建立"红带会"的决定向党团员和积极分子作布置，大家听了个个兴高采烈，一致赞同。

于是我们从各村抽调了一批农民斗争骨干，自带粮食上山秘密集中培训，请来"大刀会"法师设坛授法和练习拳脚。经过一个月的训练后，进行试刀，即用大刀往憋足了劲的胸脯上砍，试刀成功后即告学法出师。他们回到各地后也设坛授法。

如此一传十、十传百，不出两三个月，南区甘棠一带有200多个村都建立了"红带会"，广大贫苦农民被充分发动和武装起来。

在南区与施霖工作半个多月后，我便前往北区向中心县委报到。

当年"红带会"使用过的梭镖

初见詹如柏

此时的福安北区,已成为中心县委的一块游击根据地。一年前差不多也是这个时候,陶铸到福安巡视工作,亲自创建了闽东北工农游击第1支队,点燃了闽东地区游击武装斗争的烈火。

1932年9月中旬,福安县委发动"兰田暴动",收缴了地主的18支枪。接着又攻打了溪尾、棠溪两处地主民团。随后,队伍撤到在福安北部山区靠近霞浦、寿宁的三角地带纵横几十华里的地区,开展游击斗争。

由于有游击队撑腰,北区农民纷纷起来投入"五抗"斗争。大地主豪绅被迫逃亡县城,一般地主不敢收租要债,税棍粮胥也害怕下乡。因此,地主豪绅请来国民党教导团"清剿"游击队。

我到北区好几天了,也没遇上詹如柏(听说他带着游击队到其他地方去了),倒是遇上了县城国民党驻军两个连的进攻。

当时我正在和几位农民群众谈话,待村口放哨的群众跑来报告时,敌人已经快进村了,我们慌忙跑向后山。由于将近八个月的城市机关生活,很少走路,突然跑步爬山,加上山陡路窄,心情紧张,不出百余米,我两条腿就再也迈不动了。我心想,这次可完了。山坡上没什么树,子弹在耳边"嗖嗖"地响着,眼看敌人就追赶上来了……

突然,从我后面跑上来一个身强力壮的同志,二话没说,抓住我的手就往山上拖,我的双腿不由自主地被他拖着跑了200多米。

当爬到一个拐弯处,周围长满了灌木林,敌人已看不清我们了,他才松开手。过了一会儿,我才喘过气来。

我真悔恨自己,一个红军老战士,长年翻山越岭如履平地,为什么在城市里待了半年多,爬山就一点力气都没有了呢?可见不经常锻炼,就会变得娇嫩软弱。今后我将在闽东山区斗争生活,爬山走路这一关还得先过。后来,我有意跑步上山,一口气跑三四里不休息。经过一段时间的锻炼,我又恢复了原来的体魄,同男同志一道行军打仗不掉队,跋山涉水气不喘腿不软。

第二天,在北区的一个村子里,我总算见到了福安中心县委代理书记詹如柏。原任书记马立峰①年初在北区不幸被捕后，由詹如柏代理书记。

詹如柏是北区后洋村人，家中兄弟四人，他排行老二。其叔父无后，他被过继给叔叔当儿子。叔父是村里的富裕之家，他念过六年私塾后，回家种过地，学了些武艺，后又到县城里念过书。当时他30出头，中等个子，身体壮实，一身农民打扮，一眼就可以看出他是个精明强干的人。他勇敢机智，敢说敢干，处事果断，表情相当严肃，但言谈并不粗鲁，在当地党组织和群众中有相当高的威信。

詹如柏

听说詹如柏参加革命前，与福安、寿宁、霞浦、宁德等县的一些土匪都有联络往来，一些土匪头子认为他仗义豪侠，还同他结拜把兄弟。那时党的政策，也是要求我们深入到一些与国民党对抗的土匪中争取改造他们，因此詹如柏与他们仍有往来。

詹如柏与国民党、豪绅地主不共戴天，对党的方针路线坚决执行，信仰坚定，革命坚决。但由于他没有真正接触马列主义，没有受过太多党的培训，长期在农村工作，念的是旧学堂，生活在富裕环境，与各路土匪称兄道弟，因此，做派上唯我独尊，同志之间缺少真诚坦白，对待他人经常抱有猜疑防范的心理。

最不能容忍的是，他在处理某些人与事上，完全违背组织原则。合他意的便想方设法抬举起来，反对过他或他认为不满意的，则采取阴谋手段，置人于死地。如在寿宁，他对范浚有意见，便推举范铁民，而把范浚夫妇给暗杀了。陈亮也是被他当成反革命杀掉的。施霖与他有矛盾，他也曾扬言要干掉施霖。

我曾听叶飞说过，他在福安狮子头客栈险些被县便衣队枪杀。后来抓获一名刺杀叶飞的凶手，詹如柏还没等凶手站住，一句话也没问，就慌里慌张地大声喝令快拖出去枪毙了。当时叶飞也在座，就见凶手回过头来大骂：

---

① 马立峰（1909~1935），原名泽祥，福建福安人。1929年加入中国共产党，随后开始革命生涯，曾任中共福安县委书记，闽东苏维埃政府主席。1935年因叛徒出卖被敌军包围，突围战斗中牺牲。

"詹如柏，你好狠心啊！我的事情你什么不知道？"

"快拖出去毙了！不许他骂人。"

"詹如柏，你太没良心啦！"凶手拖出去很远，还在叫着。

叶飞对此深表疑惑，詹如柏见到凶手为什么态度如此失常？詹如柏无疑认识凶手，但为何一句话也不审问，一句话也不让凶手说，便急急忙忙地命令拉出去枪毙了呢？为此，叶飞一直怀疑詹如柏与他在狮子头遇刺有关系。

当时我还不了解詹如柏的为人，就劝叶飞不要瞎猜疑，也许他和凶手有什么个人恩怨吧。

当然，这是詹如柏的一些个别极端行为，一般情况，他对人还是热情诚恳的。我刚到北区时，同詹如柏夫妇一道吃住。他的妻子林淑梅，是个年轻的农村姑娘，为人老实厚道。

见到詹如柏后，我将在南区与施霖、"南詹"、陈洪妹等人接触后所谈的一切内容都告诉了他，包括施霖等人已承认错误、自动取消南区县委，现在是以南区区委名义开展工作。詹如柏听后，只是轻描淡写地说"那样就好"，就再也没说什么话了。

我不知道他心里在想些什么。

范浚被暗杀与"北詹"有关

同一天，我还见到了第1支队的队长兼政委江平和他的游击队员们。当时，江平刚率队从寿宁边界风尘仆仆回到驻地。

江平是福州中心市委1932年秋派到闽东的。他原来长期在福州地区从事地下工作，后被党组织派往苏联留学，回国后曾在上海做过秘密工作。他的未婚妻是任弼时的妹妹，叫任培轩，是我在长沙自治小学的同学，又是衡阳第三女子师范学校的同学。

江平个子高大，较胖，可能是平脚，所以爬山走路十分吃力。但他待人和气，为人善良，在游击队里不像是队长，更像是慈祥的父亲，同战士们打成一片。他不是闽东人，普通话说得很好，但不懂闽东方言。队员们喜欢他，都叫他老江，没人叫他队长或政委。

他原来是个知识分子，不懂军事更不懂游击战术，连队伍集合站队，他都是用手指去点数，不叫队员们报数。我跟第1支队活动过一段时间，游击队有两次与敌人遭遇，才发现他不会指挥作战，完全放任队员们自己打，全凭个人勇猛。队员们都是本地人，地形路线十分熟悉，打起仗来相当勇敢。

我在休息和饭后与队员们闲谈时，同他们说起毛泽东的游击战术"十六字诀"，以及分散发动群众、集中打击敌人、化整为零、迂回打圈、麻雀战等。还谈到每个红军战士应该身兼三职，既是战斗员，又是宣传员、组织员。队员们听了感到很新鲜、很高兴。

没过几天，叶飞也从宁德霍童回到福安。我是第一次见到他，中等清瘦的个子，眉清目秀，一身农民打扮，但举止行为仍然是学生做派。

在福州中心市委时，我曾听说过他原是福州中心市委宣传部部长，后于1932年秋派来闽东工作。1933年初，福安中心县委又派他到宁德巡视工作，在那里他领导了著名的"霍童暴动"。

大约7月初，福安中心县委在离赛岐镇五六里的赛岔孤楼里召开了一次重要会议。房主郑仁和，是个读书人，公开职业是在赛岐的渔行里做事。他的家三座房子并排而建，彼此相连，掩映在一片松竹之间，因此比较隐蔽僻静，是福安党的重要交通站。

那天参加会议的人不多，有詹如柏、叶飞、江平、庄毓麟、我，好像还有陈洪妹。会议开了一整夜，天快亮时才结束。

会议主要讨论如何对付福安国民党驻军、民团对北区游击根据地的不断进攻；如何领导开展寿宁、福鼎、霞浦、宁德及福安的"五抗"斗争，发展各县区的游击武装，开辟各自的游击根据地。

会议还决定在闽东各县都要有计划地发展"红带会"组织，并以此团结和组织广大贫雇农参加各种革命斗争。

会上还对寿宁县几位领导同志的工作做了分析。记得"北詹"说过，寿宁的叶秀蕃①、范

叶飞

---

① 叶秀蕃（1904~1935），福建寿宁人。1928年加入中国共产党，后长期参加武装斗争，曾任闽东苏维埃政府副主席。1935年因叛徒出卖被包围，在战斗中牺牲。

浚①、范铁民②这三位同志都有较强的领导能力。叶秀蕃、范浚是知识分子，会做秘密工作，但不会带兵打仗，而范铁民是游击队长，会打仗。范铁民革命坚决，可以放心，只是他不会做群众工作，要有人去帮助他。

"北詹"还说，叶秀蕃、范浚与范铁民矛盾很深，认为他是土匪头子，不可靠；而范铁民又不买他两人的账，不接受叶秀蕃和范浚的领导。几个人相互不信任、不服气。

因此"北詹"主张，寿宁县的工作由范铁民负责为好，他手上有支游击队，便于开展工作。设法把范浚调出来。

由于我们刚到闽东，对情况不了解，不知道范铁民与詹如柏曾是拜把兄弟，也没想到詹如柏会在其中耍手腕。因此，对詹如柏的主张，我没有也不可能提出什么反对意见，只有听他的了。

后来在年底时，我听说范浚夫妇在离赛岐不远的廉首村被人暗杀了，他妻子已有孕在身，也未能幸免。

好多人还蒙在鼓里，因为传说范浚夫妇到中央苏区去了，有些同志还十分羡慕呢！

叶秀蕃

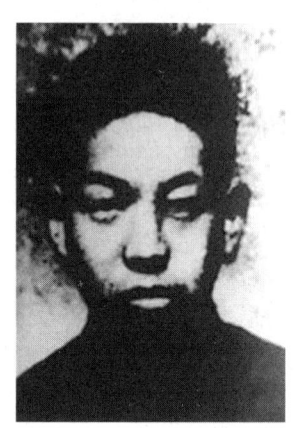

范浚

---

① 范浚（1902~1933），原名范延林，福建寿宁人。1928年加入中国共产党，1930年回乡进行革命工作，1931年组织建立农民武装"红带会"，1933年任中共寿宁县委书记，后因与中共福安中心县委意见不同发生较大矛盾，被福安中心县委错误枪杀。新中国成立后被中共福建省委追认为烈士。

② 范铁民（1906~1935），字义全，1930年加入中国共产党，1932年在寿宁进行武装斗争，1935年被捕，不久就义。

建立闽东第一个红色政权

赛岔孤楼会议后,福安中心县委派我到宁德南埕盐区巡视工作。

1933年7月的一天,我在交通员的护送下,乘小船从福安向三都澳驶去。

三都澳是国民党海军陆战队的海上基地,闽东地区许多反动地主豪绅,在土地革命斗争浪潮的冲击下,纷纷逃亡躲进三都澳。因此,那片海域戒备森严,盘查严格。

为了在通过沿海敌占区时避免暴露,我换上了当地妇女常穿的紧袄宽腿裤,将头发在脑后挽成一个发髻。我还在裤腰上别了一支手枪,大腿上绑了一支手枪,以防万一。

时至下半夜,我们的小船划到三都澳附近,远远望见几束探照灯在海面上摇过,几艘汽艇在远处海上游弋巡逻。

船老大夫妇是我们船民工会的同志,胆大心细,见敌人查得严,便把桨放下,改用木瓢轻轻地掏着海水前进,不让敌人听到一点声音。夫妇两人弯着腰,辛辛苦苦地划了将近一个小时,才偷偷渡过了三都澳那段水面。

小船沿着海岸线航行了一整天,天渐黑时终于靠上了南埕的码头。交通员上岸找人接头去了,这时码头上走来了当地民团的两个巡逻团丁,见是外地的小船在此停泊,就过来盘查,并说要把我们带上岸。

船老大一看不妙,就急忙下船应付。我心里很着急,怕上岸走远路,大腿上的枪会掉下来。我乘着天黑,盘问的人尚未注意到坐在船舱里的我,赶紧从裤腿里把绑在大腿上的手枪拔出来,插在裤腰上,静观动向。

正在这时,码头上又走来一个团丁,这个正是负责与我们接头的同志。他见有生人坐在舱里,估计是上级来的同志,便对另两个团丁说:"这个是我的外甥女,来做客的,不用查了。"

真是好险!如果一盘问,我准露馅,因为我还不会说当地方言。

南埕是一个有1000多户人家的大村落,其中有400多户农民从事制盐。盐霸用重金买通官府,到南埕办盐场,垄断盐的生产和销售。他以每担一元二角的低价向盐工收购食盐,再以七八元的高价卖出,从中牟取暴利。

矗立在福安的闽东革命烈士纪念碑

广大盐民终年在烈日下、海水中拼命地劳作，其结果仍然是家贫如洗。盐民们强烈要求抗捐税，自由买卖食盐。

我到那里听取了当地盐工协会活动的汇报。针对他们缺乏计划和统一部署、没有组织性等问题，给予了指导和帮助，要求他们团结一致齐心协力，有计划、有步骤地开展斗争，争取自己的利益。

三四天后我离开南埕返回福安。后来听说，南埕盐工协会在我走后不久，发动盐工及其家属600多人到宁德县城请愿，举行示威游行，最终迫使县长作出让步，取得了斗争的胜利。

月底，我们几位都回到北区，在泰逢村召开了一次较大规模的会议，宣布正式成立福安革命委员会，由詹如柏担任主席。这是闽东地区第一个县级红色政权。

革命委员会成立后，在北区一带领导开展了打土豪、借款和分粮斗争。随后北区的各区、乡、村先后成立了各级革命委员会。各级政权还建立了"红带会"，以保护斗争的成果。

福安北区的革命形势发展迅猛，很快引起国民党闽东当局的恐慌，他们派出海军陆战队一个营，到北区"围剿"第1支队。

我们得到城里地下党派人送来的情报，立即作了商量。据情报显示，敌人有一个营的兵力，我们的游击队要是与他们硬拼是万万不行的。我们决定采取毛泽东的游击战术，声东击西，迂回袭击，以达到把敌人赶回城里去的目的。

第二天，敌人果然浩浩荡荡开抵北区。而且此次"围剿"不像过去的扫荡，来了很快就撤走，而是步步为营、驻扎下来搜山烧山，企图歼灭游击队。

为此，我们将游击队化整为零，在农民骨干的配合下，采取敌驻我扰的游击战术对付敌人。

白天，游击队和党政机关的同志都撤到深山隐蔽起来。到了晚上，在驻有敌军的村子，三五个勇敢的游击队员和青年农民绕过敌人的哨兵，摸到敌人的驻地前，插上很多香火，再放它几枪；同时将鞭炮投进洋铁桶里爆响，敌人从睡梦中惊醒，发现四处有排枪声和人影，吓得东钻西窜，整夜不敢入睡。更有大胆的游击队员竟潜入敌人的住地和厨房，把剩下的饭菜和能吃能用的东西都搬上山来。

当敌人向北区进发后，我和詹如柏以及他的妻子，再带上三个战士，化装成走娘家亲戚的，乘小溪船在傍晚时分到达离城关两里多的村子里潜伏下来。到了半夜，在城郊和城里地下党的配合下，我们在城东门外瞄准敌人城门岗哨又是射击，又是放鞭炮。我们几个人就这样在城东放一阵，赶快又跑到城西放一阵，还跑到离城三里多路的民团驻地放了一阵，使城里的守敌手忙脚乱，心神不宁，也使民团迷惑不清。城里的地下党同志配合我们的行动贴出大批标语，扬言游击队要袭击县城……

果然，国民党闽东当局害怕县城空虚，担心遭到游击队的进攻，赶忙通知"围剿"北区的那个营立即撤回县城。就这样，我们运用毛泽东的游击战术，粉碎了敌人的"围剿"阴谋。

但没隔几天，国民党闽东当局再次暗中纠集海军陆战队、县警备队，在地主民团"大刀会"的配合下大举进犯北区，企图一举"剿灭"第1支队，铲除革命委员会。

由于我们事先不曾获得敌人进攻的情报，因此当敌人到了根据地时，我们才发现敌人此次的进攻气势汹汹，且人多势众。

第1支队掩护群众迅速向深山撤退，好在群众早有了坚壁清野的准备，重要东西都已隐藏在深山里。敌人一到，他们挑起锅碗行李，携儿带女就往山上躲避。

当我们爬上山头，才发现附近"大刀会"也配合敌军分几路向山头搜索。为了掩护群众，保存自己，我们临时决定，第1支队化整为零，随农民到森林里隐藏。因为游击队员都是土生土长的本地人，对地形地势相当熟悉，到处可以躲藏，不怕敌人搜山。

敌人这次进攻来势凶猛，大有不达目的誓不罢休之势，不但搜山，而且放火烧山。幸好山区的林间水汽重，好几处山火点燃后，又自动熄灭了。

当我们安排好队员和群众疏散之后,敌人已距离我和詹如柏夫妇相当近了。敌人步步紧逼搜索,我们节节隐退。好在我们在暗处,没有被敌人发现。

在危急情况下,詹如柏表现出过人的勇敢和机智,他沉着地对我们说:"我看到对面村子里的六七十个'大刀会'徒往那边的山头搜查去了,我们就到对面村后的竹林子里去躲一躲,到敌人的心窝里更安全。"

我们觉得有道理,便从一条长满茅草的山路插过去,穿过一片榛子林,再钻入村后的竹林里。詹如柏要我们在原地等候,他去去就来。不一会儿,詹如柏回来了。不到半小时,一个五十来岁的男人提着一个竹篮和罐子给我们送饭来了。詹如柏好像管那人叫舅舅。

此时已将近下午3点,饿了大半天的我们,围上前去一阵狼吞虎咽。吃完饭已是3点多了,为了不被回村的"大刀会"碰上,我们又离开了竹林子。

这一带村子已成了敌占区,走大路相当危险,我们就尽挑羊肠小道走,在荆棘丛中钻来钻去,走累了就找个僻静处休息一下。天色渐渐黑了下来,当我们站起身来准备继续步行时,突然发现山下不远处有一股参加

陶铸领导"兰田暴动"之后建立了闽东革命武装,叶飞、詹如柏等长期在此坚持武装斗争。图为如今的福安兰田村。

搜山的"大刀会"徒一无所获,败兴回村。幸好我们这边路旁长满了一人多高的灌木,敌人没有发现,但隐约可以听见那些人骂骂咧咧的声音。真是好险啊!

当天晚上,我们终于又回到了根据地。第二天,见到叶飞等人。经了解,"大刀会"搜了一阵山,什么也没捞着,泄气地走了。但城里来的敌人还未走,估计还会组织搜山。福安中心县委几个领导商量后决定,县委干部和游击队员再集中到县城南面有工作基础的村庄里隐蔽起来,开展群众工作。

同时还决定,派我回福州向中心市委汇报工作,将敌人频繁进攻北区根据地、施霖等承认错误自行取消另立的县委等情况,以及闽东党的今后工作意见报告市委,并请求派一个军事干部和设法搞些枪支弹药回来。因为支队长兼政委的江平身患重病,短期好不了。另外,一个人身兼两职总不是长久之计。

苦命的三儿春华

三四天后,我回到了福州,住在何老太太的家里。我是经张铁介绍才认识何老太太的,并以她家的地址作为我与湖南老家联系的通讯处。

何老太太是一位党内同志的母亲,50多岁。何老太太的独生儿子何奋①,原是一位教员,1932年参加抗日救国大游行时被捕。何老太太独自住在南门兜附近的一条叫柴禾铺的陋巷里,只有一间破旧的小屋。她家原本贫寒,儿子入狱后,更是断了生活来源,全靠地下党每月救济三五元勉强度日。老人家平日里三餐吃稀饭,配的是豆腐乳或白豆腐蘸酱油,但她每星期去监狱探视儿子,总要带一钵子的炖肉或烧鱼。这至深至诚的母爱,令我感动之至。

在等待市委召见的空隙,我曾随何老太太去探了一次监。只见年轻的

---

① 何奋(1905~1981),福建福州人,早年参加革命并领导福州反帝大同盟,曾被国民党逮捕,在狱中办班教授世界语。抗战胜利后去台湾,后返回大陆。新中国成立后从事教育工作,努力推动世界语运动。

何奋拖着一副又大又重的脚镣微笑着向我们慢慢走来，脚镣摩擦地面发出铿铿锵锵的响声。他虽苍白瘦削，但神情自若，一身英勇气概。艰苦漫长的狱中生活，并没有摧垮他的精神防线。何老太太对着探视窗口说："你'表妹'看你来了！"何奋望着我会意地笑了笑，仿佛对我说，我是不会屈服的，请党组织放心！

何老太太与儿子的这种骨肉相依之情，激起了我对儿子的思念。我一定要设法见见我那生下13天就送人的小儿子。听何老太太说，我儿子的奶妈就住在附近，她经常抱着孩子打这门前经过。于是我们就守在门口，一连等了三天，终于见到那奶妈抱着一个孩子走过来。何老太太连忙热情相邀，请她们进来坐坐。

不见孩子倒罢，见了孩子，我的心都快碎了。儿子已经半岁，看上去不过三个月大小，瘦得皮包骨头，两只手像小鸡爪，一脸细皱纹，活像一只干瘦丑陋的小猴子。孩子身上的衣着更是寒酸破烂，肮脏不堪，头上的小帽子还是出生13天送走时戴的那顶。

孩子怎么搞成这样？一问才知道，奶妈自己还有个两岁的吃奶孩子，奶水不够，只好给这个要来的孩子喂稀饭和馒头。那天我正好买了两个馒头，我掰下一块，用开水泡泡喂他吃，孩子居然吃得津津有味。吃了还要吃，显然是饿极了。

我心里一阵酸楚，泪水几乎要夺眶而出。为了不让奶妈看出我的身份，只好强忍着把泪水咽下。

面对亲生骨肉却不能相认，眼见可怜的儿子如此的不幸，我心如刀绞，深感内疚。在过去的短短五年里，我已经失去了两位革命伴侣，而我深爱的陶铸至今还在狱中生死不明；三个可怜的儿子，为了革命事业，或是卖人或是送人，没有感受过多少母爱……

我望着渐渐远去的那顶小帽子，在心里默默地说着：原谅我吧，孩子！待到胜利的那一天，妈妈一定会来找你的！

若干年后，全国刚解放，我就拜托当时任福建省副省长的方毅，帮助寻找这个三儿子。经过多方查找，1950年终于找到。方毅派人把他送到我所工作的汉口。我望着儿子，简直不敢相信，这个17岁的小伙子，个头还不及10岁小孩高，而且是个跛子，身上穿一件六七岁儿童穿的美国救济破布衫。

儿子流着眼泪向我讲述了自己的苦难童年。他4岁那年因营养不良患了淋巴腺结核,全身淋巴溃烂,长年脓血淋漓,又臭又脏,惹得养母讨厌,受尽歧视。因养母是基督教徒,在他十四五岁时,福州教会医院免费为他做了手术,去掉两根肋骨,切除一个肾脏,清除了髋骨上的烂肉。命是保住了,但腿却跛了。

这孩子长这么大没穿过一天鞋,没穿过一件像样的衣服,更不用说念过一天书了。他很小就开始承担养家糊口的重负,做过磨牛角梳子的小工,走街串巷叫卖过香烟花生,每赚得一分钱,都分文不少地交给养母。

孩子叫春华,回到我身边后才开始上学,由于勤奋刻苦,十分要强,他用很短的时间就从小学一年级跃升到工农速成中学。后来,又考取了西安化工工业技术学校,毕业后一直在东北一家军工厂从事黄色炸药研制工作。他身残志坚,工作努力,后来成为一名工程师。"文化大革命"后,春华调到广东乐昌环保局直至退休。怜爱他的外婆,替他在农村找了个既能吃苦又非常能干的媳妇,他们现在已经有了三个孩子。

1969年11月,曾志与儿子曾春华一家合影。

江平血洒闽东

到福州三四天后,福州中心市委书记陈之枢到我的住处,听取了我关于闽东工作情况和要求的详细汇报。他听后对我说:"你在这里住几天,市委研究以后再找你。"

几天后,陈之枢再次来到何老太太家,把市委研究后的意见告诉了我。他说:"如果施霖真诚承认错误,同意取消另立的县委,那他还可以参加福安中心县委,代表中心县委就近指导南区区委的工作,但南区区委不能拒绝中心县委任何委员来南区检查指导工作。今后决不允许各搞一派、各霸一方,要以共产主义精神原则教育干部和党员,增强党性和组织纪律观念。"

市委还决定派任铁锋去闽东担任游击队长,并要我们首先发动组织好南区的秋收斗争。

我和任铁锋一起回闽东,我们将市委代买的四支长枪,用旧被单包捆着,外面再包上两床草席,搬上小火轮船,放在一个不起眼的角落里。

航行中,任铁锋谈起了他的革命经历。他原来叫任达,福建永泰人,做过反帝大同盟工作。后来,党组织派他到福州马尾国民党海军训练营,学习水兵半年,从中开展兵运工作。1931年春,市委又派他到闽东工作,在福安穆阳地区组织暴动未能成功,不幸被捕。敌人严刑拷打他,用竹签插到两个大拇指里,把他的指甲盖都扎掉了,但他始终不承认是共产党员。由于没有证据,他被关了一年后出狱。记得陈之枢在谈到他时,也说他很勇敢,在敌人的屠刀面前表现坚定。

任铁锋出狱后,被派到连江工作,担任游击队政委,这次市委把他从连江方面调过来。

小火轮到了三都澳后,我们又换乘小溪船,平安无事地到了南区。我派人将三支长枪送往北区,转交詹如柏。我和任铁锋先留在南区工作一段时间,部署秋收斗争。

这时,他们告诉我一个不幸的消息,江平壮烈牺牲了。就在我走后不久,敌人对北区组织的第二次"围剿"中,江平身患疟疾,无法随队转移,留在一个贫农的家里养病。当敌人"搜剿"那一带时,群众把他藏在一个石洞里,每天给他送饭送药,不料被对面搜山的敌人发现,"大刀会"包围了石洞,江平最后惨死在"大刀会"的乱刀之下。残暴的敌人砍下他的头,挂在城门上示众。

我在去福州汇报工作之前,还特地去看望了正在病中的江平。他那时打摆子发高烧,病得很重,没想到从福州回来,他已经被敌人杀害了。我听到这一消息,感到震惊,并为失去这样一位好战友而痛心。

江平

江平是第一个牺牲在闽东的外省籍烈士,他把满腔热血洒在了福安这块异乡的土地上。

这次回南区,我发现南区的革命形势发展很快。经过过去两个多月的宣传发动,以甘棠为中心,附近大小50多个村子差不多都建立了党团组织和秘密农会,尤其是"红带会"发展迅速,十分普及。

在这些村里,地主富农分子及其狗腿子的一举一动,党团组织了如指掌。敌人的探警,包括做买卖的任何生人一进村,就有人报告,而我们的活动等于半公开。

这时,甘棠洋上数千亩的水稻已由绿转黄,秋收在即。南区区委通过各村党组织和秘密农会,联络各家各户,齐心抗租。

9月,水稻开镰,各村一律采取拖租的办法,有些地主派民团强催硬逼,甚至吊打农民。我们巧妙地秘密处决了几个为非作歹的坏蛋,震慑了地主及其狗腿子。

由于南区群众团结一心,抗租声势浩大,使得地主不敢随意下乡催租逼粮。少数恶霸地主逃到镇子里,请来海军陆战队到村里抓人。驻扎甘棠的海军陆战队差不多天天出动,在附近村子转来转去,威吓群众。国民党当局也派出探警特务,四处侦察施霖等南区领导人,企图打虎先打头。

有一天晚上,我们原计划在距甘棠五六华里的漳港村过夜。晚上10点多时,赛岐的一位同志突然找到我们,见面就说:"你们果然在这里,听说赛岐的敌人已得知你们在这个村子,计划今晚要来搜捕。你们赶快离开吧!"

我们只好转移到两里以外的加招村。就这样,我和任铁锋、施霖等人"狡兔三窟",使敌人掌握不到我们的行踪。

克服困难，坚持斗争

我之所以被调到福安工作，是因为我向蔡协民说了真话而受到党纪处分；又由于谣传陶铸叛变，为了市委的安全将我调离福州。去福安之前虽说撤销了对我的处分，但我心情还是沉重的，总觉得是被"发配"到闽东的。

历来好强的我，已下定决心，无论党组织信任与否，我都要做个优秀的共产党员，再大的困难和委屈都别想让我低头屈服。

我在福安农村工作，困难重重，语言不通是最大的困难。在福安的党员和干部中，只有我是外省人。

农村工作都是在广大农民家里转来转去，可不比在城市党的机关。语言不通怎么做农村工作？为此我发誓一定要闯过语言这一关。

刚开始时，我只好像哑巴那样用手势代替语言。例如对方用手拍拍凳子要我坐，我用眼睛看他的嘴形，记他的发音，照他的话说一遍。对方点点头，笑了，我就记住凳子怎么叫了。饭做好了对方叫我吃饭，我照他的话说一遍，他摇摇头，说明我说错了。有时我拿着筷子和碗向对方举一举，对方会意我在问他，对方示范，我照着说……

就这样几个月下来，生活中的一般语言我基本上能听懂，一字一句我也能讲一点。语言能相通，感情就更融洽。

当时是处于秘密状态之下，白色恐怖严重，地主豪绅、国民党探警、民团"大刀会"到处都是。我一个外地人，稍有不慎，就可能被发现。而且在农村，村子小、房子少，人来人往，秘密隐藏很不容易。加之我又是个女子，有时虽然化装成农村少妇，梳巴巴头，穿少妇衣裤，但进出村子也有些显眼，随时都有被捕的危险。正是凭着坚定不移的信念，克服难以想象的困难，我在福安坚持斗争。

在吃的方面也存在不少困难。在农村工作走到哪里，就吃到哪里。当时山区农民的主食是番薯丝，一年到头就吃这个，生活较好的加点大米，贫苦的人家连番薯丝还吃不饱。

我在闽东很少吃到大米，也没吃过白面。番薯丝饭吃多了就胀腹、烧胃、吐酸水。农民们没油煮菜不要紧，如果没有咸鱼配饭，就全身发软，腿脚无力，走路没劲。所谓咸鱼，就是用盐水浸泡的手指大小的烂海鱼，又咸又臭，一毛钱买上六七斤，可以吃大半个月。刚开始我还真不习惯，但慢慢地也就习以为常了。

后来有一次，红军占领了距东区七八十里的高山上的一座城堡，那里是柘洋（现柘荣县）特区所在地。叶飞、詹如柏通知我去开会。

从东区去柘洋，走的全是羊肠小道，还要翻山越岭。我和交通员为了赶路，连走带跑。好在那时走山路已成习惯，登山如履平地，毫不气喘，因此，天黑时总算赶到。

叶飞等人已经吃过晚饭，见我们还没有吃饭，便通知下面弄点吃的来。尽管我饥餐渴饮，但还是让交通员先吃了剩下的饭菜。一会儿一位同志端上来一大碗荷包蛋，没有饭，我一边吃一边与叶飞、詹如柏等闲谈。因为打了胜仗，大家情绪很高，说说笑笑，不知不觉，我把一大碗鸡蛋全吃光了。

我问那位同志煎了多少个蛋，他笑着说："你真能吃，一共煎了26个鸡蛋。"

我一听吓呆了，心想如果因此消化不良得了病，那就太丢人了。

可是第二天、第三天，什么事也没有发生。我想，或许是这半年来吃番薯丝的功劳，练就了一副钢肠铁胃，要不然早就撑破了肚皮！

"甘棠暴动"威震闽东

1933年10月的南区，敌我斗争局势异常尖锐，近乎白热化。

国民党海军陆战队四处追税抢粮，打人抓人，地主民团"大刀会"也参与逼租讨债，气焰嚣张。整个南区群情激愤，党、团员积极分子个个摩拳擦掌，群众也纷纷要求党组织采取行动，严惩海军陆战队。有些"红带会"会员主动起来反抗前来抢粮抓人的民团"大刀会"。

我们和区委的同志对南区敌我形势做了分析和对比。海军陆战队在福安只有两个营的驻军，海岸线漫长，人马分散，甘棠重镇仅驻扎一个排。民团"大刀会"的力量也不及"红带会"。而甘棠镇共有居民400多户，甘棠四道门都已建立"红带会"和秘密农会，附近20多里的村庄大都建立了"红带会"。整个南区敌我双方力量对比是敌弱我强。

大家认为是揭竿而起举行武装暴动的时候了。为此区委决定，在甘棠里

刘氏宗祠,甘棠暴动旧址。

应外合,消灭敌海军陆战队驻军那个排。

这时,不主张公开暴动的施霖与詹建忠却不知去向。后来我才知道,他们跑到霞浦一带从事秘密革命活动去了。

10月22日深夜,70多名"红带会"会员在"法师"带领下,祭神坛,念咒语,喝朱砂辰砂酒。祭礼结束后,在暴动总指挥任铁锋的带领下,大家向甘棠镇进发。在抵达甘棠护城河边沿后,突击队兵分几路,在甘棠镇内"红带会"会员的带领下,经小巷绕过敌人哨兵,包围了海军陆战队的驻地刘氏宗祠,并悄悄干掉了敌人设在门口的岗哨。

信号一响,突击队员以迅雷不及掩耳之势冲入刘祠。一个排的敌人都住在楼上,当队员们冲到敌人跟前时,他们还在梦乡之中,枪支都挂在墙上。没等敌人爬起来,队员们就摸黑把枪抢下了。敌人吓得有的钻到床底下,有的躲在桌子底下。由于事先我们就决定,暴动未公开,只要枪支弹药,不抓俘虏,带着俘虏无处关押,因此队员们夺了枪就往楼下跑。

突击队员中最先冲上楼去夺枪的是党员成全,夺枪后他在楼下监视敌人,掩护战友们撤退。不料敌人从楼上扔下一个手榴弹,炸死了成全。他是党组织派到"红带会"去的,后来成了"法师"。他年轻、勇敢,积极主张举行甘棠暴动,并在暴动中带头冲锋陷阵,不幸壮烈牺牲。

这次战斗我方除了成全牺牲外，其余未有伤亡，敌方排长跳窗户跑了。我们未拿敌人其他用品，也未捉杀其他敌兵。参加暴动的突击队员拿的全是大刀、梭镖，只有任铁锋有一支手枪，而这次战斗共缴获26支步枪和装有子弹的子弹带，还有成箱的子弹、手榴弹。这在当时是收获最大、缴获枪支最多的一次战斗，队员们欣喜若狂，凯旋而归。

突击队趁着浓浓的夜幕撤出了甘棠镇，转移到离甘棠几十里的高山上，宣布成立游击队，队长任铁锋，政委陈洪妹。后来，这支队伍很快被正式编为"闽东北工农游击第5支队"，队长是任铁锋，政委是叶飞。

在"红带会"的配合下，游击队专挑最反动、群众最痛恨的民团"大刀会"打。在队员们的英勇奋战下，不到20天就歼灭了南区一带的13个反动民团"大刀会"，开创了南区革命的新局面。

叶飞被刺命大不死，庄毓麟病重无人问津

甘棠暴动结束，我便抽空去找詹如柏，传达市委的指示，汇报南区的工作。

此时，詹如柏带着游击队避开敌人"围剿"北区的锋芒，在福安城南附近农村活动。见面后，我作了简要汇报，詹如柏相当高兴，似乎对我的工作比较满意。他说，现在各地也都在学"红带会"，开展秋收抗租斗争，广大农民情绪高昂，信心十足。他还说，过些时候我们一起去找老任，把两支队伍合并起来，全部交给老任统一指挥，他要着重抓一下中心县委的全面工作。他要我去寿宁巡视一下工作，帮助范铁民他们把游击根据地发展并巩固起来，另外，顺便去看望一下叶飞。

这时，我才知道叶飞负了伤，正在福寿交界的一个深山村里养伤。到了村子，又听说庄毓麟肺病严重，也在村里休养。

我先去看望了叶飞。他告诉我，不久前，他到赛岐附近的一个村对面的地下交通站狮子头客栈接头，快中午时分，他正在楼上吃饭，突然上来了两个穿便衣的人。开始他还以为是接头的同志，可他刚侧身，那人已猛冲上来，抓住他的胸前围巾抬手就是一枪。他把头一偏，子弹从右脸颊进左脸颊出来，既没打掉牙齿也没打烂舌头，人却倒下了。

1990年5月,叶飞在闽东老区考察时慰问照顾过红军伤员的"革命老妈妈"。

那便衣搜走了叶飞身上的笔记本、钢笔、手枪等物品,掉头就走。叶飞本能地抬起头来,站在楼梯上的另一个便衣见了大喊:"他还没死!"开枪那一个又回过身来朝他开了几枪,其中一发子弹打中左胸肩胛,其余的都没击中。

此时楼下有人喊:"快走,快走,游击队快来了!"两个便衣慌忙跑下楼梯,回去报功领赏去了。

叶飞倒在地上,血流如注,他再也不敢动弹。此时楼上楼下一片寂静,一点声音也没有。他料想敌人已经离去,便挣扎着爬到楼梯口,再连爬带滚到楼下。只见楼里空无一人,老板和伙计都不见了。

当他爬到屋后不远的一块洼地时,便再也爬不动,失去了知觉。不知过了多久,狮子头村党支部的同志找到他把他抬回村里藏了起来。其他同志请来土医生紧急处理伤口,用狗肝敷在伤口上止血。然后借来行头和轿子,让他装扮成新娘,巧妙地瞒过了敌人的盘查,送到北区的一个山村里休养。

叶飞见我来看他,非常高兴,还请我吃了一碗鸭肉,说也让我增加点营养。

随后,我去看望了庄毓麟。一见到他我吓了一大跳,只见他有气无力地弯着腰,坐在一张凳子上。我喊他,他惊奇地抬起头来看着我。很显然,他对我的到来感到意外,低声说:"你来了。"我看他脸色蜡黄,双眼死灰,没有一点神采,一身衣服脏得发臭,床上也臭烘烘的,床头地上撒了一堆草木灰,灰堆上吐满了浓痰。

"你怎么病成这个样子?吃药了没有?"我吃惊地问他。

"吃什么药!就是买来了药,也没法煎。"他有气无力地告诉我,"我住的这家是单身汉,一个60多岁的孤老头。他家贫如洗,靠出外帮工度日。

清早起来，煮半锅红薯加点大米的稀饭，再煮些清水白菜，连一点油星都没有。他吃完早饭出去帮工，天黑了才回来，剩下的就留在锅里给我吃。我在这里住了20多天，天天如此，哪里还谈得上吃药。"

看到这般情景，听到这一席话，我不禁一阵心酸，眼泪一下子涌了出来。

庄毓麟原是福州毓英女子中学的教员，很有才华。1932年，他因参与组织学生示威游行，声援上海"一·二八"抗日运动而暴露了身份，为了躲避国民党当局的追捕，福州中心市委派他到闽东工作，担任福安中心县委宣传部部长。大约7月左右我在北区见过他，那时他身体虽清瘦，但精神很好，谈笑风生，和气可亲，给我留下较深印象。

"你知道叶飞也在这村子养伤吗？"我问他。

"听说过，我没有力气走过去看他。他那边有人关心，热热闹闹，我也不愿意去那边凑热闹。"

"没有人来看你吗？"

"很少来人。"他显得十分伤感。

我不明白，为什么对叶飞如此关照？他既有人照顾，又有中西药品，虽然深山里买鱼买肉难，但他那里鸡鸭天天不断。而为什么对庄毓麟却如此亏待？我真是疑惑不解！

我回到叶飞住处，把老庄的恶劣境况告诉他，他也十分惊讶！叶飞说："这我可一点也不知道，只知道他也在这村里养病，但我还没出过大门，以为生活上我们的待遇是一样的。"

后来我了解到，叶飞的医疗和生活照顾是"北詹"亲自安排的，而庄毓麟的医疗、生活他却没有过问。

我同叶飞商量，老庄再这样待下去过不了多久就会死的，还是想办法送他去治病吧。叶飞十分赞同我的意见。

我在叶飞那里找了一些肉，买了一些鸡蛋和一只母鸡，请附近一家农民的媳妇帮他做饭菜、煎药。为了避免传染，老庄还是住在老雇工那里。

恰好这时游击队在城南附近打了反动"大刀会"，缴获了一批战利品。我从中挑了几件长衫和礼帽鞋子等，交给老庄。

我问他去哪里医治为好，他说："我在福州不能立足，厦门又太远，从这里到温州再到上海比较方便，我就去上海吧。那里医院多，医疗条件好，也许我这病还有希望。"

我将此事写信告诉詹如柏，他同意我的意见。我们筹集了50多块大洋，选好了护送的交通员，一切安排妥当，我便启程去了寿宁。

后来，庄毓麟到上海治疗的情况如何，我们惦记着，但一直没有他的消息。

游击队长范铁民

我只走了一天的山路，便到了寿宁。那里地势不错，大多数村子都是背靠山林，前面是较大片的稻田。那一带原来就是范铁民当土匪时的势力范围，后来他参加革命了，这里便成了一块较小的游击根据地。

村子里的革命活动基本上是公开的，那里的贫雇农与地主豪绅斗争不激烈，群众斗争热情虽高，但秋收已过，发动贫雇农抗租已无必要。而且，地主豪绅已不敢收捐要债，对贫雇农也暂时不敢公开行恶了。范铁民与地主富农实际上是搞和平共处，基本上还是土匪大王割据一方的阵势。

范铁民，高高的个子，书生模样。他相当老练，不像一般青年那样幼稚，表面态度相当和气，比较豪爽热情，不像施霖那样沉静谨慎。

交谈中，范铁民比较坦诚地同我说到他的隐私。他的私生活相当复杂，年仅二十四五岁，竟然与一位40多岁的富农寡妇同居。为了避人耳目，寡妇把自己14岁的女儿嫁给了他。他们三人生活在一起，那寡妇表面上是他的岳母，实际上是他的情妇。

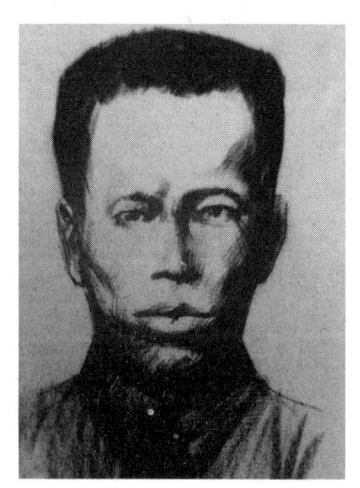

范铁民

据我所知，寿宁东、西区的党组织和农会是比较有基础的。1929年以后，一批早期党员就在这一带建立秘密组织，开展革命活动。范浚在西区的贫下中农中是有一定影响的，叶秀蕃、詹如柏也常来检查巡视工作。范铁民的那支游击队已成为参加革命的贫雇农积极分子组成的队伍。

我在寿宁只待了七八天时间，范铁民陪着我。我在东区的几个村走了一下，召开过东区党的积极分子会议和贫雇农骨干分子会议，也和范铁民等领导谈过几次话。当时我提出要成立革命委员会，但是直到我离开，革命委员会尚未成立。

后来，范铁民于1935年英勇就义，年仅29岁。

从寿宁东区回到福安北区，已是11月。在北区的第1支队与在南区的第5支队已联合行动，发展到200多人。这支队伍的活动范围，已不再是福安南北区，而是纵横驰骋于宁德、霞浦、寿宁、福鼎等各县，威震闽东。

我顺路回到叶飞那里看望一下，听说庄毓麟已去了上海治病。此时，叶飞的枪伤已基本痊愈，只是身上长了几个鸡蛋大小的疖子，行走不方便。

我在北区待了两三天，城里的敌人又来"清剿"。我们身边没有武装队伍，只好同农会自卫队一起撤到山上。

那里的村庄早就坚壁清野，连牛都赶到深山坳里放养，山民们家徒四壁，也没有什么值钱的东西。敌人进村，除了烧房子，是捞不到什么油水的。

北区地势险峻、山高林密，对面不见人，所以敌人来多了，老百姓也不害怕了。

一天，我和叶飞在山头上窥望，观察敌人的动向。敌人的子弹向我们所处的方向飞来，有时像哨子那样"呜呜"响，有时又听到"噗噗"的声音。叶飞那时接触战斗场面还不多，辨别不出子弹的方向和高低。他听到子弹"呜呜"从头上飞过，仍把脖子缩一下，而子弹"噗噗"地落在他脚附近，反而没有什么反应。经过多年的战争锻炼，他后来成为了解放军上将，可见是战争造就了伟大的人才。

创建闽东苏区，收编"海匪"柯成贵

1933年12月初传来消息，国民党十九路军将领蔡廷锴、陈铭枢、蒋光鼐等在福州发动事变，成立人民革命政府，主张抗日反蒋。

听到这激动人心的消息，我们感到非常振奋。福安中心县委当即召开紧急会议，决定趁"闽变"发生，敌人大部撤退的有利时机，积极迅速创建闽东新苏区，把福安、寿宁、福鼎、霞浦、宁德五县连成一片。在福安与各毗邻县交界地区，建立县委和苏维埃政府。集中各县游击队成立红军，集中各地"红带会"成立红带总队，保卫红色政权和苏维埃区域。

1934年1月初,福安中心县委在闽东重镇赛岐举行暴动,游击队、"红带会"三四千人,不费一枪一弹,威武地开进赛岐,开仓济贫三天,将几千担的粮食和食盐分给南区一带的贫苦农民,深受群众的拥护。

接着,中心县委将各县游击队集中于霞浦的西圣山,正式成立了"中国工农红军闽东独立二团",团长任铁锋,政委叶飞。红二团下设三个连,共300多人。

独立团成立后,在各地"红带会"的配合下,围攻霞浦县城。但是,由于独立团刚刚成立,勇敢有余,战斗无术,"红带会"使用的又都是冷兵器,霞浦守敌凭借又高又厚的城墙,死命抵抗,因此红军未能攻入城内。尽管如此,红军浩浩荡荡攻城的声势,威震闽东,鼓舞了闽东广大人民群众的斗争信心,也使地主豪绅困守城镇,相当一段时间坐卧不安,不敢胡作非为。

福安中心县委还在柏柱洋狮峰寺成立了"闽东红带总队",统一调动全区各地的"红带会"。那时"红带会"已在全区得到普及,有数万之众,那真是"螺号震天响,红带处处飘"。"红带会"成为闽东工农武装的坚强一翼,在保卫和巩固苏区的斗争中发挥了重要的作用。

今天的柏柱洋狮峰寺

此时，以福安为中心的福寿、安德、福霞、安福、霞鼎等各县县委和县苏维埃政府或革命委员会相继成立。紧接着各区、乡、村各级党团组织和苏维埃政府或革命委员会，也如同雨后春笋般地涌现，在闽东各地星罗棋布。

福安中心县委适时成立了闽东苏维埃政府筹备处，由马立峰负责，统一领导闽东苏区的土地革命和各项建设事业。闽东全区的土地革命斗争呈现一派如火如荼的局面。

我认为，闽东新苏区的创建有以下三个特点：

其一，闽东在第二次国内革命战争前期，不仅在城镇，而且在农村建立了党的组织，特别在农村，党先后派邓子恢、蔡协民、陶铸等到闽东指导工作，发动领导了声势浩大的农民"五抗"斗争和游击武装斗争，并在福安有一支小游击队，在北区建立了一小片游击根据地。

其二，利用"红带会"这一封建的民间武装组织形式，实现了广大贫苦农民武装自卫的要求，真正走了群众路线，"红带会"成为闽东各县强有力的武装力量，在发展、保卫和巩固苏维埃政权的斗争中，有着卓越的贡献。

其三，紧紧抓住十九路军在福建发动事变、敌人南撤防务空虚的大好时机，迅速地把几支游击队集中起来，建立闽东红军，推翻旧政权，建立苏维埃。

正是以上三个特点，使闽东北五县在短短的一两个月内，便建立了以福安为中心的纵横五百里，基本上连成一片的红色苏维埃区域。

在距霞浦县城五六十海里的海面上，有一个西洋岛，岛上盘踞着一股海匪。海匪首领柯成贵[①]，原是福州一所中学的学生，后来柯姓家族与另一派豪绅发生纠纷引发械斗，出了人命。对方欲打击报复，国民党政府也通缉他，他不得已逃到西洋岛上当了海匪。

西洋岛是浙江温州去福州、闽东，以及福建沿海去上海的海上航线必经之处。柯成贵收罗一伙人专门在海上袭击过往船只，抢劫财物，队伍不断发展壮大，已有100多人。

---

① 柯成贵（1908~1935），又名柯润，福建霞浦人。早年参加学生反帝反封建爱国运动，1928年因打抱不平杀死渔霸而沦为"海匪"，1934年接受收编参加红军，同年加入中国共产党。1935年在战斗中被捕，不久就义，年仅27岁。

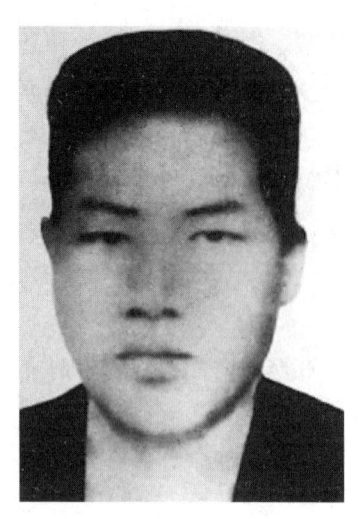

柯成贵

国民党当局曾几次派兵"清剿",都因各种原因不能得逞。后来他听说,共产党在闽东发动革命,与国民党对着干,苏维埃政权的为民政策主张及工农游击队作战英勇精神,他非常敬佩。

柯成贵通过他的同窗、福安中心县委工作人员陈亮,与我们取得联系,并表达了希望同工农游击队合作,接受收编,接受共产党领导的意愿。

福安中心县委考虑到,柯成贵出身学生,不是惯匪;他的队伍主要成分是贫苦农民和渔民;他们主要是劫富济贫,与国民党军队势不两立;认为这样的队伍还是可以改造的。他们愿意接受收编的主要目的是国民党军队进攻时,他们可退到我们的陆地苏区,依靠我们求得生存。而我们与柯成贵的队伍搞统一战线,也不是没有好处。我们可以利用该岛作为对国民党斗争的海上前哨,利用该岛四通八达的有利条件,作为加强渔民工作的海上基地,还可作为购买医疗用品、枪支弹药等战略物资和生活用品的中转站。

为此,中心县委决定,由陈亮陪同我,以中共福安中心县委的名义到西洋岛,与柯成贵谈判并收编。

陈亮是个小个子,但他意志坚定且很有胆量,西洋岛这个地方,一般的人不敢去,但他却可以在此安营扎寨。他虽不信佛,但生来吃素不吃荤。在途中我曾用猪油凉拌紫菜让他试过,他一入口便敏感地吐掉了。这是一个不错的同志,不知什么原因,后来被错杀了。

那是1934年年初的一天,我们乘坐一只渔船前往西洋岛。

小船在大海上航行了一天一夜。第二天下午时分,远处一个孤岛隐隐约约在海面上出现,陈亮指着前方对我说:"那就是西洋岛。"

船终于靠上了海滩,岸上已经有几十个人守候在那里,为首的是一位三十来岁英俊威武的男子。陈亮告诉我,他就是闽东沿海赫赫有名的"江洋大盗"柯成贵司令。只见他首先大步迎上来,热情地与我和陈亮握手。我没想到他的举止如此得体,言谈也不俗。此时军号哒哒,鞭炮齐鸣,约有30名壮汉举枪列队,夹道迎接我们进入驻地。

晚上,柯成贵设四桌酒宴,隆重款待我们。酒宴结束后,请我们去祠堂看大戏。有意思的是,戏台上居然打出了"曾县委加冠"字样的牌子(其实那时我还不满23岁),接着又打出了"陈县委加冠"字样的牌子。按旧风俗,打谁的加冠,谁就得给赏钱。我们事先没准备,弄得措手不及,只好临时找了张红纸,各给了两块现大洋的红包。

第二天,我们与柯成贵及他的参谋长、副司令举行了会谈,柯成贵自称司令。柯成贵说:"我们干这一行是迫不得已,实在是走投无路了。国民党政府军队千方百计要消灭我们,因此我们与他们水火不容。这一点请曾县委相信!"

他们的宗旨是劫富济贫,不是一切过往船只都打劫,而是专挑那些渔霸、大商人和国民党的运输船下手。得到的东西,大部分作军饷,一部分救济本镇和附近渔村的穷人,有时还送一些给船上的苦役船工。这支队伍的经济来源,除主要靠打劫海上船只财物外,还抽取镇上大烟馆、酒馆、赌馆收入和商业税收。

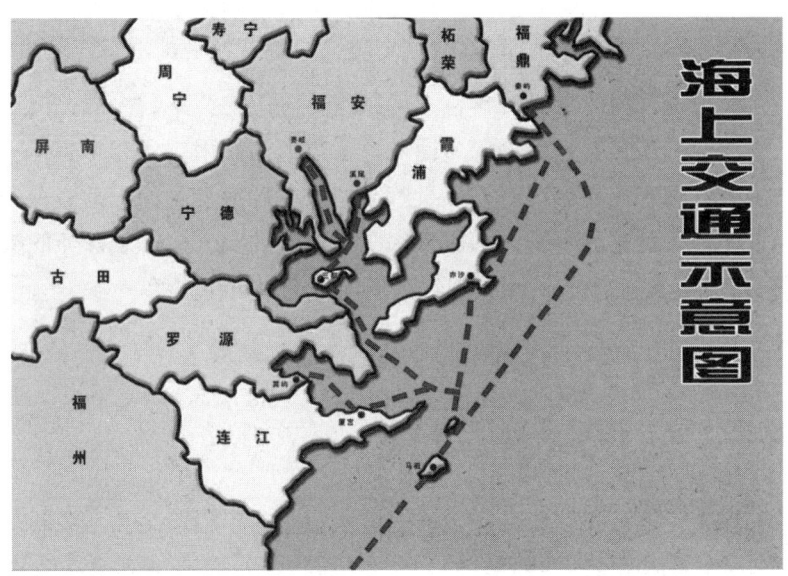

1934年年初,中共闽东特委组建"中国工农红军闽东海上游击独立营",柯成贵任营长。这是党的唯一,也是最早的一支海上武装力量,为红军部队运输物资,配合陆上部队作战,做出特殊贡献。

柯成贵相当真诚地说:"我们知道共产党为中国的工农谋幸福、求解放,没收地主豪绅土地,要打倒蒋介石国民党政府,还要把帝国主义赶出中国。我十分拥护共产党的主张,决心跟你们共产党走,这也是我们的唯一出路。"

我对他的表态和行动表示赞赏,并提出几点希望:一是希望他们把西洋岛的革命斗争发动起来,教育官兵不要侵犯贫苦渔民利益,支持他们开展反霸斗争。二是希望整顿队伍,进行革命军队的纪律教育、游击战术学习和文化学习,使之成为一支真正的革命队伍;必要时,我们可派同志来西洋岛,帮助他们开展工作。三是希望队伍在购买医药物品、枪支弹药方面为苏维埃政府提供支持和帮助;如果遇到国民党军队的进攻,队伍可深入我苏维埃区域;如果他们给养上有困难,苏维埃政权将鼎力相助。至于部队番号和职务,待福安中心县委研究后再授予和任命。

以上我所说的这些,柯成贵满口同意。下午他们还热情地带我出去视察了西洋岛街道和附近渔村。西洋岛有一条石板小街,几十家商店,周围都是渔村。附近还有两三个小岛,也都是渔村,几个大小岛屿合起来不足30华里,人口1000多人。

我回来后不久,福安中心县委便决定将柯成贵部改编为"闽东工农红军海上游击独立营",柯成贵任营长。

后来我听说,柯成贵没有食言,带领这支队伍在截击敌人海上交通、筹集财政款项、购买武器和药物等方面发挥了很大的作用。1935年春,国民党重兵"围剿"闽东连罗苏区时,一批红军指战员和地方党的干部撤退到西洋岛。为了保护大批党的骨干,柯成贵率队与进犯的敌人进行了殊死的战斗,最后英勇牺牲,结束了他从海匪到红军指挥员短暂而壮烈的一生。

主持闽东土改,拟定《分田纲要》

敌人偷袭赛岐,我们慌忙撤出,把柯成贵送的半袋紫菜和新买回来的油印机都丢了。我和福安中心县委的几个领导同志都回到了柏柱洋,在甲厝召开了中心县委会议。这次会议主要讨论土改、建政、扩大武装等工作。"闽变"发生后,十九路军释放政治犯,马立峰、范式人①等被释放回闽东。马立峰加入了中心县委,因此,中心县委根据斗争需要做了新的分工。马立峰分工抓政权工作,主要筹备成立闽东苏维埃政府等事宜;叶飞任红军独立团政委,主要负责部队政治工作和地方武装斗争等;任铁锋任红军独立团团长;詹如柏仍代理中心县委书记,主要抓地方组织建设和群众运动。我的主要任务是抓分田运动和建立以福安北区为中心的福安、寿宁、霞浦、福鼎四县接连在一起的山区后方根据地。

马立峰

会后,我开始了在上南区柏柱洋一带开展分田的试点工作。要搞土改,首先是要拟定政策和实施方案。1928年湘南暴动时我参加过分田,1929年和1930年我在闽西搞过土改,而中心县委其他领导同志都没有这方面的经历,因此只好由我来草拟《分田纲要》。好在那时年轻、记忆力好,闽西土改的土地法大纲,基本上能回忆得起来。

其次是培训土改干部。我们在柏柱洋地区,从福寿、福霞交界地区已建立苏维埃政权的农村中抽调了一批骨干,集中培训,学习《分田纲要》的基本内容,学习怎样划分阶级,从自己村里选择真人真事进行划分、讨论和确定。然后是学习怎样丈量土地和分配土地,怎样处理债务和田契,等等。

培训的时间不长,一般只需要个把星期。培训结束后,我们便在柏柱洋地区开展了分田试验。经过一段时间的实践,分田试验取得成功。

为了推广柏柱洋分田经验,中心县委在柏柱洋召开了庆祝分田胜利大会,各县苏维埃政府均派代表参加,同时学习和取经。

当夜,柏柱洋地区举行了盛况空前的持灯游行,数千名翻身解放并获得土地的农民手持火把、灯笼、红旗,敲锣打鼓,走村串寨,犹如一条长长的

---

① 范式人(1909~1986),原名范志明,福建寿宁人。1930年参加革命,1932年加入中国共产党,曾任中共闽东特委委员、中华苏维埃人民共和国闽东政治委员会军政委员会副主席等职务。新中国成立后曾任江西省委第一副书记、江西省政府副主席、粮食部副部长等职务。1986年在北京病逝。

火龙在夜幕中游动……

　　从三四月开始,一场规模巨大的土改分田运动,以柏柱洋为中心梅花形波浪式地向外推进,迅速在闽东苏区全面铺开。

　　闽东苏区的土改分田运动,吸收并借鉴了中央苏区土地革命的经验教训,避免了一些错误,少走了不少弯路。如闽西开始是抽多补少,结果肥瘦不均;闽东苏区则是抽多补少和抽肥补瘦同时进行,尽可能少做变动,照顾农民的耕作习惯。

　　闽东苏区的土改分田不靠工作队由上而下进行,而是由各村的苏维埃组织贫雇农群众进行,因此土改进度较快,划阶级、分田地都比较准确,假土改、"夹生饭"很少出现,贫苦农民很快都得到了土改分田的胜利果实。

　　特别值得一提的是,我们根据闽东是畲族聚居区、畲民长期遭受民族歧视和阶级压迫的实际,在制定《分田纲要》时,强调畲汉民族同等对待,按人口分配土地。吃苦耐劳的畲族妇女与男劳力同等对待,也分得了应有的份额。此举深受广大畲族同胞的拥护,激发了他们参加革命、支持革命的巨大热情。

　　我虽说着重主持土改分田工作,但却没有费多大的精力。由于各级苏区政府重视这项工作,广大农民对土改分田热情很高,再加上有《分田纲要》和柏柱洋分田试点经验,因此这项工作很快就全面铺开。闽东各县凡是建立苏维埃政权的村庄,都开展了土改分田工作。

　　就像当年的闽西苏区,此时的闽东苏区同样呈现出一片分田分地真忙的喜人景象。

冒险寄钱挽救陶铸生命

　　1934年3月下旬,我意外地收到陶铸从南京监狱寄出、通过福州何老太太转来的信(何家是我与外界联系的通讯处)。

　　陶铸在信中写道:我已被判刑,刑期你可以想象得到,没有出去的可能了。请求善待母亲,替我尽份孝道。陶铸又说,他在狱中病重,若回信请寄南京军人监狱1271号。

　　陶铸被捕拘留期间,曾托被释放的难友,悄悄地给我带出一张巴掌大的破纸片，上面写道："病重住院，恐无生还希望。"

此后，便再也没有他丝毫音讯。尽管我也不相信陶铸被捕叛变的传说，但事实上我已受到牵连，这使我时时感到压抑苦闷。

每当夜深人静之时，遥望星空，常常勾起我对陶铸的无限思念。我不相信那些谣言，盼望着有关陶铸的确切消息。没想到一年后，我总算收到了他的来信。

很显然，陶铸被判了无期徒刑，但值得庆幸的是，他毕竟活了下来。我将信交给叶飞看，我们一致认为，既然判处无期，就说明陶铸没有叛变。我问叶飞，陶铸病重，可否寄一点钱给他，他表示同意。我记得，在闽东工作两年来，除了这次经叶飞批准，从没收的财物中领出20元钱寄给陶铸外，我自己没有私自动用过一个铜板。

这时，我正好要去一趟寿宁，还要到福安县城与地下党接头。我给陶铸写了一封信，顺道进县城给陶铸汇款寄信。

这要冒极大的风险，因为我当时已是国民党当局通缉的共产党要犯，悬赏的赏金是3000块大洋。但是不这样做，我感情上又不能平静。想到以往与陶铸的恩爱，想到陶铸此时正在铁窗下煎熬，我就下决心去冒这个险了！

我由交通员带着混进了县城，接头的地点是"蔡元记"百货店，老板郭文焕就是我要接头的人，他是县城地下党的负责同志。我站在柜台外面装作选购书籍，一边翻书，一边与郭文焕谈话。不到半个小时，我就离开了书店。

我请交通员告诉我邮局地址，叫他先到城门外等候，自己一个人走进邮局。我不动声色地填了汇款单，交上20元钱。邮局的职员接过我填写的汇款单后，惊奇地看着我。

我从容不迫地转身走出邮局，拐了几个弯与等候在城门外的交通员会合后，疾步向社口方向奔去，第二天就抵达寿宁。

后来，听城里的地下党说，那天我刚走不久，城里突然戒严，城门四闭。警察特务四处盘查，说一个女共产党进城了。

数年后，陶铸获释出狱后告诉我，从福安寄出的钱和信居然都收到了。那时，他正患肺病，咯血不止，我寄去的钱真是雪中送炭。他用这笔钱买了几瓶鱼肝油，吃后病情得到好转。他还买了一些书籍，把监牢当学堂，勤读了几年书，直到第二次国共合作，党中央将他营救出狱。所以，那次冒险还是值得的！

赖金彪

到了寿宁，整个形势与第一次去时大不一样，尤其是寿宁东区与福安北区已连成一片，建立了革命委员会，后来很快改为苏维埃政府。斗争已经公开化，儿童团站岗放哨查路条，游击队、"红带会"四处开展活动。此时范铁民的腰伤一直未好，游击队的工作就由赖金彪①负责。

赖金彪是个外来干部，广东人，毕业于中央红军"彭杨军校"第2期，后被送往苏联学习。1933年5月，福州中心市委派他到闽东，詹如柏转派他到寿宁帮助范铁民工作。他先后担任闽东红十六连连长、独立团团长、独立师副师长。听说在1935年春的突围战斗中，为掩护部队转移，他殿后阻击敌人，最后英勇牺牲。

我在寿宁东区各地跑了一趟，向范铁民了解了寿宁的斗争情况。特别是我在各地听到不少贫雇农骨干称赞范浚，要求调他回寿宁工作。就连范铁民也说，他与范浚没什么大的矛盾。当时寿宁所有的同志都不知道范浚已被杀害，还以为是去了中央苏区。

回到福安后，我将去寿宁了解到有关范浚的情况告诉了叶飞。我们都认为，"北詹"之所以杀掉范浚，是因为他认为范浚与范铁民水火不相容，而这完全是他的猜疑。

消灭气焰嚣张的"五虎兄弟"

闽东苏区的迅速形成，促使在根据地边缘的地主豪绅也大量建立民团"大刀会"，向革命力量进行反扑。当时对苏区构成威胁最大的还是反动民团"大刀会"。

为此，中心县委决定，红军、游击队以及"红带会"集中力量，互相配

---

① 赖金彪（1906~1935），广东大埔人。1929年起义参加工农红军，1931年加入中国共产党，1935年在战斗中牺牲。

合，有计划地歼灭地主反动民团"大刀会"，打击他们的反革命嚣张气焰。

在福安东区与霞浦西北山区之间，有个西家宅村。该村"大刀会"的名称叫"白鹤会"，其头目是三兄弟，加上两个堂兄弟，人称"五虎"。他们全是二十来岁的壮汉，个个异常凶猛残忍，终年习武，横行乡里。他们还经常袭击我苏区，胡作非为，群众十分痛恨。他们还控制着周围几十坛"大刀会"，誓与共产党为敌。

据了解，西家宅"白鹤会"使用的是带有铁钩的梭镖，它扎进人体后可将肠子和肌肉都钩出来。针对这一点，我们制作了一种土武器对付它。我们砍了许多竹子，比梭镖长三分之一，竹子的枝杈保留七八寸，在火中烘热后放入尿中浸泡以增强硬度。打仗时，一根竹杈和一把梭镖或一支长枪配对。待敌人冲过来时，先用竹杈把敌人刺过来的梭镖叉住，接着我方梭镖立即扎向敌人，或用枪把敌人打倒。

但是，我们只研究了打法，却没有作深入的调查，忽略和轻视了敌人的实力，只派出六七十人攻打西家宅。

我们下午出发，到达西家宅并包围"大刀会"驻地时已快5点。开始攻击时，敌人紧闭大门龟缩在祠堂里按兵不动。我跟着部分队伍守在祠堂后门，看到一个队员爬墙上了屋顶，准备向屋里扔土手榴弹。

突然，我们发现另一股"大刀会"急速向祠堂杀来，于是慌忙往后撤退。这时祠堂后门大开，屋内的"白鹤会"会徒大声喊叫着直向我们冲杀过来。

眼看敌人就要追上我了，梭镖离我不到两米，我心想这下可完了，非死在这里不可。正在这时，一个人从我身后蹿过来，拖着我拼命往前跑，我一看原来是赖金彪。追赶的刀匪大喊："抓住他们！"赖金彪赶快扔去一枚土手榴弹，刀匪见到甩过去的手榴弹都赶快趴在地上。

可偏偏这是一枚哑弹，刀匪见没有爆炸，又疯狂地追了上来。

这时，我们已赢得了时间，跑到山脚下。我们布置在山腰的接应队伍开枪向刀匪射击，打倒了几个，其余的才渐渐退了回去。

回到山上，总结这次战斗，大家都认为这次受挫主要是轻敌。尽管没有伤亡，但效果不佳，"白鹤会"的气焰更加嚣张，简直是长了敌人志气，灭了自己威风。大家窝着一肚子火，决心要歼灭这"五虎"。

第二次，我们调来了红十六连，加上东区"红带会"，共计300多人，浩浩荡荡向西家宅杀去。这次，我们改变了战术，先是让少数"红带会"队员去挑战诱敌出巢，假装失败。等到把"大刀会"会徒诱至开阔地后，主力队伍再围而歼之。这次我待在半山腰观战。

"白鹤会"根本没把"红带会"放在眼里，我军先头队伍冲向村子，他们就迎了出来，个个张牙舞爪，大喊大叫。第二线的红军立即扑上前去，首先是竹权迎战，叉住梭镖，接着是梭镖队杀向刀匪，一下子就刺倒了好几个。刀匪退却，红军战士瞄准刀匪放枪，又打倒了一批。

"五虎"兄弟急红了眼，挥舞大刀率队再次冲杀过来。赖金彪下令集中火力，射杀冲在前面的"白鹤会"头目。结果，猖獗多时的"五虎"兄弟，一个个都被红军战士当场击毙。其余的刀匪见"五虎"已死，便作鸟兽散，全部落荒而逃。

歼灭了远近闻名的西家宅"大刀会"后，邻近各坛"大刀会"早已对红军闻风丧胆。有的"大刀会"自动解散，有的贫苦农民退出"大刀会"，只有顽固不化的少数"大刀会"继续与红军为敌，但最终同样逃脱不了覆灭的命运。

由于消灭了一大批根据地外沿骚扰苏区甚至深入苏区内兴风作浪的地主反动民团"大刀会"，闽东苏区的形势趋于稳定，根据地的各项建设事业有了较大的发展。

在曾志当年出生入死的地方，修建了"闽东苏区纪念馆"。

闽东特委开会严厉批评我

1934年4月初,由于宁德县委书记叶国珍、福建临时省委代理书记陈之枢等被捕叛变,临时省委和福州等地的党组织也随之遭到严重破坏。

闽东党组织和连江罗源的党组织同上级都失去了联系,与上海党中央也联系不上。为此我们福安中心县委和连罗县委在柏柱洋召开了联席会议。

双方都认为,与上级失去联系后,有必要建立一个统一的领导机构,加强对这一地区的领导、合作与协调。因此决定将福安中心县委和连罗县委合并,成立中共闽东临时特委。

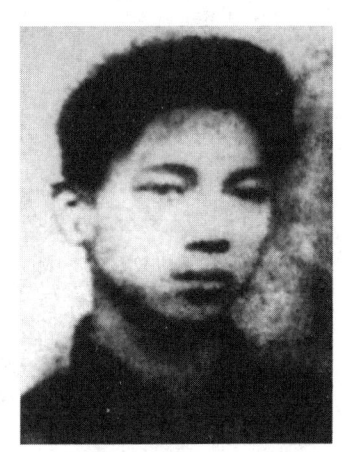

苏达

经过协商和选举,书记为苏达①,因为他是工人出身,原是临时省委组织部部长,是派往连罗的特派员。当时党内有个不成文的规定,党委书记一定要由工人或贫雇农担任。组织部部长决定由我担任,宣传部部长由叶飞兼任。

大家一致认为,闽东已初步形成五县基本连成一片的苏维埃区域,今后要加强建立闽东与连罗的海上联系网,与闽东各县连成一气。今后要做到敌人从海上来,我们向山区活动;敌人进攻山区,我们就到海上游击。

特委机关就设在柏柱洋斗面村一个大地主的一座房子里。

紧接着,闽东工农兵第一次代表大会在柏柱洋胜利召开,来自全区各地的400多名各界代表满怀喜悦和豪迈欢聚一堂。会上正式宣布成立"闽东苏维埃政府",主席马立峰,副主席叶秀蕃,秘书长张少廉②。

---

① 苏达(1906~1937),原名苏鸿章,福建永定人。1926年加入中国共产党,曾任中共闽东特委书记等职务,1937年4月被国民党保安团抓捕,8月被杀害于龙岩。
② 张少廉(1893~1934),福建福安溪柄乡柏柱洋人。1931年加入中国共产党,1934年因叛徒告密被捕,同年5月英勇就义。

闽东苏维埃政府下辖当时已经成立的福霞、福寿、安德、安福、连江和不久后成立的罗源、周墩、霞鼎等九个县苏维埃政府和40多个区苏维埃政府。

闽东苏维埃政府的建立是闽东人民在中国共产党领导下，经过长期的艰苦奋斗、浴血奋战的胜利结晶，是无数个江平、成全，也包括范浚，以及许多不知名的英烈抛头颅、洒热血换来的。

闽东苏维埃政府机关也同样设在柏柱洋斗面村的另一个逃亡大地主的一座房子里。

斗面村村子虽小，但由于地处柏柱洋的中心，因此成为闽东革命的指挥中枢。闽东红军独立二团在那里设立了后方团部，共青团闽东特委和闽东妇女工作团机关也设在斗面村。

自从到了福安，我好像一只拧紧发条的钟，东奔西跑，时刻不停地工作着。我没有休息日，睡眠很少，生活也很清贫。这种紧张而疲劳的斗争生活，持续一年，我终于病倒了——在闽南漳州地区工作时的疟疾病又复发了。

闽东临时特委旧址

疟疾发作起来，真是难受。开始是发冷，夏天盖棉被还会冷得牙齿相撞、全身颤抖；一会儿发起高烧来，高达40度，烧得你晕乎乎的。这种忽冷忽热隔天发作一次。当时除了金鸡纳霜丸，没有其他特效药，而这种药是进口的，在农村很难买到。

闽东特委成立约两个月时，我的疟疾病很重，高烧不止。有时突然一股热气从脚板心冒出，接着全身发抖，牙关紧咬，把嘴唇都咬破了。有时双眼突鼓，整个身体抽搐成一团，但意识尚存，只是说不成话了。

同志们见状，都很恐慌，但一时又找不到医生。正在束手无策时，房东镇定地找来麻油，用麻油把艾叶和姜头炸热，然后用炸热的麻油在我身上使劲揉擦，捂上棉被，两个小时左右抽搐才算缓解。

当时，特委正在召开重要会议，我因病没法出席，是后来任铁锋私下告诉我会议的情况。

会上，大家批评任铁锋在军事指挥上缺乏全盘计划，单凭个人勇敢，带队独自行动，不遵守组织纪律，不尊重叶飞、詹如柏、马立峰等特委领导同志，只听曾志一人的。

詹如柏批评说："我们的话，任铁锋根本不理，要经过曾志去说才行，这种关系很不正常。"

马立峰说："曾志同时与任铁锋、叶飞关系密切，在干部群众中造成坏影响，这是小资产阶级思想行为。你们都是特委的负责同志，都要检讨。曾志应负主要责任，不但要批评，还应该处分……"

马立峰虽然讲了这些话，但我知道在背后起实际推动作用的是詹如柏。

批判会后，对会议的内容，特委没有一位领导同志正式找我谈话，是任铁锋事后告诉我的。叶飞则从此不再与我个别交谈了。

这次会议并没有给我任何处分，而是决定调我去兼任福霞县委书记。当时福霞地区是敌人进攻"围剿"的重点地区，那里的形势相当严峻。那时我正重病在身，这个任命其实意味着处分，甚至可以说是严厉的惩罚。

当时，我想不通，为什么要我负主要责任？！只因为我是女人吗？我并没有去招惹他们呀？最后我还是承认了在这个问题上自己确实有小资产阶级浪漫情调。不过，我认为恋爱是我的权利。

任铁锋在很多事上与我意见都较一致，在工作实践中，他信任我、尊重我，所以我们的工作关系是好的。但我对他个人并无好感，因为他有些粗暴。

我对叶飞是有好感的，但对他也有顾虑，他个性倔强，尤其是对女同志有一种大男子气。

当时，我与他们两人关系较好，工作之余较常来往，这也是正常的事。陶铸来信说，他被判处无期徒刑，恢复自由遥遥无期。而那时我才23岁，我是共产党员、职业革命者，为革命随时都要作出牺牲；同时也早将"三从四德"、贞节牌坊那种封建的东西抛到九霄云外去了。因此，重新找对象是我的自由，我有权利作出选择。

我心想，管他呢！批评就批评吧，今后再不理睬这种事了，一心努力做好工作。

我被撤销职务，留党察看

疟疾刚愈，我就到福安霞浦交界的山区，担任福霞县委书记。

上任的第一件事，便是发动群众坚壁清野，对付敌人的进攻。在深山密林里，家家搭山寮草棚，把粮食、衣服、日用品都搬到山中，牲畜也在深山里饲养。敌人来了，挑个行李全家跑上深山；敌人一走，再返回村里。这样，虽然敌人多次前来"围剿"，但最终都没有捞到什么好处。

不久，任铁锋的脚得了一种叫什么"脚鹤风"的病，膝关节肿得很大，完全不能行走，而且像疟疾那样发冷发热。他离开部队，被担架抬着到福霞根据地来医治。我打心底里不愿他来，但他病得那么重，到福霞地区的红军后方医疗所来治疗，我当然不能拒绝，而且还要尽力帮助他治病。

开始用了很多药，连吃带熏，又洗又敷，都没什么效果。后来一个懂草药的当地老医生，拿来几片两尺多长像大蒜叶那样叫胡蒜的绿色叶子，放在火上烤成半熟，趁热缠在任铁锋的膝盖上。一天换两次，只敷了几天，膝关节红肿便消失了，疼痛也好多了。不到一个月基本上就好了，真是奇迹！

1934年9月的一天，特委委员阮英平突然出现在我的面前，我喜出望外。他原来是南区的干部，1933年南区秋收暴动攻打海军陆战队，我们曾在一起工作，彼此十分熟悉。他是南区农民干部中最优秀的，因此特委成立时，被选为特委委员。但是没有想到，他给我带来的并不是什么好消息，而是送来一份对我的处分决定。

所谓决定，不过是写在一张无人签名、更无盖章的旧纸上的几行字。决定的内容已记不完全，大意是：曾志作为党特委的一位负责同志，在恋爱问题上，以一种极不严肃的态度，同时与党内两个负责同志要好，影响党内几个负责同志之间的团结，影响了工作。她这样做，是企图使党权、军权都掌握在自己手中的一种阴谋手段，是极其严重的错误。特委决定撤销曾志福霞县委书记职务，并给予留党察看四个月处分，调往寿宁县做群众工作。

这真是太荒诞了！

我问阮英平究竟是怎么回事。阮英平说，是代理书记召开会议决定的，决定内容大半是他的意见。会上马立峰首先发言，对你提出批评，我们不了解情况，他们说什么，我们就同意什么。决定是代理书记亲自写的，要我专程来福霞，向你宣布。

"这个处分决定其他负责同志看过吗？"我追问阮英平。

"不知道，'北詹'说对你的处分一个月前就决定了。因为国民党部队'围剿'福霞山区，'北詹'等人说，待你在福霞领导人民粉碎了敌人'围剿'后再宣布，所以才拖到现在。"

阮英平

我感到又气又滑稽。没想到，代理书记过去对待施霖、对待范浚的那一套阴谋把戏，现在又落到我的头上了。

既然撤销了我的职务，给我留党察看处分，又要我去领导群众打退敌人的"围剿"，这是什么组织原则？

我同时与两个同志要好，怎么能扯到是我要阴谋手段，为了操纵党权军权呢？叶飞、任铁锋在军队任职，我能操纵他们吗？他们会让我操纵吗？他自己是代理特委书记，党权在他自己手里，说我操纵党权不是很可笑吗？而正是因为他操纵党权，才为所欲为，不顾事实给我党纪处分。

代理书记为什么要借题对我进行打击呢？我分析，"闽变"以后，闽东苏区的形势迅猛发展，我们几个同志都各奔东西，独立工作，集体开会较少，互相沟通不够。我与叶飞、任铁锋较常碰面，我们三人商量事情较多，而我们与代理书记单独碰面不多，集体交谈少。他可能认为党和军队的主要领导权都是我们三人掌握，他有种失落感。

对代理书记以往的一些行为，我们是有所耳闻和戒备的。叶飞第一次到福安，代理书记看不起他，排挤他，包括令人生疑的"狮子头客栈事件"。我和叶飞的确议论过，认为代理书记不宜多管军队，认为他惯用亲信、打击别人的思想行为十分危险。代理书记也可能感到我们对他不信任而耿耿于怀。

任铁锋后来的革命之路走得不大平坦，曾一度脱党，新中国成立后又遭关押，直至1980年才宣告无罪。图为他老年时照片。

于是，代理书记便借我的恋爱问题对我施加打击报复，目标当然不止我一人，而是"一石三鸟"。而且，偏偏是派我去敌人重点"围剿"的寿宁红白交界的地区工作，其用意已是昭然若揭了。

当时的寿宁是什么形势呢？自从北上抗日先遣队在浙江庆元被打败后，国民党当局几乎把尾追先遣队的大部兵力都掉过头来进攻闽东苏区，而寿宁与浙江交界，首当其冲。大部分苏区都被敌人占领，敌人烧杀劫抢，大肆"清剿"。苏维埃政权基本上转入地下，地方武装早就集中加入了闽东独立师，党团员、"红带会"和农会骨干都进入深山密林。在这种严峻形势下，调我这个正在病中的外省人去工作，岂不是借刀杀人？！

去就去吧！共产党员不怕死，虽然这种冤屈的死不值得，但我决不去乞求。

我把福霞县委的工作移交给阮英平，独自一人拖着还未痊愈的沉重病体，返回柏柱洋特委所在地。从福霞山区到柏柱洋行程二十几里，有十几里的下坡路。身体虚弱加上精神上难以承受的打击，我一路走，一路跌跌撞撞，跌倒了爬起来再走，从吃完早饭出发，直到快吃晚饭时才到达柏柱洋。

在斗面村特委机关，我见到了代理书记。他坐在凳子上像个泥菩萨，一动不动，板着一副面孔，只说了一句："你回来了？"

"我正在生病，要休息几天才能去。而且这里到寿宁几百里路，上上下下都是羊肠小道，我病成这样自己走去有困难，能不能请人抬我一段？"

"抬着你走影响不好。你先休息两天，我派一个人送你，给你几块钱，病发作时，就地住两天再走。""北詹"说完之后就走掉了，此后我再也没有见过他的人影。

我整个身子好似掉进冰窟窿里，他往常的面孔哪里去了呢？为什么变得如此残酷？！

"发配"寿宁

四天后，我拖着疲惫不堪的虚弱身体，在交通员的陪同下前往寿宁。

正如我所预料的，途中我休克了两次。久病成半医的我，自己也积累了一些经验，事先告诉送我的交通员，万一我不省人事时，应该怎么办。所以，两次休克都抢救过来了。

送我的交通员和当地干部见状，无论如何要抬着送我。但是到了福安、寿宁、赤白交界地区，大白天就是好人也过不去，别说抬着走。因为敌人出没无常，随时可能碰上敌人，而且村庄里也找不着人，只能翻山越岭到深山里去寻找。

此时，我早已将生死置之度外，竭尽全力，随着交通员在深山里跋涉。幸好，我去过两次寿宁，接触那里的党政同志和农会骨干比较多，他们中不少人都认得我。

几天后，我们终于见到了当地党政负责同志。他们见到我非常高兴，尤其看我抱病上山找他们，更是感动，对我非常体贴照顾。受到代理书记冷遇的我，此时更加感到基层同志们的热情与温暖。

而我除了在精神上能给他们以鼓励外，更多的是给他们增加了负担，我心里觉得不是滋味。那一带也不安全，敌人经常来搜山，他们知道我们隐藏在山头的人没有多少武器，因此一个班的武装也敢上山搜索。为了防备敌人，同志们不是背着我，便是抬着我，在深山里转来转去，我什么也干不了。

半个月过去了，我还是无法与叶秀蕃取得联系，我在东区，叶秀蕃在西区，东、西两区早已断了联系。叶秀蕃善于做秘密工作，据说他隐藏到浙南去了。

于是，我给特委写了一份报告，将寿宁的斗争形势、我的病情以及干部群众对我的关心照顾情况作了汇报。我写这份报告并没有想回特委的意思，我知道自己是被发配来的，做梦才幻想回乡！

据说，叶飞看到了这封信。他在特委会上提出，寿宁形势如此恶劣，曾志重病在身，在那里也做不了什么工作，反而增加那里的负担，把她调回来治病吧。于是，特委派交通员去寿宁把我接回特委。这次我去寿宁待了不到一个月，算是第三次去寿宁。

多年以后，我看了叶飞的回忆文章，说当时是他决定派我去寿宁担任县委书记的。这显然是他记错了,其实是"北詹"把我发配到寿宁去做群众工作的,因为我已留党察看,是不能担任党内职务的。我能离开寿宁回特委,倒是叶飞在特委会上提出的。

回到特委机关,我见到了叶飞,他单独同我谈了一次话,以领导人的身份,批评我对任铁锋的迁就。他说,大家对任铁锋都有意见,而你在一些会上从未严肃认真地批评过他,这就使有些同志感到,在任铁锋的心目中,只有你没有同志们,没有组织纪律。在这个问题上,他应好好反省一下自己。

然后,他真诚地安慰我说:"现在不要多想了,仍然回福霞地区去,那里比较安全,医疗条件也好些,你就安心治病不要工作了。"

听到这番话,我再也控制不住自己了,放声大哭了一场。自从受到批评和处分以来,我是第一次痛哭,我要让满腹的泪水把我的委屈、痛苦和愤怒冲洗一尽!

然而泪水只能洗去一时的痛苦,那荒诞的处分决定,在我以后的革命生涯中,却一直像梦魇一般纠缠着我,给我在政治上带来莫大的灾难。我不能在回忆中抹去这段痛苦冤屈的往事,也同样不能在向党组织交代革命经历时将这次处分隐瞒不报。这毕竟是我人生中的一大重要事件。

直到20年后,在1954年召开的全国第一次人民代表大会上,我再次见到叶飞。我们回忆起当年在闽东苏区共同斗争的那段难忘的往事。叶飞说,那

建国初期的曾志

次特委对你的处分是完全错误的，什么企图以此掌握党权军权，那是代理书记莫须有的捏造："他这人就是好玩手腕、耍阴谋。不过他最后为革命壮烈牺牲了，作为幸存者，我们就不必再与他计较了。"他接着说，"至于那个错误的处分决定，当然是应该撤销的！"

叶飞当即找来了邮电部党组书记、曾经也是闽东特委委员的范式人，向他说明了当时的情况。叶飞郑重其事地说："闽东苏区健在的负责人就只有我们两人了，我们代表当时的闽东特委，正式宣布，对你的错误处分予以撤销，以后登记表上就不用写这个处分了。"

我总算从噩梦中醒来，这困扰我多年的历史问题，终于得到澄清解决。对于代理书记詹如柏的所作所为，我是有意见的！不过他虽有很多的缺点，但仍不失为一位坚定的革命战士。他最后在敌人的屠刀面前所表现出来的英勇不屈的精神和视死如归的气概，仍然值得我们缅怀和纪念。

畲族大嫂救了我

回到柏柱洋特委机关一星期后，叶飞对我说："我明天有事去福霞岗面，你同我一道去那里养病吧。"

当时福霞地区形势相对比较稳定，红军后方医院也设在那里，对于疗养来说，当然是首选的地方。我住在红军医务所所在地的那个山村的群众家里，其实没有什么药吃，只是休息，但体力逐渐恢复了。

这一时期，任铁锋率领他那支30多人的挺进队，在福霞沿海一带游击，袭击国民党和地主豪绅的货船，很有收获。这些队员水性好，会踩水，枪法也很准。他们在来往轮船的航道上布上渔网，当货船进入航道，桨舵很快被渔网缠住，轮船便开动不了。挺进队的快船迅速包围上去，解除船长和护航人员的武装。随即打开船舱，尽情地把有用的东西搬到自己的小船上，然后扬帆而去。

他们把没收的东西运回来，送给苏区政府、部队及医务所等单位，留下一部分交给渔民干部，分给贫苦的渔民。在一个短时期里，红军部队的经费及物资来源，不少是出自任铁锋的海上挺进队。

有一次，海上挺进队在海上拦截了一艘轮船，没收了一批物资，其中有一些医药用品。任铁锋派人将这些药品运到医务所，同时送我一小盒西洋参。

我只知道西洋参提神补气生津，觉得对身体康复很适合，因此一次就炖了半盒吃下去。没想到药性上来，心跳很快，脑袋像针扎一样刺痛，彻夜难眠。

我自己尝试着用梨子压成泥，再用两个鸡蛋与梨泥混合起来敷在头上。到了下半夜，我的脑子忽然一阵特别清醒，接着一股凉气从身上散发出来，神志不清，顿时晕了过去。不知什么时候，心跳体温总算恢复正常，但白天黑夜还是无法入眠。

有一天，一个披头散发、满脸污垢、衣裳破烂的大高个男人，突然闯进我的房间来乞讨，使我受了点惊吓。好多天脑子里常产生幻觉，理智有些控制不住精神。当时我心想这下可完了，我可能变成疯子，患精神病了。

此时，国民党的大部队已进入闽东苏区，对闽东红军进行大规模的"围剿"。当时我们躲在山沟沟里，只能凭着敌人越来越频繁的进攻和残酷的烧杀抢劫，判断形势日趋恶化。后来才知道，国民党当局对闽东苏区的崛起异常恐慌，动用了三个师的兵力大肆进攻闽东，企图一举荡平闽东革命根据地，消灭闽东红军游击队。

为了避免过大损失，保存有生力量，叶飞率领红军独立师撤出福安中心苏区，转移到闽东五县以外的地区迂回作战，采取更加机动灵活的游击战术与敌人周旋。

主力红军撤走后，敌人采取以连进攻、以班搜索烧杀的办法，在福霞一带进行"清剿"。不少党团员、农会骨干和"红带会"会员被残酷捕杀，有的整个村子被烧光，群众的财物被洗劫一空……

红军后方医院被迫转移，伤病员分散隐蔽。我在地方干部和群众的帮助下，在深山沟里的一些村寨里藏来躲去。

有一天，我躲在溪尾与盐田之间的一个畲族村子里养病，敌人突然到了村边。村里的群众背的背、挑的挑，快速地往后山上跑。这里的畲族群众为了对付敌人的袭击，平时都已做好准备，早已实行了坚壁清野，一有敌情，随时可以转移。

我的房东听到枪声，跑回屋里挑起担子就往外跑，畲家女主人抱起孩子，同时叫我快走。我那时正躺在她家堂屋的床上，也挣扎着爬起来，跟在那位嫂子后面跑。但刚出门外几十步，两脚就不听使唤，踉踉跄跄跌倒了。

那位嫂子回头见我跌倒爬不起来，就将手中抱着的两岁孩子放在路边的草堆旁，跑回来扶我。她见我脸色惨白晕了过去，便不顾孩子的啼哭，背着

宣传画：畲嫂舍子救曾志

我快步往后山的林子里跑去。刚背到一个较安全的地方，便听到村子里响起了阵阵枪声，她焦急得哭了起来……

一个小时后，敌人走了，村里恢复了平静。那位畲家嫂子飞快地跑下山回到村子，四处寻找，终于在一个老人家那里找回了孩子。

原来那老人家走不动，见有个孩子在路旁哭，便抱进了屋。敌人进来搜查，见一老一少，也没有盘问就走了。

这位好心的畲家嫂子也许没有多少革命意识，她只知道我是为他们穷苦人做事的好人。正是出自这种纯朴的阶级感情，使她连自己的孩子都不顾而先来救我。

我还没来得及感谢这位善良的畲家嫂子，就转移到别的村子里去了，但是我永远忘不了这位年轻的畲家嫂子，她那无比高尚的举动，一直使我感叹不已、终生难忘。

我一直想找到这位畲家嫂子，亲自向她表示谢意。在延安时，我曾向范式人打听过，他说那村子可能叫杜坑。但遗憾的是，我还不知道救我一命的畲家嫂子的姓名。半个多世纪过去了，每当想起这事，我的心中都感到歉疚不安。

1994年，我回到福安参加闽东苏区创立60周年纪念活动。在闽东畲族革命纪念馆的橱窗里，我终于知道了那个畲村叫小坑，那位畲家嫂子的名字叫蓝金妹。可惜的是，她已经先我离开了人世，我再也无法亲自向她表达谢意，这给我留下了终生的遗憾。

烂眼阿婆一剂草药使我病情好转

在福霞山区养病期间，不知怎么搞的，我总是生病，这病刚好，那病又来了。孤家寡人，有时病得生活不能自理，吃住行都得依靠当地群众。住在哪家，吃就在哪家，行动主要靠村干部和积极分子，带着我从这个村转到另一个村，从这个山头转到另一个山头。病重时，他们还用竹椅子抬着我，没有他们可以说我是寸步难行。

后来，我的病日益加重，这主要是我自己造成的。一次，我看到医务所里有几支吗啡针剂，说明书上写着，该药主要用途是安眠止痛。当时，我经常无法入眠，这岂不正好对症下药？！

我要求后方医院的一位卫生员给我打了一支吗啡，注射之后我却觉得脑子更昏沉了。

第二天，再打一支，我便天旋地转，不断呕吐。从此我卧床不起，全身瘫软，眼睛发直，有气无力，连话都说不连贯了。我还听不得一点声音，连听到老鼠声、鸟叫声，心都要狂跳不止。稍一瞌睡，就做噩梦，我觉得自己已经处在死亡的边缘。

这时，组织上派了一个年纪较大的农民同志专门照顾我。这位同志非常尽职尽责，对我照顾很好，单独为我煮稀饭，替我下山去抓药。敌人来了，他就背着我跑到附近山林里躲藏起来。每到转移地点时，总是他背着我走……

真不该把他的名字也忘了。新中国成立后，我托人多方打听，才知道他叫林大目。他是有恩于我的，在我病得最重的时候，是他给了我无私的照顾，使我躲过了敌人的搜捕。

人们把共产党和人民群众的关系比喻为鱼和水的关系，这真是再确切不过了。共产党人离开了人民群众，就好像鱼儿离开了水，连一刻也不能存活。

我深刻地体会到，我这一生，如果没有人民群众的无私救助和保护，恐怕一百次也死过了！

大概是吗啡药力慢慢地消散了，我的病情才逐渐好转，能下地在屋里走动,但还是没有力气,连一个小小的阶梯也上不去。

不久,任铁锋带着他的挺进队来到福霞山区,好不容易找到了我。见我病得很重,劝我随他们一起到霞浦盐田北面的那一带去。那里是沿海地区,又是赤白交界地区,敌人"围剿"的重点已不在那一带。

我觉得转移到较远的地方去也好,我已经给当地干部群众增添了很多麻烦,不好再拖累他们了,所以同意了与任铁锋他们一起离开。

当天晚上,他们找了一张有靠背的竹椅,用两根竹竿扎成一顶轿子。第二天清早,由两个群众抬着我,随任铁锋他们出发了。

林大目不愿离开家乡,送了我很长一段路才默默离去。

我们走了六七十里路,停在一个村旁休息。其中的一位轿夫说,前面不远的那家,有一位老阿婆懂草药会看病。我说那就去看看吧。

他们把我抬到老阿婆门前。只见那老阿婆70岁左右,身体干瘦,赤着脚,烂眼皮,一脸的皱纹,满手背的青筋,但身子骨硬朗,举止利索。她招呼我坐下,没有问我的病情,便用手拨开我的眼皮观察了一番,又要我伸出舌头看了看,然后用手指压在我的指甲上,把指甲逐个看了一遍。然后,她说我的病是气血两虚,要活血顺气。

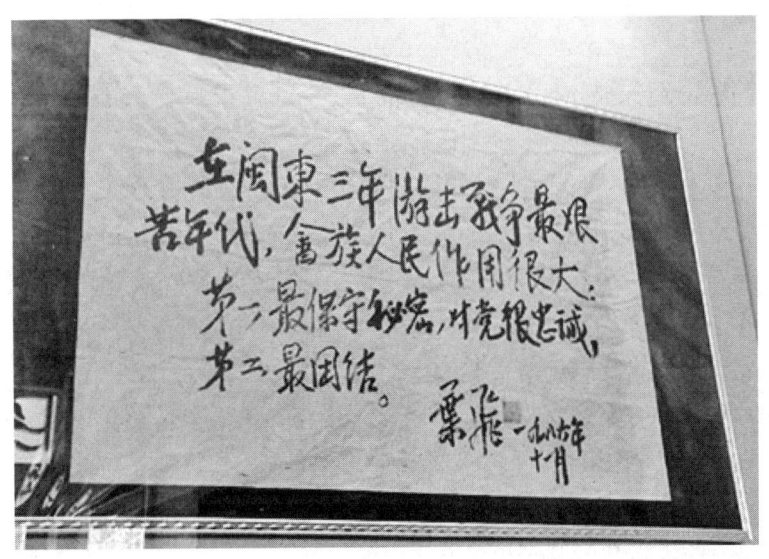

叶飞同志于1986年11月题词,对畲族人民在闽东游击战争的最艰苦年代,发挥巨大作用和做出巨大牺牲给予高度评价。

她蹲在地上，在草药堆里找了些干树根、干树叶、干花草之类的药材，用柴刀砍碎。再找来几片竹笋壳子，把树根草药包扎好，包了两服药。

她详细地交代我，住下后，买一只三斤以上的大红公鸡，先把草药熬成三斤多的药汁，然后用药汁熬红公鸡，不放盐，熬成两大碗汤，睡觉前趁热喝下一碗。鸡肉不要吃，喝完汤后就盖上棉被躺下，下半夜前胸会发胀；心口发闷时不要害怕，不要起床，也不要揭被子，最好能出出汗；第二天早晨再将鸡汤煮热喝一碗，胸口可能会冒出很多血红点子，不要紧，这是药力作用。第二服药也是照这方法做好服下。吃了这两服药，你说话的气力就会增加一些，血也会化通一些。然后再吃一些补药，病就会好的。

果真第一服药吃下去，第二天早上起来一看，胸前确实出了许多红点点，说话时底气也足了一些。只可惜，第二服草药因笋壳叶子擦破掉了一部分，因此只吃了一服。

此后，我的病有很大好转。大概吃了药的第二天半夜，有一股冰凉的液体，从尿道流了出来，腹部胀气好像收缩了很多。接着说话底气足了，话也连贯了，眼睛转动也比较自如了，走路也不很沉重了。

一服毫不起眼的草药，一堆叫不上名字的树根、树枝、树叶的神奇组合，竟出乎意料地收到如此好的效果，真神了！

望着远去的闽东海岸我泪如泉涌

我被安顿在一个沿海小村的一户农民家中。我听房东说，施霖、"南詹"、张少廉等都在附近隐蔽，我托他帮助我把施霖找来。施霖很快派人把我接到离这个村大约五六里的山沟，安排在一栋存放番薯丝的空仓库里。

当晚，施霖来见我。劫后余生，他乡遇故知，大家都有一种说不出的心情。他关切地询问我的病情，我们还交谈了甘棠分手后的情况。

1933年秋"甘棠暴动"之后，施霖不敢公开出来主持工作，我和任铁锋对他是有意见的，但并没过多地责怪他，也没有去强迫他。后来施霖和"南詹"两人都离开了南区，到什么地方我没有查问。那时形势发展很快，工作千头万绪，施霖在我的脑子里没有太深的印象。

特委开会批判施霖、"南詹",并开除他们的党籍时,我正在福霞工作,也听说过这事。施霖告诉我,这两天他们几个正在商量去开辟一个新的地区。他说这里也不安全,敌人来来往往很容易被察觉,他要我同他们一起去那个地方。那儿离这里大约有七八十里,坐帆船去一个夜晚就到了。那是一个较大的岛屿,好像叫什么"威"的,面积好几十平方公里,有十几个村庄,施霖、"南詹"和张少廉有亲戚住在那一带。我们到那里去发动渔民,开辟新区。

我经过思考后,表示同意。福霞和其他地方正处在严重的白色恐怖之中,我因为身体不好,目前是回不去了。在山沟里躲来躲去,倒不如到新的地区去做秘密工作,等形势有所好转时,再考虑打回来。

我们刚商量妥当,任铁锋就把我们的计划给打乱了。那天,从长乐梅花镇来了一个人,说是找任铁锋。这是一位经常为我们采购枪支弹药、医药物品的交通员,叫阿弟仔,他这次来是想讨点货款回去。

任铁锋见了那人后,立即改变了主意。他对那人说:"我最近身上没钱,过一段再还给你。你来得正好,我们挺进队正要去连江罗源一带的海上打游击,你能否把老曾送到你们梅花镇去治病?而且要保证她的安全。"

"没问题,绝对保证安全。"那人很爽快地答应了。

他说,梅花镇海上交通方便,四通八达,镇子里中西医生都有,药品也多。他有个干娘60岁了,原先是唱戏的,老了不唱了,自己住,房子是单门独户的。他哥嫂那里也可以住,住处不成问题,保证保密。

任铁锋到山上找到我,不由分说把我拉到海边村子里,劝我随那人去梅花镇治病。而我却真不愿意,因为我已同施霖商量好了,要去那个岛开辟新区。再说梅花镇是有名的三教九流聚集的地方,我们闽东红军修械所就曾在梅花镇雇请过几个修枪的工人,我对到那种地方很有顾虑。

但那交通员左一个担保,右一个没问题,使我十分犹豫。最后任铁锋说:"我送你去,顺便去连江找黄孝敏[①]、魏耿等联系一下。挺进队就暂时隐藏在这一带,由队长舍弟负责,过几天我自己或派人来接队伍出海。"

[①] 黄孝敏(1907~1937),福建古田人。1926年加入中国共产党,任中共福州市委宣传部部长等职务,后转而参加武装斗争,曾任游击队政委等职务。1937年2月被叛徒出卖被捕,不久英勇就义。

黄孝敏

说完就马上找舍弟交代工作。尔后任铁锋只带两名随从队员，毫不商量地把我扶到了船上。

我总不能就这样不辞而别。幸好张少廉也在村子里，他说要去那个岛联系一下，正好同船一道出海。我想这样也好，到了梅花镇抓紧治疗，如一时回不了闽东，就从梅花镇直接去那个岛找施霖。与张少廉一道走，还可以告诉我今后联络的地点和联络人姓名。

那时沿海一带都是敌人，国民党海军的检查船白天总在海岸线上游弋巡逻，我们只好晚上行船。船在海上航行了一夜，天快亮时正好到了船老大的家，一个叫赤沙的渔村。他们说一夜未眠要上岸去睡个觉，我们也只好偷偷地上了岸，秘密地住了下来。

这时已是1935年2月，再过两三天便是农历大年了。好客的船老大盛情留我们过了年再走。这一带是我们的海上游击区域，渔民船工们经常配合游击队在海上活动，他们同情支持革命，所以在这里过年我们是比较放心的。

另外，考虑到从这里到梅花镇还得夜行几个晚上，而且要通过戒备森严的三都澳海军基地，十分危险。让船工们在危险的旅途中过年太说不过去了，于是我们决定留下来，过了年再出发。

任铁锋的随从队员叫成南，十五六岁，挺进队的五六十元经费由他保管着。年前任铁锋曾叮嘱他不要去同地方上的群众赌博，可他不听，结果输了好几块。任铁锋把他找来狠狠地批评了一顿，并接管了经费。成南回到房间哭着要回去。另一随从队员叫作弟，十七八岁，也对前途感到渺茫，担心远走异乡后不知会怎么样。张少廉也劝说他们回去为好。

第二天清早，任铁锋得知那两个随从队员要与他分手的消息，马上去寻找，他们躲着不见。一个多小时后，两个随从队员住的那家房东跑来告诉任铁锋，你们赶快上船去吧，要防止他俩变心。这里走陆路到三都镇只有十几里，他们万一跑去三都镇投敌，把三都港口封锁起来，你们就插翅难飞了。

我们只好上了船，刚要离开海岸，有几个渔民跑过来要任铁锋把枪留下才能开船。为什么渔民要枪呢？我分析，可能是张少廉怕我们一走了之，因此鼓动渔民要我们把枪留下。

幸好任铁锋的短枪放在梅花镇交通员手中提着的篮子里,任铁锋用手把衣服翻起来,说你们仔细看一看,我身上哪有枪?不要相信那两个小家伙的话,枪都在他们那里。渔民们哑口无言了。

船工急忙把船撑离了海岸,掉转船头,离开福霞向大海驶去。

任铁锋火冒三丈,站在船头骂道:"他妈的!等我回来时再和这两个小子算账!"

而此时的我,望着渐渐模糊远我而去的闽东海岸线,望着海天茫茫一望无际的大海,泪如泉涌,真想放声痛哭一场。

迷茫的中途

泪别闽东,我与任铁锋取水路赴长乐县梅花镇。

木船不大,在茫茫的大海上犹如一片时沉时浮的秋叶。

船行一天多,来到一个好像是叫陈村的渔村。这是我们海上的秘密立足点和交通站,离连江苏区很近,所以游击队常来常往。任铁锋想在这里打听连江的消息,并打算就此去那儿会见游击队负责人。

我们上了岸,通过关系找来渔民打听情况。渔民说,最近国民党的大部队围攻连江罗源苏区,前几天看到连江游击队乘了几条渔船经过附近海面,但不知所去何方。

这是一条坏消息。因为这支游击队向来机动灵活,敌人从陆地来,他们就下到海里,敌人从海上来,他们又跑进山区,真是海阔天空,任由驰骋。但越是这种时候便越不容易找到他们。这可怎么办呢?任铁锋说,只好先去梅花镇了。

当夜,我们就在一个渔民的家里住下了。

正是黄花鱼发海的鱼汛时节,在这里我平生第一次见到了活的黄花鱼,还尽情吃了一顿。

房东大妈见我是远客,又病歪歪的,就特地挑了一条大约两斤重的活鱼,清蒸了,说让我补补身体。我从小爱吃鱼,大妈做的鱼味道又好,于是我也就没客气,三下五除二把一条鱼都吃了。不料没过多久就呕了起来,估计是吃鱼太多，伤食了。她没料到我的体质会这么差，所以，一面宽慰我，一面为我弄药。她用茶叶、乌梅加食盐放在锅里炒到发黄变焦再兑水煮开，我喝了一碗，呕吐立止，第二天早上又喝一碗，就通体舒坦了——真是一服灵丹妙药。

其实，这里是一个鱼类集散转运地，闽浙渔民把在附近渔场捕获的鱼虾卖给鱼行或鱼贩子，由他们运来岛上（也有渔民打了鱼直接运来卖的），再从这里转贩到上海、杭州、宁波、福州等大城市。

岛上有一条用大石板铺成的长街，近两里长，店外则排满了赌博摊子，一摊挨着一摊。渔民、小贩和挑夫们卖了鱼或挣了钱就立即被人拉到这里赌博。沿街至少有五六十张这样的赌桌，各式各样的赌具都有，每张桌前都人头攒动，看来生意十分兴隆。

我们绕过赌博摊走进一家客店，但屋里的场景却吓得我差点倒退出来：只见一个大房间里六七张木板床上横七竖八地躺满了抽鸦片的人，满屋乌烟瘴气，个个不堪入目。

这里的确什么样的人都有：娼妓、嫖客、卖唱的、算命的、酗酒的、骗钱的、舞刀弄枪的、捏腰摇背的、扒手、强盗、土匪……渔民、小贩们辛辛苦苦挣来的一点钱都浑浑噩噩地在这里被骗光榨尽了。这一个个摊子、一家家铺子，就是一只只张牙舞爪、食人膏血、吐布瘟疫的毒蜘蛛呀！

我感到有些毛骨悚然——这真是一个恐怖的小岛。

交通员把我带到客栈附近海边的一个渔民家住宿。男人们打鱼去了，屋里只有两个不到10岁的孩子和他们年轻瘦弱的母亲。一家人衣衫单薄而且褴褛，虽然春寒料峭，却都没有鞋穿，光着脚板跑进跑出，双脚冻得紫红紫红。这家人的房子和别的渔民一样，只有低矮的一小间，东倒西歪着，是用破船烂板搭起来的，到处是窟窿，海风一吹呜呜叫。屋里除了锅灶和一张破床之外，别无长物，真正家徒四壁。夜里连盏油灯也没有——他们点不起。从渔户区到街市只一步之遥，一边黑暗而凄清，一边却是亮如白昼的醉生梦死，一个小岛上俨然有两个世界。

第二天一早，我们换乘了一艘大些的渔船到了长乐县的梅花镇。

这是一个地处陆地岬角、有几千户人家的大集镇，交通便捷，商贾云集，但街市却很狭小，行人摩肩接踵，十分拥挤。"林子大了，什么鸟都有"，这里同样也是个是非之地。

当年闽东红军撤退时留下的标语

交通员先带我们去见了他的胞兄。这人好像也是"帮"里的人，和三教九流都有些来往，对我们的来历略有所知，好在对我们还算热情。

晚上，交通员的胞兄来说了一些情况，让我们大吃一惊。这些情况与任铁锋原来的设想相去甚远，最危险的还在于梅花镇上那十几个曾到闽东红军修械所修理过枪支的工人师傅。闽东修械所被敌人捣毁时，那里的工人师傅有的被抓走，有的跑了回来。

"这几个跑回来的人要是在镇上碰见你们，不向你们要工钱，也会向你们要人，甚至可能会去向敌人告密，邀功请赏。"交通员的胞兄说，"前几天你们那里的军需科张科长刚来过这儿。他想用烟土换些军需和药品回去，在镇上被那些工人碰见后遇到了麻烦。他们拉住了张科长纠缠不休，要钱要人，后来也不知把这个军需科长弄到哪儿去了！"

交通员的胞兄再三告诫道："你们在此地不能久留，要是被那些工人发现，连我全家也要跟着掉脑袋。"

至于连江罗源的情况，交通员的胞兄介绍的与我们在陈村听到的一样：国民党大部队"围剿"连罗根据地，那儿的党组织和苏维埃政权都垮了，部队和地方的主要领导乘渔船下了海，谁也不知去向。

连江这条路显然断了。

我一下子像掉进了冰窟窿，不知如何是好。想留，留不得；要走，又该往哪儿走呢？

福州党的临时省委机关早被破坏，省委书记陈之枢被捕叛变后各级组织遭受了极大损失，福州也去不得了。

回闽东呢？

我们离开福霞山区时，已得知国民党三个师正在那儿疯狂"围剿"，情况十分险恶，红军独立师已撤出福安苏区转战他乡，特委和苏维埃政府的所在地也被敌人占领，党政干部都转移隐蔽了，找他们犹如大海捞针。

然而，离开梅花镇去别处，那又怎么能找到党组织呢？失去了党的组织关系等于失去了政治生命，没有了政治生命，人活着还有什么意义呢？一想至此，我很惶恐，忍不住哭了起来。

我无论如何要返回闽东。不管敌人有多少，不管形势多险恶，我也要回闽东去！

我请求交通员为我找船，送我回去，但交通员不肯。于是，我便自己直接去找船，但没有一个船工敢送我。任铁锋还担心那躲藏起来不肯与我们同来梅花镇的两个游击队员会在三都澳投敌告密，如若那样，我们则连必经之地三都澳都过不去。但我仍坚持要走；告诉任铁峰说，你们若不愿送，我就自己走回去，就是死也要死在闽东！

任铁锋和交通员以及交通员的胞兄轮番批评我。任铁锋说："你要冷静下来，现在是任性的时候吗？这种情况下回闽东无异于自投罗网、自寻绝路！何况你的病还没好，身体这么虚弱，连路也走不动，又怎么爬山越岭，寻找组织呢？"交通员和他的胞兄说："你独自一人能回闽东吗？我们不会让你去的！"

那我该怎么办呢？

任铁锋说："在福州我有一个中学时的老师，他人好，忠厚得很，我们先去他那儿避几天。然后再去永泰县找我堂姐夫，他与当地的土匪有联系，通过他我们可以搞点枪，然后就在永泰打游击，开展工作，寻找党组织。"

听了这些批评我开始冷静些了——也是实在没有法子，如果身体好，当乞丐要饭我也要走回闽东去！现在只能听从任铁锋的安排，随他行动了。

到了福州郊外，任铁锋去一家米店打听他永泰堂姐夫的消息，我则在路旁等候。不一会儿，他回来说："去永泰的事落空了。与土匪头子有些联系的堂姐夫一个月前被国民党当作土匪头子抓走枪毙了。"

这样，我们就只好冒险进城，找那位中学老师了。

那位老师40多岁，很慈祥和蔼。他家里只有三口人，妻子患严重的肺结核，骨瘦如柴，早已卧床不起；他和6岁的女儿也有肺病，家里只好请了一个保姆，生活过得很清苦。任铁锋任闽东工农红军独立团团长的事虽然早已见诸报端，但老师并不知道，因为他在学校读书时，不叫任铁锋，叫任达。

我们对老师说，福州不便久留，想到广东去。老师告诉任铁锋，中学的另一位老师现在广东汕头基督教会做牧师,你们可以去找他。说着就写了一封介绍信。

因为从闽东出来时我们都是农民打扮,这身打扮无论在福州或汕头都是不合适的,所以就在福州偷偷住了一星期,等赶制出了几件衣服后才动身。

就这样,我们十分无奈地离开了闽东、离开了福建,开始天南地北寻找党组织的漫长历程。

离开闽东被诬为"动摇逃跑"

我从1933年6月到福安中心县委,至1935年3月离开福霞中心县委,在闽东工作战斗共计一年零十个月。

然而,这一段短短的历史却成了以后我多次受审查的焦点。这一切起源于一次"检举"——1938年,范式人从福建八路军办事处给中共中央长江局发了份电报,称:曾志、任达是从闽东逃跑出去的。

第一次审查就在1938年,组织上把我在汤池训练班的支部书记职务给撤了(好在没有开除党籍),还牵连了陶铸。因为陶铸有一个笔名叫任陶,于是有人便硬说任达就是陶铸。真是天大的笑话!

1954年,第一次全国人民代表大会期间,我与叶飞、范式人在北京再次重逢。我请范式人回答那个在我心里憋了十六年的问题:"你为什么1938年发电报给中共中央长江局,说我和任铁锋是从闽东逃跑出来的呢?"

范式人说:"十九路军'闽变'后释放政治犯,我才从福州监狱出来回到闽东,在红军独立团第16连任指导员,特委上面的情况我并不了解,你们怎么离开闽东我也不太清楚。1935年后不见你们的踪影,就猜想可能是从闽东逃跑走了。1938年听说你在湖北工作,所以向长江局发了那份电报。"

我说:"好家伙,你这一猜想差点没开

范式人

除我的党籍！"

第二次审查是在延安整风后期的所谓"抢救运动"。经过一年零四个月的监禁审查，还是把闽东这一段历史挂了起来。党的"七大"代表资格审查委员会的审查结论还写着："曾志同志在闽东以前和闽东以后，工作一贯积极，表现是好的。但是离开闽东是一种政治动摇行为。"由于这个结论，华中代表团选举"七大"候补代表时，投票赞成我的刚刚超过三分之二，差一点落选。

几乎整个抗日战争和解放战争时期我都是背着这个政治包袱工作的。由于是战争环境，加上交通和通讯条件的限制，我不便要求组织对这一段历史进行详细调查。想想无数倒在血泊中的先烈，想想党和军队的宏图大业，我一人的委屈和不平又何足挂齿！

只有在最初的1938年，我曾给当时在新四军任职的叶飞写过一封信，希望他能为我这段历史作一个证明。但由于军队行军打仗，行止不定，后来叶飞说他没有收到我的那封信。

1949年全国解放后，我再次致信已任中共福建省委书记的叶飞，希望他能证明我离开闽东的前因后果。叶飞给中共广州市委书记王德（我当时在中共广州市委工作）写了一封信，大意是：曾志在闽东确实有病，而且是重病，她是为治病才离开闽东的。中央红军北上抗日先遣队在浙江庆元失败后，追击他们的国民党三个师的兵力又回身大举"围剿"闽东苏区，特委领导马立峰、詹如柏等先后牺牲，红军游击队被打散，更多的同志在反"围剿"战斗中战死。叶飞在信中还写道："曾志离开闽东后在广东、上海积极寻找组织；而闽东有些老同志，抗日战争时期明知游击队就在家门口，也不出来找党，直到全国解放后过上太平日子了才想到党，二者的差别是很大的。曾志的表现比他们好得多！"

后来，我把离开闽东的经过以及我的全部历史，向中共广州市委和广东省委写了一份详细报告，每一段经历都写了证明人，请求党组织进行审查。省、市委组织部为此进行了长达两年的调查与审查，1956年，中共广东省委做出正式结论，指出："曾志同志1935年春离开闽东与党失去联系，主要是因病到白区治疗，同时又正值敌人大举向闽东苏区进攻，交通断绝的战争环境所致，并非动摇逃跑。曾志同志离开闽东后并未消极，病好后仍继续寻找党组织，进行革命工作……1936年经北方局正式批准恢复了党的关系……曾

1956年，中共"八大"期间曾志在北京留影。

志同志历史清楚，政治上无问题。"对此结论，1957年1月21日，中央组织部批复："同意。"

第三次受审查是在"文化大革命"时期。我离开闽东这段历史，又被原中央专案组"一办"陶铸专案组列为"有关案犯"，进行了长时间的所谓"审查"。

打倒"四人帮"后，1979年10月10日中央组织部复查意见认为：调查材料证明，中共广东省委的结论是完全正确的。在"四人帮"横行时期，中央专案组"一办"将曾志列为陶铸专案的"有关案犯"进行所谓审查是完全错误的。曾志的政治历史本来就是清楚的，党组织早有结论，没有问题，因此无须再作结论。

我手捧着党的文件，反复念着"本来就是清楚的"这七个字，不禁百感交集、泪如泉涌……

一个革命的幸存者
曾志回忆录

第七章 千里寻党

- 给陶铸去信招致危险
- 在上海艰难度日
- 终于回归党的怀抱

给陶铸去信招致危险

我们是乘海轮从福州去汕头的。那位当过任铁锋老师的牧师先生见了我们，同时又看了福州老师的信，很热情，留我们在他家住下了。

到汕头后任铁锋便写了封信给广州海关的洪履权①，洪履权回信说他的父亲和弟弟就在汕头，有事可找他们帮忙。

任铁锋和洪履权兄弟是四五年前一起在福州读书时认识的。洪履权参加过反帝大同盟，后来又参加了共青团。任铁锋因负责与他联系，经常去他家，所以比较熟悉。

洪履权在福州读书时，与姐姐、妹妹、弟弟和寡居的婶母生活在一起，洪履权的家人包括他的婶母都热心于爱国抗日运动，思想比较进步。任铁锋与他们全家都很熟悉，一度曾把印传单的油印机都搬进了洪家。后来洪履权的父亲从广东几次来信要他去广州读海关学校，洪履权也因参加了抗日反帝和反日货的游行示威，有些害怕暴露，所以去了广州，任铁锋这才把油印机从洪家搬出。不久任铁锋自己也调动了工作，所以与洪家再没有联系。

听说洪履权的弟弟洪履和②在汕头，又是熟悉的校友，任铁锋便按图索骥找到了他。

他家在汕头是大户，有一栋洋楼，还带一块草坪，属有产阶级。但洪履和却是真正的进步青年，虽然他才十七八岁，但同任铁锋却很合得来，两人情同手足，无话不谈，所以他完全知道我们在闽东的情况。洪履和1937年底或1938年初到武汉参加了八路军。由于他也是广州海关学校毕业的，英语不

---

① 洪履权，福建福州人。中共早期党员，1927年曾任中国共青团福建仓山地区第一个团组织——英山支部——书记。

② 洪履和（1918~1962），又名李何，笔名小黎。1933年考入厦门大学并参加革命，后转广州学习，毕业后到海关工作。1938年加入中国共产党，同年冬受党委派到《新疆日报》工作，1950年与瞿秋白之女瞿独伊结婚。新中国成立后任《人民日报》国际版副主编，1962年病逝于北京。

错，文字能力比其兄还强，因此被派往八路军前方办报纸，后来又到新疆工作，与毛泽民等一起被军阀盛世才逮捕。在新疆监狱里他认识了瞿秋白的女儿瞿独伊，出狱后两人便结了婚。新中国成立后洪履和担任我国驻苏特派记者，回国后在人民日报社工作，后因患心脏病，不久就病逝了。

在汕头，我们和洪履和的交往像沙漠中吹来了一丝清风，令人感到凉爽而轻松。

后来洪履权又来信，要我们去广州，我们便辞别洪履和与牧师一家，离开了汕头。屈指算来在汕头共待了20天。

洪履和（右）与瞿独伊在莫斯科

到了广州我们便住在洪履权家。这是一幢临街的两层小楼，他租住二层，隔壁是洪履权的姑父家。那一年洪履权约25岁，从海关学校毕业才工作一年多，月薪就有140块银元，但他不抽烟、不喝酒、不打牌，也不会跳舞，是个很正派的青年。

洪履权在广州也没有党的关系，但他与来自福州的革命青年李端、陈道有来往。

李端、陈道过去与任铁锋也有过工作关系。1932年，为声援上海"一·二八"抗日运动，福州举行了声势浩大的示威游行，组织者之一的郑维新被捕，在公堂上大骂贪官污吏，大骂国民党不抗日，被公安局局长当场开枪打死。此事激起了福州学生和广大市民的公愤，李端、陈道等人便组织了一次更大规模的示威游行，造成了很大影响。事后国民党大搜捕，他们在福州难以立足，经当时福州中心市委书记陶铸同意而暂避广州。他们也是共产党员，但在广州同样没有找到党的关系。

大家都是革命同志，所以在一起时便能毫无顾忌，畅所欲言。谈话中，大家特别关心的总是已开始万里长征的中央红军的行踪。我们查阅着各种报纸，凡登有中央红军和各根据地消息的，我们都如获至宝，悉数收集起来，认真研究，从字里行间捕捉党和红军的消息。尽管国民党的报纸上对红军尽是谩骂，充斥着"消灭""打垮"一类的大话，但大家都坚信共产主义是有强大生命力的，坚信中国共产党和工农红军是消灭不了的。我们都以这样的信念鼓励着自己，也鼓励着别人。

我常用朱德的革命英雄主义来激励大家，这也是过去从蔡协民那儿听来的。例如：南昌起义失败后，部队被敌人打散了，朱老总集合起一批失散的队伍，充满豪情地对大家说："兵家作战，胜败常事，只要有坚定的决心，今天失败了，明天一定会胜利。"朱老总还说："如果我们只剩下20个人，我带你们下乡发动贫雇农上山打游击；如果能集合起200人，我就能领着你们打遍天下！"

朱老总一身是胆、横扫千军的豪迈气概，极大地鼓舞了我们的斗志。

然而，最令人魂牵梦萦的还是怎样找到党。李端、陈道来广州两年多了，始终打听不到党的消息。他们认为，在这里很难找到党，大家最好去上海，那里的抗日爱国运动很活跃，容易找到组织。我们同意这个看法，于是都开始做着相应的准备。

经李端、陈道介绍，我结识了在广州大学读本科和读研究生的几位福建老乡。他们都是思想进步的青年，都同情或追求革命，知道我们来自闽东苏区，便特别热情，表示很敬佩我们，也十分愿意帮助我们。他们劝我抓紧去看病。一位叫陈国治的研究生有个朋友在德国人办的中山医学院当医生，他便带我先去做抽血检查。不料只抽了四十五CC血，我就虚脱晕倒了，幸好陈先生和他的朋友都在场，便直接将我送进一个单人病房住了院。我很不安，因为这个医院主要是为有钱人服务的，收费很高，单病房一项每天就要收两块银元。中山大学的朋友和李端、陈道、洪履权等经常来看望我，劝我不要为钱担心，他们一定会帮助我的。

我在医院住了约20天，每天除了吃药打针还做了多种理疗，到出院时我的腹部肿胀消退了，走路和谈话也精神多了。住院共花了80多块银元，都是中山大学这些朋友垫付的，真是让我十分感激。可不知怎么搞的，他们的名字除了陈国治一人外，其余的我都想不起来了，实在对不起人家。

出院后着急的事情还是找党。如何去上海，到上海后如何找关系，又成了我们天天的话题。

洪履权有个同乡在广州中山大学当旁听生，叫郑震庭。郑震庭说，他有个原来在中山大学教书的朋友何友恭①现在上海，似有"左联"的关系。我们早知道"左联"是党的外围组织，如果找到"左联"，就可能找到党。虽没有十分把握，但是每一线希望对我们来说都是极其珍贵的。我们赶紧做出了安排，决定：由任铁锋与郑震庭一起去上海找何友恭，进而寻找党的关系，我则先回宜章老家等消息。

我七八岁就离开了家乡，读书期间也只是在寒暑假回去几次。虽然参加革命后宜章流传

上海，左翼作家联盟会址纪念馆。

过一些关于我的传说，但毕竟大革命时期和湘南暴动我都不在那儿，估计住一阵问题不大。再说我堂哥曾当过宜章县的保安大队副队长，虽已退职，但上上下下总还有些面子，而且他和我家是上下屋，看来安全是有保障的。记得刚来广州时曾写信问候母亲，并询问可否回去看望她老人家。母亲回信说已与堂哥商量过了，他保证我回家住一段不会出什么事。于是我便依计划回了宜章。

行前，我辗转寄了封信给南京监狱的陶铸，信的落款地址是李端的家。

回到母亲身边，一切平安。不久，任铁锋来信，告诉了我他们在上海的

---

① 何友恭（1910~1991），笔名何思齐，福建福州人。20世纪30年代在上海投身抗日救亡运动，1938年加入中国共产党。新中国成立后任中央政府教委编译室主任、中山大学教授等职，有著作十余部留世。

地址。

我回家约一个月后又接到广州洪履和的来信，他已由汕头到广州准备报考海关学校。信中说，前不久来了几个便衣到李端家抓我，李端和他母亲说我家没有曾志这人，而且根本不知曾志是谁，但便衣还是硬把李端抓走了。洪履和要我赶快离开家，直接去上海。

但母亲不让我走，说再过几天就是中秋节了，无论如何要过了节再走。从来信看，李端被抓已经半个月了，敌人并没有更多的证据，拿他也没有办法，估计李端不会供出我的。于是，我只好硬着头皮在家等过中秋节。只是我如坐针毡，时刻都准备着便衣来抓我时如何逃脱。

中秋节刚过我就离家到了广东坪石——去上海只能从广州换海轮。虽然洪履和信上警告过我要直接去上海，但我想广州这么大，我又只是路过，想必不会出事。我到广州找了家在洪履权上班码头附近的旅馆住下了，从我房间的窗口可以清楚看到码头上的情景。果然见他在码头上走来走去。尽管这样，我高兴极了，这就证明洪家没有出事。

第二天清早我就去洪家，刚要上楼，恰好碰到洪履权下楼去上班。我叫他一声，把他吓了一跳："哎呀，你胆子太大了，这种时候还来广州！"我说："来你家取行李，马上就走。"于是他领我返回楼上，此时他家里人都还没有起床。我细声问他便衣来抓我的细节，他也细声告诉我："便衣是从福州来的，是一个姓周的带来的，他说认识你。他们是先到南京监狱然后才来广州抓人的。李端被抓后，是我交代履和写信告诉你的。"因为他急着要上班，所以匆匆说了几句就下楼走了，我也赶忙拿起行李回了旅馆。姓周的是谁呢？我在脑海里反复回忆着我所认识的周姓男人，最后估计这人就是叛徒周剑心。但我又百思不解：为什么他们要去南京监狱？是不是陶铸真的叛变了？但是，叛变了为什么仍关在监狱，而且还判了重刑呢？叛变了为什么他自己不来抓我，而要叫福州的叛徒来呢？

这一连串的问题交织着我的恨和爱，也交织着我的疑虑和希望。

只有一点是肯定的：特务正是从我给陶铸的信上找到李端家通讯地址的。

尽管我无论如何也不愿怀疑陶铸的气节，但我仍决定从此再不给陶铸写信了。

在上海艰难度日

我于1935年秋天抵上海,与先期来此的任铁锋、郑震庭会合后继续四处寻找组织。

此前,郑震庭的朋友何友恭曾介绍他们认识了另一位朋友陈家康①。陈家康告诉他们:他本人与"社联"有些联系,但又不是"社联"成员,你们要找党组织接关系,可以写一份报告,说明与党失去联系的经过,本人负责转上去。任铁锋告诉我:报告已经送去一个多月了,可不知为什么音讯全无。

陈家康

我分析,这里是国民党的巢穴,我党处于"地下",自然须十分谨慎,再说闽东苏区被破坏了,组织又如何调查我们的自述并判断其真伪呢?看来"社联"这一头是走不通了。

后来才知道:陈家康就是一个地下党员,抗战时他曾任周恩来的秘书,新中国成立后在外交部当过驻也门大使。

但陈家康还是介绍我们认识了在上海"世界知识"杂志社做事的闽东人郑眠石(又名陈楚云)②。郑眠石是老同志、老党员,曾蹲过国民党的监狱,陶铸在福州工作时也认识他。我们很信任郑先生,把闽东的情况和我们寻找党组织的迫切愿望都告诉了他,但他说上海目前没法找到党的关系,他也没有办法。

这可怎么办?我们商量了很久,大家都认为:不能消极等待,不能在一

---

① 陈家康(1913~1970),湖北广济人。早年在上海参加革命,曾任周恩来、董必武秘书。新中国成立后曾任团中央委员、中联部副部长、外交部副部长等职,系中共"七大"候补代表。"文化大革命"中受迫害,于1970年在湖南茶陵病逝。

② 郑眠石(1907~1961),又名郑楚云,福建福安人。1928年考入北平民国大学并加入中国共产党,1931年回福建参加地下工作,1934年初到上海,参与编辑进步报刊,1941年起侨居新加坡、印尼等国,1958年回国任中国新闻社副社长,1961年因反对新闻"浮夸"而遭批判,同年坠楼身亡。

郑眠石

棵树上吊死,更不能灰心丧气。要多方寻找,要投身到各种群众性的救亡活动中去。大家坚信:有群众的地方,特别是有工人的地方就一定有共产党!

于是,我与任铁锋就准备进工厂做工。但是,想在上海做工也不易,虽然广告上天天有招工消息,但报名的多,录用的往往不到十分之一,还要找关系、托人情、送厚礼。有次我去一个纺织厂招工处报名,听我不是江浙口音,人家二话没说就拒招了!任铁锋的遭遇也跟我差不多,去了几个地方尽碰钉子。

这时任铁锋认识了一个在某邮局做事叫杨成祺的福州同乡。杨成祺的外公庄某是退休的海军上将,他自己则是上海民族武装自卫会负责人之一。由杨成祺介绍,我们参加了"武自会",分配任铁锋做学生工作,分配我做女工和爱国女青年的工作。"武自会"也是我党外围组织,是宋庆龄领导的。杨成祺(化名老庄)要求我们从此开始专做"武自会"的工作,与"社联""左联"的关系人须减少来往,还要我们立即搬家,与陈家康脱钩,同时还必须找一个正式的职业。

这样做,都是从事秘密工作的需要。由此开始,在上海的两年间,我不知搬过多少次家,而每一次搬家都要更换一个姓名,到底我曾用过哪些名字,现在几乎忘了,只记得其中一个:王淑生。

其实后来我的职业还是"社联"陈家康的朋友郑眠石帮助解决的,他介绍我去成志小学做了教员。该校两位教务主任都是福州人,他们也都欢迎我去,于是我在上海便有了第一份工作。

学校让我教一年级国语,每月薪金15块银元。两位教务主任还介绍我给校长两个六七岁的孩子每天补一小时功课,每月另给6块银元。有了这21块银元,我们的房租和吃饭问题基本有着落了,但在大上海要靠它解决三个人的日常开销又实在紧得很:每月房租和水电8元;桌椅板凳租金1元;我、任铁锋和郑震庭伙食至少9元。所以样样都要俭省,住处只能选亭子间、灶壁间,出门只能走路(每天走二三十里是常事),衣服被褥一件也不敢添置。上海的夏天很热,我们没钱买草席,正好邻居往晒台上扔了一张破草席,我把它捡回来洗了洗就用上了，还觉得挺舒服。

我在成志小学也只教了一个学期，新学期就没有再收到续聘书了。好在郑眠石又为我在惠平中学找了个图书管理员的工作。虽然月薪少些，但总算没有断炊。当然，日子是更艰难了，只能顿顿就着咸菜喝稀粥，一天到晚饥肠辘辘。好在"武自会"指定由任铁锋联系的大中学校教职工中有一些是福建同乡，十分困难时他们也能接济一点。

可是，来上海这么久了，还是没有找到党组织。

终于回归党的怀抱

那时上海的抗日救亡运动正日益高涨，社会上出现的爱国进步书刊也越来越多，还有一些马列主义的哲学、经济学著作。我们经常接触的杂志有《世界知识》《永生》《生活》《大众哲学》，等等。特别可喜的是各种读书会也应运而生，成为学生和青年知识分子接受新事物、抨击时弊、交流思想、互诉衷肠的活动场所，很受各界爱国进步人士欢迎。

我经常到书店、书摊上去翻阅各种书报杂志，经常一看半天，特别好的书刊我也买一些，以便细细研读。我之所以广泛涉猎进步书刊，目的是希望从中发现一些党的活动线索，找到更多的进步团体。

当时抗日救国会下面有一个女教师联合会，这个联合会又组织了女教师读书会、世界语读书班、歌咏组、女工夜校等，这些我都一一参加了。其他进步组织，例如陶行知先生领导的"小先生制"组织，我也参加了。

女教师读书会借用一个小学的课堂每周聚会一次，参加者为小学教员和曾经教过小学的女性，都是一个介绍一个进来的，所以都是比较可靠的进步青年。学习的方法是互相介绍这一周所看书报杂志上的好文章，并敞开心扉陈述自己的心得看法，有话则长，无话则短。由于形式不拘一格，因此气氛十分活跃，大家争相发言，有时互相启发，有时争论激烈，每个人都很认真，也很兴奋，感到颇有收获。

有一次我将自己看过的政治类、时事类书刊上有关国内外形势的观点进行综合分析之后，作了一次洋洋洒洒的发言，大家都说我讲得很好。之后，就有一位叫赵玲的女教师开始主动接近我了。她经常到惠平中学图书馆来找我聊天,开始只谈读书方面的问题,久而久之发现彼此观点基本一致,于是话题慢慢深入。我们一起抨击"攘外必先安内"的谬论,痛骂国民党的消极抗战,进而又对十月革命、社会主义、马列主义、中国共产党等一系列问题畅谈了看法。我隐隐感到,40岁的赵玲跟我谈这些并非兴之所至,她一定不是等闲之人。

不久,她邀请我上她家里玩。她没有儿女,两口子住在两层公寓楼的一个大房间里,房间宽敞而又明亮,比起我们的住处简直天上地下。她丈夫叫萧明,矮胖身材,很精明,也很热情。交谈一阵之后,他便开门见山地说:"我看你不是一般的女职员,你阐述问题立场观点正确,分析也细致深刻,很有说服力,你大概是失去组织关系的中共党员吧?"他看我一时不知如何回答,便自我介绍说:"我们也是与组织失去关系的共产党员。"

原来,萧明是大革命前的老党员,湖南新田县人,曾去法国勤工俭学,1928年任北平市委书记,还负责河北省委部分工作,因为与柯庆施、张慕陶共同领导的抗日同盟会的抗日活动失败,他受到了开除党籍的处分,组织上让他自谋出路,重新接受考验。萧明说,尽管如此,但他偶尔与北方局还有一些联系。

他谈得很恳切,我感到他的每一句话都是真实的,他是可以信赖的,于

1930年的上海

是便把失去组织关系和找党的经过如实告诉了他。

后来，接触多了，我又陆续讲了诸如参加农民运动讲习所、湖南暴动、工农红军以及井冈山反"围剿"、闽西闽南和闽东斗争的经历。萧明鼓励我："让我们都努力工作吧！等工作有了成绩，我可以通过个别联系的渠道，向北方局报告你们的情况。相信我们都是可以接上组织关系的。"

有一天萧明告诉我，他已把我们的情况函告北方局党组织了。不久，萧明又告诉我们，北方局党组织来了复信，要他负责与我们联系，并进一步搞好现有工作。大约在1936年6月底，萧明赴北平，说是组织让他去的，大约20多天即可返回。可他离沪后直到8月底才有信给赵玲，叫她前往北平，他决定不回上海了；同时要赵玲告诉我放心，他会写信给我们的。

赵玲走了，我不免有些失望——寻找党组织的希望难道又要落空了吗？

认识赵玲夫妇对我而言是一件十分幸运的事，他们视我为知己，待我亲如姐妹。

萧明是"笔杆子"，经常能写些文章赚点稿费，所以生活比较宽裕，吃住也较好。赵玲发胖后原来的衣服不能穿了就给我一些，单的棉的都有，解决了我一个大问题。她也经常邀我上她家吃饭。记得那年端午节，赵玲请我去吃饺子，约好12点准时到，可是我紧赶慢赶将近1点才到，赵玲生气了："你怎么搞的，不守时间！"她掀开锅："你看你看，饺子都煮糊了！"我往锅里一看，果然饺子都糊成一锅粥了。我一个劲道歉，感到真的很对不住他们。他们做一顿饺子不容易：剁肉、和面、擀饺子皮，再一个一个包起来，很麻烦很费时间。他们是一片盛情，而我却扫了他们的兴。

不过话说回来，他们是吃饺子怕麻烦，而我们则是吃不起饺子——连烧饼和干饭也吃不起，哪里还有钱吃饺子？！我在上海两年，没上过一次饭馆茶楼，没看过一场电影戏剧，没买过一次水果零食。但是，只要能找到党，一切就虽苦犹甜了。

在彼此都失去组织关系的情况下，同志之间的感情的确比兄弟姐妹更亲。

望眼欲穿地等了一个月，萧明终于来信了，信上说北平"王大哥"要到上海看望我们，要我们"热情款待"。

这分明是告诉我们：党组织派人来联系了！真是喜从天降啊，我们都像孩子似的欢呼雀跃起来，激动得不得了。

1936年9月底或10月初，"王大哥"果然来了，见了面彼此都非常高兴。他是个山东大汉，30岁左右，厚道而又和气。"王大哥"说，他属于北方局直接领导的上海特科，属于党的军事性组织，不是上海党组织，是北方局指示特科来与我们联系的。他还告诉我们，萧明已在北方局工作了。我和任铁锋把各自的简历、离开闽东的经过和在上海参加抗日救亡活动寻找组织的情况向他作了口头汇报。他听过之后要我们各写一份详细的书面材料交特科党组织审查。10月中旬，"王大哥"又来见我们，并正式传达：特科党组织研究审查了我们的报告，决定批准恢复我和任铁锋的党组织关系。

我从1935年2月离开闽东，到1936年10月找到党，其间失去组织关系共一年零八个月。这一年零八个月里我无时无刻不在想念党组织，无时无刻不在寻找党组织，从广州到上海，从酷暑到严冬，我们尝尽了失群孤雁的辛酸苦辣、彷徨烦恼。现在好了，我又投进了党的温暖怀抱，重新拥有了政治生命。从此，我感到人生更有价值，生活也更加美好了！

在上海积极开展各种抗日救国活动

恢复党组织关系后，我又在上海工作了一年，这样我在上海总共待了两年多。

因为我的工作对象是女工和女青年，所以便经常往工厂跑。苏州河畔日资开办的鸿兴纱厂的宿舍区我去过多次，记得有个我负责联系的女工和她丈夫都是"武自会"成员，她邻居家一个十六七岁的小姑娘在明星香水厂做工，也是"武自会"成员。但他们的姓名我全忘了。

现在还记得名字的只有钱秀贞和徐启明了。她俩是住在一起的同乡加同学，又是好朋友，都是中学毕业后来上海找出路的。钱秀贞在杨树浦某纱厂做工，徐启明（又名徐婉榕）则是小学教员。纱厂女工很辛苦，早上4点就要起床，5点开工，一直要干到下午6点才放工，迟到要扣很多钱；中午不停机，自带饭盒，一边吃一边看机器，每天要拼死拼活干足13个小时。放工回来钱秀贞早已精疲力竭，连说话的力气也没有了。为了省事，她总是做一顿饭吃上两三天，在老虎灶上打些开水，冲碗泡饭就点酸菜就对付了。尽管这样，这些苦苦挣扎的女工参加"武自会"的抗日救亡活动还是十分踊跃、十分热情的。不是为了抗日救亡工作，不是向往光明追求真理，这些家庭条件并不坏的女学生能吃得了这种苦，受得起这份罪吗？

我除了做女工工作、参加女教师读书会之外，还广泛参加了上海市的各种爱国抗日的群众活动。

1936年"三八"节的游行示威，我至今记忆犹新。我参与了这次游行示威的全过程，是这次活动的见证人。

恢复党组织关系后，我工作的劲头更大了，组织上决定让我继续参加"武自会"工作，于是，我参加了著名教育家陶行知发起的"小先生制"活动。这项活动是组织一些好学上进、热心教育的中学生，在课余时间为里弄失学青少年上课。我联系的是其中一个小组，几个中学生都只有十六七岁，家庭条件也都不错。我们借了附近小学一间教室，吸收了七八个11岁至14岁的失学少年，每天放学后在这里由小先生为他们上文化课，同时讲些抗日救国的道理。我热心于开展这项工作的原因之一，就是希望通过与这些"小先生""小学生"交朋友，多取得一些社会关系，以便更好地掩护秘密工作和开展党的工作。

我还参加了上海基督教女青年会办的女工夜校。该会原有的宗旨当然是宣传基督教的，但女青年会的总干事（姓邓）大约与史良等爱国人士熟悉，便用女青年会的名义办起了女工夜校，采用各种形式宣传抗日救国，而学宗教、文化倒在其次，甚至只是一个幌子。我在女工夜校也讲过课，记得我与陈维涛就是在夜校认识的。

此外，我还参加了世界语学习班、歌咏队等。广泛参加这些进步活动，既团结了群众、宣传了革命，又活跃了生活、陶冶了情操，还增长了自己的才干。

罗淑章①办的女子职业学校我也常去。我与罗淑章并没有直接的来

---

① 罗淑章（1898~1992），女，湖南岳阳人，1919年参加陶行知、黄炎培创办的南京东南大学暑期教师讲习班，1923年去印尼华侨学校任教，1934年在上海加入中国共产党，新中国成立后曾任劳动部、轻工业部副部长，全国人大常委，全国政协委员等职务。

鲁迅出殡

往,但这个学校的李淑英①(她是刘宁一②的夫人)我曾多次与其联系,她当时是上海烟厂的工人。我建立的工作关系还有上海仁济医院的几个女护士,每有群众游行或"飞行集会",她们都带着急救包走在队伍里,担当救护工作。"八一三"淞沪抗战中,上海党组织与国民党联手组织了武装别动队,阻击日军,我动员了三名女护士参加别动队,在火线做救护工作。

鲁迅先生出殡,实际上又是一次大规模示威游行。出殡队伍里,宋庆龄和史良、沈钧儒等七君子走在前面,我们紧跟其后,人流浩浩荡荡,场面十分壮观。

1937年1月前后,上海特科接替"王大哥"与我们联系的陈同志来说:为了统一上海党组织,今后各方面在上海建立起来的党组织一律归于上海市委领导。陈同志通知我们:我们的组织关系也已经转到上海市委了,与他同来的浙江籍的林同志就是今后上海市委与我们之间的联系人。

---

① 李淑英(1912~1999),浙江宁波人,刘宁一夫人。1937年加入中国共产党,新中国成立后曾从事工会工作,是全国政协委员、常委。

② 刘宁一(1907~1994),原名史连甲,河北满城人。1925年加入中国共产党,曾任中共北平市委组织部部长,1937年后任中共上海市委工委书记。新中国成立后曾任中联部副部长、中共中央书记处书记等职务。

奔赴延安

西安事变（1936年12月12日）的和平解决，迫使国民党当局结束十年内战。翌年，"七七"事变中日两国军队激战于卢沟桥，从此拉开了全面抗日战争的帷幕。1937年8月，国共双方达成了将延安红军主力改编为第八路军、在国民党统治区若干城市设立八路军办事处和出版《新华日报》等协议。由此，国共两党开始重新合作，由我党倡导的全中国的抗日民族统一战线正式形成。

但是，国民党方面一边说合作，一边又千方百计限制或破坏共产党的抗日救亡活动，甚至依然把共产党当作敌人。所以，我们在上海仍不得不处于"地下"状态。

"七七"事变和"八一三"淞沪抗战之后，我参加的公开活动日益增多，逐渐引起了国民党特务的注意，所以常被盯梢。

国民党有一张密密匝匝的暗探网，覆盖了整个大上海，几乎每一条街道上都有便衣探子，数量多到这边暗探打个暗号那边暗探就能听到、看到，弄得老百姓人人自危，也给党的地下工作带来了很大困难。特务盯梢往往不是一人盯到底，因为那样容易被发现，他们采用的是一站交一站的接力方式，

西安事变前，蒋介石（前排右）与张学良（前排左）及东北军将领合影。

黏着对象不放，一直跟到你的住处。可是特务再狡猾，有经验的地下工作者还是能一眼识破，及时采取措施甩掉"尾巴"。当然也可能你自以为把"尾巴"甩掉了，其实另一条"尾巴"又跟上了你，所以稍有不慎，就会铸成大错。

有一次我参加读书讨论会出来，就发觉被特务盯上了，转了几条马路，在几个商店里进进出出，时间过去了一个多小时，特务的面孔换了好几个，但总有一条"尾巴"若即若离地咬在后面，甩不脱。最后，我只好走到法租界霞飞路里弄里的一个有钱人家门口。这家主人是一个花露水厂的经理，他儿子是中学生，要求进步，是"小先生制"活动中的积极分子。他家我去过，认识他的家人和佣人。女佣人为我开了门，就在她转身关门之际，我已快步穿过门厅打开后门拐进了另一条里弄，佣人还以为我上了二楼呢。就这样，我机智地摆脱了特务的跟踪。

又一次是晚上，我从一个同志家出来，在一条比较黑的马路上突然发现被暗探跟上了。我转了几条马路，还是不能摆脱，他时而在后，时而在前，时而又与我擦肩而过。我既不能掉以轻心，又不能张皇失措，只好硬着头皮往前走，一边快速地开动脑筋想主意。到了法租界，看到有一个安南巡逻兵在路口站着，我灵机一动，赶快走到巡逻兵跟前，指着尾随来的暗探说："先生，他不是好人，他调戏我！"我又回身双手叉腰指着暗探骂："你良心哪里去了？上海炮火连天，东洋人天天轰炸，老百姓连条活路都没有了，你还想欺侮人，你还有点人味吗？"那暗探不防我有这一手，可能也因为我骂得在理，他一时竟无言以对，慌忙中掏出"派司"递给安南巡捕。谁知那巡逻兵偏要充大，看过证件还声色俱厉地训斥他："以后放规矩点！听到没有？"特务连声诺诺，抓起"派司"跳上电车便跑了。

由于被盯梢多了，我在上海的工作越来越困难，组织上便决定让我撤离上海，到延安去。

延安，是我心中的圣地，延安有党中央、毛主席，还有许多我熟悉的老领导、老朋友，能去延安，真是太幸福了！我拿到了党组织的介绍信，计划通过南京的八路军办事处前往延安。

其时，任铁锋已先我一步离开了上海。"八一三"淞沪抗战时，上海的黄色工会与我党合作，组织起了一支武装别动队。虽然任铁锋毕业于中国最早的海军学校，英勇善战，但是临时组建的这支别动队，还是一与日本军队在水网地带交手就被打散了。任铁锋带着三名仁济医院的女护士（其中一人后来成为他妻子），赶到武汉向党组织报告了这一失败。听到队伍打没了，领导同志很生气，开除了他的党籍，让他自谋出路。

新四军成立之后，任铁锋曾要求到新四军工作，但他的要求未被理睬。由于在上海生活无着，他只好回了福建，与一位同乡（原也是共产党员）合伙做些小买卖，维持生计。

粉碎"四人帮"后，党组织重新审查了他的历史，为他平反、落实了政策，恢复了他的党籍。

任铁锋晚年十分关心国家的改革开放和经济建设，尤其关心闽东的党史工作。任铁锋1987年病逝于上海，享年78岁。

在八路军办事处听到陶铸消息

我是1937年9月离开上海的。

那时上海到南京的铁路沿线是日机袭击的重点，几乎天天遭轰炸扫射。火车才开了一站地，就遇上了敌机，其间又遇上多次空袭。后来通知说火车不走了，我们只好改乘长途汽车。不料公路上日军飞机也来袭击，好多人受了伤。好不容易开到苏州，汽车也不走了，我只好进城找旅馆住下。

苏州原是座清幽的小城，可我进得城来，只见整个苏州城所有的房屋都刷成了黑色，街上十室九闭、行人寥落，全城闷沉沉、阴森森，一片肃杀，好像进了阴曹地府一般。

就这么走走停停，整整两天两夜我才从上海来到南京。我找到八路军办事处，办事处的同志便送我到了招待所——这是党的招待所呀！心里这么想着，便感到浑身都热乎乎的。

招待所设在南京郊区的一座平房里，窗外是一片绿油油的田园风光。所长之一是夏子栩[①]，所里住的大多是党从南京监狱营救出来的同志，夏大姐和她母亲也刚从监狱出来。

---

① 夏之栩（1906~1987），女，浙江海宁人。1923年加入中国共产党，早年曾在北京、武昌、上海等地参加革命斗争，1929年赴苏联学习。她是中共早期领导人赵世炎的夫人，新中国成立后历任轻工部副部长等职，1987年在北京病逝。

八路军驻南京办事处旧景

我忐忑不安地向刚从南京军人监狱出来的曾宝打听陶铸。曾宝说:"陶铸前几天还在这里呀,现在调武汉湖北省工委去了。"

"那么,陶铸在狱中表现怎么样?"我急切地问道。

"他很坚定,是军人监狱里各项斗争的领导人之一,我与陶铸是狱中的朋友,我们大家都很敬重他。"

"外面传说他叛变了,又是怎么回事?"

"那是胡说八道,是敌人造谣!凡是军人监狱的政治犯都知道陶铸的骨头是最硬的,和敌人作斗争也是最坚决的!"

听到这个消息,我真是喜出望外,多年的一个思想包袱终于放下了。曾宝见我有些喜形于色,忽然问我:"你是不是曾志?"我忙答:"是、是、是!"曾宝说:"啊呀,你怎么不早说?!在监狱里陶铸经常跟我提到你,他一出来就给你母亲那儿去了信,没有收到吗?"听到这话,我便告诉他,我已经多年未跟家里通信了,家里根本不知道我在哪里。

事有凑巧,我们本来是要经郑州去延安的,因八路军南京办事处护送我们的"交通"要送一份重要文件交武汉的董必武,所以决定领我们一起绕道武汉再去延安。此事于我自然是正中下怀了。

于是,我随交通员一起搭上了去往武汉的江轮。

第八章 武汉重逢

- 陶铸劝说我留在武汉
- 陶铸与李克农,闹了一出「三岔口」
- 陶铸主办「汤池训练班」

陶铸劝说我留在武汉

武汉八路军办事处设在汉口的一座小楼里，在这里我见到了党中央派驻武汉的代表董必武。董老的大名早已如雷贯耳，我这次却是第一次见面。

其实，当时他才50多岁，以现在的标准说，算中年，尊其为"老"是因为在革命队伍中，他终究比其他同志年龄大些，可能还因为他有两撇八字须，待人接物又颇具长者之风的缘故吧！董老和蔼可亲，让出了他的后房给我住，见到他，我有一种"回家了"的感觉。

董必武在武汉留影

一到武汉办事处，我立即写了一张便条，告诉陶铸我已到此，请八路军武汉办事处处长李涛[①]派人送到武昌。

大约晚上8点，陶铸风风火火地来了，一边喘着气一边嘟嘟嘟说个不停，根本不容我插一句："上午看到你的信，喜出望外，恨不得马上过江来，可是下午有会，我真有点坐不住，直到6点才赶到码头，又遇大风，轮渡不肯开，我急得要命。后来轮渡终于冒险开了，谢天谢地，差点过不来了！"忽然，他打住了话头，双眸充满了柔情，音调也好似降低了八度："我还饿着肚子呢，我们找个馆子吃饭去吧！"

我微笑着默默地听他倾诉，心里又甜又酸，百感交集。他瘦得要命，四年的铁窗生涯弄得他脸色苍白、两颊深陷，越发显得眉重眼大，一件对襟盘

---

① 李涛（1905~1970），别名李湘民、盛才，湖南汝城人，瑶族。1926年加入中国共产党，1927年参加中国工农革命军，后成为解放军高级将领。新中国成立后，1955年被授予解放军上将军衔，曾任解放军总参三部部长、中共八届中央候补委员等职务，1970年在广州病逝。

扣夹袄，套在一身骨头架子上，晃里晃荡。这哪里像个28岁的青年！说40岁差不多。然而听他说话、看他眼神，却依然还是那个热情奔放、犀利敏锐、火一样的陶铸。

我们走上街头，他不停地侧过脸来上上下下打量我，像是不认识，像是看不够。我被他看得不好意思了，嗔他："你发神经啦！"他笑了："真的是你吗？不是做梦吧？"他高兴得简直像个孩子。他说："我出狱的当天就给你写了信，是寄到你母亲那儿转的，20多天一直没有得到回音，可把我急坏了。谁料想此刻你已在身边了，真像做梦。"他仿佛又想起了什么，哈哈笑道："我们正开会，忽然收到你的条子，我就有些坐不住了。钱瑛①大姐开我的玩笑，说：'曾志来了，看把陶铸高兴得全身的寒毛都飞起来啦！'"

在一家小饭馆里，我们边吃边小声说了别后的遭遇经历。他告诉我，他现任中共湖北省工委（省临委及省委的前身）委员，分管宣传、青运和文化工作。目前正组织群众，筹备保卫大武汉的游行，并在发动献金运动，联系上层人士，忙得不亦乐乎。我对他说，我是路过武汉的，过两天就要随交通员去延安。他斩钉截铁地说："你不要走了，留下来吧！"我很矛盾，从感情上说我是愿意留下的，毕竟我们已分别四年半了，但延安是心仪已久的革命圣地，这是多么难得的机会呀！于是我不置可否地说："上海党组织是介绍我去延安的。"他恳切地对我说："还是留下

1937年陶铸和曾志在汉口合影。

---

① 钱瑛（1903~1973），女，原名钱秀英，湖北咸宁人。1927年加入中国共产党，1929年赴苏联学习，1931年回国到湘鄂西革命根据地参加游击队，新中国成立后出任新中国第一任监察部部长等职。"文化大革命"中，钱瑛被隔离审查，受到残酷迫害，不久被确诊患了肺癌，1973年含冤去世。钱瑛是歌剧《洪湖赤卫队》主人公韩英的主要原型之一。

吧，我跟郭述申①同志（省工委书记）说去！"

我们谈到夜半时分。陶铸说："现在过不了江了，就在你这里住下吧！"第二天一早他又回了武昌。

第三天早晨我刚起床，郭述申来了，说："你是曾志同志吧？昨天陶铸同志跟我说了，我们都欢迎你留在湖北工作。把你的介绍信给我吧，由我们向中央组织部报告，你就放心好了。"见他这么热情，我只好把介绍信交给了他，其实我心里还是十分矛盾。在国民党统治区长期做地下工作，要时时具备两副面孔，很憋气，我早就厌烦了；而延安是我们的天地，公开生活，自由呼吸，心情一定十分舒畅，在那样的条件下工作学习该有多幸福啊！但另一方面，我又不愿扫陶铸的兴，再说，我也不是个怕死的人——谁都知道在国统区工作，弄不好是要掉脑袋的，所以我就没再坚持要走。

经组织同意，我终于留在武汉了，省工委安排我担任省妇委书记。

陶铸与李克农②，闹了一出"三岔口"③

陶铸和我在汉口租了一间楼上的房子，厨房却在楼下，是与别人共用的。房子里家具很简单，都是租来的，不过一张棕床、一张写字台、两把椅子而已，价钱也不贵，每月一块银元。我们再添置些锅碗瓢盆，家就安起来了。我们都是早出晚归，各干各的工作，却也其乐融融，这是过去想都不敢想的。

有一天半夜2点了，陶铸还没有回来。去什么地方了呢？会不会被国民党特务抓走了呢？想想不太可能，因为国共两党刚刚合作，团结的呼声很

---

① 郭述申（1904~1994），湖北孝感人。1925年加入中国共产党，1928年赴上海，1930年任中共湖北省委委员，1937年任中共湖北省委书记。新中国成立后曾任中共旅大市委书记、中纪委副书记等职务。

② 李克农（1899~1962），安徽巢湖人。1926年加入中国共产党，无产阶级革命家、外交家，共产党隐蔽战线领导人，新中国成立后被授予上将军衔，历任外交部副部长、解放军副总参谋长等职务。1962年在北京病逝。

③《三岔口》为传统短打生剧目，讲述宋朝时任堂惠奉命暗中保护因杀死权贵被发配的焦赞而与焦赞的朋友刘利华误会打斗，后被焦赞认出，才知是"一家人"的故事。

高。那么总是忙工作吧！大约2点半了，才有人在楼下敲门，我赶紧下楼开门，陶铸一声不吭，气冲冲地上了楼。我走上前正要问他，却发现他额头上鼓起核桃大的一个包。"是被特务打了吗？"我急忙问他。他"哼"了一声，气呼呼地说："我跟长江局的李克农打架了！"我吓了一跳：这不是大水冲了龙王庙吗！我与陶铸都知道，李克农在营救陶铸等人出狱过程中是出了大力的。

　　国共两党合作后，虽然两党达成了释放政治犯的默契，但国民党方面却仍关押着许多我党重要干部，如若我们拿不出真凭实据，他们是一律不会承认，更不会放人的。在周恩来、博古和叶剑英等同志的领导下，李克农同国民党特务进行了一场智慧和勇气的较量，多方位、多渠道地巧妙收集我党被押干部的名单和关押地点。陶铸等人的材料，就是从一个秘密渠道送到八路军南京办事处的。接到情报，李克农即让人弄来几套国民党的将校军服，他自己穿了少将那套，让另外几位同志"当"了少校，几个人大模大样地来到国民党的司法部门和监狱，向他们要人。至此，国民党当局已没有理由再推脱，所以最终就把陶铸他们营救出来了。

　　对李克农的大智大勇，陶铸十分敬佩，出狱后曾去办事处，想见李克农，以表示谢意，但恰逢李克农外出而没有见着。这样两人便一直不认识。

　　这天，陶铸有事去长江局找周恩来。他向来性子急，所以是"登登登"跑上楼的，这时突然从楼梯口闪出一人，大声喝道："什么人？站住！"陶铸见他挺凶，哪里受得了，便回说："你这官僚主义，嚷什么！"一面继续跑上楼。说话间，上面那人已经给了陶铸一拳。陶铸哪怕这个，也顺手给了他一巴掌，把那人的眼镜打落在地并且摔碎了。于是两人打作一团，从楼梯上打到楼下的客厅，仍不歇手。周恩来闻声赶忙出来，厉声大叫："你们干什么！"那人气呼呼地说："不知什么人，硬闯上楼！"周恩来一看："他是陶铸！"又对陶铸说："他是李克农！"两人这才住手。住了手还不服气，一个说："是他不报姓名！"一个说："是他先动手打人！"

　　两个血气方刚的高级干部上演的这一幕好戏，在55年后被《陶铸传》的作者谑称为"三岔口"。

李克农在武汉留影

以后，陶铸和李克农只要一见面，说起此事都会乐得合不拢嘴。

我们在武汉的住房很小，不过十平方米左右。伙食也很简单：早餐买着吃，中午与晚上自己做，不过一菜一饭，吃饱就算。但我们非常快乐，生活得很幸福。就陶铸而言，他被判处无期徒刑，关押了近五年，居然得到了自由，有一种死而复生的感觉；而我漂泊不定，辗转千里，也历经了艰险磨难。现在终于团聚了，这比什么锦衣玉食都好，我们怎能不快乐、不幸福呢？！现在回忆起那小房子里短短几个月的生活，仍感到是那样温馨、那样甜蜜。陶铸对我体贴入微，关怀备至。尽管我们的钱很少，但即使只有一个橘子，他也只吃一半，要留半个给我。他常在我耳边轻轻说："你真是我的好人儿。对党你是努力工作的好同志，对我你是温良贤惠的好妻子，我真有福气噢！"

在武汉的那段日子里，我和陶铸还抽空去寻访了他的同乡又是儿时好友的徐任吾[①]，并由此弄清楚了一个困扰我多年的问题。

徐任吾是旧知识分子，曾参加过共产党，大革命失败时又自动脱党，但没有自首，后来便在一个果园里管果树，住在汉阳的鹦鹉洲。这也是陶铸1933年调上海另行分配工作离开福州时，留给我的永久转信地址。

我们去鹦鹉洲找他，他已不在果园做事，而在汉口为一个也是同乡的国民党官僚看管一座很大的空房子。找到徐任吾，谈话中，我问起1935年我通过鹦鹉洲果园地址托他给南京监狱陶铸转信的事。徐任吾叹了口气说："唉，这还要从陶耐存（陶铸的胞兄）说起！"

原来，1934年陶耐存在福建被国民党逮捕后就变节了，后因其书、文俱佳而被国民党福州警备团长看中留做了团长的书记官，陶耐存当书记官后又写信把徐任吾叫去做了司书。徐任吾到福州后，我寄往鹦鹉洲果园托他代转的信也被转寄到了福州，徐任吾接信后便及时转到了南京中央军人监狱陶铸的手上。但事后他却把此事告诉了陶耐存，陶耐存又顺口告诉了叛徒周剑心。周剑心一听此事便立即带上特务赶到南京监狱，搜到了这封信，又按信上的地址到广州李端处抓我，结果把李端抓走了。

终于真相大白了！陶铸说："原来如此！我就奇怪，怎么单单把曾志的来信搜走了？当时我还以为是李端那头出了问题，之后便再不敢给李端写

[①] 上文提及的彭德怀前妻刘坤模曾一度与徐任吾同居，结为夫妻。

信，同时也没有再收到曾志的信。"

此后不久，陶耐存也来到了武汉，住在徐任吾处，传话来说想见见我们。陶耐存在国民党里做官儿，而且是自首变节之人，按理我们不应理睬他，但是他并没有出卖同志，而且又是专程来看我们的，所以还是决定去见他一面。

见面地点在徐任吾那里，徐任吾请我们吃了一顿便饭，就说些家常，便散了。我们离开徐任吾住处时，陶耐存见陶铸衣服单薄，就把自己穿的一件毛料衣服脱下给了陶铸。回来后陶铸把那衣服顺手挂在了墙壁的钉子上，许久没再动它。有一天，他拿这件衣服去晒，掏掏口袋却发现了一张字条，打开一看是特务组织蓝衣社的便笺。陶铸很气愤，对我说："耐存这家伙还参加了蓝衣社，真是可恨！今后不要再理他！"从这以后直到全国解放，我们再没有跟他有过来往。

陶铸主办"汤池训练班"

北平、天津失守后，在我党建立抗日民族统一战线号召的影响下，全国上下"团结起来，一致抗日"的呼声日益高涨，抗日的烽火越烧越旺。平津等地流亡学生成批成批来到武汉，其中大多是进步青年，还有不少学生党员。一时间，武汉成了国统区里青年学生抗日救亡的大本营。

当时的国民党政府湖北省建设厅厅长石瑛[①]，是董必武辛亥革命时的朋友，又是与董老一起考取秀才的同窗。日军入侵，国难当头，因此他很关心抗日救亡爱国运动。在一天夜里，他秘密前去拜望董老，请教今后如何合作抗战。

石瑛说：建设厅下面有一个农村合作事业委员会，由他兼任主任委员，这个委员会的任务是训练农村合作人员，组织农村合作社，发放农业贷款，促进农村经济发展。但是，他们训练出来的几批农村合作指导员都只知做

---

① 石瑛（1879~1943），字蘅青，湖北阳新人。国民党"一大"中央委员，被人誉为"民国第一清官"。曾留学欧洲多国，早年追随孙中山，后来同情革命，坚决反对汪精卫投敌叛国。1943年病逝于重庆。

官,不会做事,农民得不到实惠,许多贷款还被"指导员"中饱私囊了。石瑛希望再办几期训练班,请共产党参与领导,由共产党来训练。对此积极的意向,董老当即表示了支持。

石瑛得到支持后,便找建设厅棉业改良所所长杨显东①具体商议开办训练班的事宜。棉业专家杨显东提议,训练班可请李范一②先生做名誉主持。

李范一也是董老辛亥革命时的朋友,在美国学的是实业,回国后提倡"实业救国",当时是湖北省农村合作事业委员会的委员,正在应城县的汤池搞农村改进实验区,实际就是办了个农场,除种地、养猪外还开办了碾米厂、榨油厂、织布厂和供销合作社等。李先生为人清正廉洁,颇有抱负,此前还曾先后担任国民党安徽省建设厅厅长、陕西省教育厅厅长、湖北省建设厅厅长等职务。现在要办训练班,由他出面当然再合适不过。

杨显东还提议,训练班地址选在应城的汤池最好。对此,石瑛都一一同意,并同杨显东与农业银行农村贷款部主任孙耀华③一同去应城征求李范一的意见。李先生早就听说人们对农村合作指导员颇有微词,因此听了杨显东谈的新设想自然满口答应。

杨显东回到武汉先后向石瑛与董老报告了此事,董老通知中共湖北省临委派人介入此项工作。湖北省临委即派陶铸以共产党员半公开的身份去汤池实际主持训练班工作。

经过党内布置,招生工作几天就结束了。第一期学员约六七十人,多是平津来的进步大学毕业生和肄业生。

训练班每期为一个多月。主要课程有:抗战形势分析、抗日救亡宣传工作、抗日民族统一战线有关政策等。陶铸亲自教授军用地图的测绘和游击战术课。在训练班上也讲怎样做农村调查、怎样发动群众,当然还有些农业

---

① 杨显东(1902~1998),湖北沔阳(今仙桃)人。著名棉花和农学家、社会活动家,早年留学美国,1937年到苏联考察,同年参加革命。新中国成立后曾任中国农学会会长、中国科协副主席等职。1956年加入中国共产党,1998年在北京病逝。

② 李范一(1891~1976),湖北应城人。儿时清贫,但聪颖过人,被邻里誉为"神童"。曾参加1911年辛亥革命,是我国无线电事业创始人之一。新中国成立后曾任石油部副部长等职务,1976年病逝于北京。

③ 孙耀华(1909~1993),浙江绍兴人。青年时期入黄埔军校六期学习,后任汉口中国银行农贷部主任辅导员。新中国成立后曾任武汉市副市长、湖北省政协副主席等职务。

贷款知识等。训练班主要采取先提出问题，然后进行座谈展开讨论，最后授课的形式，由于突破了教员讲、学员听的刻板模式，因此气氛相当活跃，师生都觉得心情舒畅。

我是随第二批招收的学员一起从武汉到汤池的，被任命为训练班的党支部书记，并兼任教员。

我和陶铸住在李范一先生住宅旁一间有温泉浴室的小房子里，学员们则住在两里外的李家庙。

训练班的生活是很紧张很艰苦的，学员们一律睡地铺，蹲在地上吃饭，坐在地上学习。每天天刚亮，学员们就要升旗跑步出早操，伙食以咸菜干饭为主，极少有鱼肉，这倒很像我后来经历的延安生活。尽管这样，学员们却个个情绪高昂，天天歌声嘹亮。

1937年，曾志在湖北汤池训练班校舍与陶铸合影。

除了课堂讨论，不时还有紧急集合和夜行军，也搞过小型军事演习。我们还带学员去附近的农村进行过社会调查。大家在训练班里学政治、学军事、接触社会、磨炼意志，每个人都明白训练班的宗旨是为这场正义战争培养合格的干部，是为发动群众开展游击战打基础做准备，而农村贷款指导工作，只是发动群众的先导，拿陶铸的话讲叫"敲门砖"。学员中大多是流亡学生，他们饱经了家破人亡背井离乡的苦楚，抗日的觉悟很高，所以都拥护训练班这一宗旨。

可是，当陶铸将这一宗旨报告临时省委和长江局时，王明却批评说，我们这样做违背了国共合作统一战线政策。王明又说，什么"敲门砖"！训练班就是培养农村贷款指导员，不要搞成游击战争训练班！

王明自1937年11月被共产国际书记处派回国后，一直以共产国际执委、主席团委员和候补书记自居，到处指手画脚，推行他"一切服从统一战线，一切经过统一战线"的右倾错误路线，干扰中央"统一战线中的独立自主原则"，给党的工作造成了危害。

陶铸虽挨了批评，但他坚持认为自己是对的，所以回汤池后仍按既定的办学宗旨培训学员。除了让学员进行游击战争训练外，他还为湖北一旦沦陷就地开展游击战争做了大量实际准备工作：他亲自到鄂中大洪山区察看地形，绘制了十多张军用地图；又派出骨干学员深入山区要地，做发动组织群众和布置游击战争后方根据地的工作。他还从训练班极其有限的资金中抽出一部分加上李范一先生资助汤池合作社的资金共3600元，委托八路军武汉办事处从香港购回了24支德国造的驳壳枪。除此之外，他又安排人打入国民党的联保武装，开展统战工作，力求影响甚至控制这支队伍为我所用。他还十分注重在上层知识分子和爱国民主人士中开展工作，动员他们积极参加抗日救亡运动。

作为训练班的党支部书记，我的工作主要是了解和考察学员的政治思想表现和发展党员，以便结业时能有一批人走出汤池到各地去建立并发展党的组织。支部还有一项任务就是负责地方的党组织建设，因此我经常将因种种原因而失去党组织关系的地方同志请来谈话，审查其历史，研究并决定可否为其恢复党籍。我还直接去应城的陈家河以及天门的皂市、汉川和京山等地，恢复和建立党的支部，发展党员，发动组织群众，为进行持久的敌后游击战做准备。陶铸与我当时都年轻，脑子也快，又都有武装斗争和政治工作的实际经验，所以在训练班里我们很快就分别写出了教材。陶铸写的是《抗日战争中的游击战争》，我写的是《游击战争中的政治工作》，都有1万余字。师生们讨论中提出的意见，经过扬弃和提炼升华后也吸收进了文章。这两本小册子很快由武汉某书店出版并公开发行，有一次我去武汉，在金城书店的书架上还看到过。可惜由于战争的原因，我们竟没有保存下这两本书，实为憾事。

汤池训练班的成绩是有目共睹的，也很快引起了国民党特务的注意，大特务康泽、徐恩曾和一些国民

1938年，曾志在湖北应城汤池。

党政要或派人或亲自前往"参观""视察"（实为监视），甚至蒋介石也惊恐地说：汤池训练班是一所"红军大学"。十分耐人寻味的是，被派往监视训练班的人不少后来都投向了共产党。其中，负有监视任务的应城督学张谦光在汤池旁听了两星期课之后，思想认识上便发生了根本转变，回到应城即以督学的名义，一面积极鼓励当地青年去汤池训练班学习，一面亲自带领进步教师下乡宣传抗日。应城沦陷后，他坚定地投身于共产党所领导的民族解放斗争，并很快加入了共产党，以后又先后担负过中共县委书记和地委书记的重任。正因汤池训练班具有如此之大的感召力，所以顺理成章地成了反动派的眼中钉。1938年5月，汤池训练班被国民党湖北省政府勒令停办。

应城汤池训练班只办了三期，但三期训练班却培养出了300多名抗战骨干。汤池训练班的学员，后来遍布湖北32个县。党利用这个公开阵地，借官方名义，大力开展发动群众、建立党组织、筹组武装力量、准备抗战的活动，从而取得了农村工作的主动权，为之后鄂豫边区敌后抗日游击战争的发动做了充分准备。正如曾担任国家主席的李先念所说的，汤池训练班成了"鄂豫边区敌后抗日战争的战略支撑点之一，为民族解放事业做出了贡献"。

再遭撤职

还是在汤池训练班的后期，省临委组织部调我到汉口中共中央长江局办的干部训练班学习。我很高兴，因为多年做地下工作没有学习的机会，早就盼望坐下来好好学点理论了。我兴高采烈地移交了工作，离开汤池来到汉口，训练班尚未开学，却突然接到通知，要我卷起铺盖返回汤池。只是，组织上并未说明不让学习的原因。

回到汤池训练班，发觉我已被免去了党支部书记的职务，成了没有任务的闲人。我百思不得其解，思想上很苦闷。尽管如此，我仍自己找工作做，因为我作为教员的身份并没有被取消。于是我照样参加学员的学习讨论，找学员和地方同志谈话，也到校外去做社会调查。

共产党员，在任何困难面前和逆境中都要自觉为党做工作，这是我一生的信条。我这一辈子多次身处逆境，但这个信条却从未改变或动摇过。

后来才听说是福建办事处的范某某打了电报给长江局，说我同任达（即任铁锋）是从闽东苏区逃跑出来的。

这件事当时把陶铸也牵连进去了，有人硬说任达就是陶铸，因为陶铸笔名叫任陶。但即使在这种时候，陶铸也仍然鼓励我振作精神自觉搞好工作。他说，我们之所以参加革命是因为我们追求真理，信仰马克思主义，是因为我们自愿为共产主义理想奋斗终生，党的哪个领导或哪个组织，无论信任或不信任，都不能动摇我们自觉承担的责任。作为一个甘愿随时为革命流尽最后一滴血的共产党员，什么时候也不能对革命事业丧失信心，什么时候也不能丧失革命锐气，什么时候都要坚持为党工作。

陶铸的鼓励给了我莫大安慰。我暗暗叮嘱自己：尽管职务有高有低，但思想上我不能落后于他！我知道，"舌头底下压死人"的事情古已有之，但再重的舌头也压不死我为党献身的决心！

然而，厄运之火不久也烧到了陶铸的头上。

由于汤池训练班的宗旨与王明"统一战线至上"的右倾主张背道而驰，陶铸又不听"招呼"，所以第三期训练班还没有结束，王明就下令将陶铸调离了。1938年6月湖北省委改选时，又将一直任省工委和临时省委委员、一

王明（中）与周恩来（右）、博古在武汉八路军办事处。

度还担任省临委副书记的陶铸排挤在外，说是要他去宜昌，在鄂西中心县委另行分配工作。可是等陶铸离开汤池到达宜昌时却又什么工作也不分配，只是让他就地待命。

这是陶铸第二次被王明免职——同样都说另行分配工作，同样是什么工作也不分配！

把个人成见引入党内严肃的路线斗争，这也是王明的一大"发明"，王明的狭隘与偏执由此可见一斑。

陶铸被调离汤池时，战局已经很明朗：由于国民党军队的腐败无能，武汉失守是不可避免的了。

训练班为陶铸举行了隆重的欢送会，师生们在发言中对逼走陶铸都很义愤，陶铸则坚定地对大家说："我现在是暂时离开大家，一旦武汉沦陷，我会立刻回来的！到那时，我们一起去敌后打游击，最后的胜利一定属于我们！"

陶铸压倒一切的大无畏精神深深打动了训练班师生的心。

我这时在汤池训练班已无工作，只保留了党籍，不过是陶铸家属，这样我也只好随陶铸走了。

我们在宜昌住了一个月，陶铸的任命仍没有来，后来听说让他去重庆，陶铸火了："去重庆干什么！我的岗位在前线！"

1938年10月26日武汉失守了，日军先是占领了武汉三镇，随即又占领了武汉外围的一些城镇，而国民党军队却像潮水般四处溃退。

正是在这种险恶的形势下，陶铸决定：迎着国民党的溃军走，上鄂中，上大洪山去！

这就是陶铸，一个为了真理和正义不屈不挠、视死如归的人！

我决定不随他走。我要随荆门来的郑速燕到鄂西的荆门，去开辟自己全新的工作！于是我们向鄂西中心县委作了汇报。

中心县委同意后，我们三人就出发了。那是一个大清早，太阳还没有出来，秋露很重，身上冷飕飕的。我们一起上了宜昌开往襄樊、荆门的长途客车。车子开到十里铺时，陶铸就下车了，他要从这儿徒步去鄂中大洪山区。

陶铸口袋里插着一把牙刷，提了一个竹篮子，三步一回头地渐渐走远了。唉，此去鄂中几百里，关山迢遥，土匪多如牛毛，你独自一人，可要善自珍重啊！

战争年代的李先念

没有儿女情长的送别,我在颠簸的汽车上默默目送着踽踽独行的陶铸渐去渐远,目送他隐没在一片金色的秋阳中……

为了一个共同的目标,我们义无反顾地各奔东西,走向了不同的战场。

《陶铸传》写道:"在抗日战争时期,鄂中能很快开创抗日根据地,开展敌后游击战争,树起新四军的大旗,是陶铸同志坚定贯彻党中央方针、政策的结果。"李先念曾说,鄂中陶铸、杨学诚等同志靠八条枪起家而发展起来的几支武装,成了以后发展、坚持豫鄂边区抗日游击战争的骨干力量。

历史已经对此做出了公正的结论。

王明打击陶铸,但鄂中的广大党员、游击队员、人民群众和爱国人士却十分信任拥戴陶铸,即便是六十年后的今天,鄂中人民也仍在怀念陶铸。

一个革命的幸存者
曾志回忆录

第九章 两条战线

- 冒险劳军传佳话
- "军民合作饭店"与"军民合作运输队"
- 得到"佩剑将军"暗中保护
......

冒险劳军传佳话

与陶铸在十里铺挥泪作别后,我与郑速燕于当天下午赶到了荆门县城。当时鄂西北地区由国民党第5战区的第33集团军驻防。

郑速燕对外的身份是荆门合作指导小组的组长,其实,她是中共党员。她所在的合作小组共有七个合作指导员,都是从汤池训练班出来的。

到荆门的第二天,我们就遇上了日军飞机的轰炸。

中午,我们正围着桌子吃饭,就听到了飞机声。开始没在意,因为日机常来侦察骚扰,后来炸弹在周围爆炸了,大家才紧张起来。可是不等我们夺路逃跑,又一颗炸弹已经落在了小学校的屋顶上,爆炸声和房屋的倒塌声震耳欲聋,我们赶紧躲到桌子底下。敌机轮番轰炸了许久,谁也不敢动一动,直到听不到飞机声音了大家才从桌子底下爬出来。

我们拔腿往北跑,不料敌机又飞了回来,大家只好就近跑进一户人家的菜园子,卧倒在矮矮的瓜棚底下。敌机在我们头上飞来飞去,轮番轰炸,一串串落下来的炸弹看得一清二楚,眼看就要掉到我们头上时,"轰"一声却在附近爆炸了。那些炸弹不算大,估计不到十斤,但数量很多,每批投弹都有十几枚,所以那一天荆门县城倒塌的房屋和死伤的百姓不计其数。

我们在瓜棚底下大约躲了两个小时,一直到看不见飞机了才出来。

天将黑时,我和同志们走遍了城里的各条街巷,到处是断垣残壁,到处燃着熊熊的大火,到处有撕心裂肺的哭喊声,流经城区的刘家河已成了浑浊的血河!

在荆门至襄樊的公路上,那些天日夜都有从武汉方向撤退下来的国民党军队经过。他们有的成群结队,有的三三两两;有的枪上挂着鸡鸭,一步一晃;有的手上抓把地里拔来的葱蒜,边走边嚼;个个无精打采,步履蹒跚,疲惫不堪。

我同合作指导小组几个人连夜商量如何开展工作。他们都是青年学生,抗日的热情很高，只是缺乏军事知识，缺乏发动群众和统战工作的经验。我当时也只27岁，但在这群人中就算是老资格了。尽管我不是合作小组的指导员，也不是党组织分配来的，然而因为我当过训练班党支部书记，还是教员，他们又知道我曾是红军战士，打过游击，参加过苏维埃的土地斗争，所以都非常欢迎我的到来。

我说："现在武汉失守，国民党军队大溃退，不断路过荆门，这正是我们做军队统战工作的好时机，我们要利用目前的兵荒马乱，与他们多接触，建立联系。"我提出，做国民党军队统战工作的目的，一是向军队宣传抗日救国主张，鼓舞他们抗击日寇的士气；二是用军队作掩护，建立群众组织，发展党的地下组织和武装，准备创建游击根据地。大家对我的意见十分赞同。

说干就干，我们首先开展了劳军活动。我们来到荆门城外靠公路一条叫三里街的小街，这里的住户都跑光了，家家都关着门。我们打开了一家饭馆，搬出锅碗瓢盆、桌椅板凳，从几家逃跑的大户人家抬出大米、柴火，又找了几个本地进步青年，就在公路旁埋下大锅烧开水、煮稀饭。

水开了，粥熟了，我们一碗碗舀好摆在桌上，对过往的士兵们喊："各位老总辛苦了！日本鬼子想要灭我中华，中国人誓死不当亡国奴，你们抵抗得好！我们是荆门合作指导小组的爱国青年，特意烧了开水煮了稀饭慰问老总们。请大家停下来歇歇脚，喝碗开水吧！如果饿了，就请喝碗稀饭。身上有钱，随便给一点就行，没钱也不要紧，这是我们爱国青年对抗日将士的心意！"

于是，停下来喝开水、吃稀饭的官兵络绎不绝，有的还坐下来歇息聊天。

我们从早到晚不停地烧开水做饭，感动了许多士

抗战时期民众送饭添茶劳军场面

兵，他们说："行军几百里，地方官见不到，连老百姓也难得碰上，从来没看到对我们当兵的这样好的。"

"不是骂你们，真的！荆门除了狗就只剩下你们了！你们不怕敌机轰炸，不怕脏不怕累，又不要钱，这样的爱国举动，在中国怕是绝无仅有的！"

很快，这些部队成了我们的活广告，他们走到哪儿就替我们宣传到哪儿，说荆门有几个爱国青年，其中还有女士，不怕飞机炸也不辞劳苦，在全县百姓和官员跑光的情况下，为官兵们送水送饭……不到几天，这些话就在方圆百里的国民党军队里传开了，我们一下子成了荆门的"明星"。

"军民合作饭店"与"军民合作运输队"

荆门是宜昌与襄樊之间的第一大县，也是两地交通的必经之地，所以过往的车辆、行人较多。这时国民党的大部队基本过完，我们的劳军目的已经达到。为长久之计，我们决定把公路边烧水煮稀饭的事停了，集中力量开一家饭店。三里街上正好有一家饭馆闲着，我们拾掇拾掇便挺像样，去乡下买来些鸡鸭鱼肉，还找回了原来的厨师，然后我用毛笔写了个招牌"军民合作饭店"，往外一挂就开张了，而我还成了这里的"老板娘"。

不出所料，饭店的生意非常兴隆，不但过往汽车上的客人纷纷下来吃饭，就连附近的国民党驻军也常有来下馆子的，这是因为偌大个荆门，饭店却仅此一家。合作饭店除了厨师与一名勤杂工是雇的，其余七八人都只尽义务不拿工钱（此时荆门合作指导小组的薪水也已停发）。都是青年人，都是为了抗日救国走到一起来的，所以大家的关系很融洽。

饭店跑堂十分关键。我们就是通过跑堂接触客人，了解他们的职业和思想动态，了解战场情况，同时向他们宣传抗日救国的主张和持久战思想，并尽量同他们交朋友的。几个担任跑堂的青年都聪明伶俐，善于应酬，干得很出色。

接着，我们又利用隔壁人家办了"军民合作旅店"，还在饭店对面开了一家"军民供销商店"。供销店的老板过去既做过生意，又参加过苏维埃工作，是从老苏区杨家集找来的。再后来，我们又办了一家"妇女制鞋合作社"，制鞋社的主任是荆门城里的一个进步女青年。这样，我们的企业就越办越多，影响也越来越大了。

我们的工作情况后来连远在襄樊的鄂西北区党委书记王翰①也知道了，为了加强这里的工作，经区党委决定，任命我为荆当远中心区委（后改为中心县委）书记（"荆当远"即荆门、当阳、远安等县），以后又派了吴云鹏、马仲凡、王全国、王守如、刘真、张清华等参加荆当远党的地下工作，荆门、当阳各地的县委也相继建立。

至此，这一带从1933年以来已被破坏五年之久的各级党组织又终于全面重建起来了，各地党员人数也有很大增加。

军民合作饭店开张不几天，来了几个前往襄樊的客人，说要见见饭店管事的，于是我便会见了他们。

原来，他们是国民政府第三厅的，是郭沫若厅长的部下，其中一位就是王昆仑②先生，他是第三厅的视察员，穿皮夹克、黑皮鞋、西装裤，戴副眼镜，举手投足一看就知道是个有大学问的人。王先生对我说："你们不怕敌

抗战之初，郭沫若（右二）与周恩来（左一）、叶剑英（右一）同从抗日前线来到武汉的八路军副总指挥彭德怀（左二）在火车站合影。

---

① 王翰（1911~1981），江苏盐城人。1932年加入中国共产党，抗战期间在湖北工作多年。新中国成立后曾任监察部副部长、司法部顾问等职务。"文化大革命"中受到迫害，1981年病逝。

② 王昆仑（1902~1985），江苏无锡人。1922年参加国民党，1926年任黄埔军校潮州分校教官，1933年加入中国共产党。新中国成立后曾任北京市副市长等职务，1985年病逝。

王昆仑

机轮番轰炸扫射,在公路上烧水做饭慰劳过往军人,现在方圆四五百里的军队都在传播着你们的佳话。你们的行为,特别是女士们的表现给了抗日将士很大鼓舞。有些士兵掉了队,又饿又冷,几天没吃过一顿饭,而在你们这里吃饱了肚子,得到了温暖。军队感激你们,敬佩你们!"

王昆仑先生又说:"最近第33集团军(司令官张自忠将军)就在荆门附近驻防,我想把你们介绍给第33集团军政治部。你们是抗日爱国青年,有什么困难可以找军队帮助,你们也可以帮助军队——军民合作抗日嘛!"说着他取出自己的名片,在背面写道:"陶新畲副主任,兹介绍曾霞(曾霞是我当时的化名)女士前来拜见,请予接待。"他说:"我现在就去陶新畲那里,我会当面把你们的情况告诉他。你拿这张名片去找他,他保管会见你的。"

王昆仑这个介绍,正是我们所盼望的。我们慰劳过路官兵,开办军民合作饭店、军民合作旅店,就是为了做国民党军队的统战工作,就是要与上至长官下到士兵的整个军队建立起广泛的联系,以便发动群众抗日救亡和开辟党的地下工作。

来饭店和旅店吃饭、住宿的人越来越多,这其中既有一般旅客,也有军队的官兵,既有兵站人员、军车司机,也有去日军占领区的便衣侦探。对所有客人我们都热情接待,而对便衣侦探和兵站人员我们则更加热情,有意给一点优待,或饭菜丰盛点,或价钱便宜点,所以跑堂的同志与他们都成了朋友。兵站是军队在后方交通线上设置的物资供应、伤病员转运和过往部队接待的军事机构,它在各地还有许多据点,跟兵站的人搞熟了,对我们开展工作是很有利的。当时正是国共合作初期,政治上比较清明,所以他们对我们并无戒备,海阔天空,说话毫无顾忌,只要引导得法,什么情况都敢掏给你。所以我们对国民党军队的驻地、兵力,日军进攻的动向,两军对峙的情况等了解较多也较早,这就使我们的工作避免了盲目性。

接到王昆仑名片后不久,我就与郑速燕去荆门城外的第33集团军驻地找陶新畲。果然一递名片,陶新畲副主任便很热情地接待了我们。他说:"我们一来到荆门就听到了你们慰劳军队的事情,全军官兵也都在议论这件不寻常的事。我正想去看你们呢！今天你们来了就是我们的上宾，快请坐！"

我们说："前些日子，我们只顾埋头劳军，没有离开荆门城，不知道城外有这么多驻军，要不然，早就来拜访了！"又说，"部队初来乍到，有什么事需要帮忙尽管说，我们一定尽力而为！"

陶新畬叹口气："唉！大轰炸之后，荆门城的百姓进的少，出的多，政府关门，商店关门，县长也跑了，连民夫也找不到，军队有许多事没法解决。眼下就有5000多麻袋大米搁在沙洋的船上，上不了岸，更运不来荆门。这是军队的口粮。军队一天不吃饭就不能打仗，看你们能不能帮忙？运费我们出，贵一点也可以的。"

我们说："试试看吧！"

陶新畬高兴极了，马上把管后勤的副官长找来，介绍给我们。副官长说："从沙洋到荆门，运一袋大米给一块银元，另发两斤大米做口粮，行吗？"

我说："我们回去商量一下吧！"

我们回来商量后，认为：军队无粮是大事，理当尽力，而且这也是取得军队信任和开展群众工作的好机会。可是，上哪儿去找那么多民夫呢？

大家不约而同想到了荆门南区。南区是红军活动过的地方，群众基础好，红军被打散后，在国民党军队以及联保和保安队的"追剿"下，原苏维埃政权的干部和积极分子纷纷躲避在外。国共第二次合作后，有些同志已经回来了，郑速燕等已经与他们建立了联系，并恢复了其中一些党员的组织生活。

南区的杨家集我也去过，还住过几天。那次去就我一个人。我身着旗袍，外罩绿色大衣，原是城里人装束，为走路方便，我把大衣脱下卷起背在背上，又把旗袍的前后片提起掖在腰间，便成了一副上褂下裤的乡里人打扮了。从荆门到杨家集60多里的公路，沿途有不少国民党士兵的尸首，或趴或仰，或身首分离，却不见有人来收尸掩埋。那时，国民党撤退下来的部队还有少数掉队的，稀稀拉拉在这一带经过，有走跛了的，有生病的，有伤员，大多军容不整、纪律很差。我还见到一些散兵到农民家里抢来鸡鸭，挂在枪尖上，一路嬉笑着往北走。这情景使我有些担心，我没带武器，怕这些散兵游勇胡作非为，直到在南区找到李纯斋[①]，一颗心才落了地。

---

① 李纯斋（1897~1945），湖北沙洋人。1927年加入中国共产党，早年在湖北荆当地区从事武装斗争，1945年被叛徒出卖遭日军偷袭，英勇牺牲。

李纯斋是共产党员，红二方面军来时，他是苏维埃委员，革命意志坚定，也是逃亡在外刚回来的。他在当地很有威信，领着一帮年轻人活动得有声有色，当地的地主保甲长都不敢碰他。他还很重视武器，想方设法搞了不少枪支。

在南区，我们还商量过建立党组织，成立秘密贫农团，派人打入联保、保安队去掌握武装，以及在国民党政权里安插我们同志的事。我还建议把邻村那十几条枪买下来。李纯斋说："他们弄枪主要为了对付来村里抢劫的国民党士兵，所以只要短枪，不要长枪，一支长枪给他们几块钱就能买来。"我交代枪要藏好，日本鬼子一到就把我们的武装拉起来。

由于我们跟南区已经有了这些来往，南区党的力量较强，因此决定把第33集团军运粮的事交给南区去办。

我同郑速燕、吴显忠等简单商量了一下，便连夜派人到南区联系。第二天他们回来了，说："运粮的人可以找到。沙洋到荆门来回三天，赶紧一点两天也能到。用鸡公车运，一车装三麻袋，用牲口也可驮两麻袋，农民核计了一下，认为还是划算的。就是怕军队不兑现，还怕把粮运到荆门被军队拉夫。"

我立即把这一情况转告给第33集团军的军需长官，同时建议：组织一个军民合作运输队，发给盖有军队大印的军民合作运输队旗帜，再发给通行证书，写明沿途不得阻拦和拉夫。军需长官问："那运输队由谁来管呢？"我说："队长由军队任命，管理人员由我们合作指导小组派，因为军队一派人，农民就不敢来了。"军需长官——同意了，因为他们非常着急，只求大米能尽早运到荆门。

运粮开始了，我们组织了三个分队，每个分队都发给队旗、委任状、通行证和介绍信。第一批有五六十人参加，由我们合作指导员和南区的党员带队押运。大家起早贪黑，昼夜兼程，结果两天就运到了。农民们拿到了白花花的现大洋和一小袋大米，个个欢天喜地。于是，第二批、第三批参加的人就更多了，大家轻车熟路，速度也更快了。结果仅用了十几天，5000多麻袋大米就全部运到了军队手里。

军队对我们很感激，说：我们找不到县政府，而且即使找到县政府怕也派不出民夫，还是你们这些青年本领大。

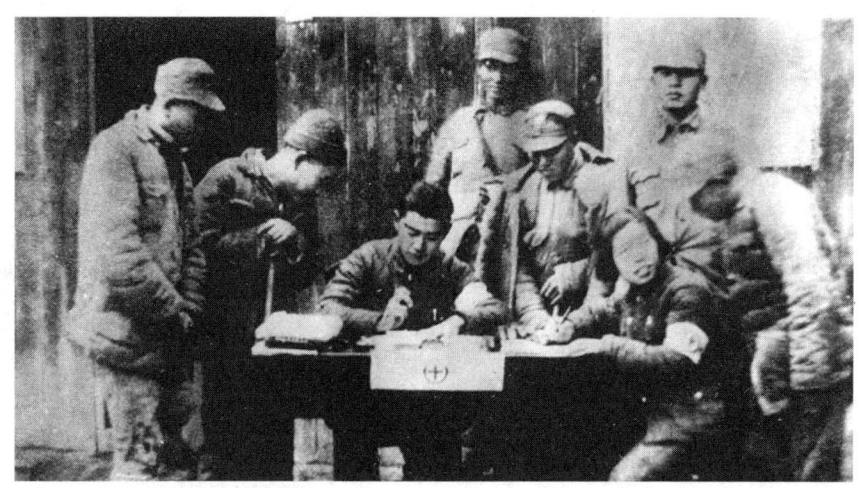

抗战之初，人民群众支前劳军热情高涨。图为设在宜昌的战地服务队为伤病员代写家信。

这件事又很快传开了，农民们都把我们当亲人。因为凡是参加了运粮的，每人都拿到了十几块银元，这对农民来讲是笔很大的收入。在运粮这件事的推动下，南区的工作进展得很快，党和群众组织更加壮大了。

粮食运完了，我们也取得了第33集团军特别是后勤人员的信任。我们建议：现在找民夫的确较难，所以运输队不要解散，以备军队不时之需，而且运输队还可以进山去运些山货来供应军队，于军于民都有好处。他们同意了，运输队保留了下来，旗帜和证明等也没有收回。

后来我们便利用这些旗帜和证件成立了一个30多人的专业运输队。当时第33集团军正在宜城、南漳一线驻扎，而我们也正要开辟宜城、南漳、钟祥一带山区工作。运输队就着意进入这些山区帮助代运山货，沟通了山里山外的贸易。通过运山货，运输队直接与穷苦山民接近，进行抗日救亡宣传，告诉他们日本侵占东三省和北平、天津、上海、广州、武汉后奸淫烧杀的情况，号召他们誓死不当亡国奴，保家救国，拿起家伙跟鬼子干。山民们对运输队员都很信任，群众工作进行得很顺利，运输队成了抗日宣传队和发动群众的工作队。很快，在这些原来的空白点上，建立起了农民的秘密组织，通过这些组织又秘密串联起各自的亲戚、朋友，迅速扩大了我们的活动范围和政治影响。

得到"佩剑将军"暗中保护

就在这个时候,鄂西北区党委书记王翰派人通知我:第33集团军的张克侠①是抗日进步人士,要我主动找他联系。

经过这一阵工作,第33集团军的情况我们已了解不少。这个集团军下辖第59军和第77军,集团军总司令是张自忠,政治部主任韦永成,副主任陶新畲和谢某某,参谋长就是张克侠。据说陶新畲是脱党分子,谢某某是蒋介石委派的,而张克侠原是西北军冯玉祥的部属,是冯玉祥夫人的妹夫,也就是冯玉祥的连襟。第33集团军有个顾问,记得姓徐,是个托派;还有一个副官长姓王,山东

"佩剑将军"张克侠

人,大高个儿,行伍出身。第77军不在荆当远一带驻防,军长是冯治国;第59军军长由张自忠兼任,副军长李文田②则是地地道道的旧军人。

张自忠是有名的爱国将领,当时一直在前线指挥作战,很少到荆门。据说他很爱读书,他买的抗战书籍足有半麻袋,其中就有我写的《游击战争中的政治工作》一书。当他得知荆门路边几个爱国青年劳军的事情之后,曾在一个雨天打着伞来拜访我们,可惜那天我们正好都不在,让他空跑一趟,我们也失去了一次与这位抗战英雄相识的机会。

运粮的任务完成之后,第33集团军由副军长李文田出面请我吃饭,作陪的有参谋长张克侠、政治部副主任陶新畲、谢某某等。李文田让我坐上席,

---

① 张克侠(1900~1984),河北献县人,军人,政治家。早年毕业于保定陆军军官学校,后到莫斯科中山大学学习,1929年秘密加入中国共产党,1948年率国民党一支部队起义,新中国成立后曾任林业部副部长等职务。

② 李文田(1894~1951),河南浚县人。出身贫寒,早年毕业于保定陆军军官学校,后追随张自忠将军投入抗战,升任国民党第59军副军长、第33集团军副总司令等职务。1948年因不愿打内战而退伍,1951年逝世。

嘘寒问暖，夹菜敬酒，大献殷勤。知道我是湖南人，他便调笑道："湘女最多情啊！"他问我曾在哪里深造，我推说是福州学院毕业。席间说到战争形势时，我也说了我的看法，从敌我对峙的态势说到日军可能选择的进攻路线，可谓侃侃而谈，头头是道，令他们大为惊讶。我之所以敢这样讲，一是因为他们是友军，我有必要作可能的提醒；二是因为我所说的没有超出一个有头脑的爱国青年的知识范畴。李文田说："曾小姐文韬武略，真是女中豪杰，佩服佩服。但你对地形怎么这样熟悉呢？"我说："是从地图上看来的。"李文田忙问："是军用地图吗？"我立即意识到这是一个敏感问题，便说："就是街上卖的学生地图呀！"接着，我又根据我党公告于世的抗日救国十大纲领精神，说了我的抗日主张。李文田指天誓日地说："抗日不分党派，谁要是打日本，我给他下跪磕头！"说完，他又突然问我："曾小姐，你这样能干，是共产党吧？"我说："我相信马列主义。共产党嘛，我还不够格呢！"

在餐桌上，我认识了张克侠参谋长，我主动与他招呼，并说改日要去拜访他，向他请教抗日的问题。他笑着连声答应："好、好、好！"

张克侠将军高瘦而挺拔，白净脸，单眼皮，穿一身毛料军装，佩戴着中将军衔。他的神态沉稳，举止儒雅，待人热情而谦和，与同桌那帮高声说笑，大块吃肉、大碗喝酒的行伍中人相比，显得很斯文。他一直带着浅浅的微笑静静坐在那儿，几乎没有说话。

其实我对张克侠的大名早有所闻，知道他是国民党将领中为数不多的廉洁正派的将军之一，在第33集团军中口碑极好，威望很高，是位传奇式的军人，人称"佩剑将军"。美国记者史沫特莱也在一篇文章中称其为"出类拔萃的人物"。

让我喜出望外的是，与张将军在餐桌上认识的第二天或第三天，他就到我们饭店来了。

因为我对他已经有所了解，所以说起话来就比较放得开，他似乎也没有多少顾忌。我们海阔天空地谈抗战形势，谈抗日的战略方针，谈持久战，也谈到了蒋介石的抗日决心，等等。后来我问他："听说参谋长是冯玉祥先生的连襟？"他便告诉我，大革命时期他在苏联学习时，与冯先生的女儿同学，后又认识冯先生的妻妹并结为夫妻。他告诉我，前些年他参加过抗日同盟会的喜峰口、古北口战斗。"那么，抗日同盟会有一个叫萧明的，你认识吗？""认识、认识！你也认识他吗？"他显得很感兴趣。

我说："认识，我同他夫人还是朋友呢！"

他十分振奋："我同萧明也很熟呀！"

关于萧明的话题到此戛然而止，彼此的政治面貌却已心照不宣了。因为萧明是共产党员，又是我党领导的抗日同盟会的主要负责人之一，无论是我是他，如果没有党的关系怎么会如此深知萧明呢？

此后他对我便几乎没有什么避讳，无话不谈。他经常向我通报战场消息以及政治部的人监视我们的情况，也谈一些他的家事。例如我后来知道他有一个兄弟在伯力①被苏联人抓了起来，已很久不通音讯了。考虑到我们看报有困难，他便经常把他刚看过的报纸借给我们。

由于荆门的军民合作饭店、合作旅店受到了普遍欢迎，为了扩大影响，因此，我们又在第33集团军驻扎的其他一些城镇办起了军民合作饭店、书店、供销社等，实际上这些都是我们进行地下工作的落脚点。

在荆门开办这些商店，全靠自力更生。比如办第一家合作饭店就没有一分钱投资，是在荆门遭轰炸、全城官员和百姓都跑光时，先从大户人家弄来大米柴火煮稀饭慰劳国军，再借此向军队官兵募集了一些铜板办起来的。荆门的其他军民合作商店则是靠饭店的盈利开办的。然而，要到外地去开辟新的军民合作商店，没有钱却是万万不行的。

经过商量，我们决定向第33集团军的军官们发起募捐。先写了一个募捐缘起，又做了一本募捐簿，我们请参谋长张克侠帮忙，张克侠一口答应下来。我们发起募捐且单向国军团以上军官募捐的另一意图是，通过募捐向荆门一带的反动势力示威，以显示我们的各项合作事业都有军队做靠山，迫使他们不敢对我们轻举妄动；同时对第33集团军的军官们来说，还有一层"请君入瓮"的意思。

我们总共募集到300多元钱，张克侠150元，李文田等各捐30元、50元不等。那时300多元钱是很能够办些事的。

如何正确处理国共之间的矛盾，这是一个重要而复杂的问题。党中央指出：抗战时期，民族矛盾是第一位的，阶级斗争必须服从民族斗争，但又不

---

① 伯力，又称伯力城、哈巴罗夫斯克，是俄罗斯第四大城市，位于黑龙江、乌苏里江汇合口东岸。上世纪初，伯力有较多中国侨民居住。

能否认阶级斗争。必须以阶级斗争促进民族斗争，对蒋介石集团则必须采取既联合又斗争的策略。

我们清醒地认识到：蒋介石决不甘心长期同共产党合作。所以荆当远中心区委（县委）一成立，我们就有意把工作分成公开与秘密两摊，即：两条线、两个班子、两套人马。公开班子即合作饭店、旅店、供销商店、书店、运输队等；秘密班子就是中心县委。除个别人之外，中心县委的其他同志都不能与公开班子进行联系。

抗战中的蒋介石

我们的中心县委设在农村，是流动的，没有什么机关。中心县委的同志平时分散各地，定期定点召开会议，会后又散开隐蔽在各处，从事不同的职业。为了确保安全，我们没有搞党员名册，也没有向鄂西北区党委报送党员名册。

有备果然无患，中心县委就因为这一招，后来躲过了一次灾难。

有一次，襄樊遭空袭，鄂西北区党委一个同志携带着装有全区党员名册的绝密文件箱躲飞机，结果一不留神箱子被第5战区（第33集团军属第5战区）的特工偷走了。这只箱子虽然过几天便交还了，但是其中的党员名册却已全部被第5战区李宗仁手下的人抄录了。然而，这份名单上唯独没有荆当远的内容，甚至我的名字也不在名册上。

这个情况是张克侠参谋长后来告诉我的。

正因如此，当后来国民党与我们反目成仇时，虽然合作饭店等均被查封，人员却一个也没有损失。

1939年3月，蒋介石秘密颁布了《共党问题处置办法》《沦陷区防范共党活动办法》等反动文件，加剧了对共产党的"摩擦"。

张克侠将军接到这份命令时没有马上传达，而是先亲自把命令的电文拿给我看，压了两天才发下去，从而为我们作出应变提供了宝贵的时间。

当时，荆当远等地的各类军民合作店，以及作为老板娘的我，已经声名鹊起。张克侠将军告诉我："外面已有谣传，你们办的这些店，都是共产党的联络点，前不久国民党的便衣曾秘密搜查过你们住处，不过除几张《新华日报》外没有发现别的，所以一时对你们还下不了手。"

张克侠将军还提醒说："政治部的人已经收买了荆门中学几个接近你们的师生，你们要格外小心才是！"

听他一说，我猛地惊醒：我们把主要精力放在发动农村斗争而忽略了城市的青年工作，这是一个失误！这些青年师生本来爱国热情挺高，我们曾通过他们在学生中进行抗日宣传，可是对他们的具体帮助却不够，更没有及时组织他们建立起抗日救国团体，以至于被国民党军队的政工人员拉拢过去，参加了三青团，并在学校中建立起了三青团和童子军的组织。这个教训值得记取！

不久，第33集团军司令部和第59军移防宜城、南漳一带，此时我们的工作也已经由荆当远扩展到南（漳）、宜（城）、钟（祥）各县。

我因为要不时离开荆门到南漳一带去了解地下党的工作情况，所以有可能被军方看出破绽。想想与其被撞见不如自己找上门去来得主动，于是我一到南漳便去见他们。我先去见了政治部副主任谢某某，说我是来南漳合作饭店检查账目和看望同事的，听说主任、副主任在此，特来看望，接着我又恭维了他一番。他听了很高兴，很快就带我去见了主任韦永成。

韦永成是李宗仁的亲信，他很客气地接待了我。他说："我们广西待客的规矩是一般客人来叫'请坐'，贵客来了叫'请上坐'，一般客人来了叫'泡茶'，贵宾来了叫'泡好茶'。你是贵客，所以——请你上坐，泡好茶！"说得大家哈哈大笑。韦永成似乎意犹未尽，还一定要留我吃饭。政治部的人平时派人监视我们，今天却要请我吃饭，这分明是鸿门宴。可是，我又推辞不掉，百般无奈只好答应了。

席间，谢某某他们拼命敬酒，有时甚至是硬灌。我知道他们是有目的的，是想把我弄醉后从我嘴里套出些什么来。我暗暗告诫自己：这是一场肉搏战，一定要清醒，绝对不能醉！由于精神上高度抵制，虽然也被这伙人灌了五六杯酒，脑子却很清醒。而那谢副主任反倒让我灌得醉倒了。

疾驰于"荆、当、远"

虽然国民党已经加快了与共产党"摩擦"的步伐，但因为我们一直没有暴露真实身份，第33集团军中的反共分子暂时还没有对我们下手，所以中心县委的各项工作仍然进展较快。中心县委成立仅个把月，党员就发展到500余名，共建立了一个县委、十个区委、十多个特别支部。

党的秘密工作，除了已开辟荆门、当阳、远安三县外，又发展到南漳、宜城和钟祥诸县。比如我们在南漳附近就建立了多个工作点，中心县委派了三个负责同志在那一带领导工作。我们在六个县的广大农村中积极串联老苏区的党员干部，并把贫雇农组织起来，还成立了一些秘密武装，工作搞得很活跃，把群众爱国抗日的热情鼓动得很高很高。

这里的地理条件十分优越，地广、山险而川富。沿着山脉，这里东接鄂中大洪山游击区，西靠广袤的神农架大森林并与武当山南麓的保康、房县相望，北又与鄂北相贯通，进可攻，退可守，回旋余地大，且不利于日军的机械化部队活动，确是开展游击战争，建立根据地的好地方。

1939年2月以后，根据区党委的指示，中心县委决定：一、整顿党的组织，开办训练班分期分批轮训新党员。二、通过各种途径，掌握武装，做好开展敌后游击战争的准备。三、利用合法形式，建立群众组织，争取开明士绅，掌握地方政权。

在整党工作中，中心县委推广了当阳县委的经验，在轮训中对新党员着重进行了秘密工作教育和组织纪律教育，规定党员之间，未经组织允许，不准发生横向联系。对觉悟低、工作消极、产生动摇的人，有计划地实行隔离，并根据不同情况做出适当处理。外来党员一律寻找公开职业做掩护，在一个地方搞"红"了的党员要设法调离。通过整党，"荆、当、远"地区绝大部分党员的思想觉悟有了提高，党的组织更加纯洁、巩固，为以后抗日根据地的建立与发展打下了良好的基础。

党的公开工作仍以开办各类冠以"军民合作"之名的商店为主，用以接近军队、接触上层军官并在军队与民众中宣传抗日救国和国共合作，其工作范围也由荆门一地向南漳等地发展。

为安全起见，荆当远中心县委领导下的公开与秘密两摊工作只能由我一个人统管，任务之重是显而易见的。

秘密工作这一块儿点多面广，不但包括荆门、当阳、远安三县，还涉及钟祥县河西两个区和宜城、南漳的一些乡村，这些地方都需我经常去巡察指导；而作为公开工作的军民合作商店是接近国民党军队和上层人物，随时了解战局和国民党动向的主要场所，我同样须经常去应付，再说几天不在荆门露面，也易引起国民党特务的怀疑。因此为保证党的秘密工作不被国民党特务发现，我只好采取勤走、短住的办法，到一地待两三天，又返回荆门待两三天，像车轮一样不停地转：时而到宜城，时而到南漳，今天去东区、北区、襄樊，明天又去钟祥、当阳、宜昌。不过我说"像车轮一样转"也只是一种牵强的比喻，实际上除了去襄樊偶尔能搭上大汽车有"车轮子"转之外，其他地方都得靠两条腿，一天走百把里路是常事。一旦与下面约了时间，不论下雨、下雪、白天、黑夜，我都说走就走，从不误事。

在这段不停奔波的日子里，至今还留有许多生动的记忆。有一次，我从当阳回荆门，下大雨，公路上一片黄浆，一脚踩下去，泥浆没过脚面，鞋子根本穿不住，只好脱下来赤脚走。我多年不赤脚走路了，踩在公路上脚底硌得钻心疼，虽然到家后两只脚板痛得火烧火燎，但也总算不穿鞋走过一回远路了。

还有一次仍是从当阳回荆门，天上细雨纷飞，我照样赤脚走，走到一个圩镇已是正午时分，肚子饿得咕咕叫，想起这天是我生日，该庆祝庆祝，便穿上鞋进了一家馆子。我叫了一碟青菜，吃了两大碗干饭；又见鸡蛋便宜，一毛钱可以买四个，便要了八个荷包蛋，一口气就吃光了。老板娘收碗筷时，笑我说："你这个女学生可真能吃！"我笑笑，心想：你还没见我吃26个鸡蛋那阵势呢！

吃完饭继续赶路，在离荆门五六里的公路上不巧遇上了第33集团军中的一个熟人。他见我一身泥泞，便说："这种天气还出门呀，真是辛苦啊！"我说："你们打仗更要风里来雨里去，我们也要锻炼锻炼嘛！"我以为这事就这么过去了，不料有一天王副官长来说："有人见你下雨天在路上走得一身泥，你可真是热情、勇敢噢！"这事让我立即警觉起来，看来我是太大意了。

1939年，曾志转战荆州一带。荆州东门门楼名宾阳楼，抗战期间被日寇炸毁，直至1986年才依旧样重建。

此后我再去别处，总是天蒙蒙亮就走，天黑了才回来，尽量不被军队的人看到我在外面跑动。

同时，在路上走，免不了碰到日机轰炸。有次我和一位同志在距襄樊二十来里的公路上又遇上了敌机轰炸。当时天快黑了，突然飞机从头上掠过，炸弹像冰雹一样往下砸，我们赶紧就地卧倒，炸弹掀起的泥土把我全身盖住了，也不知伤没伤。飞机过后爬起来，摸摸身上，竟然哪儿都好好的。那个同志也被土埋了，结果也平安无事。

荆门大轰炸后，城里城外三天两头遭炸，这种绝处逢生的情况我还遇到多次。有次我隐蔽在城墙脚下，一颗炸弹正好落在头顶的城墙上，把城墙炸出了一个缺口，面前的几亩棉花地被霰弹"呼"一声平茬茬地割倒了。后来军队在城墙附近挖了壕沟，遇上空袭我们就跳壕沟。有一次一个老妇人被炸死在距我一米远的地方，有一次一个小号兵血肉模糊地死在城墙顶上，而他的肠子则挂在不远处的树梢上……

这期间我跑襄樊向鄂西北区党委汇报的次数也较多，不到三个月就跑了三四趟。荆门到襄樊约300华里，难得搭上汽车，多数是步行。

国民党变脸,"军民合作饭店"处境恶化

南漳军民合作饭店是第33集团军调防过来后,通过一些下级军官的关系开起来,由荆门来的几个得力同志负责经营的。但第33集团军政治部一直派人监视着饭店,经常唆使一些童子军来饭店捣乱,还放出风声说:这饭店是共产党办的,饭店里的人都是危险分子,企图威胁群众使他们不敢上饭店吃饭。

我来到南漳饭店对同志们说:"大家一定要保持高度警惕,随时准备应付三青团、童子军和特务的捣乱,还要准备应付可能出现的更严重的情况,要事先想好一些对付与应急的措施,一切都要慎之又慎,千万不能冒险。"

第二天天没亮,我便偷偷出了南漳县城,来到距城四五里外的一个村子,与中心县委的吴云鹏、马仲凡等同志碰头,互相通报情况,讨论并布置了下一段工作。之后,我写了一封短信请一位同志送去给也在南漳驻扎的张克侠参谋长,问他可否与我见一次面,地点是我定的一个村子。张克侠当即回了信:"某日某时一定到某村。"

那天,我和李金生按约在那个村子等候。果然,在约定的时间张克侠参谋长带着两匹马来了。我们请他到一个群众家里休息,我说:"有劳参谋长大驾,我们想了解一下目前的抗战形势和发展趋势,例如,要是日军来犯,贵部将作何打算?有无在这一带坚持游击战的可能?"

张克侠参谋长告诉我们,日军若来进攻,我部有抵抗的决心,但不会在此长期进行游击战,因为部队的行动还要由蒋介石统一指挥。

我又问:"目前国共关系如何?"

他说:"自从限制共产党活动办法下来以后,政治部那些人活跃多了,但又查不出什么,显得有些无奈。于是说总想调查你们,你们没啥大能耐,也没有民众力量,也就是靠饭店、合作社混混而已。尽管政治部那帮人想查封你们,但李文田说你们不是共产党。说曾霞常跑襄樊,襄樊是鄂西北共产党区委管的,但在查获的鄂西北的共产党员名单中根本没有曾霞的名字,也没有荆门这些青年的名字。他说,共产党做事都很秘密,而曾霞她们却是大张旗鼓,横冲直撞,他们不过是些血气方刚的爱国青年而已。"

1993年,曾志为"军民合作饭店"题词。

张参谋长告诉我:"政治部谢副主任本来想给你们施加点压力,考虑到李文田护着你,怕引起李副军长不满,影响自己仕途,所以目前还不会对你们怎么样。不过,也不能排除他们变换手法来限制你们,或者形势变化时向你们下毒手。"

张克侠跟我们谈了两个多小时,又骑马回部队了。

张参谋长走后,我与中心县委的同志分析了这些情况。看样子,国民党政工部门还没有发现我们在农村中的那条秘密工作线,这对我们是有利的。这也证明我们将党的工作严格分作公开和秘密两条战线是完全正确的。只是今后也切不要麻痹大意,秘密工作还要加强。今后合作商店既要力争保存下去,又要准备一个在实在无法立足时稳妥撤退的办法;对活动较多,特务重点注意的同志,必要时应先行撤离或调到距军队较远的农村去。

大约是1939年5月底,在南漳有一拨三青团、童子军,穿着黄卡其的童子军制服,三天两头到合作饭店胡闹,不是说菜咸了淡了,就是说饭少了多了,打盘子摔碗跟跑堂的吵。最后一次是十几个童子军涌进饭店,高喊着要吃面条,锅里正煮着,他们却用筷子敲着桌子、碗碟,嚷嚷着:"快点快点!"跑堂的说:"就好,就好,请各位稍等一会儿。"那帮人喊道:"妈的,老子不吃了!"便"呼"的一声把桌子掀翻了,接着又把饭店的碗碟全打碎了。

现在的年轻人可能以为童子军就像少先队,是少年儿童组织,可其实不然。童子军是一个准军事组织,其成员中许多是十八九岁的三青团员,常以维持社会秩序为名,充当国民党镇压群众的打手,一些童子军与地痞无异,同样吃喝嫖赌,无恶不作。

面对这样无耻的挑衅，我们饭店的副经理兼会计周楠毫无惧色地走上街头，扯开嗓子喊："街坊四邻的乡亲们！请你们来评评理呀！童子军无缘无故把我们饭店的东西都砸啦！我们受尽了日本鬼子的欺侮，今天童子军也来欺侮我们！我们背井离乡来到这里，开饭店谋口饭吃，到底犯了什么罪，犯了什么法？童子军凭什么砸我们的饭碗？往后叫我们怎么谋生？还让不让我们老百姓活命呀？"

女经理一喊，四邻的百姓便闻声而至，把饭店大门围得水泄不通，大家纷纷谴责童子军丧尽天良，无异于日本鬼子帮凶。吓得童子军像过街老鼠，只得在众人的唾骂声中灰溜溜地跑了。

女经理还不解气，又大声说："街坊们，这些童子军胡作非为惯了，今天砸了我们饭店，明天不定砸谁的呢！你们看看这叫什么世道！"

街坊四邻也愤愤不平帮着骂，这一天饭店门前人多极了，而且群情激愤，像是开了一场民众声讨大会，国民党特务导演的这场戏最后还是搬起石头砸了自己的脚。从此，三青团、童子军再也不敢在南漳街头耀武扬威地招摇过市了。

然而，南漳饭店没有了餐具，生意就没法做了，只好关门，店里的同志也只好转移到别处去了。

这期间，荆门的军民合作饭店也同样受到了特务的骚扰。

有天晚上，10点过了，荆门的合作饭店已经打烊关门，忽然中学里一个姓黄的青年教员慌慌张张跑进来，又往身后张望了一下，一副神秘兮兮的样子。我们问他："干吗这么慌张？"他压低声音说："我进来时发现，门外有人在监视这幢房子，可能有什么行动，你们赶紧想办法，快把要紧的东西藏起来！"

然而，此人的底细我们已经知道，他早就被政治部的特务拉过去了。

于是，我们装作十分气愤的样子七嘴八舌地说："难道抗日爱国也犯法，开饭店也犯法吗？""他们要监视由他们监视！就是要搜查要抓人也听便，不管他！"

这么一来，倒把那个姓黄的弄得手足无措，只好随便搭讪了几句就借故走了。

我们很清楚，这是特务布设的圈套和陷阱，想采取突然袭击的恐吓办法来试探我们，如果我们表现惊慌，立即藏文件（其实我们根本没有文件），就证明我们是共产党，屋外的敌人就会冲进来搜查抓人。

可是今天他们又落空了。那一晚我们连大门口也没有去瞧一眼,闩上门安心睡觉——果然一夜无事。

那一段时间,我们与第33集团军的关系是相当微妙的:张克侠将军在暗中支持我们,我猜想他八成是我们的同志;胡传魁式的旧军人李文田则认定我们不是共产党,照旧嘻嘻哈哈与我们来往;政治部的人对我们怀疑已久,只是碍着李副军长面子,表面上跟我们还过得去,但老是在背地里使绊子。好在我们对此早有思想准备,倒没让他们捞到什么。

抗日爱国将军李文田

自第33集团军移防南漳、宜城一线后,荆门的驻军就很少了,只有兵站与后勤人员还在那儿来往。大约是5月的一天,我同王守如趁去襄樊汇报工作之机,用毛驴驮了两大麻袋妇女合作社做的布鞋去推销。到了襄樊,我们没看见王翰,便又赶着毛驴到另一个村子找,却意外地碰到了李范一、杨显东、张执一等人。这时天快黑了,张执一说:"你来得正是时候,我们今晚离开襄樊北撤,你们就跟着一起撤吧!"我丈二和尚摸不着头脑,忙问:"怎么回事?"

"你不知道呀?日本鬼子离这儿只有40华里了,明天拂晓就要从南边向襄樊进攻了。"

"可是我什么也没听说呀!我们刚从南边的荆门来,走了好几百里,还驮着两袋布鞋呢!"

张执一说:"快把布鞋扔了,与我们一起撤离吧,这里的军队和地方机关今晚也一律要撤出襄樊城——我们也是中午才得到消息的。"

我断然回答:"我不跟你们走!我的岗位在南边的荆当远和钟宜漳。越是这种时候,我越要赶回去,今晚就赶回去!"

"可是你们回荆门的去路正是日本人进攻的来路,宜城一线可能已被日本人占领了,你们往南去不等于送死吗!"

我想,危险是有的,但日寇来了,不正是我们拉起队伍打游击的好时机吗?进行了那么多秘密工作,做了那么久的准备,不就是为了拿起武器跟日本鬼子较量较量吗?不要说鬼子离此还有40华里,就是鬼子进了襄樊城,我们也要冲出城赶回荆门去。

卖鞋子是来不及了。我们辞别了张执一等人，喂好牲口，吃了晚饭，大约九点来钟，便又赶着毛驴驮上鞋子，迎着日军踏上了回荆门的路。

刚到襄河边，却见国民党军队已把襄樊大桥泼上汽油点着了，烧得火光冲天。这可糟了，我们怎么过河呢？沿着襄河走了一个多小时，才在一个偏僻的河沿找到了船夫和一只小船。我们恳求他，并答应多给钱，他这才把我们渡过了河，待进到襄阳城已是夜里1点多了。城里一片漆黑，冷冷清清，国军的大部队早已闻讯跑光了，只有三三两两的士兵还在往北走。出了城又南行两三里就再无一个人影了。

那天夜里，皓月当空，万籁俱寂，我们一边瞪大双眼支棱起耳朵注意着四周的动静，一边加快步子赶路。我小声对牵着毛驴的王守如说："尽量快点走，只要走出20里地就可以避开鬼子的拂晓进攻了。"

为了防止撞上敌人尖兵，我说："我在前面走，遇上敌人，就往后扔石头，听到动静你赶快往山上跑。"

"那你呢？"王守如问。

"那还用说，我也往山上跑呀！"

这条公路一边靠山一边临河，所以有情况往山上一跑敌人就不好找了。

我们一路走得飞快，走出20多里地了，却连日本鬼子的影子也没碰到。会不会宜城已被敌人占领了呢？我便同王守如商量，由他赶着毛驴到宜城与南漳之间我们的一个秘密接头点去，如宜城已被日军占领，就按原来的计划把队伍带上山去打游击。我则继续往南走，赶回荆门、当阳一带，也把队伍武装起来拉上山去。我们又约定，今后的联络办法与接头地点都按过去的布置，一律不变。

于是我便一个人拼命往宜城方向走。快到宜城的一个镇子了，仍是没有碰上一个人。这时天已亮了，附近的老百姓也没有异样。这个镇子是通往荆门的必经之路，为慎重起见，我爬上附近的高地对镇子作了一番观察，发现确实一如往常，甚至还远远看见几个穿灰衣服的国民党士兵在公路上走动。紧张了一夜的心这才松弛下来，可以肯定：宜城没有失守。

此时，我才感觉到肚子饿了，于是便走进镇子吃饭。我边吃边暗笑：堂堂的国军第5战区，军队数以万计，却连日寇的动向还没摸准就下令撤退，还把大桥烧了，真是可恨又可笑！

国民党第 5 战区高级将领在湖北合影

后来知道，那天确实有一小股日军曾进入到襄樊以南 40 华里处，但只是突袭了一下就撤了，并没有进攻襄樊的部署。

这种草木皆兵、望风而逃的"仗"，我们在所谓的国民党正面战场上已经屡见不鲜，见怪不怪了，我实在不知道这到底是因为这支军队太缺乏勇气呢，还是因为掌握军队的权贵们过于稀松！

转了一圈回到荆门已是 6 月了，我准备再去襄樊向鄂西北区党委汇报工作。但那时国民党搞"摩擦"更起劲了，我们的行动已不像以前那样自由。那时我认识一位过去常来合作饭店吃饭的兵站站长，我们曾给过他不少优待，所以他也常在搭乘军车方面帮助我们。就是这个站长给了我一张名片，并在背面写了这样一段话："我兵站汽车司机：持我此名片者，准予搭车。"

那一天我在三里街军民合作饭店后面的公路上等候去襄樊的军车，但一连几辆不是人多就是货满。又来了一辆大卡车，人不多又恰好去襄樊，而且车子正好已停了下来。我赶紧走上前去，递过那张"准予搭车"的名片，司机看后挥挥手要我上车。

我正往车上爬，一抬头，发现陶新畬和他的太太也在车上。他前一阵到重庆受训，大概是刚回来。陶新畬正要下车去小解，我满面笑容迎上去：

"陶主任回来啦！"但陶新畲却一反常态板着面孔，只从鼻子里哼了一声，又用冰冷的目光盯着我看了几眼，才问："你要上哪儿去？"我说搭车去襄樊。他不再吭声。他太太还算客气地招呼我，我便上了车。陶新畲小解完半天不上来，坐在野地里好像等什么，最后派人把我叫了下去，阴阴地问："你到襄樊去干什么？"我说："我去李范一先生那儿。我们的鞋业生产社与李先生襄樊的实业有来往，想请李先生帮我们在襄樊也办一家鞋业合作社。"

陶新畲突然横眉竖眼起来："你不要总混来混去，到处乱跑，给我放规矩点！今天你不能搭我们的车！"

我也一下子火起来："我去襄樊联系生产贸易合作，是堂堂正正的事，怎么成了乱混乱跑？"

他站起来挥了挥手："你不能搭我们车走！"

我忍着性子说："那好，我就回去吧！陶主任见到李军长、张参谋长、王副官长，请代为致意！"

回到饭店，我立即把情况告诉了荆门的几个同志。大家分析，陶新畲态度的变化是有来头的，我们的处境可能很快恶化。我要求大家：做好应付突发事变的准备，但又切不可惊慌失措。

大家商量之后，决定由我马上去第33集团军司令部找张克侠参谋长，探听陶新畲的虚实，以便及早作出安排，然后再去襄樊找区党委汇报；同时由原汤池训练班学生李金生赶去南漳，把这里的情况通知中心县委的其他同志。

解放后才知道张克侠是秘密党员

我出发已是下午4点多了，而陶新畲的汽车大约是2点离开荆门的。虽然我两条腿跑不过汽车，但我一定要以最快的速度赶到司令部，尽早掌握陶新畲的动向。

我迈开大步拼命赶，几乎一路都在小跑，走着走着天就黑了。还是夜里走路好，不会遇上军队的人。第33集团军司令部驻在宜城附近的武安堰镇，荆门到这个镇大约有120里路，不过都是公路，并不难走，我走了一个通宵，第二天清早就赶到了。

也许，这一行路记录所反映的我的耐力和速度会让今天的许多青年人吃惊，其实这样的长途行军我早习以为常，加上那天情况紧急，身上也就力气倍增了。

武安堰镇比较繁华热闹，街长店多，尤其是饭铺多。我选了一个女老板的小饭铺，在那里吃了早饭。饭后我对老板娘说，我有点不舒服，想借你的床躺一躺。老板娘很面善，一口答应了，我就在她的床上一觉睡到下午2点多。起来又吃了些东西，问好路，就径直往张参谋长的驻地走去。

这个村相当大，靠着一条河，河里可通小船，村头还有两三家未开门的店铺。这时天还未黑，我不敢贸然去司令部找人，就在河边观望，发现河边有一片很好的草地，便又在草地上坐了一会儿。天渐渐黑下来了，我走到草地附近的河边，河边泊着一条小船，我早就观察好了，这小船的船家是一位40多岁的妇女，带着两个孩子，家里的男人不在。

我对女船家说，我是到这里找一个军官的，天晚了，不敢进去，我付钱给你，在你船上歇一夜好吗？她收下钱很高兴地说："只要不嫌船上脏，你就住下吧！"我在船边写了张条子告诉张克侠参谋长："我已在村旁草地前的一条小船边，请见字速来。"之后，我与船家的女孩一起走到司令部门口，把封好的纸条交给卫兵就回到了船边的草地上。

不到一个小时，天全黑了，张克侠将军打着手电来了。他很奇怪地问我："这么老远怎么跑来了？"我便把昨天见到陶新畬的情况讲给他听，我说："他前脚开车，我后脚就赶来了，走了一个通宵，白天在武安堰镇睡了一觉才来找你的。"他问我吃饭了吗？我说等会儿与船家一起吃。他不由分说，立即回去叫人做饭，一小时之后有个士兵提着装了四样菜一碗饭的盒子送来了。

我说："这次来找你，专为打听陶新畬准备怎样对我们下手。"

他说："他们昨天就回来了，我们都去迎接。晚宴前，陶新畬告诉我，他在荆门看到你，没让你搭车，因为车上还有两个检查组，他不好办。又说你们不做正经事，到处混混，打算把你们取缔了。"

张克侠将军说："当时姓谢的副主任也在一旁附和了一通，说你们没什么力量，不外是靠军队撑门面，军队到哪里，你们也跟到哪里，南漳的饭店让三青团、童子军砸了才不得不关门，等等。"

我问："李文田态度怎样？"张克侠将军说："李文田背上长了个毒疮，正在老河口住院呢！"

1938年3月,时任第6战区副参谋长的张克侠(左四)与周恩来(左六)、王明(左三)等在武汉八路军办事处合影。

我又问:"他们打算怎样对付我们?"张克侠说:"陶新畲准备把你们的合作商店都封掉,逼你们散伙;姓谢的也说早就想查封你们了,正考虑找什么理由。"

张克侠将军说:"昨天来的两个检查组都是国民党特务组织里的反共专家。所谓检查,主要目的就是抓共产党。你们要谨慎小心才是。"他又说,"我看那些饭店、商店收场算了,免得被他们查封造成损失。"

第二天一早,我又直奔襄樊找区党委。途中遇上雷阵雨,淋了个落汤鸡,一会儿天放了晴,慢慢地又把身上的湿衣服晒干了。这一天又走了100多里,到襄樊天已大黑。得知党委书记王翰已到谷城县,这样只好在襄樊住下了。天一见亮我又匆匆上路,赶到谷城,向王翰书记汇报了这些情况。

王翰说,在当前这种情况下,党在荆当远的各种公开活动要一律停止,迅速转入农村从事秘密工作。并说我的目标已经太大,即使转入农村也极易被国民党特务发现,一旦被发现,还可能影响整个秘密工作,所以区党委已决定让我离开荆当远,我的工作另派别的同志接替。

我表示，如确须调动工作，愿去延安学习。我又提出，其他商店可以停止活动，但应当留一家影响较大的荆门合作饭店让他们来查封，这样更利于在群众面前揭露国民党欺压民众的丑恶嘴脸。

王翰同意了，但他说："你不要回荆门了，从这里转道中原局去延安吧。"

后来的事实证明，张克侠将军的警告和建议是十分及时的。

直到新中国成立后我才证实了对张克侠将军的猜测。原来张克侠早在1929年就在上海加入了中国共产党，作为担负着特殊使命的秘字号党员，除了周恩来以及单线联系人之外，再没有任何人（包括他的妻儿亲属）知道他的中共党员身份。

在荆当远，张克侠将军一直暗中帮助保护着我们，并把我们当作知己。他在1939年的两则日记是这样写的：

三月十八日：……近日来对余之事业，颇为重要，合作饭店已由余集资开业，景象一新。今后，又将如何？孰难料定也。无论后果如何，此抗战之纤弱花蕾，不可为肆虐风雨所摧，慎之，爱之。有志者事竟成也。

四月九日：连日来，敌机不断骚扰荆门一带。接曾霞信，述及空袭及有关战争等事，情真意切。彼与郑等为动员民众抗日，鼓舞军心，出生入死，不亚男儿。中国军人亦能如此，何患国仇不可报乎！

在张克侠的生命最后几年所写的自传中，也披露了些许他当年对我们的观察以及对我们的支持和保护：

……在部队到达荆门前，就听说荆门附近出现了两个女同志，她们动员民众帮助部队运粮运草，促进了当地社会安定。人们都猜测说，她们是共产党，否则没有这么大的本领和魄力。我也认为她们一定是自己同志，于是决定主动与她们取得联系并给予帮助。到荆门后我即去会见她们，原来是曾志同志和郑速燕同志，她们以开饭馆、办合作社为名，从事党的工作。我了解了她们的工作情况之后，就尽一切可能，直接或间接地帮助和掩护她们，尽一切可能创造条件，使她们能够坚持工作。

新中国成立后，张克侠先后担任上海警备区副司令和林业部副部长。在林业部副部长任上曾经提出要在黄河两岸，特别是甘肃省境内大力植树造林，并发出了"20年让黄河变清"的呐喊，但久久得不到响应和首肯，因而感到十分苦恼，身体也随之每况愈下。

张克侠带着壮志未酬的深深遗憾逝世于1984年。

现在，可以告慰这位老林业部长的是，继"三北"防护林、沿海防护林和长江防护林等世界级特大型造林绿化工程之后，黄河流域的防护林工程也已全面启动。我国151位"两院"院士又在《中国绿色时报》上联名呼吁"行动起来，拯救黄河"。我们有理由相信，张克侠的遗愿一定可以实现！

住院治眼疾巧遇陶铸

区党委同意送我到延安学习，我高兴得恨不得立即长上翅膀飞向延安。但又一想：如果我不吱声就走，国民党特务一定很快就会警觉，这对于荆当远各公开活动点同志们的撤退是极其有害的。我必须在退却之前露露脸，还要煞有介事地告诉他们一声：我要走了！我想这样可以麻痹那些国民党特务。

于是我决定去鄂豫边界的老河口医院看望李文田副军长。

当我出现在李文田面前时，他感到十分意外。我说："听说军长住院，特来探望！"他赶忙让座，客气地说："领你的盛情，谢谢你！我快好了，快好了！"客套几句后，我突然说："军长，我要离开这里了！""为什么呀？"他问。

我便把陶新畬在荆门对我的蛮横无理告诉他，我激动地说："我们流亡青年凭着一腔爱国热忱，用自己微薄的力量，为军队为民众做些抗日事情，这难道不对吗？怎么倒说我们是混来混去？陶新畬副主任去重庆受训前还口口声声感谢我们帮他运了军粮，解了军队燃眉之急。军长也知道，当时日本飞机怎么轰炸扫射，当时县政府又在哪里？！我们冒着生命危险下乡找来民夫运军粮，为过往军队烧水做饭，恢复了市场，繁荣了经济，使荆门由一座死城变成了活城，这难道没有功劳反倒有罪吗？那么，这到底叫什么罪？我们都是有血有肉有感情有学问的青年学生，你陶主任说翻脸就翻脸，我们实在受不了。中国之大，哪里不能抗日救国，为什么非要在这里忍气吞声受他的侮辱？！"

这些都是憋在心里多时的话，所以说得滔滔不绝，痛快淋漓。

李文田问："那你准备到哪里去？饭店又怎么办呢？"

我说："先回湖南老家看看再说；饭店只能听其自然了。"

李文田顺水推舟地说："离开也好，政治部那帮人总怀疑你们是共产党。"

我气愤地说："共产党也是主张抗战打日本鬼子的。国共不是合作了吗？怎么上面讲合作，下面却要反共呢？我不是共产党，不怕他们搞我，但这口怨气实在吞不下！"

李文田劝解道："你们还年轻，对于社会上的事还不全懂。唉，世事险恶啊！"

我说："就是有人不准我们抗日救亡呗！"说完，我请他多加保重，便告辞了。

我去找李文田并在他面前装出一副又怨又恨的样子，是为表明我是被气走的，走得光明正大，这也是一次退却之前的进攻，以便让李文田把我离开的消息传播出去，麻痹国民党特务，掩护我们的同志安全向农村转移。

新中国成立前襄樊城一景——古昭明台

因为这些天我跑路太多，过分劳累，加上天气又热，日晒雨淋，所以突然害起眼病来，眼珠痛得厉害，日夜不能入眠。回到襄樊住了几天医院，天天只滴眼药水，病情却越发重了。我正不知如何是好时，陶铸来了。

他也是来住院的。他去随县的鄂中专员公署参加抗敌工作委员会的会议（他是委员会的顾问），散会后反共专员石毓灵企图扣押他向国民党邀功，并已将他软禁了一天。因附近有我们的部队，姓石的思前想后最终没敢动手，只好改为礼送出境。所以，陶铸便来到了襄樊，组织上安排他住进了教会医院。

我的眼睛医院治不好，陶铸一时又回不了鄂中，为安全起见，经地方同志介绍我们又离开襄樊，到四五十里外的一个叫黄龙档的村子住下。

这时我的眼睛已成灰白色，终日钻心地痛，三步以外就看不清人的五官，快要瞎了。有人介绍了一位中医，说是会治眼病，于是我们便雇人用轿子从50里外把他抬来。他看了我的眼睛，也不说我害的是什么眼疾，只叨叨着"很严重，很严重！"他从挂在身上的小铜罐里倒出些药粉，撒在捣碎的葱白上，敷在我两眼上方的额头上，又用"太阳膏药"贴在上面加以固定，同时开了剂中药让我服。不料只一天，我眼珠的疼痛就大为减轻。如是又过五天，眼睛竟然不痛了，视力也恢复了一些，只是模糊不清，一件东西能看出两三件来。然而，医生不能久留，我们只好把他送走，自己住在村里慢慢养病。

我们与房东老太合住一间大屋，我们睡的竹床宽不到三尺，老太太睡自己的木床，通讯员则睡在隔壁临时搭起的小铺上。

老太太清早下地，天黑才回来，通讯员则每天要走很远，去送信、买药、买菜。因此，服侍我的事全由陶铸一人承担。他天天为我煮饭做菜熬药，照顾得十分仔细周到。有一次通讯员把换下来的衣服放在脸盆里泡了一天多，陶铸也帮他洗好晒干了。

陶铸在黄龙档陪我住了半个月，就又准备绕道返回鄂中了。

这时，有位同志介绍说宜昌有一个眼科门诊，据说不错，建议我去宜昌治疗。我寻思，若瞎了眼，也是一大不幸，不如趁当前没有工作担子，去治一治。而且宜昌也有住处：荆门合作饭店有位青年叫陈鸿儒，就是宜昌人，他也是汤池训练班的学生，现在已转入荆门南区农村工作。于是我决定前往宜昌。

我比陶铸先走一步。他送了我十几里路，一直送到襄樊至荆门的公路上，才返回黄龙档，然后便去了鄂中。

我到宜昌后，就住在陈鸿儒家，每天到眼科门诊做治疗。

治疗的方法很奇特。一个小砚池，一块拇指大的药石，一根玻璃棒，用药石蘸水在砚池中磨，再用玻璃棒蘸上磨出的药浆往眼睛里涂，每天三四次。说来也怪，这么治却很有效，几天时间眼球的颜色就基本恢复了正常，视力也逐渐好转。我再一次亲身体会到了祖国民间医学的神奇。

平林店被扣

在宜昌治疗20多天后，我又来到了荆门。

这时荆门的情况已经大变：军民合作饭店已关门，门上贴着县政府的封条，街上很冷清。我知道此刻我的处境已很危险，现在荆门已没有第33集团军的部队驻扎，只留下一个兵站，而国民党的三青团、童子军又猖獗起来了，我必须得想个办法才是。

于是我便去见兵站站长。兵站站长属营级，部队一走，一个营级军官在县里就算高官，就可以呼风唤雨了。这个站长与我素有来往，那张"准予搭车"的名片就是他给我的。

他见到我时有些吃惊，听说我是从宜昌治眼病刚回来的，倒也算客气。

我说："怎么饭店被县政府贴了封条？饭店的人都到哪儿去了？请问站长知道什么消息？"

他回答："这些我都不知道。只是听到街上有人议论，有说你们是共产党的，有说国难时期政府不该这样对待老百姓的，也有说你们做了不少好事，疏通了城乡贸易往来，要不然荆门如今没这么兴旺的……"

我说："正是。荆门被轰炸，县政府的先生们躲的躲、溜的溜，现在却耀武扬威，取缔我们的饭店，这叫什么事儿？我们开军民合作饭店，宣传抗日救国难道错了吗？前线国军不都在抗日战场上浴血奋战吗？你们兵站不也在为前线打鬼子而日夜操劳吗？县政府封了我们的门，封不了我们的心，这里不留人，自有留人处！"

我又说："今天我是特来拜见你的，感谢你对我们军民合作事业的热情支持。同时也来辞行，我现在就去襄樊，然后回湖南去。"说完我就告辞出来，朝通往襄樊的大路上走了。

我去见兵站站长的目的，一是要给三青团、童子军造成一种印象：我与兵站仍有良好关系，使他们不敢立即向我下手（有两三个三青团的人，见我在兵站站长那儿，探头瞧了一下就走了）；二是让三青团知道我是离开荆门到湖南去，避免他们在荆门一带追究我的下落，给其他同志造成威胁；三是表明我不怕恐吓，光明磊落，还是个横冲直撞的热血青年，使三青团的人仍然摸不准我的真实身份。

我去宜昌前，鄂西北区党委已经重新配备了荆当远中心县委的领导班子，刘真、张清华、吴云鹏、马某某等同志的工作仍如从前，未作变动。

我离开荆门，并未去襄樊，而是去了枣阳地区的平林店。这是我与陶铸在黄龙档分手时约定的等他信件的地点。

平林店是一个小镇子，有天主教堂，第22集团军的特工队通讯站就设在教堂里。这个特工队是由我们地下党的郑绍文①负责的。

第22集团军来自四川，它不是蒋介石的嫡系而属杂牌军，所以一直受歧视，待遇较差，司令官孙震也与蒋介石有矛盾。

我党在第22集团军较广泛地开展了统战工作，还派了一些同志打入一些要害部门，郑绍文就是其中之一。他所领导的通讯站实际是我党的交通联络站，除做饭的厨师外从站长到工作人员不是党内同志就是革命青年。通讯站的大印、招牌直到信封、信纸则都是第22集团军直接发的。

郑绍文

去平林店，记得走了一段水路，可能是在宜城下的船。途中有一段小插曲，还挺有趣儿。

那是一条只能容纳两三个人的小船，我在船头坐着，看着两岸风光。不久后

---

① 郑绍文（1905~1993），四川潼南人。1927年加入中国共产党，后经组织安排在国民党军内任职。新中国成立后曾任司法部副部长、最高人民法院副院长等职务。

面来了一只同样的小船，船头上坐着两个国民党士兵模样的人。两船同时走，且渐走渐近，也不知怎么回事，当时突然冒出一个逗他们耍耍的念头。于是我故意拿出一个小本子，东张张西望望，然后低下头写些古诗（本子上原来就有几页记着些购物的账目，也是为了骗特务事先就写上的）。这以后，那只船就一直若即若离地跟在我们后面，我只当没看见，照样抬头四顾，低头写诗。最后，他们终于靠过来了，还上了我们的船。我当时穿的是黄色的类似童子军的上装，胸前佩戴着棉业改良所的牌子。他们客气地问我："写的是什么？"我抬起头来好像刚刚发现他们，笑着说："哦，抄一些旧诗玩！"说着顺手把本子递给他们："请多指教！"一个士兵接过本子翻了一下，立即满面堆笑地说："小姐能写诗，真有学问！"他看了眼我胸前的牌子，再不敢盘问，只说："见你在船上张望，还以为你在画地图呢！误会，误会，真对不起！"说着就回自己船上去了。

我到达平林店的天主教堂已是下午了，这里是事先约定的接头地点，平林店通讯站也早知我要去，只是互不认识罢了。做过一番自我介绍之后，我就在教堂里住下了。同在教堂住的还有中共随（县）枣（阳）地委组织部部长唐韬默和他妻子冯珍。

不料，第二天早上大约8点多钟，进来几个穿便衣的，要站长和唐韬默随他们去枣阳城的军部，说这个通讯站很值得怀疑，又要把我和冯珍带去见什么黄高参。

站长（已不记其名）分辩道："我们有军部委任的印章和证件，你们怀疑什么？"说着把公章和证件都取了出来。两个便衣看后说："还是去军部吧，你们自己当面去讲清楚！"于是他们便随便衣去了枣阳。

我与冯珍被带到距平林店两三里外一个村子的黄高参那里，并被告知：须在这里住下，等去枣阳的人回来才能走。

这是一座大宅院，主房住着黄高参。他表面上很客气，同我们谈天说地、拉东扯西，但可以看出他实际上是想套我们的底。

他说他夫人是高中学生，北伐战争时的共青团员，现在四川教书。他吹嘘说，他曾看过许多马列主义的书，他并不反对共产主义，但认为，共产主义不合中国的国情。他还抱怨说，高参没啥搞头，不过是块空牌子，等等。

我想我们还是少说为佳，所以只是静静地听他讲。

黄高参又问我们是不是大学生，籍贯哪里。我说："冯女士是北平的大学生，流亡来的；我籍贯湖南，因祖父在福州经营盐务，所以家也迁往福州，我是福州学院的学生。"

其实这一半是蒙他的瞎话。我在福州工作多年，福州话讲得相当好，而且福州学院的情形也基本了解，所以即使他有所盘问也不致出现漏洞。不过冯珍倒真是"中国大学"出来的，所以她听我介绍她是大学生时吓了一跳，脸唰地白了，忙说："我不是大学生！"听了她的辩白，我笑起来了，高参也笑了。

回到房里，冯珍怪我，说不该讲她是大学生。我告诉她，在这种势利人面前就是要把自己的身份提高些。

中午与晚上两餐黄高参都同我们一起吃饭，晚上我们就睡在厢房里一户佃农的床上。第二天，这位佃农悄悄告诉我们：地委叫我们不要着急，已派人去枣阳打探情况了。原来，这位佃农恰好是我们的地下党员，真是无巧不成书。

又过了一天，唐韬默与通讯站长安然回到了平林店，我与冯珍便也离开了黄高参的家。

唐韬默说了他们的经历：他们被带到军部后一直在门卫的房子里等候，直到晚上10点也没人理睬，也不给饭吃。11点多了，一位像是副官模样的人满脸堆笑地走进来，拱手说道："对不起，对不起，把你们请来纯属误会，下面的人不了解情况，害你们跑了这么多冤枉路！"说完，他立即叫人端茶备饭，领往旅馆住宿，并说："明天就请二位听便回去。"下面的人原来都板着面孔，一下子又低眉顺眼，唯唯诺诺起来。第二天他们便自由了。

事后，见到随枣地委书记顾大椿①时，我问他："怎么抓人时严重得不得了，放人又那么随便呢？"

顾大椿说："由于这里不是蒋介石嫡系部队防区，军队中又有我们地下党组织，因此我们一些同志来此工作便不大注意秘密工作的原则。组织部部长唐韬默夫妇常到通讯站住，就有这个毛病。前几天他写了一封信给鄂中区党委杨学诚，没有寄出就同自己的笔记一起放进挂包里，挂包就随意挂在了通讯站的住房里。不料通讯站来往的人很多，结果挂包被特务偷翻了，从而暴露了共产党员的身份，还牵连了通讯站的地下党，这样就把人抓了。"

---

① 顾大椿（1915~2007），江苏南京人。1936年加入中国共产党，新中国成立前曾任中共随枣地委书记，新中国成立后任湖北省委书记、全国总工会副主席等职务。

"那怎么又放了呢？"我仍然一知半解。平林店被扣押事件的来龙去脉，直到三十四年之后我才从当事人那儿听到详情。

那是1973年，曾在第22集团军司令部任过职的地下党员胡春甫从四川来京住在中组部招待所（当时他任省委统战部部长），听说我也在招待所，便来看我。

谈话中我问及平林店被扣的事，他说了以下情况：平林店便衣侦探打到司令部的电话是他接的，他没有立即向上汇报，而是要便衣先把人送来司令部，随后又立即与地下党的同志商量对策。大家认为，要充分利用国民党军队嫡系

老年顾大椿

与非嫡系的矛盾，抓住通讯站是第22集团军直属机构，公章与一切证件都由军部发放这一要害问题做足文章，全力营救被扣同志。这样我们便在军部上下散布这些话，并立即起了作用。加之当时虽然国共间有"摩擦"，但对于公然抓捕共产党，第22集团军还有许多顾虑。所以，唐韬默等人被扣并送来司令部的事，军部一直不敢张扬。接着我们又把便衣找来，告诉他们："通讯站的公章和证件都是司令部正式颁发的，把通讯站的人当共产党抓，不是给自己脸上抹屎吗？国共合作怎么搞，下面不清楚，你们不要造次！"这样就把人放了。

这事发生之后，顾大椿便将我转移到20里外高家村的一个小学校里。小学已放暑假，空无一人。不多天，我收到了陶铸来信，要我就地等他一起去延安。于是我便等他，却一直不见他来，心里自然很着急。一直等了半个多月，才又收到他的信，说暂时走不开了，要我自己先去延安。

国民党送我到中原局

我去延安是要经过中原局转介绍信的。那时中原局在河南省确山县的竹沟镇一带，我必须先到位于湖北随县与河南桐柏县交界处的一个地方，只有到了那里才有交通员带我去竹沟镇。

我所住的高家村小学校距那个交通站有一天的路程，那时国民党与共产

党搞"摩擦"的劲头正越来越大,沿途国民党特务与军队盘查得很紧。我这一路要经过多处军队驻地,我该如何应对这些盘查呢?

看来,我只有"明知山有虎,偏向虎山行"了!行前,我为自己做了一番改头换面的打扮:我特意穿上了一套童子军式的黄制服,头戴制帽,腰扎皮带,胸前还醒目地佩戴着一枚"棉业改良所"的证章。这枚证章以及我随身带的"棉业改良所"的证件,是上次去襄樊遇到杨显东先生时向他讨要的。我知道凭着这两样东西,在鄂北农村的植棉区便可以随意通行。我把自己的身份设定为棉业改良所的技术指导员,此行的任务是巡视随县一带的棉花种植情况。我在汤池训练班经常听杨先生谈棉花栽培,已有的棉花知识糊弄那些地痞和士兵已绰绰有余。

于是,我大摇大摆地向国民党的联保公所走去,人还未到门口,就大声大气地对站岗的保丁说:"你们主任在吗?"我一边问一边径直走了进去。

岗哨见我派头十足,哪里还敢阻拦,"啪"的一声立正:"报告!主任不在,里面还有办事的人!"同时立刻向里面大声通报:"有客找主任——!"

办事的闻声迎出来,见我是个女的,起先有些轻慢,但见我目空一切居高临下的神态便又立即恭敬起来。

"嗯——我是省建设厅棉业改良所的技术指导,来这一带视察棉花种植情况,路过贵处,请你们派牲口送我一程!"

抗战中,国统区建立了一种各联保所共同支援来往官员和军人的民间交通网制度,凡国民党官员与军人,下乡到各地都可以要求联保公所派牲口或民夫护送,但一般一程不超过20里,到另一地则换另一联保公所护送,这样一程接一程,一直送到目的地。

见我如此说,办事的不敢怠慢,忙说:"那好,马上派,马上派。请先进里屋坐!"

我进屋坐下来,故意拉长了声音跟陪我的人东拉西扯。我问他:你们这里哪块地的土质适合种棉花?这里一共种了多少亩棉花?什么品种?长势如何?病虫情况怎样?老百姓对种棉有什么反映?不料一问三不知,他一句也答不上来,显得很是惶恐,满脸愧色,恨不得地上有个缝能马上钻进去。

于是我对他讲,要注意棉花品种,棉业改良所最重视品种改良,从美国引进的丝质棉纤维又长又白,所以纺纱织布质量高、价钱好……他似懂非懂地一个劲点头。

中共中原局旧址

之后，我又用教导的口吻说："农民种棉花意义很大，老百姓和军队穿衣都少不了棉花——是不是啊？"

他连声答应："是，是！"

"现在是抗战时期，大家的工作都多，任务都重，但种棉这件事万万不可忽视，这也是你们联保公所职责范围内的事情嘛！"

"是，是！"他又一个劲点头如捣蒜。

"那就拜托诸位啦！"我见马已牵来，茶也喝够，就十分宽容大度地结束了"训示"。那帮办事的便一齐装出已把我的话句句听进去记住了的神情，信誓旦旦地说："请长官放心，我们一定照办，一定照办！"

他们赔着笑脸扶我上了马，一个保丁牵着缰绳走在马前面，我漫不经心地向背后的人挥了挥手，便骑着马晃晃悠悠地走了。

这一关过去了，后面有岗哨的村子就更容易了，因为到了下一个联保公所，不用我费口舌，牵马的保丁就会自己去要马、要人，联保公所也会立即照办。于是，这一匹匹联保公所的马与一个个牵马的保丁就成了我一路过卡闯关的通行证。我骑在由保丁牵着的马上，途中所有的岗哨、所有的军人都没有盘问一句。就这样，国民党的联保公所一路小心翼翼、恭恭敬敬地把一个女"共党"安全护送到了鹿头镇。

在鹿头镇住了一夜，交通员便带着我经由桐柏山的一条小路向河南确山县进发，好像又步行了两天才来到中共中原局的所在地——竹沟。

刘少奇

竹沟是一个小镇,却筑有城墙,估计有四百来户人家,商店少而小,城边还有条干沙河。我住在一个农民家里,最麻烦的是没有厕所,后来才知道,猪栏就是厕所,人粪就是猪食。这又是怪事一桩。

中共中原局书记是刘少奇,但当时他不在那里,在家的主要负责人是朱理治①。在这里我还见到了张执一、郑民石、潘琪等,大家都是熟人,见了面自然都十分高兴。

我在竹沟住了一个多星期,1939年10月,在办好中原局的关系介绍后又由交通员送我去延安。

我在荆当远的工作,除了去宜昌治眼病的时间外,掐指算来约有10个月。这10个月既是国共合作时期,又是国民党跟我们搞"摩擦"的时期,我既要开展党的地下工作,又要进行公开的抗日活动与统战工作,既完成了荆当远地区重建党组织的任务,又进行了坚持敌后游击战的思想发动和细致的具体准备。从我个人的经历而言,这一时期的工作是完全崭新的和极富挑战性的,在这秘密和公开的两条战线上,我的工作虽不能说得心应手、游刃有余,但确是尽了力的,现在回过头来看,也是很有成效的。

第33集团军虽然有一些坚定的反共分子,但从总体上说,他们是我党在抗战时期真正的友军。

虽然日军不久便占领了这片土地,但由于我们已事先做了充分工作,因此荆当远党的组织和群众组织都没有受到破坏,还拉出了一支武装队伍,壮大了新四军的力量。有一大批从荆当远走出来的干部以后成了各地的党政领导,成了新四军第5师的各级指挥员。

虽然在荆当远的工作时间只有不长的10个月,但是这10个月在我的人生历程中却是刻骨铭心、没齿难忘的。

---

① 朱理治(1907~1978),又名朱铭勋,江苏南通人。1927年加入中国共产党,早年求学北平,参加革命运动,后奔赴延安,在"肃反"运动中成为争议人物,1939年出任中共中原局委员。新中国成立后曾任中共华北局书记处书记等职务。

一个革命的幸存者
曾志回忆录

第十章 宝塔山下

● 又见彭老总
● 见到毛主席百感交集
● 我和陶铸在延安团聚
……

又见彭老总

1939年10月中旬,交通员送我由竹沟去西安,同行的还有中原局秘书长郭济斧的夫人。为了避免国民党军队盘查,我们避开大路,尽量走山间小道,而且昼行夜宿,全程步行,到底经过了哪些县城与村镇,现在记不清了。

11月初,我们抵达西安,被安排在党的招待所住下。因等交通汽车,我们在西安住了一个多星期。

11月底,招待所通知有汽车去延安,要我们马上动身,并给我们每人发了一套灰色的棉军服。军装太大,穿在身上空落落的,特别是裤子,长出五六寸,穿上后显得很滑稽。汽车是敞篷大卡车,车上除我们两个女的,其余都是男同志。大家都站着,汽车一开,左摇右晃,前俯后仰,每一块肌肉都处于高度紧张之中。

在一条泥浆路上,汽车陷住了,同志们都下了车,喊着号子推着车走了几十分钟。到达宿营地时,大家照顾女同志,把我们单独安排在一个窑洞式的屋子里。

我很快发现,对面屋子住了一位首长,他穿件灰蓝色皮大衣,戴着皮帽,不知是谁。长期秘密工作,养成了多观察少打听的习惯,所以我也没去问人家。

不料进屋不久,那位首长来了,他问我:"你是不是曾志呀?"

我很惊讶:"是啊!你怎么知道我的名字?"

"我们在井冈山见过,以后在瑞金也见过呀,你不认识我了吗?我是彭德怀!"

"哎哟!怎么一点也没认出来!相隔十年了,你记性可真好!"能在这里碰到尊敬的彭老总,真是喜出望外,我当时高兴得蹦了起来。

彭老总说:"今天在路上见你同战士们一起推车时那拼命三郎的样

子,就估计你不是一般的女学生。后来我慢慢想,才想起可能是你——果然不出所料!"

第二天路过一个镇子时,停车吃饭,彭老总邀我们两个女同志到一个小馆子里吃葱爆羊肉,这是我第一次觉得羊肉好吃。晚上好像在耀县宿营,邓发①跟我们住一栋房,也要去延安。邓发我早闻其名,却一直没见过,这次经彭老总介绍才认识。邓发的穿着很一般,但显得很精神。

又一天,下了大雪,路不好走,只好歇下来,邓发要去打猎,我就跟去了。斑鸠、野鸽子成群结队地在雪地里寻食,黑白分明,一目了然。邓发枪法很准,有时一枪能打三四只,所以一个多小时就打了一大串。晚上大家便聚在一起美美吃了一顿百鸟宴。

晚饭后,彭老总邀我去他房间聊天。他问我怎么现在才去延安。我告诉他1936年在上海时就想去延安了,但当时交通不便,后来待我提出来,组织上又没同意,之后又到湖北两年,因为在荆当远工作有些暴露,这才让我去延安的。我问彭老总,我们部队下井冈山之后,敌人是怎么打上去的?彭老总说,敌人是从小井山下循着砍柴采药人的行走路线攀藤砍树上来的:"我去黄洋界哨口巡察,走到小井医院附近,就发现了敌情,这时敌人已占领小井山头,绕到黄洋界后面了。"

抗战中的彭德怀将军

邓发

---

① 邓发(1906~1946),广东云浮人,中共前期领导人之一。1925年加入中国共产党,早年参加省港大罢工,后转往闽西苏区,成为"秘密警察"领袖,曾主导闽西肃反,其扩大化影响受到批评。1934年参加长征,曾任延安中央党校校长,中共"七大"中央委员等职务。1946年同博古、叶挺等人一起因飞机失事遇难。

接着，我们又谈到已在延安与毛主席结婚的蓝苹（江青）在上海演艺界时的一些传闻，还谈到彭老总的前妻与陶铸母亲在船上相遇后的一段经历。前妻在革命困难时登报脱离关系，所以彭老总拒绝与其恢复关系的事，就是这天晚上他自己告诉我的。

我问："那么现在你结婚了吗？"

"结婚了，她是个女学生，很纯洁很温柔的。"说到爱妻，横刀立马的大将军立刻喜上眉梢，变得春风得意起来。

在赴延安的途中遇到彭老总，而且有机会与他推心置腹，秉烛畅谈，对我来说，实乃一生之幸矣！

见到毛主席百感交集

1939年12月，我终于来到了心仪已久的圣地延安。

望着巍巍的宝塔山，望着一排排错落有致的窑洞，我的激动之情难以言喻。中央组织部出面接谈的是科员刘立青[①]。因为我离开竹沟前，中原局已电告中央组织部并说明我要求进马列学院学习，所以刘立青便问我："你想去马列学院吗？"我说："是的。"他交代我写一份自传，同时安排我到中组部招待所住下。

招待所在杨家岭附近的一排窑洞里，我去时已有十几位同志在那里了。

所谓窑洞，就是黄土坡上挖出的一个个山洞，每洞长十来米，宽约四米，土质坚实、干燥，冬暖夏凉。窑洞内一半是土炕，炕下有通烟沟，冬天炕下烧火，炕上及整个窑洞都暖融融的，每炕至少可睡四个人。窑洞口则一分为二，上窗下门，近门处光线还是很充足的，可以读书写字做针线。

安顿好后，我做的第一件事，就是伏在炕上给毛主席写信。大意是：自1932年漳州一别，我常常想时时盼，希望再见到您；1936年我就想来延安，想回到您身边了。今天这个愿望终于实现，我已来到这里，期待着您的接见！

[①] 刘立青（1908~2006），湖南宁乡人。1926年参加革命，是黄埔军校五期学员。1930年加入中国共产党，1937年赴延安，任中组部干事、中央警卫科科长等职务。新中国成立后在铁道部工作，曾任铁道部基建局副局长等职务。1985年离休，2006年病逝于北京。

革命圣地延安

这封信我是请刘立青代转的。

把信转走之后只过了两天，毛主席很快就回了信，是他亲笔写的："曾志同志，接到你的来信，实是高兴，你明天就来我这里，我让中组部派人带你来，见面再长谈。"

第二天早饭后，中组部刘立青派一位警卫战士带我去杨家岭毛主席的住地。警卫让我进叶子龙①的窑洞等候，他便去通报了。

不一会儿，毛主席过来了，他高兴地紧握住我的手："你来了，很好，很好！"说完便把我迎到了他的窑洞。

主席的窑洞比较大，前半截是石砌的，摆着小书桌，几张木椅凳，另有一个书架，有许多书，还有一张吃饭用的矮方桌。

主席说："这几年上海那边有人来延安，我都注意打听你。潘汉年来时我也向他问起你和蔡协民，但他同样没有你们的消息。今天见到你，好高兴噢！这几年你们在哪里？蔡协民呢？你们还在一起吗？"

主席的关怀，使我内心的酸甜苦辣一起涌了出来。这八年来在白区工作是何等地艰难啊！四次无端蒙冤，一度丢失党的关系，而重新寻找党组织的

---

① 叶子龙（1916~2003），湖南浏阳人。1932年加入中国共产党，早年参加工农红军，做报务工作。红军到达延安后，叶子龙在毛泽东身边担任机要工作。新中国成立后曾任北京市副市长等职务。

在延安的毛泽东

过程又是那么的坎坷漫长；蔡协民的牺牲是那样的悲壮惨烈，而与陶铸的悲欢离合，又是那么的大起大落。真是百感交集，一言难尽的八年啊！面对兄长般的领袖，我将几年来的郁闷委屈一股脑儿地倒了出来。最后我又告诉主席："我这次来延安准备进马列学院学习，因为长期在白区工作，没有条件系统学习。"

主席颇解人意地静静听我讲完，然后点点头说："很好，你有了实际工作经验，再认真学习马列主义理论，理论与实际相结合之后，把经验好好总结起来，自己才可能有真正的提高——实践、理论、经验总结，再上升到理论。所以，这种学习是很重要的。"

如此看来，我应当要求多学一些时日，于是我说："主席，我打算在马列学院学一年。"

不料毛主席说："学理论一年不够，最好学它三年，至少要学两年。学马列要精通它，要学会运用，要多读些经典著作，而且要用心精读。"主席又说，"我这书架上有不少马列主义理论书，你随时可以来拿。"

吃晚饭时，主席说："以后，你星期日就来我这里吃饭。"我不假思索地说："那好啊，来吃一顿好的！"主席一听，愣了愣，立刻笑了："哦，吃好的，吃好的。"我这么说当时就后悔了，主席与全体将士同甘苦、共患难，军装上打着补丁，吃的也是粗茶淡饭，我这么说太不合适了。其实我也不是真想吃香喝辣，只是一到主席面前就不由得变成了大小孩，不由得变得调皮了。

饭菜端上来了，大米、小米加土豆的三合饭，一碗白菜，一碗豆芽（豆芽带着许多壳子，很老了），只有那碗烧土豆里有几片薄薄的肉。据我后来的观察，主席的伙食比王明他们差多了。王明的伙食是鸡鸭肉不断，色香味俱全的。

这些年读到一些回忆文章，说主席对党内同志一般并不迎送，这事我不敢妄加评判；但至少对我，主席是时有迎送的。延安时期是这样（那时我们常见主席），即使是新中国成立后一段时间，我去中南海看望他，辞别时，他也会一直送到勤政殿外，看着我登车而去。我认为，主席那时很平易近人，我们也只把他当作一位可尊敬的领导和可亲近的师长，是与我们一样有血有肉，有喜怒哀乐、七情六欲的人。至于后来毛主席慢慢被人高高捧到了天上，当作偶像一样供奉朝拜起来，由"人"变成了"神"，"一言堂"代替了党内民主，最终导致了"文化大革命"，自然是令人扼腕叹息的！

吃饭时，主席才将江青唤过来。关于主席与江青结婚的事，我在上海时就听说了。我当时十分疑惑，像主席这样一位伟大的无产阶级领袖，怎么会与上海滩这位声名狼藉的明星结合呢？她与贺子珍是两路人，而子珍才真正是我们自己的人啊！不理解！怎么能理解？！所以谈话时我不愿听到江青的名字，更不好去问贺子珍的情况。

江青走了过来。我在上海时看过她的戏剧广告，几乎有房子一面墙那么巨大。广告上的江青还是蛮漂亮的，但这会儿，我却实在看不出她有什么漂亮，也许是烛光太暗淡的缘故。她高高的个子，穿着臃肿的灰棉服，样子不显年轻，却在胸前吊着两根姑娘式的长辫子，只是她的一双眼睛还算明媚动人。不知为什么，她整个人显得软绵绵、懒洋洋的，不大多说话，对我谈不上热情，也谈不上不热情，也就是客客气气的吧。

我们三个人一起吃饭，延安没什么好东西吃，我至今记得那盘豆芽菜，不去皮白水煮煮就那么端上来了。江青没吃几口就跑出去呕吐，我才明白她为何显得那么无精打采，原来是怀孕了。主席赶快举着灯去给她照明，又端水给她漱口，还轻轻地为她捶背，看得出主席很疼她。我不好再留，就说："天晚了，我该回去了。"主席说："以后每个礼拜天你就上我这里来，在我儿吃饭。我有很多书，愿看哪本就拿去，看完后再来换。"我傻不叽叽地说："那我以后每个星期天都到你这里来会餐！"主席收住了微笑，显得有点尴尬，我自知失言，后悔莫及。

也真是的，主席这里只有粗茶淡饭，哪里谈得上什么会餐啊！即使在新中国成立后，主席依然过着简朴的生活，他睡的是木板搭的床，枕的是荞麦壳枕头。主席在穿着上也很不讲究，只在见外宾时才换上皮鞋，一般穿布鞋旧衣。有一次我去看望他，都6月份了，主席还穿条破旧的有几个洞洞的毛裤。

我问："这么热还穿毛裤，是不是腿有毛病？"

"腿没毛病，只因块头大，买不到现成的线裤。"

"那江青不会给你定做吗？"

"我生活上的事她从不关心。"

"那我在广州针织厂帮你定做两套好吗？"

延安时期的毛泽东与江青

"好呀，那就麻烦你了，我有稿费，我自己出钱。"

于是我给主席定做了两套线衣线裤。在家里，主席总爱穿毛巾睡衣，那件睡衣不知穿了多少年，磨得又旧又薄了，还打了补丁。

江青在生活上很忽视主席，但主席对江青却是关怀备至。江青患子宫原位癌，在苏联做了放射治疗，主席念她有病，处处照顾她让着她。在广州，主席总是将自己的一号楼让给江青住，而自己到较小较差的三号楼去住，还将自己身边最喜爱的四个警卫人员派去照顾江青。他还特意交代陶铸要关心照料江青，他说："在生活上江青同我合不来，但是在政治上还是对我有帮助的。她政治上很敏锐。"所以江青虽然只是个秘书职务，但无论到哪里，看文件都必须按政治局委员待遇。有一年，主席要我替江青买块表，他说："江青跟我这么多年没有一块好表，她向我要块表，你在外面给她买一块，我出钱。"后来我托人到香港买了块金壳劳力士坤表，给了江青。

我和陶铸在延安团聚

上马列学院前我去中央医院做了一次妇科手术，切除了一个鸡蛋大的瘤子，同时也切除了痔疮。手术后两处伤口都痛，腰也痛，痛得我直咬牙，苦不堪言。出院前，医生又花了一个多小时，把我已经严重化脓的断牙牙根拔了出来。这就算是把这几年因动荡不定而老出毛病的身体初步地"全面检修"了一下。这种"全面检修"既需要医院的条件，又需要时间和金钱，更需要宁静的心绪，过去是完全做不到的，这一切只有回到自己的"家"——延安——才有可能一一具备。

我16岁从农民运动讲习所毕业，到如今再一次迈进校门，其间相隔了十多年，我已经不习惯坐下来读书了，主要是脑子静不下来，也动不起来。一捧起书本，没看两页不是想睡觉就是心猿意马、思想开小差。从某种角度来说，这样学比行军打仗还艰难。尽管如此，我却很努力。书读了一遍，获得些印象；读两遍，学到些皮毛；反复读，反复揣摩，反复思考，作摘录，写笔记，慢慢就有了心得体会，有了收获裨益。

三个月后，这一情况才有改变。这时，读书也读出些兴趣了，静得下心坐得住，自然也不打瞌睡了。

马列学院绝大多数同学与学院工作人员都住在山上的窑洞里。后来我搬到山下住平房，我们小房间共有四人：朱琏①、郭明秋②、王季青③和我。平房里有一大间是上大课的，说是课堂，却只有一个小讲台、一块小黑板，没有桌子椅子，一律要自己带坐的，在膝盖上作笔记。于是，有的一截木头，有的一方木板，有的一块砖头，有的则席地而坐，讲究些的带个小凳子。这

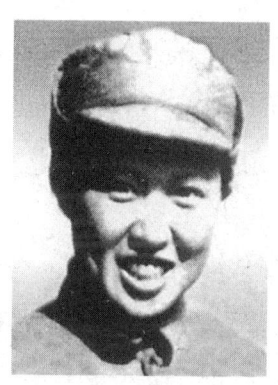

朱琏　　　　　　　　　郭明秋　　　　　　　　　王季青

---

① 朱琏（1909~1978），字景雩，江苏溧阳人。1935年加入中国共产党，曾任延安医科大学代理校长。建国后曾任卫生部妇幼卫生司副司长，系新中国最早的针灸专家。

② 郭明秋（1917~2010），河北涿鹿人。1935年加入中国共产党，早年在北平从事革命活动，抗战爆发后到延安，任蔡畅秘书。新中国成立后任中共东北局妇委书记、全国妇联宣传部部长等职。郭明秋系刘少奇秘书、原中共中央副秘书长林枫同志妻子。

③ 王季青（1913~2007），辽宁沈阳人，是原国家副主席王震夫人。1935年加入中国共产党，早年考入北京大学，并在北京参加革命活动，全面抗战爆发后到延安。新中国成立后任北京女子八中校长、教育部巡视员等职务。

就是我们有时兼做礼堂的教室。

过去我在别处总听人说延安生活很苦。到了马列学院，实际体验之后，倒觉得延安的生活比我们在上海时要好得多。在上海天天与我们做伴的是酸菜和开水泡饭，而且还经常吃不饱。延安虽吃小米，且壳子多、口感不好、拉嗓子眼儿，但管饱。这很重要。道理明摆着：吃饱肚子比什么都好。延安菜也不错，不是白菜就是土豆，没有断过顿，量又多。当然，井冈山时期也比不过延安，那时南瓜都不易吃上呢！

其实延安的群众很少种菜，也不太会种菜。可是大路菜，例如萝卜、白菜、土豆、红枣都还容易买到，就是猪肉、鸡蛋之类也并不缺，还便宜，一斤猪肉就两角钱。延安人有个习惯，不吃"猪下水"，因此猪的肝、心、肺、肠、肚就尤其便宜。

开始那一阵，每逢星期日我总是到彭儒、陈正人①那里吃猪肉囊子（即肚皮肉）。我们用装饼干的洋铁盒或搪瓷盆当砂锅，每次都煮三四斤，大家吃个饱。后来陶铸来了，家里便常炖猪肉红枣，请同志们一起来打牙祭，有时还去集上吃一顿"三不沾"。

再后来，毛主席号召"自己动手，丰衣足食"。为打破国民党反动派的经济封锁，延安军民掀起了轰轰烈烈的大生

彭儒与爱人陈正人（后排右）及子女在延安

---

① 彭儒（1913~2010，湖南宜章人）与陈正人（1907~1972，江西遂川人）是夫妇。彭儒1928年参加工农红军，1930年加入中国共产党，曾参加长征，解放后曾担任全国政协委员；陈正人1925年加入中国共产党，1928年参加创建井冈山革命根据地，参加长征后到达延安，新中国成立前曾任江西省委书记，新中国成立后曾任中央农村工作部副部长、机械工业部部长。

产运动。我们开出荒地，种瓜、种豆、种菜、种粮食，自己养猪，自己磨豆腐，集体伙食就更好了。尤其从1942年起，我在延安党校一部几乎餐餐有肉，馒头、包子、水饺也常吃，小米经过再加工也基本不见壳子了。我们还纺线、织毛衣、缝衣裤，真正做到了丰衣足食，陕甘宁边区也更加巩固了。

记得大生产运动中就已经实行了一些"各尽所能，按劳分配"的机制：纺线、缝衣、打毛线都给点手工钱；地里劳动，完成上级任务后，剩下的产品可以留给自己或送人，也允许上市出售。所以，当时劳力好的和手巧的，手里的钱就多一些。

总之，在延安，不但有安全感，而且精神生活乃至物质生活都是很富足的。作为来自国统区的地下工作者，我对延安的体验可能是与众不同的。

陶铸于1940年5月初也由鄂中经重庆来到延安，我们筑起了自己的小窝。不久我便怀孕了，妊娠反应很厉害，吃什么吐什么，连蛔虫、胆汁都吐了出来。医生确诊是怀孕后，陶铸很高兴，整天乐呵呵的。由于反应太厉害，我只好卧床休息，马列学院的学业便不得不搁下来了。

被王明谩骂

就在这个时候，中央决定调我担任中央妇委秘书长，据说这是蔡畅大姐提议的。

中央妇委书记是王明，副书记是蔡畅大姐。我在妇委只工作了四个月，后来因生孩子便离开了。

在此期间有几件事印象较深。

第一件事是，我从马上跌下，摔成了脑震荡。

西北局妇联离中央妇委有20多里，我因肚子大了，行路不便，往往是骑马来去的。有一次从西北局妇联参加她们的会议回来，骑马到马列学院附近已是晚饭后了，一些战士在割过谷子的地里打篮球，正好一个球飞来砸在马头上，马惊得两只前脚朝天把身子竖了起来，一下就把我摔到地上了。那时我已怀孕七个多月，我想这下完了，胎儿肯定保不住了。不料这孩子命大，竟一点事儿没有。倒是我自己跌下，头撞在石头般坚硬的冰地上造成了脑震荡，晕晕乎乎躺了20多天才下炕。

王明在延安群众大会上讲话

第二件事是，参加王明主办的宪政大辩论。

王明的"一切为了统一战线，一切服从统一战线"，实际上是一切服从国民党。他认为国共两党今后应当搞议会制，共产党的参政权应当通过议会辩论、议会选举来争取。为此，他在女大校址（王明是女大校长）搞了一次宪政辩论。

在临时搭起的一个台子上，辩论双方分坐两边。以马列学院的一位女同志为组长的四人被指定代表国民党一方，宣传国民党如何爱国爱民。以我为组长的另外四人被指定代表共产党一方，宣传共产党怎样爱国为民。辩论会开始，由双方组长主讲，组员可以插话和补充。反方能说会道，她们把国民党吹得天花乱坠，简直捧上了天；我则处处用事实驳斥，说明为什么共产党比国民党好。反方突然说："你们是卖瓜的夸瓜甜，你们的宣传是黄婆婆的裹脚布，又臭又长呢！"台下立刻哄堂大笑起来，好像听到了什么妙语一般。

这种戏剧性的议会斗争演习，这种不加引导、放任自流的所谓辩论，热闹固然热闹，实则弊多利少，这反映了王明错误的立场、观点和方法。女大与马列学院等院校的学生和教职员工一共有1000多人参加了这场辩论会，其负面影响不可谓不大。

第三件事是，王明出口伤人。

我过去没有专门做过妇女工作，更没有在中央领导机关做过妇女工作，所以刚到中央妇委时不知从何入手，自然也没多少主见，只是王明他们让干什么就干什么。也不知道我做错了什么事，有一天王明站在窑洞院子里，见我也在（我与他是邻居，共一个院子），便无来由地骂了句："笨猪！"紧接着又骂了句："讨厌！"接着他又自言自语道，"有的人比猪还蠢，真讨厌！"说完，就气冲冲地进了窑洞。很明显，这是骂我。因为他的窑洞没有旁人，而院子里也只有我。他平时看见我总是不理不睬，这会儿又这样出言不逊，真把我搞蒙了。是不是我做错了什么事情呢？我当时虽然觉得委屈，但也只能按下火，隐忍不发。考虑到大概王明不满意我的工作，而且自己也快临产了，我便提出了调动要求。

产后大出血几乎丧命

一天夜里，睡到半夜，我忽然感到枕头上有些湿乎乎的，点灯一看，全是血。原来是嘴唇破裂了，鲜血直往外冒。陶铸赶紧用湿毛巾把出血的地方按住，一会儿不出血了，但一不小心稍稍碰一下，鲜血又滋出来。看到无法止血，陶铸只好把我送到医院缝了四针。我算算预产期就要到了，就干脆住进了医院。

那天早晨6点，我感到腹痛，开始出血；8点多医生让我上了产床，可是直到12点仍没有动静；医生就吃饭去了，产房里只有一个护士值班。快到下午1点了，我的腹内突然生出一股力量，逼得我不自觉地往下使劲，忍也忍不住，几下子小孩就蹦了出来，护士慌忙用手接没接住，"咚"一声，小孩掉进了产床下面的铁盆里。这，就是今天的陶斯亮。

孩子生下来了，但医生去吃饭还没有回来，我在产床上躺了一个小时，才被人抬进病房。

病房也在窑洞里，里边还住了一个女同志，刚分娩两天。我被抬进病房后就再没有人来管我了，而我却开始大出血。想请医生来，又不好意思让刚分娩的病友去，这个时候我真希望医生能碰巧来一下，哪怕进来一个护士也好呀！可始终等不到。直到我感觉快虚脱了，才告诉对面床上的同志，她立刻起来，看我脸色苍白，马上去叫来了医生。这之后不久，我便失去知觉了。

事后知道，医生一来就接连打了两支止血针，又把床脚垫得很高，使头朝下、脚朝上，两个护士轮流用冷毛巾贴敷肚子，折腾了一天一夜，才止住血，恢复了平躺。医生告诉我，我至少失血2000毫升，血已经透过油布、棉垫、草褥子一直流到地上了。医生说止血针是外面买来的，仅有这两针，都用上了。我事后想，如果没有这两针，那天我大约就一命呜呼了。

1944年在延安党校学习时，党小组全体同志合影。前排右起：邓华、陶铸、宋时轮。后排右为肖向荣、左为李涛。

　　从我住院到出院，陶铸很少来看我。忙，是主要原因，但来看看的时间还是有的。

　　以前总以为我与他是天造地设最美满的一对。但住在医院，眼见其他人的丈夫每星期都来几次，每次来回都要步行几十里，我就觉得心里空落落的。陶铸为什么不来呢？就连我大出血，医院通知了他，他也只来了不到一小时便走了。

　　多次盼望多次落空后，我便很失望了。什么最美满的一对，那只是我的一种美梦。我戳穿了自己的美梦，心情反倒平静些了。

　　孩子出生后16天我便出院回家住了，其实回家也是我自己照顾自己。我们住的是山上的窑洞，带着婴儿很不方便。厕所距窑洞一里远，也在山上，坡陡路窄，不小心就会滚下山去。厕所里又很不安全，粪坑丈把深，上面只有两块木板，一脚踩空，后果不堪设想。山上没水，要到山下挑，还好有一位公务员帮忙。其他公务员抽去烧炭了，他一人帮好几个干部家挑水也十分辛苦，我不忍再叫他帮我做别的。所以月子里煮的、洗的，甚至下山打饭都是我自己干。

小孩的事很多,换尿布、洗尿布、喂奶、喂水,麻烦得很,我终日都在忙,一天睡不了几个小时。陶铸对这些都不关心,白天上班,晚上回来也不太帮忙。最让我生气的是星期天,他整天在李富春、陈云那里不回来,有时要到半夜才到家。其实也没什么正经八百的事,就是玩,摆龙门阵。我难过极了,感情降到了冰点以下。百般无奈,我便自问:难道你就不可以自己料理孩子吗?

无所期待,也就无所失望。从此我对他反而客气起来,但有时言语中免不了会带些"骨头"。

孩子两个多月时,可能我讲了些讽刺他的话,他发了火,把茶壶都砸了,于是大打了一架,两个人都打得鼻青脸肿,弄得左邻右舍都来劝解。后来有的同志说笑:"曾志,你真厉害,那一架打得么凶,你一滴眼泪没有,像是满不在乎!"

其实,他们哪里知道,当时我心如刀绞。

过了很久,我终于真正冷静下来了,也终于一点一点明白了:过去,陶铸之所以乐于同我朝夕相守,是因为他只能同我朝夕相守。因为那时搞地下工作,人际关系极其单一,还得谨言慎行,所以两人都有相依为命不可或缺的感觉。而延安是革命根据地,周围都是自己同志,有些还是生死与共的战友,陶铸又是火一样炽热最讲情谊的人,来到这里,他好像久旱逢甘霖,又恰似鱼龙入大海。他才刚刚无所顾忌地打了几个滚儿,还没有尽兴呢,我又何必与他锱铢必较呢!

从此,我改变了态度,一切顺其自然,对他不再苛求,也不再期望过多过高了,这样倒也心情愉快相安无事。

现在回过头来看这段五六十年前的感情波折,则认识又进了一步。

与那个时代中国大部分男人一样,延安的许多男同志也担心被人耻笑为"怕老婆"和"围着老婆转"。简而言之,这是一种大男子思想,亦即男权或称夫权思想的残余。即便是坚定革命如陶铸者,有时也难免其俗。

1941年,曾志与满月的女儿陶斯亮合影。

与毛主席谈贺子珍

那时我们与主席分住上下窑洞，靠得很近，我常抱女儿去他那儿聊天，谈点家常和以往的事情。

主席有时也谈起家乡吃的东西，如湖南的臭豆腐、腊鱼腊肉……说起辣椒来更是津津乐道。他说："辣椒好啊，吃辣椒有很多好处，开胃通便。延安没辣椒吃，老吃那些土豆白菜，真是没有什么味道！"他还要给我20元，让我给家通信时，让我母亲做些腊肉腊鱼捎来。当然这只是一说而已，不过是他思乡情怀的偶然流露罢了。

有时他也谈到陶铸，说陶铸很能干，那篇论精兵简政的文章，写得好，别人写不出来。

我老惦记着贺子珍，可又不敢贸然提她，没想到有一天，主席竟主动地说起了她。主席感叹道："我同贺子珍还是有感情的，毕竟是十年夫妻嘛！""那为什么要离开呢？""不是我要离开她，而是她要离开我。她脾气不好，疑心大，常为一些小事吵架。有次一位外国女记者采访我，美国女人开放无拘无束，我也爱开玩笑，我们又说又笑，这就激怒了贺子珍，她不仅骂了人家，两人还动手打了起来。我批评她不懂事，不顾影响，她不服，为此我们两人吵得很厉害。一气之下贺子珍说要去西安，然后到苏联治病，她身上有11处弹片。我希望她能回来，写了封信，派警卫员送去西安并接她回来。但贺子珍不回，却捎回一方白手绢，上面写了诀别信，不久就去了苏联。这封诀别信至今还保存在我的铁箱子里。"

沉默稍许，主席又说："但我还是挂念着她的，她长征吃了不少苦，跟我十年生了十个孩子，年头生一个年尾又生一个。我最怀念的还是在中央苏区生的毛毛，部队出发时，孩子站在路边送行，那时毛毛才4岁，没想到这一别就再也见不到了。"

主席谈起贺子珍，谈起毛毛，流露出一种发自内心深处的伤感，这伤感，过去我从未在主席身上发现过，看到的都是他欢天喜地的大丈夫气概。

他还告诉我，在中央苏区受到错误路线打击，从领导岗位上被撤下来后，名义上是苏维埃主席，但无实职工作，又患了病，连贺子珍也不怎么理他，不去照顾他，却强调自己有事情要干。主席说："我当时就那么想，读书吧！坚持真理，坚持原则，我不怕杀头，不怕坐牢，不怕开除党籍，不怕处分，也不怕老婆离婚，一切我都不在乎，我只一心一意去多读书！"

我相信主席讲的都是心里话。在毛与贺的分离上，人们总是指责毛，连我也认为主席未免太负心。那天听了他的一席肺腑之言，才感觉到他也有难言的苦衷。

毛泽东与贺子珍在延安合影

后来，1959年，中央召开庐山会议，我因肾盂肾炎急性发作，正在家中休养，所以就跟陶铸一块儿上了山。当时谁都没有料想到，这个会后来会开成了那个样子。

在山上，突闻冯白驹①同志患急性心肌梗死，正在南昌抢救，陶铸立即下山乘飞机去南昌探望，我则随机去看望了贺子珍。

1946年，贺子珍从苏联回到东北时我曾去看望过她。后来，她南下准备进北京，却在山海关被阻，强行让她改路去上海。1954年我曾去过上海，却没有见过她。一晃十年过去，她现在生活得怎么样？

子珍是江西人，江西的领导同志对她很好，所以她时常来南昌住一阵

1959年，曾志在庐山会议期间留影。

---

① 冯白驹（1903~1973），海南琼山人。1926年加入中国共产党，新中国成立前创建琼崖根据地，任琼崖纵队司令员兼政委。新中国成立后，陶铸任广东省委第一书记时冯白驹任广东省副省长。

子。她的住所是一栋带一个小庭院的小洋房，比较陈旧了。见有来客，子珍迎到房门口，她一眼就认出了我："你是曾志同志？"接着既客气又热情地将我让到客厅。我端详着子珍，不到50岁的人，却像个老妇了，花白的短发，瘦弱的身体，上身穿件洗褪了色的短绸褂子，下面是条黑色的半短裤，赤脚拖双布鞋，手中拿一柄蒲扇。那年南昌酷热，宾馆是用大盆的冰块来降温，而她只能用凉水泼地以度三伏，所以客厅湿漉漉的，两脚像泡在水里。我不由得深深感叹，她和江青太不同了。江青时髦娇贵处处显示第一夫人的派头，而子珍却像市井贫妇一般地生活着。只是她依然质朴、真诚、善良，而且还保留有几分清秀。

见我来看她，她十分高兴，滔滔不绝地跟我说个没完，所谈都是她自己的零星家事。她说话有条有理，脑子也很清醒，每当提起毛泽东，她都毕恭毕敬地尊称为"毛主席"，完全不像流传的那样，她有了精神病。

我依依不舍地告别子珍。回到山上我就去见毛泽东，我告诉她我去看望了子珍。

"怎么样，她还好吧？"毛泽东关切地问。

"我看她精神很正常，说话表情神态跟正常人一样，记性也很好，过去的事情记得清清楚楚。"

庐山美庐——1959年7月9日夜，毛泽东和贺子珍在这里相会。

听了我的话，毛泽东沉思片刻，然后极真挚地说："我想见见她，毕竟是十年的夫妻嘛！你跟汪东兴同志讲一下，乘江青还没上山之前，将贺子珍接来。晚上2点，当××值班时再来。"我将毛泽东所嘱之事告诉了汪东兴。陶铸说："这件事若是让江青知道了，那还了得呀！"所以后来这件事怎样进行的我就再没有介入了。近来才知晓，是朱旦华[①]和水静[②]同志陪子珍上山见毛泽东的。

　　事后我问主席，久别重逢的感觉如何。主席叹息着摇摇头说："大失所望！看来她的精神还是不正常。我吃安眠药，她一把抢过去，说是有人放了毒。唉！"这次之后，主席就再也没有见过贺子珍了。

　　1965年，我去上海治病，看过子珍多次，她也来过我住地几次，讲了很多往事和心里话。记得最深刻的，是她坦言主席不该这样对待彭德怀。可见子珍思考是健全的，有独立见解，政治水平不低。从这点看她不像有精神病。

　　"四人帮"倒台后，子珍来北京住了一段，我去机场接她；她回上海时我又去送了她。不管怎样，我与子珍是风雨同舟的战友，我同情她，更尊敬她！

不说违心话被认为"死顽固"

　　在延安整风期间，中央要求同时对全党干部进行一次认真的组织审查，然而在审干中却一度出现了"抢救运动"的错误。记得那是在整风后期，忽然从中共中央社会部部长康生那里吹来了一股"抢救失足者运动"的阴风。

　　1942年初，新组建的党校开学，我被调入党校一部学习。有天晚上，搭起了台子，架着好几盏汽灯，我们都去听了"失足青年"对国民党反动派的控诉。有位青年叫张××，20岁左右，在台上大讲他怎样被国民党利用，加入了特务组织，又怎样带着任务来到延安混入革命队伍，讲得有鼻子有眼。

[①] 朱旦华（1911~2010），浙江慈溪人。1938年加入中国共产党，原为毛泽东大弟毛泽民之妻（毛远新之母），毛泽民牺牲后，改嫁后来出任江西省副省长的方志纯（方志敏之弟）。

[②] 水静，原江西省委第一书记、贺子珍老战友杨尚奎的夫人。

还有一位女青年叫徐××，大约还不到20岁，她说她也加入了国民党特务组织，也是打进革命队伍来搞破坏的，她边讲边哭，并大喊大叫说要挖掉国民党特务的眼睛，要剥他们的皮，抽他们的筋，喝他们的血。看到台上的报告人声泪俱下、痛不欲生的样子，我们也都情绪激昂，信以为真。

以后，这样的会隔几天就要举行一次。

之后我们以党小组为单位，每个学员都要报告个人的经历，再由小组全体学员背着报告人进行分析研究，寻找疑点，然后在小组会上向报告人提出质疑。如此反复多次才有可能得出结论。这样，经历简单的也要半个月才能过关，经历复杂些的，至少要一个月，认定有问题的，半年一年也结束不了。

在白区、敌占区和国统区从事过地下工作的同志顺理成章地成了这次审干的重点。

有一次，党校一部又举行全体学员和工作人员动员大会，主要是动员失足的人自首坦白。讲到党内成分不纯时，特别提到：河南从省委到基层都有"红旗党"问题，所有党员都是红皮白心的假党员！此话一出，会场气氛一下子变得沉闷、紧张起来了。

危拱之①，大革命时期的留苏学生，长征女干部，河南省委组织部部长。她听了报告，感到党组织对她的共产党员身份都怀疑了，十分绝望，就在动员会后的一个夜里，在床上用裤带勒住脖子自杀，幸好窑洞外有人站岗，听到异响后发现了，才抬到医院抢救了过来，但已七窍流血，满面污秽，枕头床单也红了一大片。危拱之从此有些自暴自弃，精神也有些失常，乱骂领导，乱谈恋爱，并嚷嚷着要脱党。她常跑到男宿舍去和她的男朋友睡在一起，弄得同窑洞的男同志很尴尬。对批评她也满不在乎，说什么：我

危拱之（右）与叶剑英合影

---

① 危拱之（1905~1973），河南信阳人。1927年加入中国共产党，曾考取黄埔军校武汉分校女生队，参加过广州起义。曾与叶剑英有过一段婚姻，新中国成立后因病不能坚持工作而休息。

命不要了，党籍不要了，还怕什么？我愿怎样就怎样！

她的问题一直过了两年才得到甄别，认定她没有任何政治历史问题。刘少奇亲自找她谈话，当面向她赔礼道歉。后来，危拱之调东北工作，不知怎么真的疯了。新中国成立后她在武汉住院，我去看过几次，她不说话，只把笔记本给我看。厚厚一本，写得乱七八糟，完全不知所云。她没有儿女，没有丈夫，得不到亲情的关爱。组织上为了照顾她的生活而调去的一个女工作人员也不大尽心，危拱之上厕所跌断了大腿，她既不护理也不报告，听之任之，真是凄惨得很。"文化大革命"中，危拱之就糊里糊涂、无声无息地死去了。一个大革命时期参加革命的女领导干部，落得个如此凄惨的结局，真是匪夷所思。

由于动员大会把河南省委定为"红旗党"，河南的党员便都成了假党员。因此，我们小组的审干工作首先就从河南学员开始。

小组里有位姓苗的青年，是河南地委一级的干部，才二十三四岁。小苗报告了自己经历后，大家马上对他采取攻心战术，鼓励他尽量多交代，然后就夜以继日地轮番向他进攻，不让他睡觉，逼他坦白，只要他"坦白"一些，就给他煮面条，加以鼓励。这种"恩威并施"的车轮战术整得小苗晕头转向了，他开始胡扯，却又不能自圆其说，一追问便矛盾百出。这样搞了一个多月，直到他承认在河南某地曾加入了国民党CC特务组织，才认为差不多了，对他的审查方告一段落。

小苗成为"解放战士"后，又参加了对他人的审查，他变得分外积极，加倍发狠地整别人，希望立功赎罪。

没过多久，轮到我在小组里报告自己经历了。我的经历是多方面的，一方面在工农红军、苏维埃、游击队和根据地等公开环境里工作过，另一方面又在白区和国统区长期从事党的地下工作，于是小组自然将我列为审查重点。我明白：我做地下工作时间长，环境极为复杂，经常要与社会各界人士来往，也难免要与国民党的人甚至特务打交道，所以，对我这段历史作严格审查是完全有必要的，我不应该抱抵触情绪。我告诫自己：第一，在任何情况下，都要实事求是，不管如何逼供，都要讲真话，即使把我打死，也不能说半句不实之词。第二，态度要冷静，绝对不可与同志们对立；对别人的偏激与过火行为要谅解，要有受委屈与受皮肉之苦的思想准备。第三，相信党中央、毛主席不会冤枉一个好人，也不会放过一个坏人，是非曲直终会水落石出。

我从祖父母、父母亲与我小时候的家庭情况回忆起，一直说到来延安前在荆当远的工作。我一段一段交代，尽量具体、仔细，大概花了五六天才报告完。最初小组同志只是听，偶尔询问一两句，待我交代完了就让我休息了几天，他们则对我的报告进行研究、分析，提出疑点和问题。

一星期后，转入小组内的面对面责问。人问我答，许多事情都要反复询问，我也必须反复回答。我总是实事求是地对待大家的提问，有则说有，无则说无，绝不信口开河。这样大约又是一个星期，他们没有从我身上"突破"什么，于是认定我属于顽固不化分子。小组便集中火力对我实行逼供，仍无进展，又扩大为全支部都来逼供。还是车轮战，白天黑夜不让休息，每天都要搞到下半夜两三点，有时则要通宵。所提问题都是事先作过分工的，只要我的回答不合他们的意，就有人用手敲我脑袋，或把我像皮球那样推来推去，甚至揪头发踢腿。比较有"创意"的办法是把板凳翻过来，逼我坐在一条凳脚上。他们认定我是因怕死从闽东苏区逃跑出来的，认定我在鄂西北国民党第5战区做地下工作是特务活动，硬说第33集团军兵站站长给我的名片是特务介绍信，连我在襄樊平林店被国民党便衣扣押又旋即释放的事也不相信，认为此事有重大嫌疑。有人甚至想通过整我，弄出材料，再去整陶铸（陶铸时任王稼祥的政治秘书，后又调任中央军委秘书长兼总政治部宣传部部长，主管总政治部的日常工作）。

虽然我被车轮战搞得疲惫不堪、晕头转向，但脑子再糊涂，有一条却是认准了的：绝对不说瞎话。无论别人怎样软硬兼施，武攻文诱，始终坚持记得就是记得，不记得就是不记得，没讲过一句不负责任的话。对我的这一态度，有的同志很恼火，他们对着我大喊大叫，骂我是吃屎的，历史比狗屎还臭，骂我不要脸，脸皮比城墙还厚。他们说，别人受审查还掉泪，你却一滴眼泪没有；我们这样气愤，你却还在笑，分明是死心塌地要跟大家作对！

其实，我有时笑一笑是因为实在忍不住。有的同志长期在军队里工作，过于缺乏社会常识，比如硬说火车只能跑平原，不能盘山行驶，比如硬不承认世上还有什么名片，一定要

延安时期的王稼祥

我承认名片就是特务证,等等。解释、辩白不通,只有一笑了之。

我当时身体并不好,有突然晕倒的毛病。我最怕晕倒过去被别人说成耍死狗,到那个时候,他们再把我拖来拖去,我就非死不可了。所以我在被逼供时总是尽量控制情绪,一休息下来,又尽量想一些愉快的事,并抓紧时间睡觉,以便养精蓄锐,准备应付下一轮围斗。这样,我终于坚持下来了,竟没有在会场上晕倒过一次。

全支部对我的车轮战没有取得他们希望的东西,又请了其他支部的精兵强将来助战,结果仍是一无所获。对我的车轮战整整进行了两个星期,他们认为我是死顽固,只好把我先放在一边了。

我与叶群的交往

这以后我倒轻松了,没有了车轮战,甚至没有人再来过问我,我便在一旁看着人家批斗和被批斗。

在党校一部,我与叶群两人同住一间平房。那时她与林彪结婚不久,但林彪已去了四川。她在另一支部接受审查,小组同志向她提问时,她又哭又闹,回到房间也总是哭哭啼啼。生活上她也弄得乱七八糟,吃饭的搪瓷缸子和筷子、汤匙,从来未见洗过,吃过饭就撂在那儿,下一顿再拿来装饭菜。学校的厕所很远,她说有病,不愿去,就在房间往洗脸盆里大小便。晚上或清晨,她都用盆碗接尿,然后顺手从门缝往外泼,弄得屋里屋外臭气烘烘。可气的是,有一次趁我不在,她竟在我的脸盆里拉了尿,我问起,她倒承认得很干脆:"是我尿的。"林彪寄给她的新白布,她撕碎打了草鞋,甚至还用新毛线打草鞋。她的行动显得很反常、很怪诞,我十分看不惯,并且纳闷,林彪为什么会找这样一个人呢?

20世纪50年代,叶群常去广州,并在市教育局挂名工作了一段时间,与我接触较多。之后,我们在北京、上海等地又多次见面。久而久之,我才感到此人并不简单。初识她的人,都以为她为人直爽、生活朴素、学习也很刻苦。例如她自学俄语时,请了个白俄保姆,天天用俄语对话,房间挂着俄语单词条子,口袋里装着学习卡片,坐车、休息甚至上厕所都要念几句,给人一种孜孜不倦的印象。其实叶群这人善耍手腕,爱讲假话,很有心计,后来

林彪叶群夫妇和孩子合影

就连林彪也被她弄得服服帖帖，对她言听计从。

"文化大革命"开始，林彪地位上升，叶群的野心更大了。记得1966年国庆节时，我因是全国人大常委，发了上天安门城楼的票。她说，她是在人民大会堂楼顶上观看广场游行和群众晚会的。我问："你为什么不上天安门呢？"她说："还没到时候！"这句话，她是脱口而出的，但恰恰暴露了她的野心。

延安的审干一度"逼供信"相当严重，以致出现了投井自杀、跳崖自杀、悬梁自杀事件，偏离了党中央审查干部的初衷。这些情况后来毛主席知道了，及时做了纠正，经中央决定，提出了审干"九条方针"和"一个不杀，大部分不抓"的原则，这才慢慢扭转了局面。因我属于被审查对象，所以"九条方针"的文件从未学习过，至今不知其详。但我知道，我能活着渡过这一关，靠的就是这"九条方针"。因为，按过去中央苏区"肃反"的做法，我早就脑袋搬家了。有了中央的方针，党校一部的"逼供信"一度有所收敛。对叶群的审查不久也告一段落，她得到比我更多的自由，星期天可以回家了。

我与叶群的家都在王家坪，她回家，我总让她去看看我的女儿。

我最想念的就是女儿亮亮了。

亮亮的大名叫陶斯亮，她爸爸起的。"斯亮"大概就是"这儿最光明"的意思，是纪念宝塔山下延安这块革命圣地的。

整风开始时，亮亮1岁多。我被审查前，每星期都回家，审查一开始便不许回家了，而此时陶铸又化装去晋西北进行敌后武工队的工作调查，需要第二年才能回来。家里的男保姆是个战士，30多岁，对孩子算是有些感情，但管教方法不对。比如他去挑水、打饭，就用绑带把亮亮的脚拴在床脚上，哭也由她，闹也由她，拉尿拉屎都由她。我怕女孩子穿开裆裤不卫生，就让她穿实裆裤，孩子小，大小便有时会拉在身上，男保姆就用小板子打她的手心。裤子一脏就打，所以孩子很怕他。

有一天，叶群从王家坪回来告诉我说亮亮病了，发了烧。我只好请求支部让我回去看一下，支部居然同意了。我回到家见女儿烧得迷迷糊糊，就急忙带她去看病，喂她吃药。第二天中午，我正陪女儿在床上休息，叶群进来了，说是支部要她来看看我、陪陪我的。以往我回家从没有什么人来陪我，这次显然是让她来监视我的，不外是怕我自杀，怕我找人串通。女儿退烧后我就回党校了。

此后，经支部批准，女儿每星期都可以来我身边过周末，周六下午由男保姆送来，周一接回去。女儿来，是我这一周的大事，每周六一到傍晚，我总是早早坐在半山坡上焦急地等待女儿。我不眨眼地远远望着王家坪的渡口，眼看着保姆背着亮亮上了岸，然后让孩子下来走一段，又背一段。一到党校跟前，我便飞奔下山，亮亮也老远便叫"妈妈"。我们母女俩那个高兴劲，那种幸福的感觉，真是笔墨难以描述。

我被选为党的"七大"候补代表

1942年春节过后，大约是3月份，我作为重点审查对象又被编入了党校临时支部，从而离开了原住处，迁往新住地继续接受审查。此处三面是山，打了一排窑洞，缺口处筑着一道高约三四米、厚约一米的坚固土墙，墙上插着许多破瓷片、碎玻璃，墙外站着两个荷枪实弹的战士。这里名为临时支部，实为监狱。新搬来的党校一部学员有70多人，都是所谓有重大问题的。70多人中有20多位是来自全国各地的党的"七大"代表，因党的"七大"延期召开就进了党校接受审查。70多名学员分作七八个小组。审查方式是小组学员互相审查，即"有问题的"审"有问题的"。于是，每个人又重新报告一遍个人经历，然后在小组里互相提问、批斗。我属于死顽固，大约他们估计不容易突破，所以在一年多里始终没有轮到我。

虽然中央有了"九条方针"，但是这里的"逼供信"仍相当严重，与以前相比，甚至有过之而无不及。打、骂、踢，刑罚多种多样，特别是那些"坦白

1942年，毛泽东在延安一次整风会议上讲话。

分子"，为了洗刷自己，也为了邀功，斗起别人来更是心狠手辣。还有个别老红军，对党十分忠诚，但因为与社会接触少，知识面窄，不善于分析，只一味抱着"对敌人要狠"的态度，所以整起人来也毫不留情。

有一位做过地下工作的老同志叫易季光，被审查时，有人用皮带抽他，把他身上的皮袄都抽破了，遍体血迹斑斑，还有人用嘴咬他的胳膊，肉都咬掉了一块。有一次用绳子只吊着他两手两脚各一个指头，高高悬在窑洞的梁上再用皮带抽，真是惨不忍睹。

还有一位被斗的女同志被打昏过去了，倒在地上抽搐，有人却说她装死狗，反而用脚死命踢她。

另一位女同志被打得口鼻都流了血，满脸尽是血污。月经来了，也照斗照打，结果裤子都泅透了，还把窑洞的地面染红了一大块。

有一个上吊自杀的，好像叫周凤平，他是来自白区的一位省委书记。

连续几个昼夜的车轮战，这是每个被审查者都必须要遭受的。每到夜晚，临时支部这排窑洞的一个个小窗口透出了胡麻油小灯如萤火般闪烁的昏黄灯光，四处静悄悄的，只有一阵阵喝骂声、踢打声和惨叫声时断时续，此起彼伏，让人心惊肉跳，不寒而栗。

可是，偏偏我这个"顽固分子"在临时支部里没有再被批斗逼供，也没有参加审查别人。一年多里我都是做记录，那一豆昏黄的小灯，使我的视力下降了许多。不开批斗会时，我就翻来覆去地"啃"马列学院读过的理论书。我排除了一切烦恼与痛苦，尽一切努力，使自己不致活得太沉重。我一再告诫自己，要活下去，要健康地活下去！因为我明白，再大的冤屈，总有澄清洗雪的一天，但如果经不住批斗，身体垮了甚至死了，那么冤屈就可能永远成为冤屈了。因此，我时时以革命的乐观主义精神鼓励自己，敦促自己多吃、多睡，努力排除干扰，学习马列主义理论。总之，我的心绪一直是较为平静的。

例如：我与危拱之同住一个窑洞时，她同一名比她年轻的干部恋爱，半夜三更两人还在窑洞里说说笑笑，搂搂抱抱，甚至在床上滚来滚去，我都能视若无睹，照样看书睡觉。后来我与宋维静①同住一个窑洞。由于她曾被长期单独关押，受刺激较大，已几乎失语，与我同处一室后开始是断断续续说一些，后来变成整天含糊不清地叨叨，还经常神魂颠倒地在窑洞里走来走去，我也照样泰然处之，看书学习和睡眠都不受影响。

这样，在这一年多里，我的身体反而比以前还要好些。

1944年初，大概是因为中央下达了甄别决定的缘故，临时支部的批斗有所缓和。又过了一段，批斗审查就基本结束了，党支部的工作转向甄别。此时支部书记聂洪均②已调走，由我们小组的范某某继任。

在这次审干中，"逃跑问题"又是审查我的重点。这个问题，正是范某某1938年首先向中共中央长江局提出的，现在范某某又担任临时支部的书记，我当然就更不容易过甄别关了。

范某某继任书记不久，校部通知，要各支部总结审干经验。范某某传达这个通知后，便讲了许多成绩，并宣布整个延安审干都没有"逼供信"现象。临时支部各小组对校部的通知和范某某的讲话讨论得很热烈，此时"肃反"的恐怖气氛有所缓和，越来越多的同志敢讲话了。讨论中，包括我在内

---

① 宋维静（1910~2001），广东高明（今佛山）人。1927年加入中国共产党，后打入阎锡山军队内部，1933年与共产党人温健公结婚，1938年温健公牺牲，之后64年，宋维静一直单身生活。

② 聂洪均（1905~1966），湖南咸宁人。1927年加入中国共产党，同年赴莫斯科中山大学学习，回国后在上海、湖北、江西等地进行革命活动，1942年到延安曾参加审干工作。新中国成立后曾任粮食部副部长等职务。

整风运动中,康生(右)向毛泽东汇报工作。

的许多人不赞成审干中没有"逼供信"的说法,我们说,其他地方有没有"逼供信"我们不知道,但临时支部却是典型的"逼供信"。范某某说:"你们这样讲是反对中央总结审干经验,也就是反对中央精神。"面对这样吓人的帽子,大家没有被唬倒。我说:辩证法是讲"一般与个别""普通与特殊"的。全延安的审干是不是都有"逼供信"我们不清楚,即使大部分没有"逼供信",那也只是"一般"和"普通",而不是全部,至少我们临时支部就是例外,就是一个客观存在的"个别"和"特殊"。

临时支部审干中的"逼供信",大家分明都是亲眼见着,亲身经历着的,又都是刚刚发生的,怎么可以死不认账呢?这种睁着眼睛说瞎话的做法,根本就不是实事求是的态度。但是,范某某坚决不同意临时支部存在"逼供信"的说法。大家气极了,我就和另外两个同志跑去找彭真校长汇报,但走到半路硬是被支部派去的人给拽回来了。

后来才知道,所谓的总结审干经验,和"抢救运动"一样都是康生他们搞的。

不久,支部把审查我的结论交给我看,结论把我的经历写了一大篇,结果认定:离开闽东苏区是逃跑行为,与任铁锋的关系、荆当远工作以及平林店被扣等,都有特务嫌疑,最后结论是把我的问题挂起来。

我早就料到我不会有好结论,但戴一顶特务嫌疑的帽子却是始料未及的。于是我便根据这份结论的内容,写了一份很长的报告,一项一项地进行辩解反驳。我还去找了党校一部主任,向他解释,但他不表态。我又去找教务主任,他说:"是啊,这些问题是跳到黄河也说不清了。"我请他为我说几句公道话,他很客气,可也不肯表态。

碰了这些钉子,我便不再找人了,挂起来就挂起来吧!延安通讯与交通都不方便,全国又分根据地、国统区和敌后区,到处都在打仗,目前要弄清这些问题几乎是不可能的。这次蒙冤,我很镇静,也很坦然,因为我相信党,相信毛主席,更相信自己,相信我的问题一定会搞清楚的。我不断勉励自己,革命是自觉的事,决不能因这个审干结论而消极、悲观,我还要像在荆当远工作期间那样,用事实来证明我的无辜和清白。我是革命战争中的一个幸存者,我只有更加积极努力,自觉为党工作,才能不愧对那些先我而去的同志,才能不愧对自己的历史。

一年多的审查批斗中,我没说过一句违心的话,没流过一滴泪。我唯一的武器就是"实事求是,知之说知之,不知说不知",这也是我能做的对党的最大忠诚。我尽量吃好睡好,如果哪个晚上停止批斗,我就静静地读书,一年多下来,我不仅没瘦,反而胖了。这期间我给毛主席写了封长信,尽管没收到回音,但我相信主席最后会主持公道的。果然,主席亲自纠正了这种无辜迫害党的忠诚干部的做法,朱老总、陈(毅)老总、钱瑛大姐等了解和熟悉我的老同志,也纷纷站出来为我说话。甄别后,我还被补选为"七大"候补代表。

1944年12月,为毛主席祝寿,在王家坪组织了一场舞会。我去了,主席见到我,显出很高兴的样子,邀我跟他跳舞。我乘机问:"收到我的信没有?"主席回答说:"收到了,很理解你的心情。"这样我还能说什么呢?领袖的信任,足以消融我一切的幽怨和委屈。

包括审干在内的延安整风,是我党用正确的立场、观点、方法来克服错误的立场、观点、方法的伟大政治运动,是一次全党范围的马克思列宁主义的学习教育运动,这次整风对实现党内思想、政治上的统一和行动上的一致,对夺取抗日战争的最后胜利具有极其重要的意义。这次整风提出了"惩前毖后,治病救人"的方针,这与过去"左"倾路线占上风时实行"残酷斗争,无情打击"的方针是根本不同的。通过这次整风,党内达到了空前团结,革命队伍的战斗力得到了

钱瑛

空前加强。

　　整风后期出现的"抢救运动",以及"抢救运动"中存在的严重的"逼供信"和假坦白现象,造成了大批冤、假、错案,给整风运动特别是审干工作带来了一些负面影响,教训是深刻的,值得我们永远记取。但这一错误在延安整风中,毕竟是局部和支流的问题,不能因此而否定整风运动的巨大成就。

　　好像是1944年下半年,已经延期多年的党的"七大"终于进入正式筹备阶段,中央成立了几个大区代表团,开始审查代表资格。整风审干中有遗留问题的代表都由各代表团负责甄别。

　　我虽不是代表,但我是华中的干部,所以华中代表团的领导对我的历史和原审查结论也进行了考察和甄别。

　　华中代表团团长是陈毅,钱瑛也是领导成员。他们考察了我在审干中的表现,认为我态度诚恳,实事求是,在高压下没有讲过一句假话,而在临时支部70多位受审查的同志中没有讲过假话的只有4人,这种政治上的坚定是难能可贵的,代表团领导因此推荐我为党的"七大"候补代表。这样,党的"七大"代表资格审查结论便成了我在延安审干中的最后结论。结论大意是：从我入党到离开闽东之前,以及离开闽东之后,工作一贯是积极的,表现是好的；但因病离开闽东是一种政治动摇的错误。

　　华中代表团正式选举代表时,陈毅为我作了介绍,肯定了我的长处,但也指出因病离开闽东苏区是一个错误。大多数代表投了我的赞成票,我被选为党的"七大"候补代表。但毕竟有一个"错误"尾巴,所以赞成票刚刚超过三分之二,可以说差一点落选。

抱着赴死的决心踏上沙场

　　党的"七大"开幕前,中央决定大会后要派一批干部并调一支军队到两湖、两广,深入日军占领区去加强武装斗争,并在敌后更大区域内开展党的群众工作。陶铸要求到敌后去,中央同意了。由于敌后斗争异常艰苦凶险,中央决定此次深入敌后一律不调女同志,也不准带家属。

　　但我想去敌占区。我长期以来被迫背着"逃离闽东"的沉重思想包袱,

1945年,曾志怀抱陶斯亮(照片左侧)在延安与战友合影。

由于战争环境里一时难以进行调查核实,因此要证明自己不是贪生怕死之徒,只有主动到最危险的敌后战场去。我要用事实来洗刷别人泼到我身上的污水,用鲜血,甚至生命来证明我政治立场的坚定和对党的忠诚。

于是在另一次舞会上,我找到了主席,我说我要随陶铸去,死也要死在前线,我要用自己的鲜血来证明自己的忠诚与清白!主席有些为难,说中央已作出决定,任何女同志都不许去,何以单让你去呢?我倔强地争辩:"不可能一律不去,个别情况个别对待,我做过那么长时间的地下工作,怎么就不能去敌后呢?你们不要看不起女同志!"主席拗不过我,最后宽厚一笑:"好好!我支持你去!回头我同少奇同志讲讲。"最后中央也同意了。

就这样,中央特批我一个女同志随陶铸南下,到沦陷区去打游击。

就要告别延安了,就要结束我在延安五年八个月的难忘岁月了,我心中还真依依不舍。离开延安,最放心不下的,是我们的女儿亮亮。她刚4岁,天真活泼,人见人爱,尤其是陶铸的心肝宝贝。然而为了抗战胜利,为了民族解放,多少人已经抛头颅洒热血捐躯疆场,我们离开女儿又算得了什么?何况还有党组织和同志们的照顾,我又何必牵肠挂肚!

此时，组织上已派杨顺清①来照顾亮亮。出发前一个月我就告诉女儿：爸爸妈妈要出远门，到很远的地方去，白天晚上都不能回来，你就跟杨叔叔在一起。你要爱杨叔叔，不要想爸爸妈妈，不要哭。这样的话我几乎天天对孩子讲，使她知道爸爸妈妈不会回来了，让她幼小的心灵有个准备。同时我们请求照看她的杨顺清，把亮亮当作自己的女儿养大成人。杨顺清是经过长征考验的二级残废战士，非常和蔼善良，十分疼爱亮亮，亮亮交给他，我们是很放心的。

这时，我忽然得了阑尾炎，送进医院经检查后是亚急性，因此当晚未动手术。那天晚上我想，不如趁这次开刀把绝育手术也做了，免得以后在敌后工作再添拖累。于是便给陶铸打了电话，陶铸说没有意见，由我自己决定。这样，第二天医生就一下子给我做了两个手术。

手术很成功，但术后我受了风寒，咳嗽不止，把腹内的缝线崩断了一处。当时并不知道，术后十天就出了院。日后经历了连续几个月的长途行军，伤口一直没有完全愈合，经常发炎，腹部时肿时消，非常痛苦。

1945年4月23日，党的第七次全国代表大会开幕了，地点在杨家岭大礼堂，参加大会的代表和候补代表共700多人。毛主席在会上致开幕词（即《两个中国之命运》），并作了《论联合政府》的政治报告，他科学地总结了三次革命特别是八年抗战的经验，提出了打败日本侵略者和团结全国人民建立新中国的纲领与策略。在政治报告的最后，毛主席满怀激情地号召：

成千成万的先烈，为着人民的利益，在我们的前头英勇地牺牲了，让我们高举起他们的旗帜，踏着他们的血迹前进吧！

一个新民主主义的中国不久就要诞生了，让我们迎接这个伟大的日子吧！

---

① 杨顺清（1909~1992），贵州清镇人。1936年参加工农红军，1938年加入中国共产党，曾参加长征，1940年在抗日战场上负伤成为伤残军人，1942年到延安在中央军委办公厅工作。曾多年看护陶斯亮，1946年还受组织委托历时一年、徒步1万多里，把陶斯亮送到吉林白城给陶铸夫妇，被誉为"平凡的圣人"。

毛泽东与周恩来在中共"七大"上交谈

1945年，陶铸曾志夫妇及陶斯亮（左二、四、三）与王稼祥朱仲丽夫妇（右一、二）、陈正人彭儒夫妇（左一、五）合影。

听了毛主席的报告，大家精神无比振奋。在整风审干中挨过整的同志，心中的一切哀怨和不满也都一股脑儿抛到九霄云外了，特别是毛主席在一次会议上向被错整的同志们脱帽、鞠躬、赔礼道歉，大家更是感动得热泪涟涟，呜咽不能语。大会期间又有许多同志报名到前线去，到敌后去，到最艰苦的地方去。

党的"七大"是6月11日闭幕的，6月12日，我们来不及参加牺牲同志的追悼会，就随警备一旅的大部队出发了。杨顺清抱着亮亮和朱仲丽（王稼祥夫人）等同志一起来送行。当我骑上马时，看到亮亮很惊慌，却又不敢啼哭，而我则早已泪如雨下了。因为我是抱着赴死的决心踏上喋血沙场的，这一别，五年十年难再见，而且很可能就是我与女儿的永诀了……

一个革命的幸存者
曾志回忆录

第十一章 转战东北

● 中央致电陶铸赶往沈阳执行新任务
● 任铁西区委书记，建立工人武装组织
● "铁西事件"牺牲了五位同志
……

中央致电陶铸赶往沈阳执行新任务

告别了延安,我随警一旅的队伍向敌占区——两湖两广——前进。

警一旅即延安边区的警备一旅。此次行动,王震三五九旅的一个团也配属给了警一旅。加强后的警一旅旅长是文年生①(新中国成立后任广州军区副司令),政委由陕甘宁边区地方法院院长雷经天②担任,副政委是莫文骅③和陶铸,莫文骅分管军队,陶铸分管敌后地方工作。

由于部队进军目标是两湖两广一带,并要在那里建立起一个湘粤桂边根据地,因此中央也预先配备了一个地方区党委的领导班子:湘粤桂边区党委书记是雷经天,副书记是陶铸,随部队去湘粤桂区做地方工作十来个同志中,雍文涛、刘子载、我等准备参加区党委,薛光军④、陈再道⑤、贺炯⑥等准备从事其他地方工作。部队要求:行军中陶铸在司令部,我们一行十几人

---

① 文年生(1907~1968),湖南岳阳人。1930年参加工农红军,同年加入中国共产党,曾参加长征,到延安在抗日军政大学任职。新中国成立后曾任湖南军区司令员等职务,1955年被授予中将军衔。

② 雷经天(1904~1959),广西南宁人。1925年加入中国共产党,其父雷在汉是辛亥革命元勋。雷经天早年参加学校运动,后在黄埔军校任职宣传科科长,参加长征到达陕北任职陕甘宁地方法院院长。新中国成立后任最高法中南分院院长、华东政法学院院长等职务。

③ 莫文骅(1910~2000),广西南宁人。黄浦军校九期毕业,1926年加入中国共产党,1929年随邓小平参加百色起义,长征后任抗日军政大学政治部主任。新中国成立后任广西省军区副政委兼南宁市市长等职务,1955年被授予中将军衔。

④ 薛光军(1917~1983),山东胶县人。1938年加入中国共产党,同年去延安,在中组部和军委工作,新中国成立后任沈阳市工业工作部部长等职务。

⑤ 陈再道(1909~1993),湖北麻城人。1928年加入中国共产党,早年参加红军,长征后任三八六旅旅长,解放战争任中野二纵队司令员等职。新中国成立后任河南军区司令员、解放军铁道兵司令员等职务,1955年被授予上将军衔。

⑥ 贺炯(1918~1946),云南人,苗族。早年参加革命,入"抗大"学习,后入"鲁艺",毕业后到新华日报社工作,1946年在辽宁康平县被暴乱分子暗杀。

便在政治部帮助做群众工作。

部队离开延安,经过清涧、绥德后,在吴堡境内横渡黄河。这个地方虽崖高谷深,水流却还平缓,几条小船,只用两三个小时就把5000人马渡过去了。

过了黄河,进入山西的山区。从此地到太岳根据地,要经过宽约20里的敌占大平原。这里距日军的巢穴太原城很近,所以碉堡林立,戒备森严。但地方机构却多是两面政权,名义上是敌人的乡、村、保、甲,实际上是我们的人民政权,而且几乎村村通地道。许多地方,碉堡上站岗的是日伪军,碉堡下的村庄里却驻着武工队、八路军。

部队过了汾河一停下,当地群众便欢天喜地涌了过来。过去大部队经过这里都是晚上,敌占区群众第一次看到这么多八路军,兴奋得不得了。各村都拿出了粮食、蔬菜等,男女老少抢着为部队做事,烧火、做饭、喂马,或站岗放哨、侦察敌情。军民情同手足,感人至深。

在太岳根据地,部队进行了休整,进入河南境内已经是1945年7月了。

8月中旬,突然得到日本投降的消息,我们和全体将士一样,都高兴得手舞足蹈起来。中央来了命令,要警一旅停止南下,就地勒令日伪军投降,收复据点,收缴枪械。部队立即按中央命令,开始了行动。

就在这时,中央致电陶铸,命他率领随队南下做地方工作的十几位同志

1945年9月9日,中国对日本的受降仪式在南京举行,小林浅三郎向何应钦递交投降书。

立即北上，日夜兼程赶往沈阳接受新任务。

看了电报，我们一刻也没有停留，由四匹牲口驮着行李就出发了。此去沈阳，一路都是解放区，我们白天步行，晚上躺在牛车上，请老乡一站接一站往前送。我们持续向北，走到北京南口机场附近，却碰到了一批由美国人驾驶的小飞机在沿公路作超低空飞行。飞机只比树梢高一些，机舱里美国兵的嘴脸看得一清二楚。我们牵着马，停下来瞪着飞机。美国人见我们停了下来，都狂笑起来，"呼""呼呼"地紧贴着我们头顶掠过去。这显然是一种挑衅行为。

毛主席在分析抗战胜利后我们与蒋介石的斗争时曾一针见血地指出：抗日时期，我们在敌后，他上了山。现在蒋介石要下山了，要下山来抢抗日胜利的果实了。

所以，抗战胜利后，立刻出现了反动派抢夺胜利果实和人民保卫胜利果实的尖锐斗争形势，中国面临着两种命运、两个前途的抉择。

我们奉调东北，就是去参加这场保卫胜利果实的伟大斗争。

走到河北香河县境，正碰上香河发大水，一望无际的高粱被淹没了大半截，公路更看不见了，只见白茫茫汪洋一片。我们在水里慢慢蹚了十几里，才踏上了未被水淹的公路。此后，又经过玉田、丰润，终于到了山海关。

山海关街道不宽，但相当繁荣。我在街上买了汗衫和衬裤，这是我1938年以来第一次买衣衫，屈指算来也有八年了。

离开山海关来到绥中，看到铁路上正行驶着一辆汽油巡道车。一问是锦州铁路局一位姓马的副局长到绥中办事的，我们便搭上了这辆巡道车直奔锦州。

在锦州，我们见到了李运昌①，他是驻锦州部队的司令员。他的部队最早占领锦州一带，缴获了许多军械装备，所以部队穿着较齐整，显得很威风。在锦州，我们还遇到了林枫②等，他们是刚从晋西北来的。休息了两

---

① 李运昌（1908~2008），河北乐亭人。黄埔军校四期毕业生，1925年加入中国共产党，早年在河北开展地下工作，1944年任中共冀热辽军区司令员，1945年任热河省政府主席。新中国成立后曾任交通部副部长、司法部副部长等职务。

② 林枫（1906~1977），黑龙江望奎人。1927年经范文澜介绍加入中国共产党，1935年任中共北平市长，1936年任刘少奇秘书。新中国成立后任中共中央副秘书长，"文化大革命"中受迫害被捕入狱，1977年逝世。

天，我们就与林枫等同志同乘一列火车赶往沈阳了。

1945年9月20日前后，我们抵达沈阳，住在汇丰银行大楼里。住在大楼里的还有全国各地调来东北的同志，如张平化①、吴亮平②、朱光③、李天佑④、邓华⑤等，桌上、地上都睡了人，我也睡在一张长会议桌上。因为人多，一些设备又不懂使用方法，所以银行所有的抽水马桶都塞满了粪便，自来水龙头终日滴着水，电风扇开了不会关，只好昼夜吹着风。

1945年9月，彭真任中共中央东北局书记。

在这里我们住了三四天，其间听了一次彭真的报告。报告讲了抗日战争胜利后的形势和党中央的战略方针：一方面要尽力反对内战，争取和平；另一方面对帝国主义和反动派不抱幻想，坚决保卫人民的斗争果实。报告说我们的目标是：建立一个以全国绝大多数人民为基础，以工人阶级为领导的统一战线的民主联盟的新民主主义国家。他的报告给我留下印象最深的是，讲到了当时苏联政府与国民党政府刚刚签订的友好同盟条约和其他协定，这些协定承认中国在东北的主权，但又规定这些主权要交给国民党政府。彭真最后说："东北是战略要地，我们决不轻易放弃，人民的果实，要靠坚决的斗争来保卫。"

---

① 张平化（1907~2001），湖南炎陵人。1927年加入中国共产党，后参加红军。新中国成立后任武汉市委书记、山西省委书记等职务。

② 吴亮平（1908~1986），浙江奉化人，政治活动家、翻译家。1925年加入中国共产党，同年转莫斯科中山大学学习，1934年参加长征，新中国成立后任中央财经委员会组长、化工部副部长等职务。

③ 朱光（1906~1978），广西博白人，1930年加入中国共产党，1927年参加广州起义，1932年参加红军，参加过长征。新中国成立后曾任广州市市长、安徽省副省长等职务。

④ 李天佑（1914~1970），广西临桂人。1929年加入中国共产党，1955年被授予上将军衔，曾任中共中央委员，解放军副总参谋长等职务。

⑤ 邓华（1910~1980），湖南郴州人。1927年加入中国共产党，1925年参加湖南起义，后参加红军。新中国成立后曾担任广州军区第一副司令员、志愿军第一副司令员、沈阳军区司令员、解放军副总参谋长等职务，1955年被授予上将军衔。

我党我军正是在这种态势下,像楔子一样"挤"进东北的。

当时局势是:苏联100万大军消灭了日本关东军后控制着整个东北;我党领导的抗日联军和先期出关的八路军、新四军力量正迅速发展壮大,党的工作也正在全面铺开;国民党正规军虽远在千里,但在美国的支持下,正通过陆、海、空三路加紧向东北集结,同时以高官厚禄大量网罗伪满人员,收编伪满警察,组成了国民党地下军与我军对抗。

任铁西区委书记,建立工人武装组织

住在汇丰银行的同志们很快就分配了工作,有的去黑龙江,有的去吉林,有的留在辽宁。陶铸任辽宁省委书记,我任沈阳市委委员兼铁西区委书记。

铁西区在沈阳西部距市中心20多里。铁西区周围国民党的地下军很多,他们四处打黑枪,专门暗杀从关里来的我们的同志。我们的人很好认,都穿着灰布军装,所以不少同志就这样遇害了。

为了行动方便,我在一个伪满大臣的家里找到一件黑棉旗袍及一些棉衣裤,穿在身上竟畅行无阻,哪怕是深更半夜,来往铁西,也无人注意。

群众工作,这是我们进入铁西后抓的第一件大事。

日本投降后,东北地区面临着群众选择谁的问题,即:选择共产党,还是国民党。在有些群众眼里,国民党是"正统",对我党我军则持怀疑与观望态度。所以宣传发动群众的任务相当紧迫也相当繁重。

铁西区是工业区,大小工厂100多家,绝大部分是新建的厂区。工人宿舍区距厂区很远,一律是平房,阴暗潮湿,拥挤不堪,街道狭窄而肮脏。与整齐划一的厂区相比,这里简直是地狱。

当时铁西区的工厂大多停了工,不少大机器和主要设备已被苏军拆下运回国内,有些工厂则遭到了破坏和偷盗。厂区只有少数工人在看管,大部分工人都在宿舍区待着。区委立即把全体干部和工人党员动员起来,深入到几个大厂的宿舍区去,在几万名工人和家属中调查访问,与群众一起回忆日伪统治对工人阶级的残酷剥削和镇压,发动群众起来自己管理自己的事情。

区党委的另一件工作是抓"枪杆子",组织起一支工人武装,对付国民党的地下军。然而,武装工人最大的困难就是缺少武器。

1945年的沈阳

铁西区是日本军队的仓库区，每个仓库占地都很大。仓库里面有环形汽车道，有的还有火车道，四周围着高压电网，戒备十分森严。我们知道仓库里的武器枪械和一些重要物资大多已被苏军运回国内了，但还剩下一些一般军用物品，如军用衣裤、棉布、棉纱、毛皮靴帽等，甚至还有大捆大捆的儿童服装。然而仓库都由苏军士兵把守着，如何把这些物资弄出来呢？

彭真曾在一次会议上讲过："我们要设法从苏联战士守卫的仓库里搞出枪支弹药和其他军用品来，大家可以多想点办法。苏联士兵爱喝酒，我们可以投其所好送他们烟酒，以换回我们需要的军用物资。"

恰好分配到铁西区的有一位从延安俄文学校毕业的女同志，叫高茜，她的俄语说得十分流利，我就同高茜一起去找守仓库的苏军士兵，与他们交谈，请他们通融。

虽然苏联政府与蒋介石政府订有条约，但毕竟苏联军人是长期受苏共教育的，听说我们是中国共产党的干部，有的士兵就跷着大拇指，对我们十分亲切。有的把我们领进仓库，有的则开着汽车送我们到一个一个仓库看，我们需要什么，大多能得到满足，只可惜仓库里的枪支太少了。我们用这批从仓库搞出来的枪支弹药，加上发动群众自己找来的武器，很快就组织起了一

日本投降之初，苏联红军与国民党政府打得火热。图为一位苏联红军将军与国民党政府派来的接收官员握手。

支工人武装训练队。

在工人武装训练队成立的同时，区党委也着手铺开摊子，建立各种组织。

工作才开头，摊子刚铺开，国民党的大部队就通过山海关直逼沈阳来了。苏联红军准备把沈阳交给国民党，而不准我们的部队再驻扎在这里。

几天后，市委通知我去开会。会上我们被告知：苏军限令我党、政、军人员（包括伪装成警察的部队）24小时内全部撤出沈阳，否则要武力解决。市委决定第二天撤出，要求各区也同时撤出。撤出后的市委机关将迁往沈阳以北50里的财落堡村。

从市里回来，我马上召集区委会议，研究撤退问题。大家认为，要安排的事情很多，例如布置秘密组织和隐蔽党员、抢运重要物资，等等，24小时是远远不够的。铁西区这么大，一天一夜把人找齐也来不及。我们觉得，苏军限24小时撤出沈阳指的应是市区，而铁西区是郊区，于是决定找个苏军指挥官谈一谈。

我们在公安局楼上找到了驻铁西区苏军的一个营级军官，由高茜翻译，提出24小时来不及撤出，至少要三天才够，并指出："铁西区是郊区，与沈阳市区不应一样对待。"那位军官架子很大，板着一副拒人于千里之外的冷面孔，生硬地说："不行。"我们又再三跟他摆出具体困难，晓之以理，动之以情，他才没有极力反对，但也没有明确表示同意。

我们返回区委继续开会，按三天时间布置撤退。会后，区政府立即撤到区委，区委的隔壁是公安局（即伪警察局），伪警察住楼下，苏军的一个班在楼上。我们认为这样也好，有苏军战士住在隔壁，区委、区政府会安全些。

"铁西事件"牺牲了五位同志

哪知24小时刚过,晚上8点左右,在区委楼上担任警卫的工人训练队的岗哨就持枪来报告,说从公安局出来许多伪警察,正向区委大院靠拢。我们赶紧到走廊砖墙下观察,发现五六十名伪警察,手持武器,沿区委院墙已形成了半包围圈。这时,又见四五个伪警察走到区委敲门,前院的同志毫无思想准备,便前去开门。我们正要制止,门已打开了,伪警察当头一枪,我们的同志就应声倒下。区委站岗的训练队员见状立即开枪还击,伪警察见有抵抗,也不敢进院里来。

我们迅速下楼,把大门重新关上,伪警察则在墙外散开,虎视眈眈地盯着院内的一举一动。我们决心与来犯的伪警察决一死战。幸好区委楼上保存着两大箱手榴弹,大家把箱子抬到楼梯口,只要敌人一向我们进攻,就用手榴弹对付他们。这些伪警察很怕死,蹲在墙脚下不敢动,既不前进,也不后退,我们在二楼射出的子弹也打不着他们。

突然,从公安局三楼的平台上向我们射来雨点样密集的冲锋枪子弹,一听就知道那是苏制冲锋枪,幸好我们都在走廊上蹲着。我对高茜说:"糟了,莫不是苏军被伪警察缴了械,伪警察再拿着苏军的枪来打我们?"枪声响过,停了几分钟,有苏军士兵在平台上说话的声音。我们喜出望外,立即要高茜向苏军喊话。高茜便用俄语大声喊:"红军同志!我们是中国共产党铁西区委,现在伪警察包围了大楼正袭击我们,为什么你们也开枪打我们呢?请你们把伪警察赶跑,快来救援我们吧!"隔壁平台上的苏军士兵立即回话:"妈的,上了警察的当,他们骗我们说一股土匪占领了你们的楼房,要我们帮他们打土匪哩!"又说:"你们不要动,守住大门,我们立即打电话调部队来!"

半小时后,果然开来了两卡车苏联红军,他们一下车就把包围我们的伪警察集合起来带回警察局了。随即进来几个红军战士,把区委、区政府的几个负责同志接到隔壁警察局大楼的红军住处,其余的人仍留在区委楼里,苏军加强了警戒。

我们一到三楼,发现公安局局长杜西书①等也在。我问:"到底怎么回事?"杜西书说:"晚饭后,几个伪警察到我房间,对我很不礼貌,要把我房间里的手提机枪拿走,我不准,当时就看出他们可能有什么行动,苏军怕出事,就把我叫到三楼,并叫我们不要出去。"

苏军战士说,有两位派来公安局工作的同志,晚上一进大门就被几个伪警察挟持走了。

又有几个苏军士兵告诉我,包围区委的伪警察是国民党的地下军,有国民党发的委任状。

然而,袭击区委事件后,苏军只是把包围我们的伪警察带回警察局,却未作任何处置,所以之后又接连发生了一连串伪警察袭击我们的事件。

第二天早晨约7点钟,伪警察对担任警卫的红军战士说,广场上来了几十名老百姓,要找穿黑旗袍的妇女。战士把这话转告了我,我未作任何思考就随战士下了楼。

来到广场,却一个人也没有,就在这时,突然冲出两个持枪的伪警察,一左一右夹着我两边胳膊。我一面在口袋里掏手枪,一面大声喊叫。伪警察把我往大门里拖,守卫在楼梯口的苏军见状便冲向两个伪警察,拳打脚踢,拉起我就上了楼。伪警察的如意算盘是把我骗出去,然后押到他们楼下办公室里把我杀死。后来知道,那两位派去担任公安局副局长的同志就是被伪警察挟持后弄到办公室杀死,再扔到旁边防空壕里的。

又过了一个多小时,一位赶大车的车老板通过苏军告诉我们,在前面不远处,有我们一男一女两位同志被害,女的死了,男的还活着。我这时有了警惕,请求苏军一位尉级军官与我同往。这位军官同意了,但他十分大意,竟然没有带手枪,只在裤袋里装了一个手电筒。

我们随车老板走出警察局大门,沿途都有荷枪实弹站岗的伪警察,只是看见有苏联军官陪同,所以对我才不敢造次,但个个都饥鹰饿虎般盯着我,弄得那苏军军官也紧张了起来,赶紧把手插进了放手电筒的口袋,装出手里握着手枪的样子。走了一里多路,我们在一个胡同口发现了躺在地上的两个

---

① 杜西书(1919~1994),原名杜希秀,福建邵武人。1932年参加工农红军,1934年加入中国共产党,曾参加长征,解放战争时期在东北工作。新中国成立后在海军及海军航空兵任职,1961年晋升为少将。

日本投降不久的沈阳，市民们正在看当天贴在墙上的时局海报，消息来源是美国新闻署，这时国共双方已经剑拔弩张。

同志，女同志叫武云勉，已经咽气了，男的是工会的萧同志。萧同志是区工会负责人之一，沈阳坦克厂的工人，地下党员。见了我们，他勉强坐了起来说："昨晚听到区委有枪声，不知发生了什么事，早上想来看看，走到半路碰到武云勉，她说借了群众的脸盆，要撤离了，她是去还脸盆的。正说着，来了几个便衣，挟持着我们来到这里，二话没说就朝我们开了枪。"

我们请车老板帮忙，把两个同志抬上大车回到了警察局操场，并赶紧给萧同志的伤口做了包扎。

伪警察是下了决心要消灭我们的，看来这里待不下去了。苏联红军也劝我们区委、区政府尽早撤离，并主动提出派一个班的士兵护送我们离开铁西地界。区委经过简单研究决定，为了避免无谓牺牲，立即撤出铁西区。我们请求苏军帮助雇了三四辆大马车，把一些必要的东西装上车。当我们到三楼红军住处取行李时，却发现一个装满伪钞大票的皮箱不见了，这是我们辛辛苦苦拍卖棉纱换来的，有十几万元。这肯定是某个苏军士兵所为，我们又气又急，但士兵们没有一个肯承认，真是哑巴吃黄连，有苦难言。好在另一个麻袋里还有两三万元,因为上面压了些书籍和衣物才没有被苏军士兵发现,否则我们就连雇马车的钱也没有了。这些苏军士兵纪律不好,我们睡在苏军房间里,士兵们就曾调戏高茜,被高茜大骂了一通。士兵也恼羞成怒,扬言要把我们统统炸死。这里的确不是久留之地。

苏军一个班护送着我们走了十几里,估计伪警察不敢追了才返回。因为有伤员,我们便沿着去财落堡的大路慢慢走着。天很冷,大家的衣服都很单薄,受伤的萧同志躺在马车上也只盖了两条薄军毯。我时时下车走在他车旁询问他的感觉,他都有回答,问他哪里难受,他说没有。天将黑时,我们才走到财落堡。我揭开萧同志头上的毛毯,却发现他已经没气了,心脏停止了跳动且周身冰凉。我难过极了。

到了财落堡,市委书记孔原①等都在。武云勉的爱人也在,见到妻子的遗体他痛哭流涕,悲愤不已。第二天,掩埋了两位同志,我把铁西区的情况向孔原等作了汇报。铁西事件,我们共牺牲了五位同志。

陶铸的"马褡子"

听完我的汇报,孔原说:"你去找省委,代表市委将我们撤出沈阳的情况汇报一下。"我估计他是想让我回到陶铸身边去。

我和通讯员雇了一辆马车往巨流河方向走。到了巨流河,卫兵告诉我西边高台子村里有部队还有首长。到了高台子村,邓华司令员、陶铸都在,还有李富春。大家见了面,都高兴得不得了。

陶铸说:"离开沈阳,到了农村广阔的天地,这就好了。'老大哥'也管不着了,我们搞我们的!"

我问他:"在沈阳清理多余物品时你把马褡子留下了,说是将来打游击用得着,这次带来了吗?"

他说:"当然带出来了!我出沈阳坐的是汽车,一到马三家子,司机就跑了,可能跑回沈阳了。在农村还是骑马可靠呀,自由自在,哪儿都可以去。"

---

① 孔原(1906~1990),江西萍乡人。1925年加入中国共产党,1927年参加南昌起义,解放战争期间曾任沈阳市委书记、抚顺市委书记等职务。新中国成立后曾任海关总署署长、外贸部副部长、人大副秘书长等职务。

所谓"马褡子",就是厚布缝制,搭在马背上用以装被子、衣物和办公用品的大口袋子。现在看来,陶铸不肯丢弃马褡子,说明他对我们进沈阳后可能出现的尖锐斗争形势和复杂的工作环境是有充分思想准备的。

作为革命战争的历史见证和革命者战斗风格的见证,我们家后来一直将这副马褡子作为纪念品珍藏着,因为它不值钱又不起眼,所以"文化大革命"那会儿也没有被红卫兵抄走。1984年吉林省白城博物馆来征集文物时,我认为这"马褡子"具有一定意义,就交给他们收藏了。

巨流河的高台子,是省委所在地,也是我党干部从关内到东北各省的必经之地。关里来的干部络绎不绝,这些同志往往衣着单薄,经济也较困难。钱还好办,而御寒衣服即便现做也来不及,于是陶铸就把自己身上穿的大衣,甚至毛衣毛裤都脱下送给了他们。他的警卫员向我诉苦:"好不容易给他弄件大衣,没几天就送了人,又得再去想办法,真是费劲!"对同志,陶铸永远是冬天里暖融融的一盆火,永远可以倾其所有。这是他一贯的作风。

在高台子,我见到了刚从晋西来的林枫的爱人郭明秋,她出关的准备比较周到,光洗衣皂就带了好几块,让人羡慕不已。

我在高台子待了一星期左右就返回财落堡了。途中车老板说,这一带打闷棍抢劫的土匪很多,要加倍小心。我听了回答说:"不怕!"

到了财落堡,市委机关却已转移了,留下来的工作组告诉我,孔原等人现在法库县附近的赵贝堡。于是我又赶往赵贝堡。

市委撤出沈阳原是准备回去的,但省委陶铸、邓华等分析,短期内沈阳是打不回去的。因此省委决定,以沈阳市委为基础再增设第一地委,辖新民、铁岭、昌图、法库、康平、沈阳以北郊区以及东科前旗、东科后旗等地。孔原任沈阳市委书记兼第一地

新中国成立后孔原曾任海关署署长。图为1949年孔原(中)与海关署同志陪同苏联专家在天津海关考察调研。

委书记，田维扬①任军分区司令员，张化东②为专员公署专员，褚凤岐③为宣传部部长，我为组织部部长。

我向孔原汇报了去省委的情况。从孔原见到我时惊讶的表情看，我回来是他始料未及的，大概他原以为我会留在陶铸那里。

我们都住在群众家里，孔原、张化东住一个院，我与褚凤岐住一个院。吃饭是在孔原住的院里，配了个炊事员。其他同志则在群众家里吃。记得元旦那天吃了顿饺子。我原来不爱吃饺子，但因好些时候没吃到肉了，所以这顿饭倒也吃得有滋有味。

从沈阳撤出的市、区干部，大部分分配在市郊各地，如财落堡、平罗堡、蒲河等，我们铁西区一些干部，如区长孙毅和高茜等则去了苏家屯。市委提出的工作任务首先是宣传共产党的各项政策，宣传人民军队为人民，控诉日本军国主义和汉奸特务的暴行，并用事实来揭露国民党蒋介石"攘外必先安内"、勾结汉奸特务、倒行逆施的罪行。其次通过广泛的访贫问苦和宣传发动，迅速培养一批积极分子，成立起具有广泛代表性的参议会。然后是建立人民民主政府，组织自己的武装。此外，还有开展反奸清霸斗争，解散由国民党、汉奸、地主组织起来的维持会等。

1946年元旦后一星期左右，孔原、张化东说要去铁岭检查工作，便离开了赵贝堡。孔原没有说何时回来，也没有写信来布置工作，我们感到很突然，有一种群龙无首的感觉。

3月份省委才通知：东北局已把孔原、张化东留下，将另行分配工作。

我们只好将第一地委和军分区迁至省委和省军区的所在地法库。这时我们只有根据省委的指示精神开展工作，遇有事情，就由田维扬、褚凤岐和我碰头，商量着办，有时也请黄永辉④来参加。

---

① 田维扬（1906~1977），湖北枣阳人。1929年参加红军，1930年加入中国共产党，参加过长征，1945年受派到东北任职，1955年被授予中将军衔。新中国成立后曾任解放军第41军军长、粤东军区司令员等职务。

② 张化东（1914~1999），辽宁西丰人。1935年加入中国共产党，1945年到东北工作。新中国成立后曾任国家进出口商品检验总局局长等职务。

③ 褚凤岐（1917~1967），辽宁开原人。1936年加入中国共产党，1945年随林枫到东北工作。新中国成立后曾任辽宁省副省长等职务，"文化大革命"期间受到迫害，1967年不幸逝世。

④ 黄永辉（1907~1959），江西临川人。1929年参加革命，1930年参加红军，1932年加入中国共产党，1945年到东北工作。新中国成立后曾任江西省委委员、上饶地委第一书记等职务。

撤出沈阳之后，沈阳郊区的地主武装勾结日伪残余势力，接受国民党的秘密委任，公开或暗地里跟我们对抗。因此这一时期地委和军分区的主要工作就是扫除沈阳外围的土匪和地主武装，镇压汉奸恶霸和国民党的"地下军"，使占领沈阳的国民党军队失去耳目和左膀右臂，也为我党发动广大群众开展武装斗争打好基础。

义马救主

秀水河子是法库县一个有500余户人家的小镇，1946年2月中旬，我军在蒋介石军队步步进逼的情况下，利用其轻敌冒进，在这里集中优势兵力，精心组织了一场歼灭战，一举歼敌五个营，共1600余人。这是我军在东北战场的第一次亮相，大长了我军的威风，我党在东北地区的威望也因此大大提高。

当我军战士带着缴获的战利品、坐着美式汽车浩浩荡荡经过法库县城时，街道上挤满了欢迎的人群。群众纷纷议论：不要看国民党军队武器装备全是美国造，一律穿着翻毛大衣，神气十足，可是这些"猴子兵"不会打仗；共产党的军队虽然穿着不好，武器也一般，但打仗勇敢，而且秋毫无犯。这次胜利使国民党是"正统"的观念在广大群众中产生了很大的动摇，不少人纷纷转向支持我们。贫雇农和青年知识分子更加愿意接近我们的干部和军队，报名帮助部队抬担架、送伤员和运输军用物资的多了，要求参加八路军的也多了。

秀水河子战斗是林彪在法库指挥的。战斗打响的那个晚上，枪炮声像鞭炮一样密集，曳光弹如满天流星。战后林彪说："我军出关时把好武器留在解放区了，原准备到锦州换新枪，但锦州换枪的计划没有实现，倒弄得有些战士只有手榴弹而没有了步枪；加上因长途行军的缘故部队都很疲劳，这一仗完全靠指战员的机智和勇敢，硬是用手榴弹、炸药包、爆破筒和拼刺刀打下来的。"林彪还说："我这辈子打了许多仗，这是炮火最密集，战斗最激烈的一仗。"

此时辽宁省委已改称辽西省委，书记仍是陶铸。省委和陶铸根据形势发展，要求各地以区为中心，在地、县工作团的指导下由点到面开展工作，以建设巩固东北根据地。

秀水河子战斗是林彪在东北战场赢得的第一场胜仗。图为在战斗中缴获的武器弹药。

当时,我们主要抓的是以下几方面工作:一是发动群众清匪反霸。群众最痛恨的就是敌伪时期直接残害老百姓、干了无数坏事的汉奸、恶霸、土匪、特务和伪警察,我们就用人民政府的名义狠狠镇压了一批这些人,从而把群众发动起来、争取过来了。二是清算敌伪的资财,把敌伪的浮财和粮食分到穷苦的贫雇农手上,让群众得到实际利益,这不但有利于发动群众,也有利于解决政府的财政困难。三是在群众发动起来后,认真物色贫雇农积极分子,放手让积极分子去领导群众运动,以培养群众自己的领袖。四是建立以贫雇农为主的人民自卫队和区中队,同时迅速发展县大队和军分区的武装力量,以便武装保卫群众的斗争果实。五是没收汉奸恶霸的土地,分给无地和少地的农民,合理分配开拓地(即伪满时期日伪军抢占的公有地)。六是建立党组织,发展党员,取缔或改造国民党秘密委任、由地主恶霸操纵的村、区维持会,建立和健全农会,贫农团和村、屯基层政权。七是组织好群众的生产。

有一次,我一个人骑马顺着铁法公路去六七十里地以外的铁岭。这匹马我是第一次骑,有同志教我:"你骑马走二三十里后,要下来牵着走一段,再上马时把马肚带稍稍扣紧点,这样马会走得更快。"我照着做,骑了三十来里就下马步行,然后紧了紧马肚带。但当我的左脚刚踏进镫子,右腿还未跨过马背时,那马突然飞奔起来。我急忙从马上跳下,结果摔在路边的硬地上,昏了过去……

不知过了多久我才醒来,发现那马也乖乖站在我身旁。我勉强撑起身,感到鼻孔里流出了什么,用手一抹,满手乳白色的东西。我一惊:这不是脑浆吧?!

马路上没有一个人影,我只好自己慢慢起来,费了好大劲才爬上马背返回法库。这匹马真是最好的坐骑,十分忠诚,也很通人意:我扣紧肚带它就飞跑;我跌下马,它又回来守在身边;我受了伤,它又驮着我慢慢走回来。如果当时马跑走了,我跌在地上,冻成冰人了可能还没人知道呢。

回到地委机关,医生说我是脑震荡。我昏昏沉沉躺在炕上,一个多星期脑子才清醒。

当时我军处于战略防御阶段,以消灭敌人有生力量、迟滞敌人推进速度、掩护后方根据地建设为目的,不打消耗战,所以在法库县几经易手的过程中,我们没有大的损失。

我地委和各县党政干部在坚持农村工作的过程中,遭到了地主恶霸反动武装的疯狂反扑,不少干部被明枪暗箭所杀害,其中有区长张强、前旗大队长刘营昌、康平县委副书记贺炯、法库县委组织部部长刘卓仁、昌图县县长许芝等。

敌人的猖狂更激起了我们的斗争勇气。根据中央和省委精神,我们在康平县大张旗鼓发动贫雇农和中农分配开拓地,向地主、富农开展清算斗争,并加紧创建敌后游击根据地。

中共中央"五四指示"①下达后,我们在各县有条件的村屯开展了减租减息、诉苦、清算、分粮、分浮财的斗争。康平等敌人尚未占领的县城是我们的后方,在这些地方的农村里继减租减息之后,我们又领导了没收地主土地分给贫雇农的斗争。方法是抽多补少,抽肥补瘦,合理分配,地主富农也各得一份,中农不动。步骤是诉苦、清算、划阶级、丈量土地、定界插牌。

---

① 指 1946 年 5 月 4 日中共中央发布的《关于土地问题的指示》,该指示决定将减租减息的政策改为没收地主土地分配给农民。

这一切均由贫雇农中的积极分子领着群众自己干,我们对他们只负责土地分配的培训,从旁指导和支持,并不包办代替。

1946年3月中旬,辽西省委从法库撤到郑家屯,后又撤至洮南县,并于6月改为辽吉省委,下设五个地委,陶铸仍为省委书记。

不久,我就康平县减租减息、分开拓地、组织群众生产和党的建设等工作到洮南向省委作了汇报。从康平到洮南沿途都是一望无际的大草原,四五十里不见一户人家,而野鸡、野兔却遍地都是,还有成群的黄羊。由于交通阻塞,这里也没有什么商品交换,完全是小牧农经济,而大牲畜都是牧主的,因此农牧民的生活很艰难。

不久前,我在瞻榆附近的群众家里,吃了生虫子的井水泡的涝水饭,结果得了痢疾,小腹剧痛,还拉脓屙血。

到洮南找到省委,我抱病作了汇报。主持汇报会的是郭锋①,他对我的汇报比较满意,认为康平的一系列工作是集中试点,梅花形铺开、波浪式发展的方法基本正确。

古元作品,宣传画:减租减息

---

① 郭锋(1915~2005),吉林德惠人。1933年加入中国共产党,早年在河北开展革命斗争,1945年回东北工作。新中国成立后曾任辽宁省委第一书记、中顾委委员等职务。

陶铸说，这是一次可歌可泣的"小长征"

在坚持东北对蒋斗争的头一年，我们遵照毛主席"让开大路、占领两厢"和"建立巩固的东北根据地"的指示精神，在康平、前旗全境和法库、铁岭、昌图广大农村广泛发动群众，在军事上开展游击战，壮大了军分区和县区武装，肃清了地主恶霸的反动武装，歼灭了多股政治土匪，取缔了国民党的维持会，培养了大批贫雇农积极分子和基层干部，建立起了农会以及区、乡、村、屯人民政权和党、团组织。由于我党我军给广大群众谋取了许多实实在在看得见、摸得着的物质利益，人民群众对共产党、人民军队和人民政府更加信赖、更加拥护了。

1947年曾志在东北

但是，我们在工作中也有重大失误。

毛主席早已指出：建立根据地不是在国民党已占或将占的大城市和交通干线，这是在现时条件下所做不到的；也不是在国民党占领的大城市和交通干线附近地区内，这是因为国民党既然取得了大城市和交通干线，就不会容许我们在其靠得很近的地区内建立巩固根据地。这种地区，我党应当做充分的工作，在军事上建立第一道防线；决不可轻易放弃。但是，这种地区将是两党的游击区，而不是我们巩固的根据地。

第一地委和军分区的活动范围正是毛主席指出的"这种地区"。而真正巩固的根据地，应当建立在"距国民党占领中心较远的城市和广大乡村"。

我们处在敌我犬牙交错的复杂环境中，大部分活动都在接近敌人的地带。虽然我们明白这里是游击区，知道战争必然是长期的、残酷的，但我们却没有预先建立一个可靠的后方；虽然我们明白国共停战是暂时的，敌人一旦准备完毕就会对我们大举进攻，但我们却没有下力气抓好敌情的侦察和情报工作，没有制定出对付敌人突然进攻的预案，也没有制定出一个与前沿各县党政军在各种情况下保持联系的办法。

地委、专署、军分区机关统统在康平，而康平与已被敌人占领的法库之间，仅仅隔着一马平川的100里地！

正是我们的麻痹大意，招致了康平的失守和部队的损失。

1946年8月下旬，正当我们埋头打小仗壮大武装，埋头发动群众分配土地，建党建政的时候，沈阳和法库的国民党军队突然从几个方向进犯康平。等得到消息，敌人距我们只有30里了。地委等机关只好匆忙西撤，进入大郑铁路以西地区，而敌人一直尾随在后，紧追不舍。10月，根据省委书记陶铸的指示，我们进入内蒙古奈曼旗大沁他拉地区的根据地，这才摆脱了敌人。

但是，活动在法库以南、铁岭和昌图农村的党政干部、军分区部队和县区武装，在敌人来犯时，我们却来不及通知，后来派去联络的同志也杳无音讯，致使那里的1000多名同志和我们失去了联系，处在敌人四面包围中，情况非常危急。

造成匆忙撤出康平且与前沿同志失去联系这一严重后果，作为地委成员，我是有责任的。当时我只顾自己分内工作，其他问题，特别是整个局势的变化、机关和部队的安全我都未加注意，更未予过问。国民党正规军大举进攻康平的消息，军分区司令员田维扬也是那天下午才知道的，他立即通知了我们，我才从乡下赶回，随队撤退。

这是个沉痛的教训。事后省委和陶铸严厉批评了我们，我是诚恳接受批评的。

撤出康平后，我们的目标是通辽、开鲁一带，走到东科后旗时已是沙漠区了。那里的沙很白很细，俗称"大白沙"，那两天风又大，一阵狂风过去高丘便成了低丘，再一阵狂风，低丘又成高丘了。因此，沙漠里没有永久的路，人、车行走十分困难，而且极易迷失方向。有一次，我们行进到下半夜三四点，竟走到敌人的村子边上了，算一算实际才走了30多里。好在那里沙漠虽然东西方向达200多里，但南北较窄，所以走到天亮，我们终于脱离了沙漠区。

在通往通辽、开鲁的西撤途中，我们遭遇了国民党军队和反动蒙古族骑兵的多次围追堵截，掩护我们的部队牺牲了不少同志。通辽、开鲁是辽吉第五地委的所辖地，摆脱敌人后我们就在通辽、开鲁附近活动，等待省委指示。

当年的辽吉军区领导人合影。前排中为陶铸,右一为司令员邓华。

辽吉军区司令员邓华当时正在通辽,他来驻地看望大家,并批评了田维扬和我们对来犯之敌未作必要阻击即撤出康平,致使敌人步步进逼,置我方于十分被动境地。邓华又说,曾志是参加革命较早的女同志,在当前环境下不宜再随部队行动,要调其回省委工作。刘瑞森①书记当即表示同意调出。但我坚决不同意,辩说正因为现在局势险恶,才更需要每一个共产党员坚守岗位。见我不肯走,他们也只好由我。

就在康平被敌人占领四个多月后,忽然听到一个振奋人心的好消息:我们从康平撤出后一直没有联系上的1000多人马在缺吃少穿、缺医少药、弹药得不到补充、孤立无援的艰苦环境下,不怕牺牲,英勇作战,不断东进,途经康法、铁岭、西丰、通化、临江、图们、牡丹江、哈尔滨,其间还渡过辽河、牡丹江、松花江,翻越了长白山,铁流滚滚八千里,终于去到了西满分局所在地齐齐哈尔!

当这支衣衫褴褛、筋疲力尽的队伍到达时,省委书记陶铸亲自前往迎接,盛赞他们在与上级失去联系的情况下怀着对革命事业的无限忠诚,独自周旋于敌后,历尽艰难险阻,保存了可贵的革命力量。

---

① 刘瑞森(1912~1999),原名李蔚昌,辽宁昌图人。青年时考入燕京大学,1931年加入中国共产党,1948年任中共河套(现内蒙古巴彦淖尔市一带)特委书记,1945年回东北工作,任辽宁第一地委书记。新中国成立后曾任江西省委书记处书记,1984年因其在"文化大革命"中所犯错误严重而被开除党籍。

陶铸说："这是一次了不起的胜利，是一次可歌可泣的'小长征'！"陶铸与大家亲切握手，热情欢迎同志们的到来。

离开上级组织四个月，且九死一生的战士们，握住陶铸的手禁不住热泪盈眶，大家群情振奋，决心打回去，恢复原地区的工作，为死难的同志报仇。省委隆重召开了前线阵亡将士追悼大会，会后，这支英勇的队伍就踏上了西进的征程。

他们经过近两个月的行军和战斗，终于在1947年2月到达奈曼旗的所在地大沁他拉。

西满分局会议上的分歧

就在这时，西满分局召开了高级群众工作会议，要求各地委派一两位负责同志参加。第一地委派我参会，于是我便到了齐齐哈尔，住在一个日本兵旧兵营里。

这次会议主要是研究如何领导群众运动。

在我党的工作范围内既有大后方，也有前沿接敌区，又有我们铁岭、昌图一带敌占区，各个区域内在发动群众的方法上差别较大。

大后方一些地方发动群众是派出工作队到农村去，工作队员手把手地帮带积极分子。例如斗地主，要先示范表演，有人当地主，有人当贫雇农，如何开场，如何批斗，如何结束，一段一段排练，一句一句由工作队员教授。我们认为这不是放手发动群众，但主持会议的领导却表扬他们工作细致、深入，批评我们工作马虎。

我们这些身处敌占区和接敌区的同志都不同意这种批评。他们在大后方有的是时间，怎样排练都无碍大局，而我们处在前沿地区，斗争尖锐，情况复杂，敌我态势瞬息万变，形式和程序是次要的，让贫雇农得到实际利益，把群众发动起来斗倒地主恶霸才是第一位的，不可能也不应当像后方那样慢慢地"描图绣花"。我们的做法是放手让积极分子带领贫雇农自己干，地、县派出的工作人员只负责土地分配的培训，从旁给予支持，并不包办代替。

然而在会议上，一些领导和后方同志都认定我们这样做是不对的，好像我们犯了什么大错误,对我们不理不睬,另眼相看,连生活待遇都不同,吃的住的都不一样。人家昂首挺胸、喜气洋洋,我们却抬不起头来,一个地委组织部部长为此气哭了。我把这种情况写了封信给李富春,因为他是西满分局的书记。后来李富春专门来看望了我们,大家的情绪才趋好转。

群众工作会议刚结束,我找到了也参加这次会议的西满军区卫生部部长吴之理①,请他帮我检查一下延安开刀后的伤口愈合情况,因为我时时感到伤口痛,且腹部经常会鼓出一个包来,工作、生活甚为不便,行军起来尤其痛苦:骑在马上,马鞍一磨,肿块

曾志念念不忘的救命恩人吴之理

就大起来,有时半边肚子都肿得鼓鼓的,且会几个月不消。

他检查后说:"你的刀口化脓了,现在已经形成了脓肿,很厉害!"于是我跟他去到野战医院,并立即上了手术台。吴之理为我打了点麻药,又亲自为我开刀。伤口一切开,脓血像喷泉一样喷出,足有一尺高、一大杯的量。吴部长说:"好险唷,只差几层纸那么厚就穿透腹膜了!如果穿透,得了腹膜炎,在这样的战争环境里,生命就难保了!"

正是这个脓包,伴着我骑马、行军、打仗,历尽了艰险,转战六七个省,算起来已有一年半了。

排脓后我的肚子上出现了一个鸡蛋大的窟窿,吴部长往里面塞了好大一块纱布。在野战医院住了三天,医院就开拔了,我只好再转到西满的一个地方医院继续治疗。这个医院很大,可是我看它不像医院倒像个难民营。没有煤,没有暖气,各病房都是自己找柴火做饭取暖,弄得到处烟熏火燎,甚至手术室里也脏乱不堪。我们地区的小田怀了孩子,我陪她进手术室做流产手术,医生在泡有来苏水的盆里洗了手,而那盆水早已是一盆黑兮兮的污水

---

① 吴之理(1915~2008),安徽泾县人,著名军事医学专家。1931年考入上海圣约翰大学预科,次年转上海医学院学习。1937年参加新四军,解放战争时期任西满军区卫生部部长。新中国成立后曾任志愿军卫生部部长、第二军医大学校长、空军卫生部部长等职务。

李富春（右）与蔡畅

了，就这么马马虎虎地把孩子刮掉了。我在那里住了十几天，伤口老不见好，李富春便叫我住到西满分局机关里去了。又过了几天，李富春要我与他同去哈尔滨，接他的夫人蔡畅，当时蔡大姐参加在法国召开的国际妇女执行委员会会议之后刚回国。按理，参加这样重要国际会议的同志回国，应该有一些妇女和儿童到车站欢迎，可是来接站的除了我们就只有东北局另一位负责妇女儿童工作的同志了。

蔡大姐身体不好，要在哈尔滨治疗一段时间。蔡大姐留我住下一起治病，于是李富春便自己回了齐齐哈尔。

我那时除了腹部伤口未愈，身体也不好，体重不到80斤，铁路医院的医生检查后说我还有神经衰弱。医生是位俄籍女博士，十月革命时还是农民，革命后上了学，成了出色的医生。日本投降后哈尔滨铁路是中苏共管，所以铁路医院里的医生多为苏联人。

那时，林彪、高岗也都是请这位老资格的女医生看病的。林彪是东北局书记，高岗是副书记。有一次高岗请蔡大姐吃饭，也顺带请我去了。那是我第一次吃熊掌，是火锅熊掌，白灰灰的，活像人的大脚板，既不好看也不好吃，此后我再也没有吃过。大概就在那时，高岗的警卫员睡在床上被人杀了，一直没有破案，至今也未听到这个案子的下落。得知突围的同志回到齐齐哈尔，并誓师西征后，我的伤口虽未好，但也立即停止了治疗，归队与同志们一起上路了。

地委书记吕明仁之死

1947年4月上旬,地委通知我去奈曼旗开会。到了奈曼旗,却未见地委书记吕明仁[①],同志们说他下乡去了,明天准能回来。可是第二天,吕明仁并未回来。第三天中午了他还没回来,大家心里就有些忐忑不安了。到了下午,得到噩耗:吕明仁骑马过辽河时,为抢救落水的警卫员,不幸淹死了,遗体已抬到开鲁城停放。

这不啻是一个晴天霹雳,每一个人都大惑不解。吕明仁是辽宁庄河县大王家岛上一个贫苦渔民的儿子,从小与海为伴,练就了一副好水性,怎么会淹死呢?

他的爱人丁修[②]更是哭得死去活来,他们刚吵过架,吕明仁是吵完架与她分手下乡的,丁修一边哭一边不停地诉说着自己的后悔。平时我们都知道丁修性格倔强,脾气比较大,而吕明仁则涵养特好,尽管丁修经常跟他发火,他却总是笑眯眯的,一副满不在乎的样子迁就着她。现在人死了,想到的就都是他的好处,她怎能不肝肠寸断呢!

我们连夜乘马车赶去开鲁。

吕明仁不幸遇难的情况大体是这样:

4月份正是开春季节,辽河正在解冻,大量的冰块横冲直撞,顺流而下。按理说这时节是不能骑马过河的,只有乘船才比较安全。吕明仁从开鲁

吕明仁(左)、丁修夫妇

---

① 吕明仁(1914~1947),辽宁大连人。1935年加入中国共产党,1936年到陕北入"抗大"学习,1945年受派到东北工作,曾任哲里木盟副盟长。

② 丁修(1915~2006),原名周扶宜,山东金乡人。出身于知识分子家庭,早年在山东求学时走上革命道路,1937年在投奔延安的路上与吕明仁结婚。新中国成立后曾任国家科委地方局党组书记、副局长等职务。——编者注

1947年2月陶铸曾志夫妇（右二、右一）为吕明仁（左二）南下反攻送行（左一为丁修）。

城赶到河边时，恰好摆渡的船工回家吃早饭了。因为急着赶回地委开会，他见河滩上有马蹄印，以为骑马可以过河，就下了河。他不知道由于河水长年冲刷，河床已形成了不少深沟，特别在这样的高水位季节里，无论人、马，涉水过河都是十分危险的。而且，吕明仁背上长了个大痈，刚经过手术，行动尚不方便。

他们一共三人三马，同时下了河。警卫员康殿才骑马走在前面，是最先连人带马落进河沟的，吕明仁见状立即从马背上"扑通"一声跃入水中，游向警卫员，同时连声向后面的通讯员喊："老康坏了，要淹死了！"吕明仁虽然在水里游了起来，但他穿得太多，毛靴、皮裤、皮大衣，哪里游得动？！背部又有伤口，加上周围的冰块不断撞击着他，所以游了一丈多远，就精疲力竭了。他只回头对通讯员喊了句"我不行了！"就顺着冰块急速漂走了。

此时通讯员也掉进水里，但他紧紧抓着马鬃趴在马背上，因为马会游泳，所以没有沉下去。见吕明仁漂走了，通讯员立即鸣枪报警，附近的居民和船工很快赶来，一起追了两里多路，才把吕明仁捞上来，只是为时已晚。而警卫员连人带马却一直未找到，估计不是被河泥掩埋，就是被冲得太远了。

吕明仁灵柩停在开鲁城外的一座寺庙里，遗容已经整理，闭着双眼，好似睡着了，很安详。我一时竟不相信他真的死了，伸出手轻轻摸了摸他的脸，冰凉冰凉，鼻孔里还可见塞着一些细沙子。据开鲁的同志介绍，他的肚子里没有水，所以他实际上不是被淹死而是被大量泥沙堵住了口鼻憋死的。

我们在开鲁城开了一个小型追悼会。后来他的灵柩又运到了白城子，省委又为他开了一次较隆重的追悼会，陶铸亲笔写了"抚棺痛哭难抒沉憾，誓争胜利以慰英灵"的挽联，并致了悼词。

吕明仁不幸遇难，我们大家都很悲痛。他是一位很有能力、很受爱戴的领导，他的遇难，是辽吉第一地委的重大损失。我至今仍深深地怀念他。

在党中央"建设巩固的东北根据地"方针的指引下，经过近两年艰苦卓绝的斗争，我党在东北地区逐渐掌握了战场的主动权，开始由战略防御转入战略反攻。1947年5月，我军发起了夏季攻势。

我们地委在夏季攻势中的任务就是支援战斗。支援战斗中的一项重要工作就是破坏敌人的铁路和通讯线路，使敌人成为寸步难行的瘸子和闭目塞听的瞎子、聋子。为此，地委机关由奈曼的大沁他拉，前移到阜新县以北的务欢池镇。

我们主要负责黑山、新立屯、阜新、彰武一线的破路任务。

由于我们在农村广泛进行了清匪反霸、土地改革和建党建政工作，广大农民亲身体会到共产党和人民军队是真正保护人民、为群众谋利益的，因此当我们发动群众参加破路时，群众的热情十分高涨，确实是一呼百应。再加上我们答应破路后所挖取的枕木、钢轨归群众所有，参加的老百姓就更多了。破路都选在晚上，人多势众，一夜能破坏30多里铁路。群众潮水般涌来，潮水般退去，肩扛车拉地把枕木和钢轨弄到二三十里以外。枕木连夜砍碎，不留痕迹，钢轨则深埋地下，使敌人无处寻找。

铁路一破坏，敌人就僵死了，只好派人来修，修复一次则要花个把月。然而刚修通，不过几天就又被我们破坏了。如此反复了多次，直到1948年冬沈阳解放时，这段铁路还不能完全贯通。

夏季攻势中，地委的支战工作除了破路外，还帮助部队运输辎重和抢救、运送伤员，不过任务都不太重，因为我们的主力只有七纵和军分区两支队伍在新立屯、阜新、彰武作战，其余都到东满和南满打大仗去了。

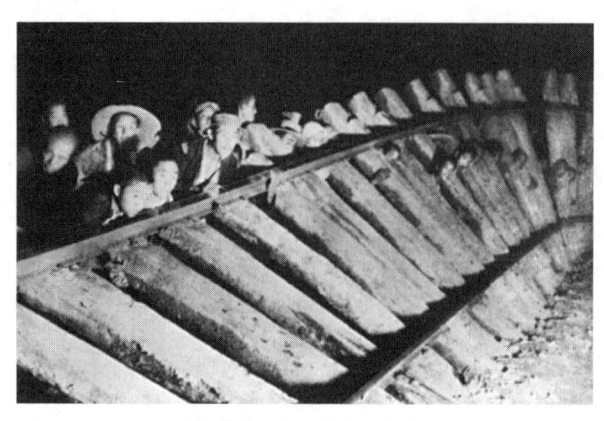

破坏铁路,切断敌人运输线。

东北夏季攻势,历时50天,歼敌8万多,收复城镇42个,迫使敌人转入了以沈阳为中心的一条狭长地带上重点防御,广大的解放区则基本连成了一片。

夏季攻势一结束,我们立即开始了更大规模的土改运动。

土改的第一项工作是训练骨干。其步骤是一诉苦,二学习,三骨干自己划阶级。重点放在划阶级上面,采取自己划、互相讨论帮助的办法,通过对真人真事的分析,学会划分阶级。

我们在训练骨干时力戒"先生讲,学生听"那一套,把主要精力放在从参加训练的骨干分子中挑选典型上。

土改是一个由点带面、逐步推开的过程,我们称其为"梅花形"工作方法。可以说,我们有多少个工作队,就培育出了多少朵这样以点带面的"梅花",而这些绽放的"梅花"又在一波接一波地迅速向外发展着,把整个夏末秋初的路西地区装点得春潮涌动。

这种梅花形波浪式向前推进的方法,避免了"运动群众",而形成了真正意义上的"群众运动",千百万劳苦农民在党的指引下,为了建设崭新的生活,开始了自己解放自己的波澜壮阔的伟大斗争。

当然,在那些并不稳固的游击区,敌人时来骚扰,群众有后顾之忧,我们就不勉强进行土改。

土改斗争的重点是发动贫雇农清查地主和富农的土地、财产。由于地主、富农特别是那些恶霸分子在运动中对群众有威胁利诱活动,因此有些知情的贫雇农不敢大胆控诉、揭发,特别对自己的佃东和雇主,更是顾虑重重。从感情上说,他们是愿意参加斗争的,但又害怕地主、富农和恶霸的报复,其思想斗争无疑是十分激烈的。这个时候工作队和土改骨干的一项重要工作,就是对这些动摇的农民进行必要的教育和引导,做他们的靠山。

有一个雇农老实厚道,在地主家打了十几年长工,受尽了剥削压迫,30

多岁了还讨不起老婆，大家一致认为他苦大仇深。然而，当地主逃跑时，他却为地主藏匿财产，之后又与另两个长工一起为地主看家护院。土改发动阶段，听了许多人的诉苦和揭发，他被深深触动了，吃不下饭，睡不着觉，思想斗争很激烈。轮到他诉苦时，他涕泪满面，痛哭不已，但说出来的却都是一些鸡毛蒜皮、众所周知的小事，对地主财产的去向却总吞吞吐吐、欲言又止，无论别人如何劝说、鼓励，就是不敢说。由于思想压力太大，这个农民后来竟然精神错乱了，大哭、大叫、大唱、大笑，手舞足蹈，力大无穷，几个人也按不住他。幸好土改工作队中有位公安局局长会针灸，而且还是祖传中医，他拿出根很粗的银针，让别人把这个农民按倒在炕上，对准他大腿弯子一下扎进三寸多深，随后又在他屁股上重重踢了两脚，他一惊，一骨碌爬了起来，瞪眼看看扎针的公安局局长，一会儿便倒在炕上睡着了，醒来，精神就正常了。之后，大家仍精心照顾他，嘘寒问暖，十几年来他头一次体会到了人世间的温暖，令他万分感动。他像换了一个人，把自己知道的地主家的底细全部揭发了出来，把他替地主分散埋藏财产的地点一一说了出来，并领着大家去挖，真正成了运动的骨干。

土改运动从诉苦、算剥削账开始，查封粮食、挖底产、没收浮财，一直到划分阶级、分配土地，我们都紧紧依靠贫雇农，同时争取中农积极参加，一起民主讨论，民主评定。对于一些偏"左"或偏右违反政策的做法，也尽量通过启发教育加以引导，让群众通过学习政策自己纠正，在斗争中长见识、增才干。

真正的英雄——东北人民

夏季攻势后不久，1947年9月14日至11月5日，我军又发起了全东北战略反攻中的秋季攻势。其间10月10日，毛泽东主席亲自起草了《中国人民解放军宣言》，庄严号召："打倒蒋介石，解放全中国！"

我人民解放军的九个野战纵队以及各地方武装，先在北宁路以西，接着在沈阳以西、以北、以南地区向国民党军队展开了大规模的进攻。

这些地区大多属辽吉第一地委工作范围。在野战军以及杀回路东的分区支队、各县武工队夏季攻势的打击下，我们已在康平、法库等地站住脚，沈阳的敌人一再龟缩，不但游击区扩大了，而且建立了较稳固的游击根据地。据此，辽吉省委决定，恢复路东地区为第一地委、第一专署，路西地区为第五地委、第五专署。我被留在第五地委任副书记，书记是刘莱夫①。我负责前沿地区，即游击区和接敌区的工作。

在秋季攻势中，我军攻占了黑山的新立屯和阜新、彰武等县城。我立即与地委一些同志将驻地前移到新立屯，以便更好地完成支战任务。

新立屯是铁路枢纽，又是军事要地，我方大批军用物资和兵员都要在此中转，

1947年的毛泽东

而此时被我们破坏的铁路尚未修复。为此，我们又连夜下去发动群众抢修铁路。广大群众眼见我们千军万马过往不息，受到了极大鼓舞，一声号令，立即聚集起一支浩浩荡荡的民工大军，抢修铁路，搬运物资，送粮草，抬担架，救护伤病员。真可谓人多势众，众志成城，各项支战任务都完成得十分圆满。

但我野战军南下阜新、新立屯不到十天就又转移到他处作战了，傅作义军队在沈阳之敌配合下，乘机向我们进逼。我们又组织群众，三下五除二把铁路扒了，从而迟滞了傅作义部队的北进。

广大群众全力以赴帮助我们一会儿修路，一会儿破路，足见世道人心！

在秋季攻势中，成千上万的农民招之即来，修路、破路，支援解放军，均由各村屯自筹粮款，政府既不发钱，也不发粮。有些农民则是自己带着干粮来的，但无不情绪高昂，争相完成任务。我亲眼看到许多支前民工，衣着单薄，怀里除了几块又干又硬的高粱面窝头，什么也没有，挨冻受饿是常有的事。

老百姓这样忘我地支援前线，是因为他们知道只有帮助解放军赢得这场

---

① 刘莱夫（1914~1974），山东莱芜人。1932年加入中国共产党，早年在山东从事地下斗争，1938年参加八路军，抗战胜利后到东北工作。1948年起历任北京市总工会副主席、市委财贸部部长等职务。"文化大革命"中遭受迫害，身心被严重摧残，1974年去世。

战争，才能赢得他们的新生活，是因为他们已经看到了新中国的曙光！

秋季攻势结束，只休整了一个月，1947年12月15日，我军在东北战场又发起了更加强大的冬季攻势。

这次攻势以长春、沈阳、锦州等大城市周围的敌人为主要攻击目标，我第五地委位置在沈阳与锦州之间，所以正是主战场之一。经常在我地区往来运动的有七纵、八纵、九纵和十纵。

那一年冬天特别冷。热河来的部队战士虽穿上了冬季服装，但棉衣棉裤都较薄，而来得早的部队，则还没有换冬服，许多战士已经冻坏了手脚。冻坏了手不能打枪拼刺刀，冻坏了脚连路都走不动，还有战斗力吗？临时制装来不及，又要立刻打大仗，在这非常时刻，部队采取了非常措施：把老百姓家里的羊，不管是地主、富农、中农、贫雇农的，都抓来杀了，剥下羊皮，拿烧酒鞣熟后，用以包脚。

这是一次大的违反群众纪律的行为，但这样做是应急的唯一办法，是打赢这场战争的需要。事后，地、县委紧急动员，各级干部深入到村屯作解释，讲明野战军这样做实属无奈，如果不采取这种紧急措施，不用一天，战士们的双脚都要冻坏，战士不能走路，就不能打胜仗了。我们请求广大群众予以谅解，同时由地方政府酌情予以赔偿：贫雇农照价全赔，中农赔少些，地主、富农再少些。结果大部分老百姓都表示了谅解或支持，没有造成大的不良影响。

此次攻势与以前有所不同，秋季攻势时，我主力部队一扫而过，局面迅速打开，所以战勤任务不重。而这一次敌人集中了其东北兵力的一半以上于沈阳外围固守，战役不可能太快结束，我军主力经常会有一部或几部留驻第五地委所辖地区，后勤保障工作十分庞杂，支战任务极为繁重。

冬季攻势刚开始，就遇上了下雪天气，鹅毛大雪铺天盖地，纷纷扬扬，几天几夜不停，公路上积起了几尺厚的雪，影响了十几万大部队的运动。

我们一声动员，盼望早日获得解放的10万农民有如云合雾聚，呼啦啦涌向了几百里长的公路线，为部队铲冰、扫雪，清理道路。其实，所有农家的门户都叫大雪给封住了，不少穷人的茅草屋被雪压塌了，但他们顾不得自家的冷暖，推开大门迎着打得头面生痛的雪粒子浩浩荡荡开上了公路！远离公路的群众，因走得匆忙，许多人连干粮也来不及张罗，饿着肚子也照样从早晨扫雪到傍晚，天黑了，还要勒紧裤带再走几十里才能到家。

1947年9月至1948年3月，东北野战军先后发起秋季和冬季攻势，解放了东北97%的土地。图为东北野战军挺进辽西。

10几万解放大军在10万扫雪大军的夹道欢呼声中迅速通过。

如果说，后来淮海战役胜利是几十万老百姓用小车推出来的，那么我要说：1948年东北战场冬季攻势的胜利道路，则是全东北几十万农民用扫雪的大笤帚扫出来的。我永远忘不了在第五地委辖区那百里公路上10万人扫雪的激动人心的壮阔场面。

群众在帮部队运输军用物资和救护转送伤员方面也做出了巨大贡献，不少民工还为之献出了生命。

有一次我去某部队，迎面远远看到一队民工抬着十几副担架从前线下来。红红的太阳高挂天上，大地是一望无边的雪白，那队民工身着深色衣服，走在茫茫雪原里显得十分醒目。忽然天空传来了飞机的嗡嗡声，民工们立即四散开来，我也赶紧趴在地上。敌机很快发现了我们，"哒哒哒"响着机枪俯冲下来，此时我看到我身边的两个民工突然勇敢地扑倒在担架上，用自己的身体保护伤员。敌机在我们头上来回扫射了两遍，一串串子弹就落在担架旁边，溅起了阵阵雪雾，可是，无论敌机怎样扫射，他俩一直纹丝不动。敌机终于飞走了，所幸这次空袭我们竟无一人伤亡。担架队又匆匆上路了，我也起身赶往前线部队，当时竟没有问一下抬那副担架的民工来自哪个村屯，叫什么名字。后来想到应当表扬一下两位老乡，却已擦肩而过走得很远了。

其实，这样感人的拥军支前故事在第五地区可谓比比皆是，不可胜数。

多么富有牺牲精神的父老乡亲啊！在茫茫雪原的衬托下，他们是如此的渺小，但他们的精神却极其伟大。粗枝大叶的历史不会记载下每个人的姓名，但，让我们永远记住他们共同拥有的一个名字——东北民工！

正因为有了群众的大力支持，我们的党和军队才能迅速在东北站住脚跟，才能从一个胜利走向另一个胜利。

这年冬天最冷时达到零下37度，据说这个温度是那几十年的最低温度，是大小便一落地就结冰的日子。在路上走一阵，帽子、手套、眉毛和男同志的胡子，便会结上冰凌。特别是马，马尾马鬃结满了冰，一跑起来，叮咚作响。

在雪地上行走常会找不到路，因为大雪早已把路盖住了。有一次我骑马在山坡的小路上走，一阵大风吹来，吹得我和马一起跌到了一丈开外的坡下，埋进了深深的雪坑里。通讯员见状解下绑腿带扔给我，我把它绑在腰上，他在上面拉，我手脚并用在下面爬，这才爬上来。之后，通讯员下到坡底，把绑带扎在马脖子上，我在上面拉，他在下面推，费了好大的劲，才把马也弄上来。如果当时是一个人走，没准就冻死在那雪坑里了。

那次部队打新立屯，敌人据山固守，拼命抵抗，仗打得很苦。我军是下半夜向山头发起攻击的，经过三个多小时激烈战斗，才把敌人全部歼灭。这次战斗，我军负伤七八百，绝大部分是冻伤！这些伤员都暂住在地区医院。医生说，枪伤易治，冻伤难愈，完全坏死的，还要截肢。这批伤员中，因冻伤须截肢的就有两三百人！

极左歪风险些毁掉农民对共产党的拥护

1947年秋季，我第五地区和辽吉一些地区鼠疫大流行。虽然是腺鼠疫，但发病后几天内也会死人，据说肺鼠疫更厉害，只消几小时人便会丧命。这次鼠疫流行，单单通辽县就死亡了几千人。巨大的恐惧像压城的黑云一样迅速笼罩了全辽吉、全东北，一时人心惶惶，如临世界末日。到后来，这种恐惧竟发展到人死了谁也不敢抬、不敢埋的地步，任由尸体腐烂，这就更加剧了鼠疫的扩散。

奈曼有一个小村子，得病的人很多，附近的人就把村子团团围住，不准他们出村，还在村子周围挖了一道人爬不上来的深沟，谁想过沟就开枪打谁，最后又向村子的屋顶上扔了许多着火的柴草，硬是把这个村子连房带人烧光了。

我们有位县委干部发现自己淋巴肿大，以为得了鼠疫，为了不传染别人，他把自己关了起来，静静地等死，因为他明白当地的医生根本没法对付鼠疫。过了好几天，发现并未恶化，知道不是鼠疫，他这才从屋里走出来，重新开始工作。

在鼠疫流行区，我们随时都有被传染的危险。老百姓对付鼠疫有个土办法：拿生鸦片土用水化开，用小竹签当针筒，蘸上鸦片水往肌肉里扎，据说此法也救了一些人。但只能往身上扎，而不能服用，因为生鸦片吃了要死人的。我在通辽到中旗路上的一个饭铺里见过的一个老板娘，就是用这个办法治好的。她让我看她脖子和腋下的淋巴腺，一个个被竹签扎得像蜂窝一样，但生鸦片水扎进去，黄水慢慢流出来，黄水流干，病也就好了。

后来，从苏联来了一个医疗队，带来了疫苗，我们都打了疫苗，死亡的威胁才减轻。经过医疗队的治疗和预防，病人死亡率大大降低，疫情也很快被控制住了。

除了鼠疫，这年夏天还出现过霍乱。霍乱死亡率也很高，但由于有药品防治，所以没有发生大的流行。

鼠疫是通过寄生在老鼠身上的跳蚤传染的，在农村里，跳蚤是随处可见的寻常之物，简直无孔不入，防不胜防，而老鼠在东北又出奇地多。有一天早晨，太阳刚出来，我在通辽附近的田野上步行，视野所及，有成千上万只如松鼠般拖个大尾巴的黄灰色老鼠，一律脸朝东方，两只前脚时而举起，时而放下，像是在朝拜太阳。如此众多的数量，如此统一的举动，真是一大奇观。后来我发现，太阳将落山时，它们也要再这样演练一次，其中的缘故，却百思不得其解。

通辽一带有个很坏的风俗：人死后，棺材只埋三分之二，而留一部分在地面上。这样，坟地就成了家狗和野狗的聚集地，它们扒开棺材拖出死尸，撕咬争抢，也没人去管。所以在通辽附近的山坡上到处可闻群狗的狂吠声，到处可见横七竖八的尸骨，这不免让过路人感到心惊胆战、毛骨悚然。

我们的冬季攻势就是在这种特别困难、特别危险的环境里，经过艰苦卓绝的努力取得胜利的。这次攻势，歼敌15万多人，国民党军队已被我军团团围困在沈阳及其外围不多的几个据点里，陆上交通和后勤补给基本被切断。此役从根本上奠定了我军在东北的胜局。

1948年3月15日，为期整整三个月的冬季攻势宣告结束。

全国土地会议后，从北面刮来一股狂风，叫"扫堂子"，也就是挖地主的底产，对地主实行精光政策，然后扫地出门。由于本村的贫雇农在本村"扫堂子"多有不便，因此还传过来一条经验：村屯之间交换着"扫"，即甲村到乙村"扫"，乙村到甲村"扫"。这股风吹到第五地区后，一些正在土改的地方也一阵风似的扫开"堂子"了：大队人马，坐上雪橇，赶着大车，到邻村的地主甚至富农家，挖地三尺，风卷残云，见什么拿什么，杀猪宰羊几十人上百人大吃大喝。地主、富农扫光了，只要有点钱的也"扫"，挖不出底产或底产较少的，就把人抓走，日夜审问，往死里打。记得有个晚上一下就打死了九个人，县委书记都制止不住。

这种"扫堂子"的做法，极大地消耗和浪费了有限的社会财富，破坏了农村生产力。实际上老实的贫雇农并没有得到多少好处，吃得满嘴流油、抢金夺银的大多是那些游手好闲的"勇敢分子"。而且，剥夺了地主、富农的起码生存条件并把人打得头破血流、遍体鳞伤，也是违反纪律的。长此以往，原来热心于土改的贫雇农就有可能转向消极、观望，甚至转向可怜和同情地主，真所谓过犹不及。所以"扫堂子"是十分有害的，也是行不通的。

幸好这股风在我们地区只刮了七八天，就被东北局和省委制止了，因此，对第五地区的影响及危害都不算很大。

斗争地主场面

杨顺清千里送亮亮到东北

1947年秋天,陶铸来第五地委检查工作,顺便告诉我:女儿已到省委所在地白城子了,他还带来一张亮亮与杨顺清的合影。

这真是天大的喜讯,是原来想都不敢想的喜讯啊!

这样的战争环境,老杨竟然能带着亮亮从那么遥远的延安来到吉林白城子,这简直是奇迹。

在延安时,我们就知道老杨对亮亮比我们还亲,他养了只鸡,生下蛋来,自己舍不得吃,一个个都填进了亮亮的小肚子里。他纺线得来的工钱自己一个不花,全部为亮亮买了解馋的零食。

有这样一位好叔叔,这既是亮亮的福气,也是我和陶铸的福气!

陶铸告诉我:老杨和亮亮在路上走了一年多,经过了好几个解放区,后来是经过朝鲜平壤才转到东北的。一路上,他们碰到过敌人多次轰炸,遇到了不知多少危险,可谓历尽千难万险。

杨顺清历经艰辛护送陶斯亮到达东北

我多么想立即见到我的亮亮和可敬的杨顺清啊!

初冬,省委召开地委书记会议。这个会本来应当是刘莱夫参加的,他却要我去,说是第五地委在冬季攻势中任务繁重,他脱不开身。我明白,其实他是让我公私兼顾,去省委看看女儿。我在心里默默感谢他的这番善意。

离开延安奔赴湘粤桂去开辟敌后战场时,我是抱着壮士一去不复返的决心的。我以为再也见不到女儿或者至少要五年十年才能团聚的,没想到,一切都来得那么突然,我的心里每天都充满了喜悦。

我在省委报了到,就去陶铸那儿

看亮亮。

听到我的喊声,亮亮立即跑了出来,但见了我又马上躲到爸爸的房门后面去了。伸手拉她,她不出来,我去抱她,她竟害怕得哭了。杨顺清来了,告诉她:"这是妈妈呀,你不是天天想妈妈吗?见了妈妈怎么不让抱呢?"

唉,这就是我6岁的女儿,在战火中生长,不认识妈妈的宝贝女儿!

但是过了不到一刻钟,她就和我很要好、很亲热了。

省委组织部部长陈曾固[①]告诉我,亮亮听说我要来,几天前就在他面前不断念叨:"妈妈来了,我该怎样同妈妈见面呢?我要对妈妈讲些什么呢?"像个小大人似的,煞是可爱。

陈曾固又转身取笑亮亮:"怎么真的见到妈妈,倒把准备好的话都忘啦?还哭!亮亮,羞不羞呀?"

一屋子人都笑了起来。

老杨怎么会带着亮亮从延安来东北的呢?

原来,1946年6月,国民党军队向我解放区大举进攻,战火随时可能烧到延安。中央决定,延安的非战斗单位一律撤离,转移别处。

王家坪托儿所的丑子刚所长告诉老杨,领导决定他和作战部副参谋长朱军[②]的男保姆一起,带两个孩子去东北找父母亲(据说这是在东北工作的一位同志的美意,可事后我们一直没有打听到这位好心的同志是谁)。组织上给了一头毛驴子,替他们炒了两袋米面粉。毛驴子驮着两个柳条筐,一边坐着亮亮,一边坐着朱军的女儿妞妞。他们是七八月间从延安起程的,刚走出30里地,在距延安机场四五里的地方,就遇到了国民党飞机的空袭。幸好这里到处都是青纱帐,他们立即钻进了一片玉米地。敌机轰炸、扫射了好几圈才飞走,等到天将黑了,他们才从玉米地里出来。

亮亮告诉我说:"那时我们吓得直哭,杨叔叔说:'别哭了,飞机听到,会来丢炸弹的。'我们就都不敢哭了。"

老杨是贵州清镇人,1935年参加长征,是一个在长征中打瘸了腿,打掉

[①] 陈曾固(1907~1988),原名陈文光,贵州安顺人。1925年到北京求学,1931年加入中国共产党,1937年赴延安,1946年受派到东北工作,任辽西省委常委、组织部部长等职务。

[②] 朱军(1908~1999),河北景县人。1927年加入中国共产党,早年在上海、天津等地做地下工作,解放战争期间在东北任军职,曾任辽西军区副司令、冀察热辽军区副参谋长等职务。新中国成立后曾任海军学院院长等职务,1955年被授予少将军衔。

了一半牙齿的二级残疾军人，曾给朱老总当过马夫。亮亮2岁时，被组织上派来照顾我们的孩子。那时革命只有分工的不同，我们没有一分钱给老杨，我们拿老杨当同志当亲人，并没有什么保姆的概念。

送亮亮来东北，老杨等于又一次长征。在那兵荒马乱、战火纷飞的年月，已经40多岁的他，独自一人，带着一个5岁小女孩，没有钱，缺衣少食，甚至要沿街乞讨，经常找不到组织，孤独无助，颠沛流离。但凭着坚定信念，他们历经了中国北方几乎所有省份（还去了朝鲜），几千公里的漫长路途，耗费了一年多的时间才到达辽西。他们坐过火车、汽车、驴车、轮船……而更多的是老杨用他的背和肩膀，背着亮亮挑着亮亮，用他那残疾的腿，艰难地走过万水千山，硬是把我们认为已不在人世的女儿送到了我们身边。

客人们离开后，老杨和亮亮你一言我一语地向我说起了一年多来他们的经历。让我感到吃惊的是，这时亮亮才6岁多，可是沿途的事她却记得一清二楚，而且叙述得绘声绘色，颇能传情达意，就像讲故事。

他们把一路上的经过叙述得很详细，许多我已忘记，现在只记得下面几件事了。

第一件事：

亮亮说，在一个什么村子里，杨叔叔他们上街买东西，我和小妞妞在屋外玩，突然飞机来了，还听到"啪啪"的枪响。叔叔阿姨们都往村子后面的山上跑，我同妞妞也跟着跑。我们跑到山脚下，寻到一棵小树就趴下躲了起来，不让飞机看见。隔了好久，叔叔阿姨都走了，我同妞妞也蹦蹦跳跳一路玩着走了回去。

老杨说："啊呀，那天飞机轰炸，我们正在镇子上，孩子不在身边，可把我们吓坏了！哪里还管飞机扫射轰炸，我们一溜烟跑回村里，却到处找不到两个小丫头，急得团团转。过了很久，看到她们欢欢喜喜回来了，大家都好高兴。两个孩子经受了几次轰炸，已经知道怎样躲飞机了。"

亮亮说："妞妞见了飞机还不躲，是我告诉她，赶快躲起来，不然飞机看见了，会炸死你。妞妞就跟着我躲起来了。"

我问亮亮："看到飞机害怕吗？哭了没有？"

"没哭，飞机丢炸弹见多了，不怕！"亮亮回答。

第二件事：

老杨说，有一阵子，敌机经常来轰炸、扫射，我们白天不敢走，天黑了才上路。老百姓是用牛车送我们的，孩子睡在车上，大人则跟着牛车走。这时朱军的女儿妞妞和她的男保姆已经不与我们同行了。有一天牛车里还躺着两个大人，走了一段路之后，我听到亮亮在车里时不时发出哼哼叽叽、似哭非哭的声音。初时没在意，以为她在做梦，后来发觉不对劲，立即跑上前去问：亮亮怎么啦？她带着哭声说："叔叔的脚，压在我身上，好痛！"我往车里一瞧，顿时气坏了，一个大汉的两条腿都压在亮亮的身子上。我冲着大汉大叫：

刚到东北的陶斯亮和父母合影

"喂，大个子！你一百六七十斤的膘，却把两条腿压在小孩身上，有良心吗？你没病没伤，躺在牛车上睡大觉还嫌不舒服，还要这么丁点大的娃儿为你垫脚吗？"那家伙一声不吭，把脚从亮亮身上挪开，翻转身又睡了。

老杨说："亮亮就是太软弱，大汉的腿那么重，她就是不敢大声叫。平日里妞妞欺负她，打了她，都不敢哭，即使打得很痛，甚至打出了血，也要走到没人的地方才敢哭。四五岁年纪就这样，活像个小媳妇儿。"

第三件事：

老杨说，有一次我们清晨到了一个县城。找到一家旅馆，把亮亮一个人锁在房间里面之后，我去找当地组织接洽。因为找不到人，所以去了大半天。过午很久了，我才急匆匆赶回旅店，心想锁了这么久，又饿了这么久，还不定亮亮会闹成啥样呢。打开房门一看，亮亮却还是老老实实地坐在床上，跟我早晨离开时一模一样。见到我紧张的面孔，亮亮一下子跳起来扑到我身上，紧紧搂住我的脖子，又像哭又像笑，真是可怜噢！

我问亮亮："一个人待在屋子里，怕不怕？"她说："怕。杨叔叔老不回来，我肚子很饿，饿得好难受。听到门外脚步声，总以为是杨叔叔，可总不是。老等不回来，我就害怕了，又不敢大声哭，怕外面有坏人听见。后来我想，杨叔叔肯定会回来的，我就不怕了，就自己玩儿。"

第四件事：

老杨说，有一次坐火车，到一个小站后我下车去买吃的，还没买好车就开了。这下可把亮亮吓坏了，她看到车开了我跟着车跑却没有上来，就趴在窗口上号啕大哭起来。

听到这里我也大吃一惊，忙问：那后来是怎样赶上车的？

老杨说，我是从后面的车厢跳上车的。经过了许多节车厢回到原来座位时，看到亮亮还趴在窗口放声大哭。我叫了声"亮亮！"她回头见是我，眼泪又像串珠一般直滚下来，紧紧抱住我，"叔叔叔叔"直叫，叫得我心里一阵阵发酸。亮亮说，"叔叔你是怎么上来的呀？我还以为你上不来了呢！"我告诉她我是从后面车厢上来的，她又破涕为笑了："叔叔，你真棒！"

第五件事：

老杨说，由烟台到大连坐的是木帆船，船小浪大，我和亮亮都晕船了，不断呕吐，什么东西也不想吃。亮亮很乖，躺在船舱里，闭着眼不吃不喝，一声不吭，像是生了大病，一连两天都这样。我看着有些怕，担心亮亮熬不过这一关。到了大连，休息了好几天，她才恢复过来。

老杨又说，由大连去平壤，乘的是大海轮，比小帆船平稳多了。但大海轮不能靠岸，泊在海上，我们要坐小划子到大船下面，然后攀着大船放下来的软梯才能上去。亮亮不能上，我也不让她自己上。我是用绑带把亮亮绑在身上背着，臂弯里拐着大行李包上软梯的。软梯是用粗绳子结的，软软乎乎，脚和手都使不上劲儿，上一步，梯子就要晃荡几下，两只脚好像随时会落空一般。软梯上人又多，一个个都在催促上面的快爬。还不敢往下看，因为下面是翻滚的海水，一看心里就更悬。爬那段绳梯可把我紧张坏了，就怕脚踏空、手抓不牢掉下海去。我死了没关系，可我还背着亮亮呢！用了九牛二虎之力，终于爬上了大海轮，放下亮亮，一看自己已经全身湿透了——那可是个大冷天哩！

我问女儿："上大海轮时你怕不怕掉下海去？"

女儿回答："不怕，我紧紧抱着杨叔叔脖子呢！"

老杨告诉我，一年多里，亮亮得过几次病，还发了高烧。他急得要命，想尽办法求医找药,为孩子治病。有一次亮亮烧得迷迷糊糊,几天里没有吃东西,不睁眼也不说话,附近又没有医院,这可怎么办?他用手摸亮亮皮肤,烫得很,看亮亮的脸,通红通红,而且呼吸急促。他急得哭了,手按着亮亮的额头

多年以后,陶斯亮在杨顺清墓前敬献了一块石碑,上书"恩重如山"四个大字。

说:"亮亮啊亮亮,你病成这样,叔叔怕是不能把你送到你爸、妈跟前了,叔叔对不起你,也对不起你的父母啊!"还算好,他在村里求爷爷告奶奶,央这家给个偏方,央那家拿点草药,吃了半个月,孩子总算慢慢好起来了。大病之后,亮亮很虚弱,他们便在那里住了三个月,等身体完全复原后,又再上路。

听了这些事情,我百感交集。我无法用语言来表达对老杨的崇敬与感激,他是我们家的大恩人啊!

但是,谈起这一年多的日子,他只谈亮亮怎么乖,只说一路上党组织和老首长怎么为他们写介绍信,怎么安排他们行程,怎么关心、帮助、照顾他们。而一年多里,他是怎么克服伤残的困难,行程几千里,怎么饿肚子,怎么战胜疲劳,自己生病怎么挨过来,他却一点儿没说,连一句也不提。这样崇高的境界,令我肃然起敬。

尤其重要的是,老杨赋予了亮亮温柔的性格、善良的心肠,赋予了她事事想着别人,做事总要做好的秉性。杨叔叔没有文化也讲不了许多大道理,但他用无私的爱和自己的行动教会了亮亮这一切。

到东北后,亮亮在哈尔滨上幼儿园,老杨便要求在幼儿园工作;几年之后亮亮先后在天津和武汉上小学,他又相继要求到天津和武汉那两所小学工作,目的都是为了照顾亮亮,让我们安心把工作做好。

再后来，亮亮大了，不需要特别照顾了，正好陈曾固调任贵州省委副书记，就把老杨带走了。之后老杨一直在贵州的省委招待所当所长，由于身体不好，又没有文化，因此始终没有提拔。不过，他干招待所工作是很称职的，上上下下都十分敬重他，甚至朱老总、伍修权、胡耀邦等中央领导去贵州时都会去看望他。胡耀邦1984年在"贵州省干部大会"上讲了这样一段话："我昨天见到一位老红军，他是1935年参加红军的，1945年用个筐筐背着陶铸同志的小孩，从延安背到哈尔滨。确实没有功劳有苦劳，没有苦劳有疲劳，你说把小孩从延安背到哈尔滨去，还不疲劳？那是大大的疲劳呀！"

打倒"四人帮"之后，老杨不顾年老体弱，专程从贵州坐火车来北京看望亮亮和我这个大难不死、幸存下来的老战友，不料在车上患了阑尾炎，只好一路强忍着。到了北京我们马上把他送进医院，并在当晚就动了手术。由于在火车上耽误了，因此差一点造成阑尾穿孔，病情挺重，出院后又在我家养了三个月。

以前都是老杨照顾亮亮，这一次像是命运有情有义的安排，在老杨晚年时让亮亮也尽心尽力照顾了他一次。我们亮亮是个知恩图报的人，无论老杨住院还是在家休养，她都天天侍奉在侧，端水喂药，问寒问暖，买这买那，一停下来又陪杨叔叔说话，一老一少仍像四十年前那么亲热。老杨病好之后，我们全家陪着他又游览了北京城的一些风景名胜。

1989年1月16日曾志和陶斯亮再次回到祁阳时，与老百姓合影。

我觉得，这次亮亮对杨叔叔的感情有点儿像女儿对父亲。亮亮一直为陶铸病重和临终时未能在旁守护而抱憾自责，这次她把对父亲的负疚之心化作了一颗炽热的爱心，加倍地奉献给了在战火中保护她，如同父亲那样从小抚养她教育她、亲她疼她的杨叔叔。

1984年，湖南祁阳县为陶铸铜像举行落成典礼，我和亮亮应邀前往参加了纪念活动。会后亮亮转道去贵阳看望老杨。亮亮回来说："杨叔叔家的好东西都让我吃光啦！"

杨顺清现已去世了，我们永远怀念他！怀念他的恩情，怀念他的人品，怀念他崇高的精神！

陶铸落下"男儿泪"

1947年秋天，陶铸来第五地委检查工作。

陶铸有肺病，时好时犯，一直未得根治，而仍然夜以继日工作；我因为要坚持前沿新区的斗争，也不能照顾他。所以，他到东北不久肺病便又复发了，还吐了血。这次我发觉他已骨瘦如柴、前胸紧贴后背。过去他尽管瘦，但还精神抖擞；这次却不行，开会时讲话都没力气，说几句要咳一阵，咳完就累得直喘气了。不几日，便又吐起血来，一口接一口，止也止不住。我很紧张，但他却很坦然，还来安慰我，也没吃药只在炕上躺了两天。两天里，他还不断找人来谈话，了解本地区的工作和困难，为地委出主意。血一止住，他又坐上军车，赶往更前沿的部队去了。

在那个寒冷的深秋，望着在崎岖的道路上摇摇晃晃渐渐远去的军车，我对重病中的陶铸充满了敬意。这个人呀，就是从来不怕困难艰险，而且越是困难艰险的环境，他越是精力充沛、干劲十足，就像那越压越蹦的弹簧一样。我认为陶铸身上的这种革命英雄主义和革命乐观主义精神是他人格魅力的重要组成部分，很可贵，也值得我永远学习。

1948年夏季，我又去省委开会。当时听说为适应战争形势的发展，省委已迁到郑家屯，但找到郑家屯时，才知省委又迁往白城子了，并听说陶铸有病，正在洮南治疗。反正距开会还有七八天，我就又搭上火车去了洮南。

1947年,陶铸与曾志在辽宁白城子合影。

陶铸躺在一间民房的炕上,全身主要关节,包括双肩、双肘、手腕、十指、膝盖、脚踝都肿得透明,许多盏电灯泡罩在关节上烘烤着,浮肿处的体液从关节里不断渗出来,一滴一滴往下淌。他的脚与手都不能弯曲,连上厕所都蹲不下去;腰也伸不直,行走与站立都很困难;全身酸痛,昼夜难以成眠。看到这情景,我吓了一跳,这是什么病,人怎么会变成这样?医生说,这叫急性关节炎。

前不久,他去哈尔滨参加东北局会议时发现呼吸有些不顺畅,一检查是鼻子里长了许多息肉,堵住了鼻腔通道。在好些同志的劝说下,他在哈尔滨做了鼻息肉切除手术。据朱仲丽[①]说,割息肉时,陶铸曾虚脱过去,上了全身麻醉。术后只两天,他就坚持出了院坐火车匆匆赶回郑家屯,没两天又赶往白城子了。当时亮亮送爸爸上火车,本来讲好不跟爸爸走的,但上了车却赖着不肯下,陶铸被逼得没有办法只好让她一起走了。但亮亮什么也没带,夜里天气冷,陶铸便把自己的大衣脱下盖在亮亮身上,自己因此受了风寒,引起了急性关节炎。

我只好在洮南住了下来,帮助陶铸治疗。他每天除了打针,就是用十几个灯泡组成的电热罩烘烤关节,还有就是用硫黄热水作全身浸泡并加以按摩。其他的我做不来,就帮他泡硫黄浴。办法是:在一个水泥砌的澡池里放上水,加进硫黄,拿一根电棒插到水池里加热。待水热了,我就帮陶铸脱下衣服,扶他躺进水池,他一面泡,我一面按摩他各个关节,每次要按摩一小时。活儿挺累人,每次他泡完我也累得直喘粗气。但这办法还真有效,五天

[①] 朱仲丽(1915~2014),湖南长沙人,系中共著名领导人王稼祥同志的夫人。1930年加入中国共产党,1936年毕业于上海东南医学院,1949年留学于莫斯科医科大学。新中国成立后曾担任友谊医院院长。

之后他的关节就好多了。

我们都要赶去省委开会，我扶着陶铸一拐一拐走了四五里路，后来搭上一辆巡道车就去了白城子。

省委扩大会议的主要议题好像是整风总结，有些县委书记也参加了会议。会上有几个县委同志批评省委在指导全省群众工作和土改运动中政策过"左"，批评陶铸民主作风差、主观片面、性情急躁、与大家商量少、倾听他人意见不够、有家长作风，等等，还举了一些例子。

我认为对陶铸工作作风上的批评以及所举的例子，基本上都是事实。但我同时认为，省委——包括陶铸——在发动群众和执行土改政策方面是坚决执行党中央和东北局指示的。一些地方"左"的错误是存在的，例如"扫堂子"，但这股风先是从外省吹来，而后又是各地自发学起来的，省委一经发现立即就加以制止了。所以，这些地方过"左"与过火行为的账不能算到省委和陶铸头上。

后来，陶铸在会上承担了责任，做了检讨。

会议刚开完，我就同陶铸吵了一架。

那天省委放电影，我考虑到陶铸这几天心情不太好，就和亮亮极力动员他去观看。这时候他的关节炎还没有好利索，走路不方便，医生护士还在为他治疗，而电影场离住地又远，所以我们就特地雇了一辆马车去。电影散场后，我们是坐马车回来的。途中遇到了这些天护理陶铸的日本女护士，陶铸便让马车停下，请那位护士也上车。我突然生气了，我说："那么多同志在路上走，为什么单单叫她上车？日本鬼子那样对待中国人，为什么我们偏要优待日本人呢？"我又对那护士说："你不要上车了，自己走回去吧！"

陶铸当时一声未吭，回到家他却像火山似的突然喷发了，他大声指责我蛮横无理，不近人情，他说："她是我的护士，为什么不准她上车？她是日本人但不是日本帝国主义！就是日本俘虏我们也要优待的！"

我也大声反驳他："优待就是让同志走路，让俘虏坐车吗？"

这下子陶铸更火了，他捶胸顿足，撕碎了自己身上的衣服，高声喊叫着，吓得亮亮跑到房门外面嘤嘤地哭了。陶铸听到了亮亮的哭声，把亮亮抱进来，坐在床上也流了泪。我心里清楚，他这是一次心中痛楚积蓄很久后的总爆发。因为从延安出来后，我正式向组织上打了离婚报告，我忍受不了他的大男子主义。陶铸表示尊重我的选择。不过，因日本投降，时局突然发生变化，我们也就顾不上再扯这些个人的事了。到东北我们是散多聚少，感情上一直未能真正修复，这给陶铸心上留下暗伤。

我突然后悔了。

这个流血不流泪的硬汉，多少年来，无论遭受多大打击、多大委屈，从没有掉过一滴泪，今天却当着我们母女的面哭了。唉，我对他太狠了，他一定是伤透心了。

我在大庭广众下让他这个省委书记下不了台，影响了他的威信；而且，这种难堪的场面又发生在一个女护士面前，这就更伤害了他男子汉的自尊；特别是因为那女护士恰恰曾是个日本俘房，从而使这种伤害加剧到了无以复加的地步。我的确太不冷静了，我为什么要把对日本军国主义的仇恨，发泄到一个小护士身上呢？连我自己也觉得莫名其妙。

但我当时没有去安慰陶铸，也没有向他认错。

我至今为我那时的狭隘感到羞愧。

辽沈战役发生1948年9月12日到11月2日之间，是我军和国民党军队在东北地区规模空前的最后决战，我们第五地区则是这次决战的主战场之一，东北野战军七八个纵队几十万大军在第五地区来回运动穿插，我们的战勤工作比过去任何时候都更繁重。地区党政机关以及全区男女老少都被动员起来为前线服务。任务除搬运军需物资、救护转运伤病员和修桥补路之外，还有送信带路、打探敌情、站岗放哨、盘查行人，以及碾米磨麦、烧水做饭、搜擒

东北野战军首长林彪（中）、罗荣桓（右）、刘亚楼（左）在辽沈战役前线

残敌、押送俘虏,等等。

人民群众第一次看到共产党的部队也成建制地实现了机械化、配备了重武器,惊讶与欣喜的心情溢于言表,加上人民解放军军容整齐,纪律严明,与老百姓有说有笑,亲如一家,所以群众的支前积极性更加高涨。村屯干部一敲锣,一吆喝,根本不用多费口舌,一支又一支民工队伍就源源不断地开赴前线了。

由于人民解放军在第五地区范围内调动频繁,行动神速,有时候部队走了还来不及通知地方,因此,我们的支战工作就愈显紧张和忙乱了。9月中旬,我军对锦州的攻击已经开始,除原来的第7、第8、第9、第10纵队仍常在我第五地区穿插外,第3、第4纵队也突然来到彰武、阜新、黑山一带,但几天后又一晃不见了。

在这样瞬息万变的环境下,军、地工作一时的脱节是很难避免的。有时部队走了,我们不知道;有时敌人夜里来了,我们还以为是解放军,一点未加防范,所以遭到了国民党军队的杀戮,损失很大。特别是当我军攻克锦州全歼9万余守敌之后,敌人的反扑更是空前疯狂。廖耀湘①兵团10万之众从沈阳倾巢而出,企图夺回锦州,扬言要与我军决一死战,并丧心病狂地在沿途实行"三光"政策(即粮食烧光、干部和积极分子杀光、牲口抢光)。此时地里的高粱已经熟透,有些收了,有些还来不及收割,他们一见到就点上火烧光。有些老乡的牛马他们牵不走,就把牲口的蹄筋砍断或干脆杀死。这期间被敌人杀害的基层干部和积极分子达200余人,是第五地区三年来牺牲人数最多的一次。

在广大群众的支持下,我们与敌人的"三光"政策进行了针锋相对的斗争。例如,第3、第4纵队突然转移消失后,我们刚刚调运来的几十万斤军粮的运输与贮藏,就是个火烧眉毛的大问题。沈阳的敌人随时会到,这批粮食若被他们发现就会立即化为灰烬。于是我们立即采取了紧急措施,连夜组织起方圆20里几十个村子的几千群众来火车站搬粮,说好这批粮交由各户分散保存,解放军一回来,再由各户送还。后来这几十万斤粮食在我军解放沈阳

---

① 廖耀湘(1906~1968),湖南邵阳人。黄埔军校六期毕业,曾任蒋介石"五大王牌军"之一的第6军军长,在抗日战争中战功卓著,1948年在辽沈战役中被共产党俘虏,"文化大革命"中遭受打击,在批斗会上因心脏病发作逝于北京。

之后，又由群众如数送了回来，从而避免了一场巨大损失。东北群众的革命觉悟和支持我党打赢这场战争的决心，刻骨铭心地留在了我的记忆里。

我军攻克锦州后，又迅速回师，在黑山、大虎山一带布置了一个"大口袋"，一举把廖耀湘兵团装了进去，经过两天一夜的激战，全歼该兵团10万人，连廖耀湘本人也被我军活捉了。值得骄傲的是抓住廖耀湘的是我们的民兵。

当时廖耀湘与其高级将领李涛、向凤武、郑庭笈①等已经化装成老百姓逃跑，我们部队认不出来，可是却逃不过当地群众的眼睛，很快就被我北镇的民兵一个一个都活捉了。

锦州的解放，迫使长春之敌一部起义，其余全部投降。

我军乘胜追击，11月2日解放了沈阳和营口，又歼敌14.9万人。至此，东北的国民党军队全军覆没，东北全境获得了解放。

辽沈大决战，共歼敌47万人，大大加速了全国胜利的到来。我为自己目睹了这次伟大的战役和亲身参加了支战工作而深感荣幸。

在沈阳和陈云一起工作

1948年11月4日，即沈阳解放第三天，我接到辽宁省委电报，调我以及其他一些地、县干部前往沈阳，参加城市恢复工作。

从上次被迫撤出沈阳到这次以最后胜利者的姿态昂首阔步再次迈进这座城市，前后仅仅三年！

我被分配担任市委职工部部长，参加市委常委，并担任市工会筹备会主任和市妇联筹备会主任。兼职虽多，但实际工作主要是发动和组织企业，迅速恢复生产。

现在，沈阳解放了，整个城市真正回到了人民手中，工人阶级成了这里

---

① 李涛（1902~1957），湖南邵阳人，黄埔军校六期毕业，抗战中参加远征军入缅作战，时任国民党新6军军长，被俘后1957年病死于狱中；向凤武（1900~1959），土家族，湖南龙山人，黄埔军校四期毕业，抗战中战功卓著，时任国民党第71军中将军长，1959年死于抚顺战犯管理所；郑庭笈（1905~1996），海南文昌人，黄埔军校五期毕业，抗战中战功卓著，时任国民党第49军中将军长，新中国成立后任全国政协委员，1996年在北京病逝。

的主人翁。我们发动起群众来自然是不成问题的,但如何使停工和半停工的工厂恢复生产,如何改变"缺吃少穿"的困难局面,使群众能安然度过这个已经到来的冬天,却是一件劳心费神的事,对我来讲又是一件从未接触过的全新工作。

当时沈阳已成立了军管会,发布了许多命令和政策。全市范围内接收公共机关、接管工厂企业、清查物资财产、登记审查旧职人员等工作正在全面展开,任务重且时间紧,需投入大量干部力量,现有的人手已明显不足,所以不可能再为我这一摊子配备许多人。

陈云

我面临的困难确实不少,好在陈云担任了沈阳市军管会主任。他是工人出身,又长期从事工人运动,具有丰富的城市工作经验和高超的领导艺术。我想,反正遇事可以多请示陈云,没什么好怕的。这样,我便大胆干开了。

我们所做的第一件事就是安排好职工的生活,这是发动群众的前提。

国民党占领沈阳三年,广大工人、城市居民的生活贫困到了极点。我们看到工人们买不到像样的粮食,吃的是豆饼渣和麦麸子;已是初冬季节了,却没有足够的燃料可以烧饭取暖。一个"饥"、一个"寒",成了套在人们头上的两个紧箍咒,全城人心浮动,惶惶不安。我们决心迅速解决粮食和燃料问题,最好还能给工人兄弟们解决一些生活费用。

陈云对我们的意见很重视,立即让军管会从各地紧急调运了大批粮食和煤炭,供应沈阳的工人、职工和城市居民。沈阳解放的第五天,军管会又给每个工人发了10万元旧币。由于旧币不值钱,之后又改为按工人和职工的原有等级标准,发放大米,每人80斤至400斤不等。吃的、烧的有了保证,工人和职工的情绪很快就稳定下来,参加新沈阳恢复建设工作的积极性陡然高涨了。

接下来,我们便着手接管工厂企业。在解放沈阳之前,我党就通过地下工作渠道和别的渠道向全市工厂企业的职工进行了反复的政策宣传,号召工人阶级和职工积极保护工厂,严格监督老板和经理,不准他们转移和破坏机

当年,东北许多工厂的机器都被苏联红军拆卸一空。

器设备,不准他们抽走工厂资金,不准他们开除、辞退工人。事实证明,这种防患于未然的工作十分必要也是极其有效的。沈阳解放后,经我们检查,各工厂的机器设备基本是完好的,虽然许多工厂停工或半停工,但工人和职员仍能坚守工厂,不像1945年日本投降时,被苏军搬走了许多机器设备和重要物资。

所以,这一次军代表一进驻工厂,就有工人代表主动前来配合工作。我们在厂里召开了职工大会;宣讲我党政策,宣传工人阶级翻身做主的道理,宣布工厂纪律;同时责成厂长与经理会同工人与我们共同核查、清点机器设备、仓库原材料、资金财产以及企业员工。

在广大工人的支持和拥护下,接管工作进行得很顺利。接管工作完成后,工厂陆续恢复了生产。

然而,没过多久,一些工人在全市工人代表会议上对粮食和燃料提出了新的问题:调来的煤煤灰太多,做饭取暖上不来火。这个意见在分组讨论时又被提及,同时还提到配给职工的高粱米和玉米面有的发了霉,有的壳子太多,尤其是有了霉味的高粱米不好处理。我把这些意见向军管会陈云作了汇报，陈云很重视，指示我再召集一次全市公营工厂的工人代表会议，他要去会上讲话。

我们把这次会议安排在1月5日召开，参加会议的代表有五六十人。陈云这一天的讲话现已收在《陈云文选（一九二六——一九四九年）》，并成了该书的压卷之作。

会议先是由工人代表汇报情况，提出问题，然后由陈云讲话，中午以陈云的名义在附近饭馆请代表们吃了顿饭。这顿饭虽不过是四菜一汤，但代表们吃得很开心。这不仅是因为大家生活很苦，吃一顿鱼肉不容易，更是因为陈云的讲话使他们受到了极大鼓舞和教育，工友们心情都非常愉快。

下午讨论时，代表们争先恐后，纷纷发言。他们说：听了陈主任讲话，心里亮堂了。为了更快地消灭国民党军队，为了彻底摧毁蒋家王朝，一切物资应当首先满足前线，好粮好煤应当优先供应前方的解放军。

工人们说，在这之前我们不了解全东北、全中国的情况，听了陈主任的讲话，现在明白了，没有意见了！过去国民党军队占领沈阳，工人们连豆饼渣都难吃上，煤更没有；现在粮食和煤质量虽差些，但总能吃饱，也冻不着了。只有全力支援前线，打倒蒋介石，解放全中国，我们才能长久地过上好日子。

听到代表们这些发自肺腑的话，我很感动。多好的工人啊！有这么好的工人做靠山，我们还有什么困难不能克服，还有什么奇迹不能创造呢？！我也由衷敬佩陈云，他的这个讲话，对我的教育既是多方面的，又是永久深远的。

陈云这个报告所显示出来的深刻思想、全局观念，对情况的细微体察和准确把握以及高超的群众工作艺术，让我叹为观止、佩服之至。这个报告就像一座蕴藏丰富的矿山，人们可以从中不断开采出许许多多珍宝来。特别是他对工人代表的坦诚态度，他通过摆事实、讲道理，交底交心做思想工作的方法更值得我终生学习。我认为，正因为陈云是长期从事工人运动的党的群众领袖，所以才能与人民群众如此息息相通、心心相印。

一个革命的幸存者 曾志回忆录

第十二章 工业书记

- 女工业部长下矿井
- 极左的阴影令我不安
- 深入最基层
……

女工业部长下矿井

1949年3月的一天,我带着女儿斯亮及老杨离沈抵京参加即将召开的全国第一次妇代会。

我们住在东四四条陶铸住处,那原是国民党一位将军的公馆,三套院的四合院,我一家住中套北屋两间,刘白羽①、陈荒煤②、林一山③,好像还有华山④也都住在这处院子里。

2月底某天,正刮大风,风沙扑面,陶铸随朱总司令到西郊飞机场,忙着布置欢迎毛主席等人北平检阅的准备工作,检查香山住处等。回家时,他的身上脸上沾满了灰土,我第一次领教了北平风沙的厉害,难怪妇女们脖子上都围着一条纱巾,原来就是避风沙蒙头蒙脸用的。

3月15日,我赶早来到了西郊机场,只见进京部队全副武装,整齐地排列着。各种武器和车辆也整齐地排列着,沿机场围了一个大圈。北平各机关的干部群众早已列队迎候,翘首以待一睹领导人的风采。我不是跟随集体去的,活动比较自由,便爬上了一辆吉普车顶,以便在毛主席检阅时看得更清楚。

不久,激动人心的时刻到了,有几辆吉普车从远处缓缓驶来,人群突然

---

① 刘白羽(1916~2005),山东青州人,回族,生于北京,作家。1938年加入中国共产党,曾任中国作协副主席、文化部副部长等职务,代表作有《长江三日》《日出》等。

② 陈荒煤(1913~1996),湖北襄阳人,生于上海,作家、文艺评论家。1938年到延安,在"鲁艺"任教。新中国成立后曾任文化部副部长、作协副主席等职务,代表作有《荒煤短篇小说集》《荒煤文学评论选》等。

③ 林一山(1911~2007),山东文登人,当代水利专家。早年参加革命,1936年加入中国共产党,任中共胶东特委常委、胶东游击司令员等职务。新中国成立后开始从事水利工作,曾任长江水利委员会主任、葛洲坝工程技术委员会负责人等职务。

④ 华山(1920~1985),广西南宁人,作家。1938年到陕北进"鲁艺"学习,代表作有《狼牙山五壮士》《鸡毛信》等。

变得鸦雀无声，大家屏息而望，神情庄重。瞬间过后，大家几乎不约而同地呼喊起来："毛主席来了！"

人人脸上都有一种抑制不住的兴奋神情。吉普车渐渐驶近，我仔细一看，毛主席、朱总司令分别乘坐一辆汽车，向欢迎的人群频频招手。

"毛主席万岁！"喊声四起，人群沸腾，掌声雷动。此情此景，令我怦然心动，回想前尘往事，我深深地被感染了。20多年的浴血奋斗，牺牲了多少好同志啊！我周围的亲人、战友们一个个地倒了下

毛泽东在北京西郊机场阅兵

去，而我却活了下来，无论死去了的还是活下来的，不都是盼着这一天的到来么！我的双眼湿润了，也随人群拼命地喊叫："毛主席！"我多么希望主席能够看到我啊！但车缓缓开过去，车上的巨人终究还是没有看到我。

离开沈阳前，组织已决定让我随第四野战军南下，5月20日前后，我即随同四野司令部抵达武汉。随后，武汉军管会宣告成立，谭政①任四野政治部主任，陶铸为副主任，后谭政升任四野副政委，陶铸接任政治部主任。军管会还成立了物资接管部，部长由四野参谋长赵尔陆②兼任，我被任命为副部长。接管工作包罗万象，不过对我来说并不陌生。

过不久，中南军政委员会成立，下设若干部委，那时中南局的常务工作

---

① 谭政（1906~1988），湖南湘乡人，党和军队优秀的领导人，杰出的无产阶级革命家、军事家。1927年加入中国共产党，不久参加秋收起义，长征到达延安后曾任红一师政治部主任。新中国成立后任解放军总政治部主任、国防部副部长等职务，1955年被授予大将军衔。

② 赵尔陆（1905~1967），山西原平人。1927年参加南昌起义，同年加入中国共产党，随后上井冈山，参加长征到达延安后任八路军供给部副部长。新中国成立后曾任第一机械工业部部长等职务，1955年被授予上将军衔。

1950年代,陶铸(右)与林彪(中)、谭政合影。

主要由邓子恢负责。有一天他给我写了一封便信,安排我为重工业部部长。

我一看急了起来,马上复信邓子恢,说自己不能胜任重工业部部长一职。推荐朱毅①任部长,我自愿任副职,做朱毅的助手。

我从没有做过工业工作,面对这全新的一课,我掂出了肩上担子的分量。但我相信"世上无难事,只怕有心人"这句话,只要肯下功夫,肯学习,一定会把局面扭转过来的。

因此,最初我并没有深入到工矿企业蹲点、搞民主改革,而是先到一些大的厂矿做面上的调查,了解厂矿企业一般情况。有调查才有发言权,才能对症下药搞好企业。

为了掌握第一手材料,我去过不少工矿企业调查。生产、生活条件最苦的当数煤矿工人,看了令人心酸,留下异常强烈的感受。

萍乡煤矿是当时全国最大的煤矿,但那里除了一对竖井是机械化,出煤用提升机,载人用电梯外,其余都是斜井,坡度极陡,有的地方甚至达到70多度,长度则少则百十来米,有的地方甚至长达半里多。阶梯也不正规,每级台梯竟以横放着的一根竹筒代替,两边扶手是用竹筒连接起来的,井下电线都缠在扶手上面。工人们挑着百十来斤煤,爬上70多度的陡坡,只能横着

---

① 朱毅(1898~1977),湖北汉阳人。1939年加入中国共产党,1949年出任中南军政委员会重工业部部长。

脚艰难、吃力地往上走,扶手摇摇晃晃,稍不小心,从高处掉下去,就会人滚煤翻,不粉身碎骨,也得腰折腿断,比临深渊更可怕,每走一次等于闯一次"鬼门关"。我每下到这种矿井一次,双脚都肿得像面包。

这些矿井的安全条件实在太差了,矿工们的生产安全毫无保障,死人事故习以为常。一般来说,那些矿井的普遍特点是井下暖和,井口风大,工人挑煤上井时满头大汗,一到井口大风迎面扑来,很容易着凉。

他们的宿舍大都是自己找些废木料、杉树皮搭起来的,工作一天回来,精疲力竭,倒床就睡,到时间又上班,根本没有精力去关心住处的卫生。时间一久,住处显得又黑暗又潮湿又脏臭,发病率自然很高。他们拿自己的青春和健康创造了大量的财富,而所得到的甚少,甚至还不够糊口。

最残酷的是一种狗爬式矿井,煤坑比桌面高不了一点点,矿工只能爬着进去。躺在地上挖煤时,哪怕是寒冬腊月,全身都脱得精光,就着瓦斯灯,用镐头一镐一镐地刨。挖下来的煤,因为用肩挑不来,只能装在用柳树条编织成的一种筐子里,再将粗壮的绳子,一头系在筐上,一头挂在脖子上,两手用力撑着地,两脚奋力蹬,硬是拖着将煤运出坑道。到了下班回来,全身黑不溜秋。

矿工们的这种生产环境实在令人触目惊心。有一次我不知就里,提出要到矿井里检查工作,矿领导犹豫了。原来当时煤矿里很迷信,据说不许女人下井,否则会招灾惹祸。

我不知道这风俗,也不管这一套,执意要下井,女人破天荒地第一次爬进了煤井里。

"快穿上裤衩,有人来参观了!"

带路的同志大老远就大声喊叫着,弄得我莫名其妙的。后来才发现工人们都不穿衣裤,有些工人发现有人来参观来不及穿裤子,只好趴在地上不敢动,但仍有人脖子上挂着煤筐往外拖煤。这些工人猛然间见到我是女人,惊慌不已,弄得我既难为情又难受,心情异常沉重。这种采煤的凄惨状况我至今历历在目。

1950年代初,曾志在武汉东湖。

极左的阴影令我不安

1949年10月1日，我参加了开国大典。站在观礼台上，听到了毛主席那惊天动地的声音——中国人民站起来了！我被胜利的喜悦激荡得兴奋无比，体验到了一种从未有过的轻松和幸福，哪里能想到，以后还会有那样多的风风雨雨啊！

从灾难深重的旧社会脱胎而出的新中国难以一时涤清旧时代留下来的流毒，它们仍然阴魂不散，在新时代的阳光下不时显现，一些偏离正常轨道的事情常常在我们喘息未定时发生。

工业部系统"三反"工作，同其他部门大同小异，搞极左的那一套，采取延安整风"抢救运动"那种方式，比如开群众大会、点名批判、搞逼供信、吊打关押、威胁利诱、车轮战术等，无所不用其极，天天开群众大会，夜夜开小会，被斗的人晕头转向，精神受刺激，身体被拖垮。同时，参加批斗的同志也疲惫不堪，颇有怨言，搞得人心惶惶的。

我参加了几场"打老虎"大会，都是大轰大鸣，不重调查，不实事求是。我们宿舍在工业部大楼，有时半夜三更听到楼下的办公室内"打老虎"，犹如鬼哭狼嚎，我实在听不下去，就跑下楼严厉制止。

前事不忘后事之师。我对这种状况隐隐产生了一丝不安，这使我想起延安的"抢救运动"，我是过来人，被"抢救"过，深深体会到表面上轰轰烈烈的群众运动，绝不可能实事求是，许多被批斗的人是冤枉的。没有亲身经历的人，绝对体会不到那种切肤之痛。我内心深处很不满意这种做法。由于各种原因，我又不能公开站出来反对，也无力扭转整个局势。不过，这并不等于我在消极观望，我总是尽自己的能力，凭自己的分析，明辨是非，尽量保护一些同志，尽量控制事态。

如有人供出某副部长偷卖黄色炸药，贪污了两箱子黄金。对这种没有证据的指控，我就不相信。试想想，在实行供给制的新中国成立初期，怎么有这种可能呢？一些从旧社会过来搞地质勘探工作的专家对国家对社会都有很深的感情，工作起来兢兢业业，每天翻山越岭忘我工作，他们怎么会有贪污和投机倒把行为呢？有些人以一些莫须有的名义批斗关押他们，实在令人心寒呀！

对那些我认为没有"三反"问题而被错整的同志，我总是尽力予以保护。我是"三反"委员会的负责人之一，并且是大家选出来的，知道我的人较多，看管的同志不会难为我，比较容易接近被批斗关押的同志。没有谁要求我这样做，我只是受一种良心和责任感驱使，去同他们谈话。

数不清多少次，我都语重心长地与他们交心。我不想空谈，也不想骗他们，只是把自

1950年代初期的曾志

己作为一名有几十年革命历史的共产党人内心的真实感受告诉他们。不管是在枪林弹雨的战争年代还是在不平静的建设年代，对一名真正的共产党人来说，只要心中存在相信党的坚定信念，不管面临怎样的困难与艰险都是可以解决的。

我还把自己在延安整风的经过简单诉说出来，给他们以安慰，坚定他们的信心。对那些不吃饭的同志，我在劝慰的同时，还给他们送稀饭面条。我相信自己的话给了他们慰藉与希冀。

后来的事实证明这样做的效果比较好，凡我做过工作的干部，经查证没有问题，出来后都照样努力为党工作。

可是，仍然有点出乎意料的是，我被调往广州工作，作鉴定时，我们的党组织负责同志却说："我来工业部工作时间短，'三反'领导工作，我是依靠你的，但你在运动中，有些态度不够明朗，不够一致，使我为难！"（大意如此，具体的话记不清了。）

深入最基层

陶铸奉调广东省委工作已两年多时间了，虽然还兼任广州军区第一政委，但工作地点基本上固定下来了。十年来，我与他离多聚少，即使是相聚，也是匆匆一见，一直无法待在一起过日子。为此，作为妻子，我心中一直有一份内疚感。我觉得我应该去广州，工作岗位离他近一点，尽尽人妻之责。

1952年，中南局领导支持我的想法，并任命我为中南局工业部副部长，兼任广州电业局局长和党委书记。

此时我深深感到，作为管工业的干部，如果自己既没有技术，又没有经营管理经验，对工厂生产工艺缺乏了解，是搞不好工作的。我决心从头学起，决心深入最基层。

这一想法使我改变了调广州的初衷，把局党委设在了西村电厂内部，先后将母亲、侄儿、侄女以及外甥都接来，在电厂的老工人宿舍区一间房子里安了家。小屋过于拥挤，我夜宿办公室，吃饭时回家。

夏天的晚上，屋里闷热异常，邻里们常将小桌子搬到小天井来，小桌子几乎连成一片，大家一起边吃饭边说说笑笑，不太宽敞的天井里充满了欢声笑语，彼此都很亲切，气氛十分融洽。我母亲对人热情诚挚，与邻里相处得很好。这里的人心是相通的，没有等级之分，没有界限，有的只是同志之间深厚的情谊。

当时有一个很普遍的现象，工人们由于在旧社会失去了受教育的权利，受尽了没有文化的苦，因此不管在生产还是生活上对文化都有强烈的渴求。我们电厂的工会则组织全厂工人，按不同文化程度，分班级学习语文及数理化知识。兴趣是最好的教师，工人们果然学习劲头十足，如饥似渴地学，连饭也顾不上吃，有的甚至把孩子锁在家里，下了班就往夜校跑。

还有，我们这些新进厂的外行干部以身作则，也都在业余时间加入了学习的行列。

实践出真知。马克思主义理论的这个观点，是千真万确的。我总是不放弃每一次实践和学习的机会，为了增长知识，工厂每次搞大维修，我总要亲自参加,从电机的拆卸、擦油、检修到安装,我都要亲手操作。

检修锅炉是最辛苦的活,锅炉又脏又热,为了抢时间,炉火停了40多个小时,温度仍达摄氏六七十度,工人就得披上打湿的衣帽,进炉膛里检修。很厚的鞋底踩在炉条上冒着烟,吱吱作响,衣帽上冒着蒸汽,人在炉膛里待不上十分钟就得赶快出来透透气。锅炉的节炭器维修起来更困难。节炭器里的许多铁条像算子一样密密地排列着,时间久了,炉里的烟灰就会把铁条堵住。维修时,只能从一个一尺多宽的窗口爬进去,温度与炉内一样,烟气弥漫,暗不见人,只能用铁钎和棕绳像拉锯一样在一米多深的铁算子里拉来拉去,把灰尘刮干净。

1950年代初,曾志与陶铸在广州。

每次检修锅炉或节炭器,我都同工人们一起钻进去。我虽然不能参加重劳动,但我同他们一起进入高温的炉膛,工人们很感动,很受鼓舞,这样我与工人们相处得甚为融洽。

1954年10月,组织上的一纸调令,我就任广州市委工业书记,带着温馨的回忆,依依不舍地离开了西村电厂。

出任工业书记

1954年12月,我从北京参加全国人大会议回来投入工作,着手了解广州市工业情况,研究和准备部署1955年全年以及第一季度的工作。

由于受沿海城市不发展新兴工业的影响,广州市失业人员、闲散人员逐渐增多。1955年前后,陈云到了广州,看到公园里一些中青年男子无精打采

1955年曾志与陶铸在广州

地躺在石凳上,大街上东张西望、游手好闲的人也很多,引起了长期做工人工作的他的重视。他认为,广州市不再建几个工厂,失业人数还会增多。于是陈云便提出在广州兴建一个高级细纱纺织厂,主要供出口;同时,再扩大广州市原来又陈旧又小的唯一的纱织厂,建一个无线电元件厂、一个生产新闻纸的造纸厂。这几个厂很快建成,解决了2万人的就业问题。

这期间,正值全国第一个五年计划中期。在1954年的中共广州市第四次代表会议上,决定全市的建设方针是:把广州市逐步建设成为社会主义工业城市。在次年召开的中共广州市第五次代表会议上,则更进一步地明确要把广州市建设成为一个以轻工业为主的社会主义工业生产城市。

我作为广州市委分管工业的书记,不仅参与了这些方针、政策的决策,而且也是一个直接的领导者、执行者,这些工作抓得好坏,成效如何,都与我密切相关。

在一定程度上,我肩上担负着振兴广州市工业的重担,能否把广州如期建设成为一个以轻工业为主的社会主义工业生产城市,其责任并不轻松。当然,到市委工作以后,我的工作量增加了不少,我不可能再像在西村电厂时那样,整天泡在基层。我及时调整了工作方法,采取各个击破、个案解决的办法,对那些一时无法解决的问题,便提交市委,与其他领导同志一同探讨,研究解决,诚恳待人,不骄不躁。

20世纪50年代中期,中央曾明确指出,沿海地区地处前沿,要准备打仗,不宜于新建、扩建许多工业设施。这给我们广州市委的领导出了个难题,也给我们提出把广州建设成为工业生产城市的目标当头一棒。显然,广州依靠新建和大力扩建国营、地方国营工业来建设工业生产城市的路子已走不通了,我们只好另走他途。

广州市原有私营工业企业将近4000户，还有不少轻、化、纺（如修理修配业、小五金、橡胶、食品等）之类形形色色的工业，小而全。为了充分发挥现有工业生产能力和潜力，市委决定，必须以社会主义改造为重点，并集中主要力量对资本主义工业、商业和手工业进行社会主义改造。

在市委的正确领导下，全市私营工业全行业社会主义改造工作基本上做到了有条不紊。总的来说，这项工作做得比较深入细致。带、联、并、转、淘以及人事安排、设备调配、清仓核资等工作，绝大多数都做得相当慎重，群众发动得也较好，绝大多数工业行业和企业在掀起社会主义改造高潮的同时，也掀起了生产高潮。

这期间发生的一件事，至今仍令我内疚不已。

毛主席来广州时，曾很郑重地对我说："曾志，你回去告诉省、市委要赶快把一些老字号招牌和一些比较出名的街道找人拍摄下来，不然那些历史见证物就永远消失没有了！"

我当时对毛主席这句话理解不深，思想上重视不够，只把这句话轻描淡写地告诉了陶铸和王德①。因此，省、市委也没有给予足够的重视，好像并没有去完成这个任务。

结果，公私合营社会主义改造一完成，许多有历史意义的东西也随之消失，造成了莫大的损失。

出任工业书记的曾志

---

① 王德（1906~1996），福建澄海人。1927年加入中国共产党，1938年到延安。新中国成立后曾任广州市委书记。

"大跃进"我的头脑也发热了

广州以及全国的私营企业实行全行业社会主义改造,曾引起国际上不少工商界与政界人士的注意。

中印边境战争那时还未开始,中印双方尚有来往。广州市私营企业全行业社会主义改造刚结束,印度驻中国大使小尼赫鲁(不是尼赫鲁的儿子)从印度返北京,逗留广州。大使夫人也是个政治家,她委婉地向广东省政府负责人提出要了解广州公私合营和私营企业社会主义改造的情况,市委派我与小尼赫鲁夫人交谈。

大使夫人很有政治敏锐感,对情况询问得很详细。我把广州市私营工业企业如何按厂按户调查登记,如何清产核资,如何实行赎买政策,如何额定利息,人事如何安排等都如实相告。

广州市在实施公私合营时,把工资比合营前低的一律涨上去,比合营后高的一律不变,私营企业工资就高不就低,私营工业企业合营后,职务是副职的,工资一般都比厂长、科长正职都高。私营工业企业合营后,私营企业者人人都有职务,一般任副职,个别也有担任正职的,妻儿原在私营企业的

曾志(右)在广州白云机场接待外宾

都安排了工作。合营时私营老板临时安排进厂的，也同样安排了工作。私营企业者认为公私合营了不会有什么损失，打消了原来的许多顾虑，真心敲锣打鼓、欢欢喜喜迎接全行业公私合营。

我把这些情况都不厌其烦地向她介绍。这位大使夫人听得很入神，津津有味，也很满意，她好像也打消了一些疑虑。

后来大使夫人回北京对周总理说："我在广州听了某女士关于私营工业企业全行业如何进行公私合营的谈话。现在我理解了你们中国全行业公私合营，与私营工业企业老板没有什么大抵触，而且很快欢迎接受的原因了。"

此后，这位小尼赫鲁大使夫人对我简直有点念念不忘。

1956年6月，中央党校开办为期一年的高级干部研究班，每个省及直辖市抽调一位领导，我有幸加入其中，第一次比较系统地学习了马列主义、毛泽东思想。这次学习使我大受裨益，提高了辨别事物的能力。

没想到大使夫人得知我的行踪后，向周总理表示要请我吃饭。周总理通知外交部龚澎①带我去印度大使馆。

我是第一次吃印度菜。印度人请客非常简单，只有一大盘香料炒饭，两三盘菜，其他就是水果、饮料和酒。印度人吃饭也不用筷子，用刀叉，用手抓饭。我很不习惯，也吃不惯他们做的又辣又香的菜。

我见大使夫人那天只吃苹果，其他什么都未动，很奇怪地问她怎么不吃饭菜。她说："今天星期五，我们印度规矩星期五禁烟火，不吃饭只吃水果。"

"这是宗教规矩还是为了身体健康？"我又问她，但她没有明确回答。

我心想，我是不是土包子，这样的话在外交场合怎么能说呢？

进入1958年，广州市的工业发展与生产像一列突然受到撞击的列车一下子加速奔跑了起来，这是形势使然。

中央在党的八届二中全会上提出了"鼓足干劲、力争上游、多快好省地建设社会主义"的总路线，提倡解放思想、破除迷信和敢想敢干的精神，紧接着又提出了工农业同时并举，轻重工业、中央与地方工业、大小工业同时并举和后来的土洋并举的指导方针，全国各大城市的工业都开始"大跃

---

① 龚澎（1914~1970），安徽合肥人。1936年加入中国共产党，次年毕业于燕京大学历史系。新中国成立后曾任外交部新闻司司长、部长助理等职。龚澎出身名门，父亲是辛亥革命元勋，她本人是后来出任外交部部长的乔冠华的妻子。

1959年,曾志(前)视察广州拖拉机厂。

进""大炼钢铁",甚至还有了模式。然而,广东则受到有关领导批评。

在"全国一片大好形势下",我的头脑顿时大大地发热起来,认为广州市工业落后,一定要振作起来,迎头赶上。

由此,广州市解放了思想,破除了迷信,跳出了过去认为沿海城市不适宜发展主要工业的框框,省、市委雄心勃勃地不但要把广州市建设成为一个以轻工业为主的工业生产城市,而且要建设成为华南工业基地。

1960年春,市委工业生产会议根据上级指示和全国各地经验,提出了"机械化、半机械化、消灭笨重劳动,为节约10%的劳动力而奋斗"的口号。

由此广州市交通运输的机械化、半机械化、自动化就成为技术革新、技术革命运动的中心内容。

在此期间,恰逢毛主席到广州视察工作。有一天,我向主席汇报广州市技术革新、技术革命"六革一改"和机械化、半机械化、自动化的情况,以及广州市举办半机械化、小型自动化现场表演的热闹情景等。

主席听了,也很高兴,他善意地笑着问:"你们机械化、半机械化一步就能升天,达到自动化了吗?还是要有半自动化!"

我回来后，把毛主席的指示向市委作了汇报，马上着手正式改进机械化、半机械化、半自动化、自动化的"四化"运动。现在回忆起来，真正的自动化，真正的生产自动线，当时我对此并没有真正和准确的认识。

对在广州做工业书记的反思

大概1950年代末或1960年代初，有一次，毛主席来广州视察，我赶往他下榻之处看望时对他说："广州职工及全市居民的蔬菜、猪肉、鸡蛋等副食品供应困难，市委领导希望省委划两个县归广州市直接管理，以解决蔬菜副食品的困难。"

"有这个必要，有这个必要！"主席听了，很亲切地连连点头。

过了一会儿，陶铸也来了，毛主席就对他说："曾志讲广州市委希望你们省委划两个县归他们直接管理，作为蔬菜副食品基地，自己解决蔬菜和副食品供应困难，我看有这个必要，你们省里商量商量！"

不久，省委果真把靠近广州比较穷困的花县、增城两个县划给广州，后来又增划了几个县，解决了广州市的"菜篮子"供应难题。

二十世纪五六十年代，广州市的工业建设的确获得很大的发展，但在那个时代种种动人心魄的光辉笼罩与驱动下，人们没有理由不狂热，不把自己所有的思想、言行纳入到那股滚滚的潮流中去，片面突出主观意识，不按客观规律办事，从中也产生了一些偏差和不少错误、缺点，包括我自己在内也不能幸免。兹罗列

1959年陶铸曾志夫妇（左一、三）在广州接待毛泽东江青（右一、三）。

如下，以备查考：

一、主张钢铁高指标，要求以"多"求"快"，实现高指标。我作为制定这一高指标的主要成员之一，不得不使差不多比较大的轻、重工业工厂都炼起钢来。为了追求高、快、多，我曾要求拖拉机厂在一星期内建成一个三吨的转炉炼钢厂，结果费了十几天时间，虽勉强建成，但数量、效率都不高，厂房设备全部返工。

二、技术革新、技术革命与增产节约运动流于形式。今天要求"六革一改"，明天就要求"四面一高一结合"，接着又要求搞增产节约、"土简群"运动、"四化"运动，一个接一个，变化多端。但是，运动的实效并不大，即使取得一些效果，也不够巩固。

惭愧的是在这些运动中，我曾对推广强化器、管导化不力或公开抵抗的几个工厂负责同志进行过严厉批评。如对重型机械厂谢阳光的批评，对广州水泥厂和锌片厂同志亦有过批评，这是不对的。

三、推行多种经营，综合利用和多面手的做法不够实事求是。有些工厂为了发展综合利用，响应一厂变多厂的号召，在一个工厂里竟生产几种与本厂生产无关的产品。有的工厂竟把多种经营、多面手演变成专为完成生产任务和增加产值的投机取巧的手段。我对此未能及时有效地加以制止、批评，反而有一次还在该区表扬其做法。

四、政治思想工作简单、表面化。政治思想工作的运动方式几乎代替了细致的经常性的工作方式。做政治思想工作，毫无例外都是采取全面动员，一般号召，一个运动接着一个运动的方式；往往都是虎头蛇尾，开始时总是轰轰烈烈，到后期就冷冷清清，拖拖拉拉，不了了之。

五、实行了不重视劳逸结合、不够爱惜工人、搞竞赛等一些不恰当的做法，这让基层单位不得不突击，不得不加班加点，星期天也不能休息，许多职工弄得精疲力竭，连衣服都没时间洗，孩子都没有机会见。一些单身职工宿舍卫生条件差，臭虫蚊子很多，也很少去关心和过问。

综观那几年的工作，不管是全市还是我个人，为什么会发生上面那许多

在广州工作期间的曾志

偏差和错误呢？错误来源和性质是什么？后来我一再进行反思，认为主要有这么几点原因：

一、怕落后，不甘落后，急于求成的思想成了指导工作的重要方法。

二、对破除迷信、解放思想和敢想敢说敢干精神的理解，有许多地方只凭主观愿望，缺乏从客观实际出发和严谨。

三、在贯彻自力更生与从全局出发、全国一盘棋问题上，曾过多地强调自力更生，过分强调建立地方工业体系，没有充分认识到，片面强调自力更生会对国家工业建设和整个社会主义经济建设带来什么样的恶果。

四、在贯彻执行高速度、有计划、按比例的综合平衡的工作中，思想上有混乱，方向上有模糊。以为高速度就是一马当先，万马就要随之奔腾；以为计划平衡就是让万马齐奔。

主席在寿宴上发狠话

1964年底，中共中央召开了工作会议，我此时调到省委分工负责工交企业，所以也参加了这次会议。这一年，中共中央已明确决定，主席退居二线，国家主席由刘少奇担任，党内一线工作也由刘少奇主持。所以，工作会议的大部分工作都是刘少奇做的。

会议期间，少奇同志让陶铸去跟李雪峰①同志讲一下，由李雪峰出面召开一个会议，听王光美介绍"四清"运动中的"桃园经验"。参会的绝大多数同志都去听了，江青则在屏风后走来走去地听着，看样子对此大不满意。

这次会议，主席没有出面就结束了。会后江青请我和陶铸在人大小礼堂看《红灯记》，开演前，我们在休息室见到了主席。主席问陶铸："你们的会开完了吗？我还没参加呢就散会啦？有人就是往我的头上拉屎尿！我虽退到二线，还是可以讲些话的嘛！"我和陶铸，其实已隐约感觉到了，主席说的"有人"二字，这个"人"恐怕就是指刘少奇，但是我们不敢相信，也不愿相信。主席又问陶铸："你们开会的人是不是都已经走了？"

---

① 李雪峰（1907~2003），山西永济人。1933年加入中国共产党，早年在北平从事地下工作，1964年时任中共华北局第一书记兼北京军区党委第一书记、第一政委。

"有的走了。"陶铸回答说。

"告诉他们,走了的赶快回来!"主席斩钉截铁地命令道。

观看《红灯记》时,江青对陶铸说:"有人反对京剧改革,我就是要搞京剧改革!"又是一个"有人"!但这又是指谁呢?我和陶铸都不敢去多想。

参加中央工作会议的各省书记们又都被召了回来。这次是由主席亲自讲话,他不紧不慢,却相当严肃地说:"社教只讲'四清'(清政治、清思想、清经济、清组织),没有阶级立场,没有阶级分析。关键的是要清查新生的资产阶级,新生资产阶级有的在党内,也有的在党外;有在台上的,也有在台下的;有前台的,也有后台的。"(大概意思如此)这是什么意思?大家都感到问题严重,跟不上主席的思想。主席怎么说就怎么做是了。

早年刘少奇与王光美

这次会后,重新制定了《农村社会主义教育运动二十三条》。

会议刚开完,恰逢主席寿辰。汪东兴和江青操办了寿宴,请了一些参加会议的同志来吃饭,一共三桌。我和陶铸、李富春及胡耀邦是最早到的一批。不一会儿主席走了进来,他环视了一下四座,说:"东兴同志讲罗长子(罗瑞卿)和陶铸让我请客,好嘛,今天我就来请。李敏要同我来,我说你不下乡,没有资格来。李讷呢,李讷下去搞'四清'了。"

突然主席扭头对坐在身旁的李富春说:"你们什么事情都不向我讲,你们搞独立王国!"主席不像是在开玩笑,室内的气氛顿时就紧张了起来。我们相信,这绝不是批评李富春。幸好这时江青过来招呼大家入席,她将钱学森、陈永贵、董加耕和邢燕子①安排在主席左右;罗瑞卿、陶铸和我也分在这一桌;而刘少奇、胡耀邦、李富春和各大区书记以及江青自己,则分坐另外两桌。吃饭过程中,主席一边喝酒,一边谈话,这晚话说得格外多,很多话是"话中有话",时间久远了,我已记不全主席谈话的内容,但有句很厉

---

① 邢燕子和董加耕都是当年树立的回乡知识青年榜样。

从这张图片中,可以看到毛泽东与刘少奇出现意见分歧。

害的话我却至今记忆犹新,那就是"有人搞独立王国,尾巴翘得很高"。那晚丝毫没有寿宴的气氛,个个都紧张而困惑,主席这是怎么了?室内一点声音都没有,安静得怕人,只听主席一个人在那嬉笑斥责,大家根本不敢去做任何的猜想。陶铸后来说:"我们那时哪敢往少奇身上想啊!"不幸的是,主席矛头所指,恰恰就是刘少奇。而一年多后,1966年,终于爆发了旨在打倒刘少奇的"文化大革命"。

散席后,主席才向钱学森和陈永贵介绍我:"曾志同志,井冈山的。现在井冈山没有几个人了。"

1956年至1959年期间,我曾在中央党校学习,有时也去看望毛主席。在谈到一线、二线问题时,主席说他要从一线退下来,不再担任国家主席了,改由别的同志来担任,自己要集中精力研究一下理论问题。他还提出在大学里的教学和行政事务由校长治校,国家行政部门设党组,党组对行政部门领导起党的核心作用,做思想政治工作。他的这些想法,还曾被拿到中央党校高干研究班去让大家讨论,征求意见。有次主席问我讨论的情况,我说开始大家不通,不同意主席下来,但后来经过几次讨论,大家通了,认为理论工作也很重要,中国革命的前途和世界革命的前途,都需要理论去指引。再说,退下来后可以减少一些外事活动,这样有益于主席的健康。主席说:"噢?你们都想通了。"

曾志与毛泽东合影

1965年三届全国人大，刘少奇接替毛主席担任了国家主席。那时刘少奇在人民群众和党内威望很高，以全票当选。

当时陶铸是中南局第一书记，也是人大代表，自然也参加了人大常委名单的审定会议。散会后他对我说："主席推荐了你当人大常委，还说什么'善马任人骑，善人受人欺'，这话是什么意思呀？"我说："我怎么知道！"其实我心里猜到了是怎么回事。

早在1954年，筹备第一届人大时，广州市委书记何伟同志告诉我："市委推荐你担任人大代表。名单到了陶铸那儿，他一笔勾掉了你的名字，换上另一位女同志。"我责问陶铸为何不让我当。陶铸解释道，中央认为方方①同志不适合在华南局工作，就将他调去了北京，为了照顾一下方方同志的情绪，顾全大局，缓和一下矛盾，就让方方同志的爱人来担任人大代表。我听了非常生气，认为陶铸的理由完全说不通，他是为了个人关系，拿我来做交易。我斥道："你这是毫无原则，我是组织上推荐的，你为了你自己与方方同志的关系就否定了我的代表资格，我想不通！我有意见！"但陶铸根本就无意接受我的意见，我感到委屈苦恼。陶铸不讲原则，就因为我是他的老婆，"大义灭亲"画掉了我人大代表的资格。我气得很，但又不能同别人去讲，怕别人会认为我在争名夺利。在这种无处申诉的情况下，我只好给主席写了封信，倾诉我的满腹委屈，而主席肯定是看了。否则我怎么会又当上了全国人大代表，主席怎么还会想起让我当常委呢？而"善马善人"那句话，我想就是批评陶铸的。看到陶铸那副丈二和尚摸不着头脑的傻呵呵的样子，我又不由得好笑起来！

---

① 方方（1904~1971），原名方思琼，广东普宁人。1926年加入中国共产党，1930年参加红军。解放初期任广东省人民政府副主席、中共华南分局第五书记等职务，后奉调回到北京任中央统战部副部长等职务。

第十三章 陶铸落难

- 「文革」，我预感到陶铸即将被打倒
- 陶铸以为主席保了他
- 「中央文革」发动打倒陶铸

一个革命的幸存者
曾志回忆录

"文革",我预感到陶铸即将被打倒

1966年5月底,中央通知陶铸去北京开会。回来后,我发现他神态有些异样,好像总在思考着什么问题,心情显得相当沉重。第二天午饭时,我们两人都默默地各吃各的饭,我等待着他将要说些什么。

果然,沉思了一会儿后,他终于开口了:"曾志,中央要调我去北京工作。"

"让你做什么?"我感到很意外,忙问。

"中宣部部长。"他回答。

"你不合适,宣传部部长要由理论、文化和文字水平都很高的同志来担任,你胜任不了。"我断然否决。

陶铸点点头,很认真地说:"是呀,我也认为自己不太适合。"

"那你就向中央辞掉。"

"不行,我还要担任中共中央书记处常务书记,兼文办主任,辞是辞不掉的。为这事,我已经考虑了很久,也想得很多,不过中央既然已作决定,那就去吧!"

事已至此,我还能说什么呢?

"那你什么时候去?"我问。

"交代一下,6月初就去,不过先要去湖南为韶山渠通水剪彩。"

此后,我们再也没说什么,他整天忙忙碌碌,我患甲状腺机能亢进症,精神不好,也无心过问;再说,我们素来谈话简短,只说一些在生活上必须谈的话,谁都难得向对方谈及个人工作上的事情,尤其是他。

6月1日,陶铸就一个人匆匆忙忙飞往北京了。

我没有跟去。到了7月初的一天,我由于身体过于虚弱,突然休克,脉搏每分钟三百来次,发烧38℃(后持续了20多天)。刚退烧,陶铸就来电话,要我去北京养病。当时女儿陶斯亮正在上海军医大等待毕业分配,我一个人待在广州冷冷清清的，去他那里也好，两人相互间也有个依靠。于是，9月10日那天，我向省委请假获准，计划去北京休养三个月。

下了飞机，出乎我的意料，陶铸居然亲自来机场迎接，这是我们结合三十多年来破天荒第一次。

以往，北京的9月份正是最明媚最舒适的季节，而此刻，一切美景全让红卫兵运动给打搅了。他们成群结队地涌在大街上，搞"四大"，破"四旧"，揪"走资派"，斗"反动学术权威"；不仅触及人的皮肉，还要荡涤人的"灵魂"。我看着车窗外这种动乱景象，一股不安袭上心头——这场运动，究竟要搞成个什么样子呢？

陶铸一直在注意地观看着窗外的情景，很少吭声，一直到达目的地时，他才告诉我他已搬出钓鱼台（即"中央文革小组"所在地）住进中南海杨尚昆的房子。杨尚昆调广东工作，家已搬走。

又过了一会儿，陶铸又显得情绪很好地说："我现在在西楼食堂吃饭，一天两元钱标准，太贵了，你来了很好，我们可以自己开伙。"他这个人，只要有辣椒吃就高兴。

车开进中南海，拐进了一条两边是高耸红墙的巷子里，在一座中式的大门旁停下。我迈进了新家，颇有兴致地参观了一下房子。这所住宅，不算宽敞，但挺精巧。主房只有三间，中间大的一间被隔成两半，一半做客厅兼餐厅，另一半是书房，两侧各一间卧室。室内陈设简单，但很实用。

房门前是一个小小的院子，栽着两棵海棠和几株桃花。再往前走几步，是一座架在荷花池上的游廊，因为迂曲回旋成了"卍"字，因此得名为"卍"字廊。荷花池很大，长满了荷花和睡莲。那些红红白白的花儿开得婀娜多姿，十分可爱。陶铸说，他正是为了这池荷花，才在偌大的中南海内，独独选中了这处僻静住宅的。

"文化大革命"前夕的陶铸

"文革"初期，陶铸是国务院副总理、中共中央书记处常务书记兼中宣部部长，分工负责宣传文教和组织工作，如：中宣部、中组部、教育部、文化部、卫生部、体委、新华社、人民日报、出版局、广播事业局和哲学社会科学研究机构等部门。他的办公室设在西楼，那里人来人往，电话铃声此起彼伏，四名工作人员忙得不可开交。

当时正是红卫兵闹得最凶的时候，所有的机关都分裂成两派，大学生又插足"煽风点火"，因

"文化大革命"时的天安门广场

此，几乎各部委党委都处于全瘫和半瘫状态。陶铸既要同各部委领导同志商量对策，又要与两派群众对话，并接见分管系统内的大专院校红卫兵，向他们解释党对"文化大革命"的方针政策，还要当场解答红卫兵的质问。各省市自治区虽不属他分管范围，但那里的负责同志大多与他较熟，有些还是老朋友，他们绕过"中央文革小组"，也纷纷来电话反映当地炮轰火烧"走资派"，揪斗干部群众，抢砸档案材料，以及互相打派仗的情况。此外，陶铸还要接见全国各地来京的学生、教师；要参加中央和"中央文革小组"召开的各种各样的会议；每隔几天，还要与总理一道向主席汇报（后来才知道，主席是分开听周总理、陶铸和江青、陈伯达的汇报的）。

总之，"文化大革命"时期，中国形势的特点就是"天下大乱"，弄得陶铸纵然使尽浑身解数也应接不暇。吃饭睡眠等一切正常生活节奏都被打乱了。陶铸说，这几个月，是他近几十年来最忙碌的一段时光。

大约1966年国庆节后，我发现陶铸的眼神突然失去了往日的光彩。每

当他坐下歇息的时候，总是用手指无意识地在沙发上画来画去；或者背着手，低着头在室内很不安地踱来踱去，眼神阴郁，面色铁青。这种心事重重的神态，引起了我的关注，但是问他究竟发生了什么事情，他总是简短地回答："没什么！"什么也不肯说。说实在的，我对他这点很有意见，哪怕把我当作一名普通的同志，彼此也应该交流思想。我估计他遇到了与个人命运相关的棘手问题，于是开始留心观察周围的事物，发现确实有些异样，例如：

"中央文革小组"把曹轶欧①派到陶铸这里"协助工作"，把陈伯达的老婆也安插到陶铸负责的某个部门中去。这分明是对陶铸职权的干涉，而绝非一般简单的人事安排，但当时，我也仅仅是感觉而已。

有一天，陶铸给汪东兴打电话，说周扬过两天要从天津回来，住中宣部不安全，希望办公厅能找个地方。

汪东兴用质问的口气问道："怎么，你想把周扬保护起来？"

"周扬同志患癌症在天津开刀才不久，这次回来接受群众批判，但身体还应该照顾。请你设法给他找一个比较安静的住处，王明住过的房子，现在不是空着吗？"陶铸解释说。

"好吧，跟他们商量一下吧！"电话里，传来汪东兴的回答。

我心里暗自纳闷，前些日子，汪东兴每次见到我们都很热情亲切，为什么今天口气突然变得这样生硬呢？

我还观察到，近来，每当"中央文革小组"通知陶铸去开会时，他总是面有难色，纵使去也极不情愿。这是为什么呢？我还奇怪，为什么他突然脱下军装，改穿便服了呢？

有一天，我们在人民大会堂观看少年京剧演员汇报演出，我同蔡畅大姐坐在一起，

曾志的这张照片是1960年江青拍摄

---

① 曹轶欧（1903~1989），北京大兴人，康生第二任妻子，极左路线的急先锋。曹轶欧1926年加入中国共产党，1927年与康生结婚，早年在上海做女工工作，曾赴苏学习。1981年中共中央宣布开除其党籍。

陶铸（右）陪同毛主席、江青观看演出

江青走过来，热情地向蔡大姐打招呼，但对我却毫不理睬，仿佛没看见似的。其实江青与我是熟悉的，以往她每年去广州过冬，我几乎都要尽地主之谊，因此江青对我一直还算客气。但是，为什么突然间就变得如同陌路了呢？

1966年11月份，主席下达指示，要谭震林和陶铸去中南及华东地区视察。陶铸自己的一摊子工作那样多，那样忙，纵使有三头六臂也难于应付，更何况总理也需要他协助。在这种时候，为什么突然命令他离开北京，下到地方上去呢？

以上种种迹象，都是些不祥之兆啊！

而最为明显的信号，是11月28日文艺界大会上江青的一段讲话："毛主席和他的亲密战友林彪、周恩来、陈伯达、康生……"连陈伯达、康生都成了亲密战友，却唯独没有提陶铸。文艺界是陶铸分管的，在文艺界的大会上，把陶铸排斥于毛主席亲密战友之外，这实际上是向红卫兵、造反派们宣布：陶铸不是毛主席革命路线上的人。

浙江某中学高中生陆××，专写批判陶铸两本书的大字报。他来京后，挑选繁华的前门大街，张贴了一份2万多字的大字报，整整用掉了60张大字报纸。有人抄下来，我看过，完全是胡说八道，荒唐之极。例如陶铸在《革命的坚定性》一文中写道："……当风雨过后，当浪涛退后，它们仍旧矗立在大海边，指向青天，面对大海。"而陆××的大字报却胡诌什么："面对大海，就是面向台湾；指向青天，就是指向国民党的青天白日，就是向往蒋介石。"真让人啼笑皆非。

耳闻目睹这种异常的现象，我的心真是沉重极了，我估计陶铸被打倒之日，即将来临。我做好了思想准备，并告诫女儿："你爸爸在中央工作，弄不好会跌得粉身碎骨，你要有思想准备才好。"她太单纯，怎么也领会不了"粉身碎骨"这几个字的含义，还责怪我言过其实，以为我是故意吓唬她。

陶铸以为主席保了他

转眼到了12月底。大约二十六七日，陶铸很晚才回来，面色阴沉，刚在饭桌旁落座，就十分严肃地说："曾志，告诉你一件事。今天中央开会，江青他们批判我犯了方向路线性错误，很严重。"

这一天终于还是来了！我反倒显得平静。"江青他们为什么突然批判你呢？"我问道。

陶铸愤愤地说："说来话长，不是一两句话说得清楚的。不过这次的事情，要从王任重①同志说起。"

王任重原是湖北省委第一书记，有水平，有能力，文化修养也高，人又潇洒，很得主席赏识，因此成立"中央文革小组"时，他被调来担任副组长。另一副组长是江青，陈伯达任组长，康生、陶铸任顾问。哪知王任重来中央后，也和陶铸一样，与"中央文革小组"其他几个人合不来。江青他们指责王任重架子大，个人搞一摊子，干什么事都不与"中央文革小组"其他人商量，看样子很难再合作下去。

王任重原来就患有肝炎和肝硬化，来北京工作后，由于劳累，心情也不舒畅，身体情况越来越糟糕，天天发低烧，脸色灰暗，一天天消瘦下去。到了10月份，他不得不去广州养病了。

---

① 王任重（1917~1992），河北景县人。1933年加入中国共产党，早年在河北开展地下工作。新中国成立后任湖北省人民政府主席、省委第一书记，中共中南局第二书记、第一书记等职务，曾协助陶铸工作。1978年后王任重曾任国务院副总理、中宣部部长等职务。

王任重

正在这个时候,武汉的造反派从王任重儿子那里发现了王任重写的一首诗,诗中称毛主席为"战友""兄长"(大意)。这下造反派可就闹起来了,大骂王任重胆大包天,竟敢跟伟大领袖称兄道弟!一时间搞得武汉三镇乌烟瘴气。

"中央文革小组"不失时机地介入和控制了群众运动,把群众握于自己的股掌之中。风助火势,火借风威,形成了对王任重的合围阵势,王任重的处境岌岌可危!

陶铸见状,很是着急,为了解脱王任重的困境,他给主席写了个报告,建议王任重辞去"中央文革小组"副组长职务,仍然回中南局去工作,而目前首要的是应该让他治病。

主席在报告上批示:"王任重同志是"中央文革小组"副组长,要离开"中央文革小组",请政治局和"中央文革小组"开个联席会,对任重提提意见。"

会议由周总理主持,除了政治局委员以外,"中央文革小组"将全体人马都拉来了,甚至连一般工作人员,也在这样一次党的最高级会议上占得一席之地。会场的气氛可想而知。

"中央文革小组"向王任重提了一会儿意见后,突然矛头一转,对准陶铸猛烈开火。先由王力、关锋、戚本禹打头阵,然后张春桥、姚文元横扫,最后主将——江青、陈伯达和康生——出马重点批判。这样周密的安排,肯定是事先预谋好的。"中央文革小组"成员不管小的还是大的,个个板起面孔,恶声恶语地凶得不得了。批判的内容主要是派工作组镇压群众;保走资派,是"中国最大的保皇派";继续推行刘邓反革命路线,是没有刘邓的刘邓路线代理人。如是等等,不一而足。

"那么,政治局的同志提了什么意见没有呢?"我问道。

陶铸说,政治局的同志只是在听,没有什么人发言。先念同志讲了两句,是工作方式方法上的意见,没有提路线错误;最后富春说了几句:"我看让老陶回中南工作算了。"

"你给主席的那份报告，分明是保任重同志的，你保得住他吗？"

"人家在那里怎么还能工作得下去呢？身体又那样不好，我可不是那种落井下石的人，能帮总要帮人家一把嘛，这是做人最起码的一条。"陶铸一下子冲动起来。

这才是陶铸的本色！他是这样的人，我太了解他了。

我见他心情恶劣，便安慰道："事已如此，就只好正确对待吧。"我估计自己也不会例外，随时都可能被揪斗，被拉走。我望着陶铸，很平静很诚恳地说："我和你的个性都太强，两人生活在一起，总要为一些事情而争论不休，有时甚至吵得很凶，但是从今天起，我再也不同你争论了。"然后，我去到蔡大姐那儿，把事情简单讲了一下，回来后就闭门谢客，听候处置。

只隔了一天，陶铸回来，一进门就兴高采烈地大声嚷道："曾志，我的问题没有那样严重，今天主席保了我！"接着，他讲了事情的经过。

那天上午，毛主席召开政治局常委扩大会议，陶铸一走进会议室，主席就冲他说："陶铸，你为什么不说你是犯了'很不理解'这一条错误呢？"

接下去，主席又说，陶铸来中央后，工作是积极负责的，忙得很，做了许多工作。主席还批评江青太任性，说陶铸是政治局常委，未经中央正式讨论，就说他犯方向路线错误，随便批判，是违反党的组织原则的。会后，主席把陶铸留下，单独谈了一个来小时，态度十分亲切。

"江青这个人很狭隘，容不得人，对她的言行不必介意。"主席说，并批评陶铸，"你这个人啊，就是说话不注意，爱放炮。在中央工作不比地方，要处处注意谦虚谨慎。"

谈到下去视察问题时，主席多少有些不满，问："你为什么还不下去呢？"

"近来事情太多，总理一个人忙不过来。再说这次下去时间较长，需要把工作安顿一下，打算过几天就下去。"陶铸解释道。

"赶快下去才好，这次谭震林不去了，你自己去就行了。"主席说完话，亲自拟定了一个名单，大约有20多个人，还指示陶铸，"这些同志烧是要烧，但是注意不要烧焦了，你下去要把他们保下来。"

主席还意味深长地告诫陶铸："你这次下去，要多听少说，多走、多看，遇事要谨慎，两个月时间不够，三个月也可以。"

最后，主席话题一转："你的那两本书，曾志寄给我，我都看过了。《松树的风格》好是好，但是也没有多大意思，还是粮食主要。在中南戏剧汇演上讲话时，你说现阶段应当把人民内部矛盾提到重要位置上来，这可是个原则性问题。"

主席的意思是，现阶段，还是要以阶级斗争为纲。

这样，陶铸以为既然主席已经亲自出面保了他，江青他们也就奈何不得了。他太天真了，事情仅仅是开始呢！对于他的政治生命来说，这一天不过是回光返照罢了。

"中央文革"发动打倒陶铸

在"四人帮"时代，真是过得了初一过不了十五，而陶铸简直连一天都过不了，就又落入江青他们设下的新陷阱中。

就在主席保了陶铸的第二天（即1966年12月30日），已经是晚上10点，为某种特殊目的而专程来京的"武汉赴广州专揪王任重造反队"突然狂放起来，强迫陶铸立即接见。原本说好是第二天接见的，但是他们下通令，如果当晚不接见，就要全体绝食。不得已，陶铸只好去接见。

一进会场，陶铸就发现气氛不对头，对方摆出一副咄咄逼人的挑战姿态。陶铸见状当即提出三点建议：一是不要搞录音，会后双方合作搞一份谈话纪要。二是让中南局书记李一清[①]参加（是被他们从广州揪来北京的）。三是派出代表提问，集中回答问题。

但是造反派偏偏对着干，一是非录音不可，二是坚决不让李一清参加，三是任意提问。

他们的一位头头蛮横无理地叫嚷："今天是我们叫你回答问题，而不是你接见我们。所以对我们提出的所有问题，你必须老实回答！"

陶铸本来就是个燃油般的人，一点就着，此刻他强压怒火，严正地说："同学们今天对我采取这样的形式是不恰当的，我是政治局常委，我坚持认

---

① 李一清（1914~1996），山西昔阳人。1927年加入中国共产党，1935年清华大学毕业。新中国成立后曾任中共中南局书记处书记。

为今天是接见会。"

分明受到挑唆的学生,此时是有恃无恐的,他们硬是胁迫陶铸接受质问。陶铸哪里肯依。冲突越来越尖锐,双方僵持不下。最后造反派居然"勒令"陶铸回答问题。

陶铸终于被激恼了,盛怒之下他宣布:"你们这样强迫我,我们还有什么商量的余地?我以我个人的身份,向你们这种做法提出抗议!"

他哪里知道,激他发火动怒,乃是一个极其阴险的阴谋,他落入了圈套。造反派见激将成功,气焰更为嚣张,他们故意扩大事态,说陶铸压制群众,并强行把双方争论的录音带走,甚至企图把陶铸也揪走。警卫人员怕发生意外,于是进入会场执行任务。他们身上带着枪,造反派又借此制造事端,说陶铸动用武力镇压群众。整个会场一片鼓噪,犹如鸦雀闹林。

此时,陈毅和李富春等人正坐在隔壁一间房子里,听说造反派要揪走陶铸,陈毅气得一拍沙发:"我要保护陶铸同志!"

直到陶铸勉强承认了有些感情用事,不太冷静,因而结束了这一长达六

1966年底,(前排从右至左)陶铸和周恩来、陈毅、贺龙在一场批斗会上。当时周恩来是来保护三位被批斗对象的,三位的表情明显迷茫痛苦,尤其是陶铸,似乎一夜之间满头头发就全白了。

个小时的"接见"后,陈毅和富春才放心离去。此时已是凌晨4点钟了。

事后,据李一清说,"专揪"造反队的一位学生告诉他,他们一到北京就通过红旗杂志社的林杰①和关锋②与"中央文革小组"取得了密切的联系。这样,他们的所作所为及险恶用心,也就昭然若揭了。

1966年的最后几天,就这样艰难地度过去了,灾难深重的中国,迎来了新的一年。然而对于陶铸来说,1967年意味着终结。1967年1月4日晚上七点来钟,李一清慌慌张张跑来找陶铸。

陶铸不在,于是一清告诉我说:"今天下午5点钟,"中央文革小组"在人民大会堂接见了'专揪王任重造反队',学生们回来后扬言,要把陶铸揪出来!"

对李一清反映的情况起初我还不相信,我这个1926年入党,有着四十年党龄的共产党员,怎么也想象不到党内也会有如此卑鄙的搞阴谋诡计的家伙。我也真是太天真了。到晚上9点,中南海西门外的高音喇叭突然大喊大叫:"打倒陶铸!"并且宣读了"中央文革小组"接见"揪王任重造反队"时的讲话内容。与此同时,传单已四处散发——行动真够神速。

我请警卫同志要了份传单,看到通栏大标题是"打倒中国最大的保皇派陶铸"。具体内容如下:

> 陈伯达说陶铸到中央来,并没有执行以毛主席为代表的无产阶级革命路线,实际上是刘邓路线的坚决执行者。刘邓路线的推行同他是有关系的。他是"中央文革小组"的顾问,但对"文化革命"问题从来未跟我们商量过(江青插话:他独断专行),他独断专行,不但背着"中央文革小组",而且背着中央。你们到中南局去,你们了解了很多情况,的确是有后台的。这个后台就是陶铸,他在中南海小礼堂接见你们那个态度是完全错误的。康生说:同学们把材料整理出来,有材料就胜利了,这是策略。

---

① 林杰,"文化大革命"中曾任《红旗》杂志副总编辑。

② 关锋(1919~2005),山东庆云人。"文化大革命"急先锋,当时在《红旗》杂志工作,系"中央文革小组"成员,1967年倒台,2005年过世。

陶铸一直未归，我心情沉重地拖着两腿走到西门口，只见黑压压的一片，足有三四千人，喧嚣的声浪，可以传出几里地之外。我茫然若失地来到陈毅家，陈老总热情地接待了我，他说："大姐，你放心，他们这样搞，老陶也打不倒。前几天主席还保了他，除非主席又改变了主意。"

我告辞后，陈老总亲自送我出门，并一再安慰我放宽心。哪里想到，这次我与陈老总一别竟成为永诀……

直到深夜12点多，陶铸才回来。我把情况相告，他竟全然不知。

"文化大革命"中的陈伯达

他说："今天下午我与他们一直在工人体育场接见文艺界来京的革命群众，会后总理、我，还有他们几个在休息室还说说笑笑并无异样；总理同我商量工作后，我去找安徽的张恺帆①同志说事情；接着又去接见安徽来京的学生。'中央文革小组'就在我隔壁房间接见'专揪王任重造反队'，怎么我一点都不知道呢？"他立即给总理挂电话，总理说："我正在与群众代表谈判，处理完后再打电话给你。"凌晨2点多钟，总理来电话召见陶铸，说江青他们的讲话他也是才知道的。

总理说："我们分手后，我去给陈郁（广东省省长）打电话，回来见他们正接见红卫兵，我坐下来听了一会儿，陈伯达、江青、康生他们话已讲过了，我没有听到。"

陶铸问主席是否知道，总理说："不清楚。不过昨天我去主席那里，主席曾问过我，江青说陶铸镇压群众，这是怎么回事。我向主席汇报了那天事情的经过，我说不是镇压群众，是陶铸态度有些不好。主席说：'哦，是态度不太好。'也就再没讲什么了。"

最后，总理关切地嘱咐陶铸："这几天你就不要出去了，在家休息，外面红卫兵正要揪你，不要惹出麻烦。"

---

① 张恺帆（1908~1991），安徽无为人。1928年加入中国共产党，早年在上海开展地下工作。新中国成立后曾任安徽省人民政府副省长、省委书记等职务。

陶铸拒绝江青拉拢，最终成为"刘、邓、陶"

当初，陶铸看中的这座带"卍"字廊的幽静住宅，没想到现在居然成了一座囚室，在这里我们竟做了近三年的囚徒。

囚徒的生活，最富有的就是时间，陶铸这下总算能坐下来了。最初没有派看守人员，我们还能在荷花池边散散步，自由地交谈。从陶铸断断续续的谈话中，我总算搞清楚了他与"中央文革小组"关系的始末，了解了他被打倒的真正原因。

陶铸调来北京，确实是邓小平提名，并得到主席的首肯的。我们是从小字报上才得知这件事的。小字报上登了主席的一段讲话，大意是：陶铸这个人，是邓小平介绍给中央的，我说陶铸不老实，他说还可以。

我不相信主席会说陶铸不老实，是否是将"不老成"误为"不老实"？于是写了封信给主席。主席阅后用铅笔在"不老实"这三个字的下面画了一横杠，并打上一个"？"。这封信后来退还给了我。

当时，几个秀才得势便猖狂，在中央高层领导中颐指气使，目空一切，大有抢班夺权之势。在这种形势下，邓小平推荐擅长于实际工作的陶铸来京，用意是很深的。

起初"中央文革小组"对陶铸也还持欢迎态度，因为陶铸与刘少奇和邓小平仅仅是一般工作关系。再说陶铸敢放炮，这一直率的特点，可以日后借用来炮打所谓的"刘邓资产阶级司令部"。所以最初一段时期，"中央文革小组"对陶铸是采取拉拢的策略。

然而，"中央文革小组"很快就对陶铸失望了。最早的分歧发生在派工作组问题上。陶铸刚赴北京上任没几天，6月9日就飞杭州去参加主席召开的一个会议。会议着重讨论了"文化大革命"派不派工作组的问题。陈伯达提出，不要派。刘少奇、邓小平等大多数主张派。主席最后表态：可以派工作组，也可以不派，不要急急忙忙派工作组。但陶铸说："我是积极主张派工作组的，并且愿意负责组织派遣工作组的工作。因为派驻工作组，是我们党多年来的成功经验之一。"

1966年6月1日，北京大学的聂元梓等人贴出了全国第一张大字报，北京大学的群众立即张贴出500多张大字报响应，其中有400多张是反对聂元梓的。后来又发展到有几千人围住他们辩论。

7月18日，主席从外地回到北京，江青不失时机地利用这一事件向主席进谗言，说什么"坚持派工作组的人把革命事件说成是反革命事件，并且通报全国，以此镇压全国的革命师生，企图把轰轰烈烈的无产阶级'文化大革命运动'打下去"。

1954年11月，陶铸（左一）陪同刘少奇（左四）、周恩来（左二）等视察广州一个胡椒园。

8月5日，毛主席发表了《炮打司令部——我的一张大字报》，再明显不过是针对刘少奇和邓小平的，公开提出了中央存在两个司令部的错误观点。

陶铸刚调中央没几天，就在派工作组问题上站到刘邓一边。但是真正令江青等人失望和不快的，还是在1966年8月召开的中共八届十一中全会上。这次会议通过了《关于无产阶级'文化大革命'的决定》，调整了政治局常委的名次。原先陶铸排在较后面，主席亲自用红笔把陶铸勾到总理之后、陈伯达的前面，这就是所谓"第四号人物"的来历。

陶铸说："我是新上来的，排太前不好，我认为应把我放到富春后面。我去见了主席，要求把陈伯达调到第四位来，我说伯达长期在你身边工作，对主席思想领会比我快。主席说已经定了，不变了，伯达那里我找他谈谈。"

在党的八届十一中全会上，主席主持召开了好几次政治局的生活会，目的是批判刘少奇和邓小平。会前，江青私下找陶铸进行布置。

陶铸说："江青要我在会上打头阵，要我向刘、邓放炮。我没有照她的意思做，我对她说我刚来中央，对情况一点不了解。结果打头阵的是谢富治。开了几次生活会，最后只有我和总理没有发言。我没有遵照他们的意图打头阵，甚至从头到尾也没有发言，江青他们肯定不高兴。"

看样子，"中央文革小组"本来的意图是想拉拢陶铸，给他们当炮弹，去打刘少奇和邓小平。陶铸不仅没有打头炮，甚至连谢富治的发言都没准印简报（简报是发给大会看的）。

党的八届十一中全会，实际上是主席借党的会议形式，彻底打倒了刘少奇和邓小平，对此，明眼人都看得清楚。但陶铸认为刘、邓即便有错误也是认识问题，况且刘少奇还仍然是国家主席，而邓小平也还是政治局常委。因此在他主管的新闻宣传口，一如既往地把刘、邓作为国家领导人来对待。例如新华社将要发一组国庆检阅的新闻照片，按规定，要有毛主席和刘主席两人在一起的一张，这次依然循章办事。审稿时，陶铸发现没有邓小平的镜头，当即指示一定要有小平的照片，并询问新华社有什么办法可以补救。新华社同志说可做技术性处理。后来他们将一帧照片上的一个同志隐去，将小平的照片移补过来。

这就是后来轰动一时的，被"左"派所大肆渲染的所谓"换头术"事件。

"文化大革命"期间，毛泽东、周恩来、江青与"文革小组"部分成员合影。

陶铸长期搞地方工作，对中央内部的情况很不了解，一般地说，他对中央负责同志都是很尊敬的，对刘少奇就更是如此。陶铸说："我觉得刘少奇这个人，有意见可以提，尽管我在财经会议上对他放了炮，但是他不计前怨，还是找我谈心，待我不错，对中南的工作也很重视和支持。尤其是'三年困难时期'以后，在社会主义建设的方针政策上，我都是赞成刘少奇的观点的。"

至于陶铸与邓小平的关系，那就更好了。陶铸说："我对邓小平的观感，确实是好的。在1954年的党代会上，我曾说过这样的话：如果党内允许拜师的话，当主席的学生我不够格，但我愿拜邓小平为师。"

陶铸与刘少奇和邓小平，虽然没有更深的历史和个人关系，但是在思想上是接近的，感情上是好的。这就是为什么陶铸调到中央后，始终不愿遵照主席和"中央文革小组"的意图，站到反刘邓立场上去的原因之一。相反，作为"中央文革小组"顾问，他却总是与"中央文革小组"格格不入，以致最后"刘邓"变成了"刘、邓、陶"。在将近十年的时间里，中国妇孺老幼，几乎无人没喊过"打倒刘邓陶"的口号。

陶铸怒斥江青："你干涉得太多了！"

如果说在对待刘邓的问题上陶铸与"中央文革小组"已经陷入很深的危机中的话，那么他们直接冲突的导火线则是在卢××[①]和吴××[②]的问题上。卢是教育部写第一张大字报的造反派，吴是社科院写第一张大字报的造反派。陶铸掌握了很多确凿的事实和材料，证明他们是心怀叵测和别有用心之人，并且有重大的历史问题。

但是江青极为赏识他们，一再催促陶铸去教育部和社科院，封他们二

[①] 卢××，真名卢正义。早年投身革命，1935年曾被国民党关入苏州反省院。1955年调入教育部，任小学教育司司长等职，受"文化大革命"思潮影响，1966年他写出教育部第一张大字报，后来"保卢派"和"斗卢派"形同水火，卢正义逃出北京，想到上海投张春桥，未果，在长江上投江身亡（也有人说是被人陷害推入长江）。

[②] 吴××，真名吴传启。"文化大革命"初期为社科院《哲学研究》编辑部负责人，在关锋等人的授意下，为抢头功写下了社科院第一张大字报。

"文化大革命"中,江青成为炙手可热、说一不二的人物。

人为"革命左派"。陶铸不同意这样做,再三向江青说明真实情况,但是江青哪里肯听?最后,两人完全闹翻了。

那天,陶铸去"中央文革小组"开会,一进屋江青就以居高临下的口吻质问陶铸:"你为什么迟迟不去宣布吴××为'革命左派'?"

"吴××的确是有问题的,他的材料你已看过,我怎么能去支持这样一个人呢?"陶铸说。

江青蛮横地打断他的话:"只要是写第一张大字报的,就必须承认他是'革命左派',就必须支持他们。至于什么历史问题,那有什么了不起!"

随后,江青又傲慢地补了一句:"你不也是国民党吗?"

"你知道我是什么时候的国民党党员吗?我是第一次国共合作时期的国民党党员,是在共产党军队集体参加国民党的。那时毛主席也是国民党,周总理也是国民党,还是黄埔军校政治部主任,国民党第一军的党代表。他们都是我的顶头上司,我不过只是国民党的一个小兵。而吴××是什么性质的国民党员?他的国民党能够与我们的国民党混为一谈吗?"陶铸也火了,立即反唇相讥。

一席话说得江青恼羞成怒,她竟然命令似的非让陶铸去支持吴××不可。陶铸此时已经到了忍无可忍的地步,他霍地站了起来,直视着江青声色俱厉地说道:"你干涉得太多了!管得太宽了!你什么事情都要干涉!"仅说了这么一句,江青就大哭大闹起来,说什么她这一辈子还没有受过如此之气,说陶铸欺负她、镇压她。

陶铸对我说:"你不知道,江青对我们,经常像训孙子那样的训斥,总是用命令的口吻,真让人受不了!有一次,我与总理商量:江青在党政机关没有正式职务,不如建议让她担任文化部副部长,以便于有个名义联系工作。谁知道江青听了气得要命,竟然说什么你们碰到鬼了!可能她认为自己是主席夫人，又是"中央文革小组"副组长，很了不起了，应该列入国家领导人的行列了。国庆节，天安门检阅的排列名次，是按历来传统安排的。我们党的传统，主席夫人是不能与主席并列检阅的。按着名次的排列，江青的位置在比较边远的地方，她心里很不满意，为此又责怪于我。"他指了指茶几上的报纸，轻蔑地说，"你看，这几天的报纸，照片上居然将江青与总理并列了，像什么样子！"

陶铸从来没有像这样推心置腹地向我谈论过他工作范畴内的事情，他实在压抑不住了，在这间孤寂的、与世隔绝的小屋内，他的一切痛苦、委屈、愤怒、迷惘只能向我倾诉。

他说："曾志，你不知道，自从同江青吵了那次以后，我的日子好艰难哟，每次去'中央文革小组'开会，戚本禹①、姚文元、王力②那帮人，总是对我冷嘲热讽，故意找岔子、出难题、穿小鞋，想方设法打击我。连我穿军装他们也要说风凉话。江青挖苦我：'陶铸，你又不是解放军，你有什么资格穿军装？'我说：'我是广州军区第一政委，为什么没资格？你们也穿军装，你们又是什么解放军？'如果我穿便装去开会，他们又会讥笑：'怎么？不敢当解放军了？'真是欺人太甚！"

陶铸又说："纪念鲁迅诞辰86周年的活动，张春桥说召开百把人的纪念会就可以了，我照此办理，他们又指责我贬低鲁迅的革命影响，结果由他们自己主持召开了一个千人纪念大会。他们这是故意刁难我。唉，谁会相信，我陶铸今天会受到如此的凌辱！现在我不得不顾全大局，如若是过去，说什么也容不得他们如此张狂。"

陶铸说："自从吵了那次以后，我跟江青就彻底闹翻了。"

---

① 戚本禹（1931~2016），山东威海人。1949年加入中国共产党，"文化大革命"中曾是"中央文革小组"成员、《红旗》杂志副总编辑。1983年被人民法院以"反革命宣传煽动"等罪名判刑18年。

② 王力（1921~1996），原名王光宾，江苏淮安人。1933年由谷牧介绍加入中国共产党，早年从事地下工作，新中国成立后曾任《红旗》杂志副总编，"文化大革命"中为"中央文革小组"成员，1968年被关入秦城监狱，1982年释放，1996年病逝。

陶铸凛然宣布:"我对我所做的一切负责!"

从陶铸断断续续,有时甚至是不太情愿的倾吐中,我渐渐地明确到,他与"中央文革小组"的决裂,并非单纯的人事不和或历史宿怨,而主要是在一系列重大问题上,所产生的观点与思想上的深刻分歧。

根据我的记忆,这些分歧大致有如下几个方面:

一、关于派工作组和暂停各级党组织领导,改由各级文革小组行使权力的问题。陶铸几乎一进京就本能地站到刘少奇和邓小平一边。他对共产党的天下却不让共产党员当家的怪现象百思不解,异常痛苦。

光明磊落的陶铸,在"文化大革命"中得罪了江青。

二、在农村和城市企业"文化大革命"的搞法上,陶铸与"中央文革小组"也是大相径庭的。"十六条"是在总理主持下搞的一份关于"文化大革命"的政策性的文件,实际上对"文化大革命"起了一定限制作用。"十六条"明文规定农村和城市中的企业不搞"四大",不进行串联。但是"中央文革小组"唯恐中国不乱,他们在平谷县搞"大民主试点",并写了一份调查报告,江青在报告上批示:"此材料很好。"陶铸看后认为,这一套绝不能推广,因此扣压下来未予转发。

三、陶铸长期从事实际工作,对革命和生产二者之间的关系有着切身的体会。经历过1957年至1959年期间一系列诸如反右、"大跃进"、"大炼钢铁"、"大放卫星"、"三面红旗"、反"右倾"和批"彭黄反党集团"等频繁的运动后,谁人不深感其害?!用他自己的话说:"真是搞怕了,全省的粮库竟到了粒米不存的地步。"他怕重蹈覆辙,因此一直强调"抓革命促生产",《人民日报》也发表了一论和再论"抓革命促生产",但是遭到了"中央文革小组"的非难,说这种提法实际上是以生产压革命,是搞经济主义。

陶铸说:"'中央文革小组'背地里动员中学教员和各地文艺戏剧人员

来京上访控告。中央三令五申通知他们不要来，可是他们还是大批大批地来，他们一来就向我要吃要住要生活费。'中央文革小组'反过来指责我搞经济主义。真是难得很哪！"

四、在对待两派群众和对待"造反派"的态度上，是陶铸与"中央文革小组"分歧的一个很直接的触发点。陶铸的观点，认为两派组织都是革命群众，只是在思想认识上程度不同，因此他一直热心地做两派群众的团结工作，极力促成两派组织的联合。但是"中央文革小组"却绝对地支持一派、打压一派，挑动群众斗群众，以致酿成大规模的武斗，造成群众无谓的伤亡。当时的造反派，是"中央文革小组"的宠儿，江青称红卫兵为"小太阳"，王力则说得更加肉麻："外交部的一个收发员都可以当外交部长——只要他是造反派。"

而陶铸与大多数老同志一样，对造反派是不赞成和看不惯的。有一天晚上，他回来阴郁地对我说："造反派抓了十几个副部长以上的领导同志，就蹲在中南海墙根下，这么晚了，又这么冷。"说到这里，他眼圈红了。从他对待"专揪王任重造反队"和大造反派吴××和卢××的态度上，我们可以窥见他那极为伤感的情绪。

五、陶铸被称为"中国最大的保皇派"，我认为这真是一种荣誉。当时，从中央到地方，几乎所有党政负责同志都受到冲击批斗，游街、戴高帽子、坐"喷气式"……受尽了折磨和凌辱，他们跟陶铸都较熟，更主要的是息息相关。对这些被揪来北京的负责同志，陶铸的做法是：第一步和造反派交涉，把他们先弄出来，安排到招待所住；也就是先保下来，然后再进一步"解放"、任用。可惜，这仅仅是他的愿望，当他自己倒下以后，凡受过他不同程度保护的同志，均受到变本加厉的迫害。他难过地说："我虽不曾杀伯仁，伯仁却为我而死啊！"①

陆定一被打倒以后，陶铸曾有指示："生活待遇不变，搬家后一定要安排沙发。"当陶铸也被打倒后，一天，陆定一专案组来了十几个人，一进屋就将陶铸身上戴的毛主席像章扯掉，要他低头弯腰向毛主席请罪，原因是为什么他主持的陆定一的专案几个月都搞不出名堂来，而谢富治一接手，马上就有了重大突破？为什么要从政治和生活上包庇陆定一？

---

① 此句语出自《晋书·列传三十九》，原文为"吾虽不杀伯仁，伯仁由我而死"，讲晋国一位叫王导的人自责因自己的失误致一名叫周伯仁的官员被杀的事情。

陆定一

陶铸曾说:"我同全国各省市部委负责同志一样,对于这场运动,的的确确很不理解。"直到他被打倒以后,他才搞清楚,原来这场运动是对着刘邓来的。但他执拗地表白:"江青、陈伯达的那些观点、那些做法,我认为不对,我不能跟着他们转,我按照我的理解和我的原则去干。"

当"中央文革小组"以各种莫须有罪名围攻他时,他凛然地宣布:"咎由自取,我对我所做的一切负责。"

面对精神和肉体摧残,陶铸以诗明志

1967年1月4日以后,除了丧失自由之外,其他一切如常。但1月20日以后停止了送文件,并派驻了四个警卫。又过了一个来月,将红电话机拆掉了,电灯线也改为36伏的低电压。陶铸每天在警卫的押送下去西门看大字报,除了中南海内的造反派随时批斗外,其他单位的造反派代表也进来批斗,有时在家里,有时拉到小礼堂去。最初的半年就这样过去了。

武汉"7·20"事件的第二天,中南海墙外的高音喇叭突然又高喊打倒陶铸,说陶铸是"7·20"事件的总后台。这正是那个时代造反派的特征——指鹿为马,极尽造谣污蔑之能事,真让人啼笑皆非。晚饭后,我与陶铸正在猜疑何谓"7·20"事件,突然涌进来一批人,把陶铸双手往背后一扭就带走了,连外套都没有让他穿。同来的几位女人,稍后一些也将我拉走。深夜,我和陶铸陆续回来,见到家已被抄过,文件、笔记本、书信和相片等物统统被抄走,箱子被撬开,柜门被砸开,屋子里一塌糊涂。

陶铸似乎已筋疲力尽,冷漠地看着家里的情景,一句话也不说。

我们房子的隔壁是春藕斋,主席经常在那儿活动,陶铸厕所的窗子,正对着春藕斋的墙。一天晚上,凌晨三点来钟的样子,突然听到外面有人声,是警卫在报告,说发现什么人往墙上爬。第二天又有几个警卫队的负责人来查看。我太天真了,我说是猫,我好几次看见猫在墙上来回走。

后来我才恍然大悟,什么有人爬墙!完全是在制造事端,借口这件事,将警卫由四人增加到十几人,又把陶铸厕所的窗子封死,玻璃上涂满墨汁。然后,在陶铸的卧室里,对准他的枕头安装了一个耀眼的灯泡,白炽的光线直射到他的脸上,使他彻夜不得安眠。而且,将一直比较关心和照顾我们的警卫曾云也调走了,连去西门看大字报的一点点呼吸自由空气的机会也取消了,"卍"字廊完全变成了一座牢房。

警卫人员对陶铸的态度也越来越坏,动辄瞋目裂眦,恶声呵斥。每天三餐,他们列队从我们房门走过,故意放声高唱辱骂陶铸的歌,什么"反革命犯陶铸,砸烂他,打倒他……"有时,站在床头的警卫整夜说说笑笑、打打闹闹,成心搅得陶铸无法入睡。陶铸苦恼极了,实在忍无可忍时,也会同他们吵起来。他们骂陶铸是混蛋、毒蛇,是国民党叛徒和特务。陶铸轻蔑地说:"你们有什么资格骂我!我干革命的时候,你们还没有生下呢!如果我是国民党,你们岂不成了国民党的儿子和孙子了吗?"

当然,这种争吵是不会有好后果的。"播罢'红灯''海港'时,窗灯射目壁如灰。梦魂欲觅终难觅,怕听钟声鹊噪枝。"从这首小诗中,我们可以想象出陶铸当时的情景。

图为"揪斗反革命两面派陶铸誓师大会"场景,这次大会后,最大的"走资派"第一次定格为"刘邓陶"。

到了1968年3月底，对陶铸的看管第三次升级，警卫人员增加到两个班，在屋里设了三个岗位。一个在房门口，一个在房后门，第三个像影子似的紧紧盯在陶铸身边，写字时站在椅子后，睡觉时站在床头，吃饭时站桌边，上厕所时站在面前，我俩说话时也是贴身而站。

这是江青一伙设计的一种精神酷刑，它使你分分秒秒都处在一种充满敌意的、冷冰冰的监视之下，真如芒刺在背、鬼魅缠身，比五花大绑更使人感到紧张、沉重和痛苦，神经稍微脆弱的人，非精神失常或自杀不可。

1968年8月，在天安门召开了百万人的"批斗刘邓陶大会"，为了互相响应，在中南海分三个场子，分别斗刘少奇、邓小平和陶铸。斗陶铸的有300多人，我被拉去陪斗。我看见有几个人把陶铸的脑袋使劲往下按，把他的双手反剪着，陶铸进行着反抗，拼命把头昂起来，几个人于是围上去对准他一阵拳打脚踢，额头上顿时鼓起一个鸡蛋大的肿包。为了拍实况纪录片，这场残忍的闹剧足足持续了三个小时。

我俩心碎神疲地回到家中，正在家中养病的女儿，两眼红肿，脸颊上还挂着泪痕。她端了盆热水走过来，想让我们泡泡那双站得浮肿、酸痛的脚。女儿发现了父亲额上的肿包，扑上去想给揉揉，陶铸一把推开她，脸色惨白，双眼喷火，高声说道："如果不是相信共产主义，老子今天跟他们拼了！"

我那时病痛交加，瘦得只剩下60多斤，经过这场野蛮批斗以后，更显得虚弱不堪。陶铸悲愤交集，指着我对看守说："你们为什么斗她？难道这个样子斗我还不够吗？她是个病人呀！"说到这里，两行老泪顺着他憔悴的面颊缓缓流下。

在这样的肉体和精神双重折磨下，陶铸却能坚持忍受，他以超人的意志和坚强的信念，为自己创造尽可能宁和坦然的心境。在看守的眼皮底下，他竟然能够旁若无人、从容不迫、有条不紊地干着自己的事情。

为明心志，陶铸用毛笔写了一纸文字，端端正正地摆在桌上："自杀，就是有见不得人的事，不想把自己的问题弄清楚。当然也有这样的可能，就是你去见了马克思，问题还是弄不清楚。那也不要紧，事实终究是事实，最后还是可以弄清楚的，我相信我自己的四句话：'性质'纵已定，还将心肝掏。苌弘血化碧，哀痛总能消。"

陶铸每天都用大量的时间拼命读书，除了马列和毛主席著作外，对历史书籍和唐诗宋词也很有兴趣。不过，他最心爱的还是那部《名臣录》，他每

每以那些古代的直节忠臣而自比。在一首诗里,他写道:

卍字廊前花木森,
风送芬芳入杳冥。
静坐偶欣唯蝶舞,
夜眠深苦是蚊鸣。
汉家狱辱因何怨,
宋室廷刑岳慨承。
人世烦冤终不免,
求仁奚用为身名!

陶铸还酷爱书法,书看累了,就提起毛笔练字,以陶冶和安抚性情。没有宣纸,就用旧报纸来代替。两年多的时间,他将家里的新旧报纸都写光了,摞起来足有两米高。1969年他被遣送到合肥后,我打扫北京家里房间,望着这堆报纸,好一阵酸楚袭上心头,也许今生今世再也见不到陶铸了!我便从中抽出几张来,留做永久的纪念,其余的付之一炬。

1970年,陶铸去世后,有一天女儿整理他的遗物,顺便翻了翻我留下的这几张报纸,意外地发现,在许多旧诗词当中,竟夹着他自己的诗和词,我没能把绝大多数报纸带出来,真是痛悔莫及。

正是凭着这样的机智,他才得以在看守的紧盯之下,用诗词抒发了自己的满腔悲愤、刚直的气节和磊落的襟怀。除了以上引用过的几首外,还有一些寓意很深的诗,如:

料峭风寒花独开,
孤芳心事费疑猜。
成尘我爱香如故,
妒忌无端究可哀。
独自沉吟独自宽,
熬膏煎血又年年。
每忆莫愁湖畔月,
头颅渗白不成妍。

"心底无私天地宽!"

1968年国庆节前后,陶铸突然说头晕、眼花、想呕吐,但无人过问。拖到1969年1月,他又出现胃部不适和恶心呕吐,全身酸胀,毫无食欲,请来医生看看,也只是随便给点胃药和去痛片,病情仍然不见好转。到了3月份,陶铸的眼睛和皮肤变黄,我央告医生,仍然不予理睬。直到3月中旬,才来了位医生,检查腹部,发现右上腹有一个馒头大的包块。草草诊断为肝炎,便将陶铸送进解放军302医院传染病房。入院后一检查,才搞清不是肝炎,是胰腺癌,需要立即动手术。

病情上报给总理后,总理批示要积极治疗,并指定上海第一医院的董芳宗主任主刀,解放军301医院的陆惟善主任做第一助手,阜外医院的麻醉科主任负责麻醉,北京医院内科主任吴杰也参加医疗小组。这个阵容,确实是当时国内第一流的,体现了总理对陶铸的关怀。

陶铸又被从解放军302医院转到解放军301医院的外科。他们将陶铸病房的窗户用木条钉死,下面的两块玻璃用报纸糊上,四个警卫轮流在门口监视着——哪里还像什么病房,十足的牢笼!

动手术需经家属和本人签字,他们怕陶铸不同意,动员我去做说服工作。哪知医生刚说明意图,陶铸二话没说就签字了。我们当时没敢告诉他是癌症,只说是胆管堵塞,需要做胆囊切除术。

从这张陶铸全家福上看,灾难已经不可避免地降临。

但是陶铸心里很清楚，只是没有道破罢了，一直到死，他都没有去追究自己到底是什么病。只是有一次，他实在疼痛得太厉害了，才脱口说了一句："没想到癌这么痛！"

我给汪东兴写了封信，要求允许我每天去医院看护，但是直到手术后第三天的下午，我才得到允许前去探视。

在白罩单的映衬下，陶铸显得格外瘦削萎黄，两个鼻孔、伤口及手臂上，全都插着管子。但是他很平静，脑子也很清楚，见我来，用眼神和手势向我示意：一切都顺利，请放心。

但是手术后第四天，病情却急转直下。由于严重的肠胀气将手术切口撑裂，大量的腹水

最后岁月的陶铸知道自己罹患癌症，但一直不愿道破。

向外流淌。医生用吸引器不停地抽吸胃肠液及胆汁，每天要抽出4000毫升又黑又腥的液体。随后陶铸又并发了可怕的肺炎和胸膜炎，持续高烧，神志模糊，生命垂危。

我去看他时，见他正处于昏睡状态。我连声唤他，他好不容易才睁开眼睛，见到是我，便喃喃地说："曾志，看来我过不去了。亮亮，你要好好照顾亮亮……"他还想再说什么，一阵膈肌痉挛，打嗝不停，随即寒战高烧，又昏迷过去。

谢天谢地，危险期总算度了过去。在医院住了两个来月，他恢复得很快，回到家来，能在走廊散步一个小时，看书习字一坐就是两个小时。

1969年9月下旬，陶铸又感到腹内阵阵疼痛，发低烧，脉搏微弱。医生诊断是癌细胞扩散，已无法治疗，只有用止痛剂和麻醉药来减轻痛苦。

至今我想起他那副痛苦的样子，仍觉心中酸楚，那是言语难以形容，常人难以想象的精神加肉体的双重疼痛。他常常痛得在床上东倒西歪，前趴后仰，大汗淋漓，不能吃饭，每天只能进点流食，虚弱得连解大便的气力都没有，需要我用手去抠。

陶铸以惊人的毅力向病魔抗战，任凭痛得死去活来，也咬紧牙关绝不哼一声。我劝他："忍不住你就哼几声吧，也许会好一些。"他说："你已经够苦了，听到我哼，会更难受……"此时的他，与其说凭肉体活着，不如说

是凭信念、意志活着。

然而,对陶铸悲惨命运的最后一击,还是不可避免地降临了。

1969年10月15日早上7点钟,汪东兴派人来叫我去,对我说:"北京要紧急疏散,可能爆发战争,陶铸要疏散到安徽合肥。你怎么办自己决定,随陶铸去也可以,但是去了以后不准与外界通讯,不准与任何人来往;不随他去就去广东插队劳动,但必须与陶铸断绝联系。"

我如同五雷轰顶,勉强自持,问道:"什么时候走?"

"明天。"

"明天不行,陶铸病得很重,至多也只能活两三个月,我要为他准备一下。"

"那就18号!陶铸到那里后,每月给他100元生活费,生活自理。"

我回去后,将汪东兴的话如实相告。陶铸沉思良久,然后毅然决然地说:"你千万不要陪我去,我活不了多久了,你去也帮不上忙,何苦再牺牲你?你要争取和亮亮在一起,你们能在一起,我也就放心了,我们只有她这一个女儿……"

第二天,中直政治部王主任来谈话,陶铸躺在床上平静地说:"好吧,我同意离开北京。"王主任又说:"审查你的历史,你有变节自首的政治问题。"陶铸冷冷地说:"我已经是油尽灯残的人,你们尽可随意给我作结论。但是我是一个共产党员,我有权利保留自己的意见。我相信历史会对一切作出说明。"

此生此世,我们在一起只有三天的时间了,我强压悲痛,为他收拾行装。他考虑得很周到,请我帮他装了一箱子的书;要我买一双雨鞋和一把伞,因为很可能要到室外上厕所;还要再准备一床薄被里,以便自己换洗。

我还要做一件事情,就是替他洗个澡,我估计去合肥后,是不会有人为他洗澡的。我把水放好,再把他扶起来小心翼翼地放躺在澡盆里,慢慢地为他擦洗。望着他骨瘦如柴的身躯,灰暗的面容,我心中无限凄凉。

我问他还有什么话交代,他说:"我怕

时任中共中央办公厅主任的汪东兴

是难见到亮亮了,你看到她,要告诉她,爸爸对不起她,让她跟我受委屈了。但是爸爸在政治历史上是清白的,是对得起她的,希望她要坚强,要紧跟毛主席好好做人,好好生活……把小亮带大。"

他要了亮亮、外孙小亮和我的小照片,包好后放在内衣口袋里。他说相片在我怀里,就好似你们时刻都在我身边。我说你一定要力争活着,只要活着就有希望。生离死别的三天,我们就这样互相勉励安慰着,没有说一句凄切的话,更没有掉一滴泪。

陶铸一家1954年在广州合影。弥留之际,具有松树般风格的陶铸也难以抑制强烈的儿女之情。

18日这一天,无情的分别来到了,我炖了一碗鸡汤,烤了一片面包为他送行。由于他肠道已经梗阻,所以吃了足足有一个小时。他说若不是为了你,我是什么也吃不下的。

上路的时间到了,护士替他打了一针杜冷丁,我觉得他的精神顿时好了许多。他将毛衣、棉衣、大衣都穿在身上,但仍然感到冷。我曾要求送他去机场,没有获准,只好在家门口告别。

陶铸拄着手杖,镇定自若,庄严凝重地一步一步地走出家门,踏上了他生命的最后一段路途。

我们微笑着握手,郑重地道再见;我为他打开车门,两人再次握手;车开走了,我们依然互相挥手,向对方致以最后的敬意。

一周后，我也搬出了这所留给我无限思念、无限苦痛和无限空虚的家。

我知道陶铸将不久于人世，他将凄凉而孤单地走完这人生的最后一程，但他情愿牺牲自己，来换得我的自由。我现在反而无法想象，当时我们的诀别会是那样的冷静，那样的从容，那样的坚强！我们微笑着做了这一生一世的最后告别，彼此都没有流泪，因为泪水已无法表达我们那种渗透骨髓的痛苦和依恋。

1969年11月30日，陶铸在安徽合肥悄然病逝。

那些人假借烈性传染病，深更半夜以白单裹尸一烧了之。死前不许我们去，死后也不准去料理后事。从我们分别到他逝世，只有43天时间。

他满含冤愤悲怆，连同他未竟的事业，以及弥留之际未能与亲人诀别的遗憾，孤单单、凄凉凉地去了。

陶铸从1966年6月走马上任，到1969年10月抱病离京，我俩相依为命在"卍"字廊生活了三年多。我补偿了以往由于工作繁忙，或者说是个性好强，而被忽略了的妻子的义务。作为报答，陶铸赠我一首诗，是用钢笔写在一片小纸上的。我小心翼翼地将它卷起，用塑料纸包紧，缝在棉衣里达九年之久。直到"四人帮"被粉碎了，我才把它拆出来，公之于世。这首诗立即受到群众的喜爱，并被广为传诵。

赠曾志

重上战场我亦难，
感君情厚逼云端。
无情白发催寒暑，
蒙垢余生抑苦酸。
病马也知嘶枥晚，
枯葵更觉怯霜残。
如烟往事俱忘却，
心底无私天地宽。

"文化大革命"开始后，我当然不可能见到毛主席，但我比许多人都幸运，因为我得到了他的关照与保护。

1967年1月,陶铸被打倒后,我写信给毛主席:"我怎么办呀?我是请假来养病的,组织关系、工资和供给关系都在广东。现在陶铸倒了,我若回广州,像我这样的身体,体重才67斤,能经得起革命造反派的审查批斗吗?但我在这里,什么关系也没有,中南海的造反组织要赶我走又怎么办呢?"毛主席在我的信上批道:"曾志同志,你是来养病的,就住在北京,帮助陶铸同志做检查。你的党组织关系,去找东兴同志。"批件送到汪东兴同志那里,他阅后派秘书送给了我。不久,中南海的造反派抄家,将这封信也给抄走了。

1956年,陶铸与曾志在广州家中合影。

转眼到了4月份,我又开始感到惴惴不安,于是又给毛主席写了信:"我若再不回去,人家会以为我逃避审查批斗,但回去又怕身体吃不消。特请示主席,我是不是可以回去了?"但这次毛主席没有回复。事隔两年后,从汪东兴那里了解到,毛主席看了我的信后,曾与总理商量:"你看曾志要回去,连黄永胜他们都不能立足了,都跑到北京来了,曾志能够回去吗?算了,不要回去了。"

一个革命的幸存者
曾志回忆录

第十四章 监管插队

● 到粤北插队劳动
● 邱屋的凄惨景象触目惊心
● 劳动的愉悦抚慰我内心的伤痛
……

到粤北插队劳动

1969年10月26日，我从被禁锢的中南海搬出来暂住在地安门招待所，有关部门在那里给我安排了一个套间，处境有所好转，行动也比较自由。

我做的第一件事是去看望外孙小亮。过了几天就接到通知，领导批准我到广东粤北插队劳动，并经批准，临行之前，我打电报要在甘肃临夏的女儿斯亮以及在东北辽阳军工厂的儿子春华来京相见。

不久斯亮和春华都先后来京，小亮和他爸爸也搬来同住，我和小亮睡在床上，斯亮夫妇睡在客厅地下。三年来各自西东，对亲人无限的思念只能埋在心底，竟想不到能在此相聚，暂时得到家庭欢乐，给了我破碎的心灵一丝慰藉。我们都很珍惜，每天买点鱼肉，在洗手间用煤油炉子煮了吃，格外香甜。

这期间，我告诉女儿爸爸患癌症活不了几天了，并转达了爸爸对她的临终赠言。女儿哭得声咽气绝，也让我憋了许久的泪水一泻而下，坐在我膝上的小外孙吓得也大哭起来，就这样不知哭了多久。

大约11月中旬，中央办公厅为我们买好了去广州的火车票，居然是软卧。此时外孙小亮已1岁零1个月了，作为陶铸的外孙，群众不敢抚养，而机关托儿所因为"一号命令"，大都解散，小亮的去处成了一个问题。后经批准，领导允许我带小亮去插队，女儿女婿一路送行。

到了广州，我们就住在军区里原来专家住的招待所，那里已住着几个黑人外宾。因我是被派去插队，属军队管制，上面下令不准与广州市任何人联系，要保密，连出大门都不准。

12月1号，广州军区来人，通知我陶铸已于11月30号在合肥病故。虽然对陶铸之死已有心理准备，但当这一天真的降临时，我内心依然很抗拒，疼痛如万箭穿心。我咬紧牙关、强忍悲痛，没让自己流下一滴泪来。明知没可能，我还是要求去合肥料理陶铸后事。答复自然是不允许，我与陶铸的再次见面，是九年以后捧着他的骨灰。

我要去插队的地方在粤北翁源县渔溪大队，那是第126师所在地。1969年12月初的一天早上8点，由广州军区保卫部副部长带队，一辆吉普车和一辆卡车拉着我全家及行李，往渔溪大队前进。

车过丛林，沿途都是山路，越往里走，山越陡，路越弯曲，颠簸不已，弄得我晕头转向，在途中呕吐了两次。据说离目的地只有300里，可是走了九个多小时，直到下午5点多钟才到达那里。

在师部招待所门口迎接我的是参谋长和保卫科科长，他们虽然知道陶铸已被打倒，但对陶铸的崇敬之情犹在。参谋长满怀感念地说，一见到我，

陶铸在合肥病逝后，有关方面不允许亲人前往，直到九年以后，陶斯亮（中）才从105医院取回骨灰。

就想起陶铸，说军区的一些建筑，遇到困难都是陶政委帮助解决的，陶政委如何平易近人，对待同志如何热忱，等等。

我相信他的话是发自内心的，公道自在人心，不管在多么禁锢的年代，人性毕竟不会全都泯灭。

这个招待所建在小山坡上，有七栋小洋楼，是师领导的住处。用做招待客人的房子也是一栋洋楼。我一下车，参谋长就热情有加地接待，扶我走进最好的房间。在参谋长的安排下，晚饭我同军区保卫部副部长同吃，四菜一汤，鱼肉齐全。这种照顾让我感到了一丝温暖。

可是好景不长，第二天起来，情况迥然相异，我被命令搬到最次等的房间，比我女儿夫妇住的还差，并且须自己到大食堂打饭菜。保卫科科长态度

也变得冷酷无情，前后判若两人，说话带命令的口吻。参谋长也不见了踪影，我估计是保卫部副部长狠狠地批评了他。

经过许多变故，我对人情冷暖已习以为常了，所以面对这一切我心里也并不怎么难受。

第126师师部坐落在山沟里，四面都是高山，到韶关乌石火车站乘公共汽车要翻山越岭60多里路，去韶关约200多里，到集镇要步行12里。这里村少人稀，几十年来住的大都是军队里的人。在第126师范围方圆五六十里内，知道我真实情况的只有师长、政委、参谋长和保卫科科长。

即使是最次等的房间，我在师部招待所也住不长久，保卫科科长以及从广州送我来此的那位保卫干事一直在附近几个村庄生产队为我插队找房子。也许因为住房都很紧，找了几个地方，都没办法为我腾出一间房子来。好不容易在离师部约3里的邱屋生产队找到了一处。那家有五口人、五间房，因为大女儿出嫁了，儿子尚未娶媳妇，可以让出一间来，于是决定让我到邱屋插队。

行前，女儿女婿及两名护士去邱屋帮助打扫房子。女儿回来皱着眉头说："那间房子可不是人住的，到处是蜘蛛网，蜘蛛脚张开来有饭碗大，怪吓人的！"

战士搬来了可铺一张双人床的两扇床板和长凳子，抬来一张有两个抽屉的小桌子、两只凳子。我们做着到邱屋生活的准备，考虑到外孙才1岁零2个月，要煮奶粉、做稀饭，我们抱着小亮到12里外的新江镇买了木炭、炉子、锅、碗、脸盆、暖壶等物。

保卫科科长面无表情地对我说："你的组织关系由师党委负责，但是和群众一起学习、一起劳动，不拿工分，给你一个粮油供应证，每月30斤粮，1斤油。你的工资恢复了，每月由我负责送给你！"

为了便于到邱屋参加劳动，我以每月25元工资雇了一名老阿婆带外孙。这样准备工作基本完成，到师部的第三或第四天上午，在师部门前，我与马上要随车回广州的女儿女婿伤感地话别，随后背着外孙，跟随两名抬行李的战士往邱屋而去。

邱屋的凄惨景象触目惊心

一进邱屋，出乎意料，村里的老老少少都热情地与我打招呼。在城里长得白嫩白嫩的外孙小亮也毫不认生，见人就笑，让人觉得很可爱。那个雇来的阿婆接过小亮，大家一起逗着他玩开了。

我抽身走进房子，环顾四周，泥土夯的四面墙壁如同黑炭窑，连屋顶都没有，只有几根梁柱。抬头看看上方，稀稀拉拉从瓦缝中透进些光线。房子前后各开着两扇只有一尺半大的小方形窗户。后窗户外面是房东的菜园，窗户下面是一条水沟，沟与房子的地面一样高，墙脚还有几个老鼠洞。如果下雨，沟里的水一定会漫进来。近十平方米的泥土地面潮湿得像泥浆，放置一张床及小桌子后，似乎什么也放不下了。

我随身携带的四个樟木箱子根本没有地方放。没办法，我只好请求保卫科科长把四个箱子搬到附近连队一间无人居住的空房子里。那里是水泥地，较干燥，比我的住处要好几倍。不管怎样，我总算安顿下来了。

"你住的这间房，原来是喂猪的，后来关牛，再后来做了许多年的灶房，所以四面墙都熏得黑乎乎的，这两年有时也住人！"房主对我说了这间房的历史，令我感慨良多。

原来邱屋是一个大院，正门有两个不住人的大厅，两边的旁门进来有一条狭长的小天井，周围都是住房。也许邱屋由此而得名。

一进大门，上下两个大厅

1960 年代初，曾志还经常可以出入中南海毛主席家；1970 年代初，曾志被下放到粤北山区劳动锻炼。

的四个角都是厨房。邱屋人管厨房叫厅,我的房东在大厅的一角做饭。我刚到邱屋,房东说:"请在厅里坐!"结果是把我带到锅灶旁,拿出两张矮竹凳子。我这才知道所谓厅,就是厨房。他们的灶很简单,用六大块泥土砖搭成三角形,每面两块砖。做饭用的是可装30多斤水的大铁桶。炒菜锅十分大,煮猪食的尤甚。他们煮饭炒菜煮猪食烧的是木柴,有时把碗口粗的木头也砍下来,实在可惜。由于广东地区阴雨天多,木柴湿,烧起来满屋冒烟,目不见人,呛得眼泪、鼻涕直流。如果用樟木烧火,则香气四溢,非常好闻。

邱屋共21户约110人。贫穷的邱屋人只有60亩薄田,人均不足6分土地。全队只有三头瘦牛,不久累死一头,只剩下两头。村民没钱买化肥,土杂肥也很少。牛少,牛圈里挖出来的肥草质太多,肥效很低。这里粮食产量两季稻合起来每亩最多五百来斤,每月人均口粮29斤谷子,一年差两三个月的口粮。油是用油菜籽榨的,收成好时,每家每年可分到八九斤菜籽油。煮菜时放的油极少,每户的菜籽油平时都舍不得吃,留着过年炸油果子。每家每户都把一年所喂养的猪、鸡、鸭以及生产的糯米集中在过年那几天食用、走亲戚、招待客人。21户人家,除了我的房东和另一家,因做手工业人多肯干才勉强够吃,其他人家的生活都很困难。

这里的农民们实在太穷太苦了,全村人三餐都吃稀粥。就拿我的房东来说,全家加上我共六口人,每顿量约七两米的一竹筒米煮一大锅稀饭,看不见米粒,不像稀饭。还要舀一勺喂狗,舀几勺汤拌粗粮喂鸡鸭,有时候还要舀一点拌猪食,剩下的就只是不多的饭渣子了。由于每年缺粮两三个月,到了四五六月份青黄不接时,没有吃的人也越来越瘦。大部分人饿得皮包骨,胃部陷下一个洞,似乎可以放进去一个小酒杯。饿得实在发昏,农民们就去捞连队在溪水里洗菜扔掉的烂菜叶、老蒜皮和菜根,一旦发现连队在半夜偷偷埋掉的死猪死马,哪怕已经腐烂也要挖出来,分给大家吃掉,他们也吃被黄鼠狼咬死在稻田里长满了蛆的鸡。他们被饥饿困扰着,也顾不上生病和死亡。

说也奇怪,一些农民吃了这腐烂的带病毒的东西,竟不会中毒和生病,表现出了顽强的生命力。

我虽然吃商品粮,每月定量供应,每月除留足4斤给小外孙外,把26斤米和1斤油全都交给房东,但我想到其他人的劳动强度比我大,不敢多吃,每顿只吃两个大半碗稀饭。人们一般都是8点钟吃完早饭,不到10点钟,肚子就饿得发慌。我过去在部队打游击时也挨过饿,但那最多两三天时间,而在邱屋则是成年累月持续着。那时我觉得,若能吃到干饭,不要任何菜,都比在城里吃摆满山珍海味的宴席香甜得多。

记得有一次,我背着小亮走到四里外的师部,看到一个杀猪兼磨豆腐的摊子,我请求师傅卖二两瘦肉给小亮做稀饭吃。那个师傅知道师部保卫科科长到过我那里,也陪我买过两次肉,他总算同意我的请求,卖给了我二两瘦肉。我看到豆腐刚出笼,还热气腾腾的,又请求他卖了五块豆腐给我。这时已是上午10点多钟了,肚子早已饿得咕咕叫,我拿起豆腐就往嘴里塞,真是美味极了。我边走边吃,一下子把五块豆腐吃个精光,那种滋味至今仍留在脑海里。

邱屋的农村景象给人展现出了当时农村一幅凄惨的画面,令人触目惊心,反映了当时农村政策的破坏性,体现了当时农村生产中一些深层次的矛盾。那时农村实行军管,军管战士掌管一切,但什么都不懂,只凭上级指挥办事,什么事都千篇一律,毫不顾及农村各队的实际情况,瞎指挥,群众怨恨极了。

我刚到邱屋时,生产队没有派战士军管,农民群众还可以搞点副业,如上山采野果、竹笋,或用竹子编织箩筐等拿到新江集镇上去卖,换钱买油买针线。农民也可以在田头房角的边角地上种些蔬菜自己吃,这样农民的手头会活络些。军管以后,到新江镇的路口有人把守,竹笋、竹筐、竹篓一律不许出卖,违者一律没收。弄得群众一贫如洗,粮食不够吃,副业不让搞,养猪用野菜喂,一年也长不到100斤,养鸡不断遭鸡瘟,死得多,活得少。

更荒唐的是,军管战士把犁田、播种、收割的时间都规定得死死的。有一年冬天,油菜还差几天才能收割,而各村军管的人勒令一天之内一律拔掉,五天之内全部犁完田。各村的农民被逼无奈,一边拔油菜一边痛哭流涕。他们能不心痛吗?要知道油菜可是他们的油源,一旦油菜不成熟,根本榨不出油来,整年就分不到一滴油了。

只有邱屋例外,这个小小的生产队也派来了四个刚参军的战士,眼见不妙,我想办法说服了四位军管战士,向他们保证,五天后全村的田全部犁完,请他们不要向上级报告。

为了万无一失,我又同村民打招呼:"全村劳力要齐心协力,人可以轮流干,牛一定要早几天派专人饲养喂足,以便日夜劳动。如果大家同意就这样干,油菜保证榨出油来,家家有油吃,如果不同意就算了!"

虽然当时的中国农村穷得要命,但极左路线却禁止人们搞一点点副业,还美其名曰"反对资本主义"。

因为关系到全村人自身的生计,大家都很赞成这种做法。我又找生产队长、组长、老农们谈了自己的想法:"过三四天油菜籽就成熟了,等到第四天全村老少出动拔油菜,边拔边犁田,用两个通宵一个白天保证可以干完。"

他们都认为可行。到了预定时间,全村人都行动起来,热情高涨,轰轰烈烈干了两天一夜,保住了油菜籽。

邱屋的农业资源条件还是比较好的,气候适宜,各种作物不会冻死。水利条件也不错,村边有一条长年不断流的溪,落差也很大。邱屋人把竹子破成两半,把溪水引到门前,就像用自来水一样方便。这股水比冰雪还凉,即使夏天也一样。村里人平时做饭、洗衣、冲凉都用它。如果用来发电,可建一座上百千瓦的小水电站。有了电,就可以办些加工厂,几十亩的荒地、旱地也可以变水田了,农民的粮食可增加一倍,至少口粮是够吃了。

可是,由于军管管得太死,事事都由大队军代表根据上级指示处理,把农业生产也像军队那样军事化,农民们没有一点搞生产的自由天地。如养鸡、养鸭的人家每户每年平均要上缴五只,鸡鸭蛋若干个;若养猪每年要上缴一头100斤以上的猪。杀猪一律要到屠宰场去,100斤猪肉,倒有60斤要按平价卖给国家,剩下的才能自行处理。所以条件虽好,农民却过不上好日子。

我看到这些情况非常痛心，曾向一位副营级大队军代表反映多次，可是他根本听不进去。

这些也是"文化大革命"以及"四人帮"给农村造成的穷困灾难，形成了一种恶性循环。农民早上8点钟出工，11点半收工，下午3点出工，5点半收工，每天出工约6个小时，但大家都磨洋工，实际上劳动时间不足三个小时。邱屋生产队一个劳动力平均日值三四角钱，劳动力少或是遇上病灾的农户，劳动一年不但没有分文收入，还倒欠生产队的口粮钱。这种情况怎么能调动广大农民的积极性呢？这就是活生生的现实，这种情况，老百姓怎么会吃得饱穿得暖呢？

到了冬天，地处粤北山区的邱屋也相当寒冷，寒流降临，气温都在零度上下，可是全村人都没有棉衣，只能穿一件卫生衣，一条单裤。生活好点的，一年也仅做一套新衣服，尤其是一些儿童穿着破成一条条的衣服，再冷也赤着脚，冻得皮肉发紫，黄鼻涕直流。村里的少年儿童没有几个，病的却不少，有的患过脑膜炎，有的患过骨髓炎、肺炎等。有个49岁的妇女，生了15胎，只活了6个。年年生，年年死，那里的人对生死已习惯了，孩子一死，不声不响装在粪筐里埋掉了事，好像毫不在乎。但队里规定，孩子一死，每月29斤谷子的口粮要收回去，这倒更令那些失子者感到可惜。

邱屋的妇女更愁苦，那里的农村有个传统，凡强劳动都是由妇女来做，男人反倒干轻松活，如果挑大粪，清除牛栏、猪栏里的粪肥等这些脏活让男人做，妻子就会被认为不贤慧、不能干。

邱屋的妇女不仅要抚养儿女，干喂猪喂鸭等沉重的家务活，而且还要出工种地、上山砍柴等。她们往往天不亮就起床到几十里外的山上砍柴，砍完柴赶回来做早饭以及饲养家禽，8点多钟出工参加队里劳动，11点钟回来做完饭又要上山砍柴，下午3点钟又出工，5点多收工，回到家里再做晚饭煮猪食，饭后替孩子们洗洗补补，差不多要忙到8点多钟，日复一日，整天连轴转。妇女劳动强度大，报酬却比男人低：男人满分是十分，女人只有八分，一些老弱的男人，干活比女人差，也可以得八分。

妇女的生活待遇很低，她们平日从早到晚都赤脚，只在出门走亲戚或上集镇时才穿鞋，但从不穿袜子。因长期劳动，她们的手脚都硬了，不擅长做针线活。她们生孩子没有假期，往往是孩子一落地，自己就去冰冷的山沟水里洗血裤，换衣服，两三天后就下地劳动。

虽然生活过得穷苦，但邱屋人的生活也充满情趣，他们有一个"冲凉"的习惯，不论寒冬腊月，每天晚饭后人人都要"冲凉"。如果感冒发烧，就上山采些中草药，放在锅里熬了。"冲凉"一般也可退烧，或者用一把黄豆加石膏炒后用水煮开，吃了也可退烧。在物资匮乏的年代，邱屋人用自己的方式来保障自己的健康。

劳动的愉悦抚慰我内心的伤痛

在北京时，当得知上面决定让我到农村插队，我就下决心要同农民一样劳动、一样生活，当一个名副其实的农民，不更多地去考虑将来。

我始终相信，乌云是挡不住阳光的，正义必将战胜邪恶，陶铸和我的问题总有一天会拨云见日，会搞清楚的。我们的一颗赤诚之心永远忠于党忠于人民，为党工作问心无愧。想想许多人为革命流血牺牲了，活着的人更应该有坚定的革命意志。我为革命工作不为名不为利不为官，个人的荣辱沉浮其实算不了什么。

我认为共产党员应是一粒种子，无论种到哪里都要发芽、开花、结果。因此对这一切我都想得很开，保持革命乐观主义精神，把个人心中的苦乐埋在心中，投入到新的环境中去，除了有时挂念女儿和外孙之外，思想上并没有什么负担，更何况参加热火朝天的劳动生活的愉悦也时时在冲洗我心中的愁闷。不论多么脏、多么累的活我都很投入地去做，至今回忆起来仍感温馨。

广东这地方春天来得早，1969年12月中旬我抵邱屋插队时正值那里忙于生产备耕，我马上加入了他们的劳动行列。挖塘泥、铲草皮、烧石灰，为树木锄草、培土、修枝、插秧、割稻，样样都干。

邱屋门前有一个不到一亩地大的水塘，水深不及一米，年年放养些小鱼苗。到年底，把池里的水抽干，最大的鱼不足两斤，全村每户约可分到两三斤鱼。这还在其次，养鱼的主要目的是把塘泥挖出来与草皮放在一起沤肥。到邱屋的第二天正好遇上挖塘泥，我毫不犹豫地上了工地。塘泥相当湿，大家都赤脚踩在塘里用铲子一铲一铲地挖泥，然后装到粪筐里。

生产队长照顾地对我说："你刚来，赤脚劳动不习惯，你就在岸上挑塘泥吧！"

确实，我有几十年没有挑担子劳动了，泥塘的土很重，一铲下去就是几十斤。这里12岁的小孩子都能挑五六十斤重的担子，而我挑得十分吃力。起初他们往我粪筐每头放两铲塘泥，一担50斤，我就挑得直不起腰来，挑了两趟，累得气喘吁吁的。社员们见此情形，只在我的筐里各放一铲，差不多减轻了一半重量，挑起来也轻松了。尽管如此，劳动一天下来，第二天我的两个肩膀酸疼得举不起手来了。

邱屋山区水冷、土酸，种稻子一定要放石灰，除了可去寒、中和酸性土质外，还有杀菌杀虫的作用。一亩地大约需施几十斤石灰粉。邱屋人要到几十里的矿区去购买石头，石头弄回来后，由于邱屋

虽然处境艰险，曾志一直思念着阴阳两隔的丈夫、战友陶铸。图为陶铸1966年3月在杭州留影。

一带没有煤炭，完全要用柴烧，每年需要砍伐大量木柴。烧一窑石灰，大约就要砍光一个山上长到三米高、碗口粗的松树。所以我在邱屋看到许多山头都是光秃秃的，一片红黄色的泥土。

春节过后，紧接着就是繁忙的春耕，按育秧、犁田、耙田、施肥忙开了。我觉得插秧最辛苦，既要弯腰又要后退。腰弯久了酸疼得好像要裂开，站起来往后退，头晕眼花。双脚踩在泥里不容易拔出来，摇摇晃晃，怕摔倒。水里又有沙虫蚂蟥，蚂蟥能钻进脚里、腿肚子里吸血。相比起来，我最怕沙虫，田里多得很，钻进肉里就出不来，不像对付蚂蟥，只要抓点石灰往它的身上一抹，就会掉下来。好在消灭沙虫也不愁无招，只要每天下水田回家用热水洗脚，把竹油涂上，就不会烂脚。

我也上山给树木锄草、培土。一路上，大家说说笑笑的，很高兴，充满生活情趣。我们把每棵树周围的杂草锄净，给树松土，把烂叶子和杂草埋在树底下。社员们还可以把一些灌木枝挑回家当柴火，也算有所收获。

在山上，我们还能采到一些野果子吃。尤其是休息的时候，小孩子们总爱把我带去找野果子，我把这当作一次野营，高高兴兴上山，高高兴兴地回来。劳动带给人的愉悦是无法形容的。

有时，乍然间在山上见到一些未见过的植物令我惊喜不已。

"这是什么？有什么作用？是不是药材呀？"我总是喜欢向社员群众问这问那。他们懂得很多，无论问什么都能耐心详细地告诉我。

在邱屋插队劳动，虽然条件很艰苦，但我很注意调整自己的心境，与当地群众和气相处，过着一种与先前截然不同的生活，使我获得了不少的安慰，内心也平静了。

但我不敢放松对自己的要求，不忘学习，订了两份报纸——《人民日报》和《参考消息》。这是师部特许的，尤其那时的《参考消息》不是谁都能订阅的。于是每当夜深人静，大家都熟睡了，我就开始读书看报。

星期天或寒暑假，我常同邱屋几个十一二岁的小学生上山采蘑菇，摘小竹笋，捡毛栗子，采洋姑娘，摘山参子叶，等等。有一个星期天，吃完中午饭，大家谈起采蘑菇，说某某山上的松树林里已长了许多蘑菇。

我怂恿说："我们去采吧！"

粤北虽然艰苦，但自然风光还算美丽，乡下劳动也有不少乐趣。

"有15里路呢,又都是爬山,路不好走,来回30里,你能走吗?"他们似乎有意难倒我。

"能走啊!这就走吧!"他们见我很坚定,便同意了。

我跑回家取了一个布口袋,他们四个男女孩子有的提着篮子,有的拿着口袋。大约下午2点多钟,我们五人出发了。离开村里往山上走几里路就是自然森林,许多树干上长满了粗藤,一条小溪从山上奔泻而下,流水潺潺,小溪两岸长着野芭蕉,各种花草争妍斗艳,香气扑鼻,空气新鲜极了。一种投身大自然的快乐在我的心中弥漫开来。

孩子们对这条路都很熟。为了抢时间,我们在平地上都是一路小跑。但大多是陡峭的山路,有的坡度高得像楼梯,走起来很慢。穿过两个村子,我们到了山坡上,眼前森林茂密,松树居多,树的针叶掉满了山坡,往下一看,犹临深渊,山脚下的溪流奔腾而过。

我们在山坡走,看见一个中年男人用绳子拖着一个什么东西,从对面走来,近前一看是一条碗口粗、约三米长的大蟒蛇。孩子们对我说,这一带老虎、蟒蛇、黄羊、鹿子不少。

由于我们爬上山坡时已经快5点钟了,有的孩子便催促说:"我们赶快采菌子吧,迟了怕遇上野兽!"

我们扒开落下的松枝一看,啊!到处都长着鲜嫩的蘑菇。然而,我们很快又失望了——那里遍地都是有毒的红色蘑菇,我们的兴趣骤然降了下来。这时天色已暗淡了下来,我们加快了脚步,不管下山还是田埂平地都是一路小跑着,纵是如此,到家时,天已大黑了。

再说采竹笋吧:邱屋的竹笋有两种,一种无毒,采回来可以做菜吃;一种有点毒,需要先煮熟,再用水漂洗干净才可做成菜吃。我与几个小孩经常在早上或傍晚上山找小竹笋,这也是一件愉快的事情。这些都令我开心,一是发现自己虽然快60岁了,仍能随着孩子们跑步上下山,足见身子骨还硬朗;二是观看了风景,陶冶了性情。

对一个革命者来说,健康的身体和乐观的心情是适应各种环境的首要条件。

小外孙带给我的欢乐与艰辛

小外孙从小人小胆子大。早在北京招待所，他第二次看与日本鬼子打仗的电影，看得津津有味，1岁多的孩子一声不响地看完了两个多小时的片子，事后还学日本军官松井的样子。我们刚到广州，住在招待所里，他刚会走路，就自己歪歪扭扭到处跑，遇到小水沟敢爬过去，还会爬楼梯。招待所来了一些黑人外宾，他也不怕，黑人一招手，他就跑过去，还同黑人一起吃饭。

到了邱屋，小外孙成了孩子大人们的开心果。谁逗他，他就和谁笑，从来不哭。晚上，我的房子里总会有五六个大人小孩逗小亮玩。要他学松井，做鬼脸，他总是像小丑一样，逗得一屋子人哈哈大笑，往往要闹到9点多钟，大家才散去睡觉。

大概是寒流尚在的3月天，我看到村里的孩子都打着赤脚，穿破单裤、破卫生衣，完全不像外孙那样身上不仅穿了棉袄、棉背心，还穿了卫生衣、毛裤。他们虽然整天流鼻涕，却依然活泼。

我忽然心血来潮，心想我家的小孩也应该像邱屋老百姓小孩一样，要锻炼抵御寒冷的能力，学会适应环境。为此第二天我把小亮的棉袄、棉背心都脱了，只剩下卫生衣和毛裤，并带他到空地上去玩。结果中午睡觉时他的脸红红的。醒来我又带他到空地上去玩，可他却一副恹恹不振很难受的样子，不愿跑。我下意识摸摸他的额头，烫得很，我赶紧把他抱回房里试体温，竟然达到39℃，天黑时升到了40℃，喂他牛奶他也不肯吃。我有点紧张，急坏了，赶紧到后面连队医务所找医生。

医生来后，再试体温已近41℃。那位医生打电话给医院，一名副院长很快乘一辆吉普车来接。房东女儿背着小外孙坐上车，我紧挨着坐下。一路上小外孙双手抱着奶瓶呕吐，牙齿咬得格格响，双眼发呆。

到医院一会诊，说是重感冒，并发展为肺炎，便立即住院打针。医院上下对我们都很好，有几个医生是从广州陆军总医院和广东省人民医院调来的，救死扶伤，很重视医德，为小亮治病十分认真。他们也都知道我是北京来的老太太，但不知具体身份，或许也能猜出我是走资派或走资派的老婆。

在医院住了十几天，烧退后好几天，小亮才会走路。他这次病完全是我造成的，事后想起来真好笑，也有点后悔。

更令人啼笑皆非的是那期间我见小外孙高烧，心里慌得很，上医院前，我叫他拉屎，以为都拉到地上了。第二天早上，我走到洗脸地方弯腰一看，整个裤裆都是小外孙拉的屎屁屁，有的还一块一块粘在裤子上，令我很难堪，很不好意思。幸好我出门早，没被人看见，赶紧跑回家把裤子换了。

有一次，我抱着小亮到附近连队篮球场去玩，我找来一个箩筐和一张小矮凳。我把小凳放进箩筐里，把小外孙放在小凳上，告诉他坐下不要动，我要为他照相。当我把照相机对准他时，他高兴得从小凳子上跳了起来，一下扑到箩筐的边上，上牙碰到下嘴唇上，差不多把一半嘴唇撕裂了，血流不止，嘴唇肿得老高。小亮痛得大哭，我把他抱到卫生所，医生给他上了药。那时每天还用奶瓶吃三次奶粉，嘴唇摔破后，奶嘴塞在嘴里都很困难，小外孙倒不哭了，只是用牙齿咬着奶嘴慢慢吸。一个星期之后，他的伤才慢慢好了。

还有一次，小外孙在床上蹦蹦跳跳，不小心从床上栽到地上，额头碰到了砖头角，立即青紫了一块。我不懂常识，用手去按摩，反而鼓起了一个核桃大的紫血包。后来才想起，按摩只会使血出得更多，便改用冷水敷，几天后血包逐渐消了。

若干年之后，曾志（右二）与女儿（左一）、外孙（左二）、外孙女合影。

我每次都是用炭炉子为小外孙煮稀饭，先喂他吃，然后把炭炉子里的红炭夹出来用水浇灭，但炉子里还有余火。有一次我与房东一家正在吃饭，小亮用扇子在炭炉上扇着玩，不小心一只手伸到炉子里，烫得大哭起来。他自己也知道把手抬起来，但手已烙上几条黑焦印，不一会手板心起了几个大水泡。我怕他受感染，把小手泡在稀盐水里，痛得他喘不过气、哭不出声来，脸都发紫了。我赶紧给他的手涂鸡蛋清，用嘴往他手上吹风，他才好受起来。接着我把手绢、剪刀和一双旧袜子放在小锅里煮了消毒，并用剪刀把手上的水泡挑破，上点磺胺药水，包上手绢，套上袜子。

第二天小亮发烧，到医院顺便打开一看，全感染了，有水泡的地方化脓了。医生有点责备地说："不应该把水泡挑破，要由它自己收缩才不会感染！"医生还告诉我："你外孙的手，有的地方是二度烧伤，大拇指处是三度烧伤，可能会留后遗症，会有点伸不直！"这让我很是担心。

那个医生用消毒的剪子把化脓和破皮的地方剪干净，用磺胺类药水淋湿纱布，把手包起来，每隔两个小时再把纱布打湿，三天换一次药。小亮的皮很嫩，40多天伤口才痊愈。

我经常背着小亮与邻居们到12里开外的新江镇去赶集。邻居们是挑柴去卖，我纯粹去玩。最初，每次赶集时，我都给房东一元钱，托他买回萝卜、包心菜等一些最便宜的菜。当时的蔬菜一斤只三五分钱，一元钱能买几十斤，即使如此别人因为穷却买不起，而我和房东一家经常有菜吃。但也好景不长，只买了三四次，师部保卫科科长就来批评我不该在村里大吃大喝，在群众中影响不好，后来除了每月买六斤咸盐供房东做菜外，我再没有买菜。这也反映了我在邱屋一方面比较自由，另一方面师部保卫科对我看管也很严，四处还有监视我的眼睛。

有一回，邻居大嫂也不知从哪里捡来一副劳动用的破白线手套，她见我用手扯薯秧，薯浆沾在手上黑乎乎的，很不容易洗掉，便给了我一只破手套。不知怎么，竟让保卫科科长知道了，批评我劳动戴手套，影响不好。

还有一次插秧时，队里安排我和另一个女孩站在田头两边掌握标准线竹竿，插完一排秧，竹竿要移动一次。这种活不下水田，事先我便穿了双雨鞋，又遭到保卫科科长的批评。他三五天就来一次，相当严肃地问东问西，还要求我一个月写一次书面报告。

师部礼堂差不多一星期有一场电影，事先他们都用有线喇叭通知附近村庄的群众免费观看，引得十里八乡的群众吃完晚饭，打着火把前去看电影。邱屋离礼堂不过三里来路。因此晚饭后，只要有电影，大人小孩都争相前往。我们常常背着小亮去看，回来的时候，小外孙总是在人家背上又笑又蹦。

1981年3月，曾志（左）在北京南长街与女儿陶斯亮及外孙小亮合影。

有一次半途中，他突然大哭大叫起来，不知发生了什么事。回到家我仔细察看他身上，发现他的腿肚子凸起了一个红色的包。房东看了，说是被一种蚊子咬了。那种蚊子比普通蚊子大，又比苍蝇小，金黄色，头尖，嘴长有一根有毒的长针，扎到人身上要肿痛两天。后来在我的蚊帐上也发现过，幸好没被咬着。

我的住所又小又潮湿，都不敢让小亮下地，只能让他在床上走来走去。那里的老鼠又多又大，一般都有三四两重，大的重达六七两，每晚在房柱上、蚊帐顶上跑来跑去，互相打闹，吱吱叫唤。此外，蚊子、跳蚤也特别多，每天都能在床头捉到四五只跳蚤，小亮的身上总被跳蚤咬出一些大包。

住所的外面有个小天井，鸡鸭窝就做在屋檐下，猪狗鸡鸭满地跑，天井又湿又脏又臭，到处有狗屎、猪屎、鸡屎。我根本不敢让小亮出来，否则全身都会弄得又脏又臭。我们为了防止他从房子里爬出去，在房门的门栏上又加了两层木栏杆，他就只能把头伸向外面了。

有一次，外村人来村里爆米花，爆一斤大米，收加工费一角。我爆了两斤，并在米花还热时，用开水泡了给小亮吃。第二天发现他的眼角沾满了眼屎，拉出的小便像米汤。房东说是受了内热，要我买荸荠（也叫马蹄）煮水喂他吃。我双管齐下，一边煮荸荠水，一边喂他生荸荠，随后又连吃了四个香蕉。结果小亮消化不良，吃香蕉拉出香蕉，吃挂面拉出的也是挂面，一天拉三四次。

我急得要命，连队医生对我说："不能再给小孩喂挂面、冲奶粉了，应该给他吃烤焦了的馒头和很稀的稀饭！"

可是那一带根本没有人会做馒头，我只好向连队厨房求援。厨房里的同志每天给我两个馒头，一个星期才治好了小亮吃什么拉什么的毛病。不过，一番折腾下来，小家伙身上掉了好几斤肉。

回想起来，真叫人心酸，所有这些都源于我没有带孩子的经验，可见要带好孩子也真不容易。

第一次探望女儿

1970年5月，是我女儿斯亮第二个孩子的预产期，我非常牵挂她，便试着向管我的师保卫科武科长提出："我要去甘肃临夏市解放军第7医院探望女儿陶斯亮，她快要生孩子了。她有直立性低血压症，那里山高气压低，她在那里生孩子，我很不放心，请武科长向中央领导报告，请求他们批准我去临夏帮助女儿坐月子。来回大概两个月，8月一定返回邱屋！"

我不抱什么希望地等待着回音。

出乎意料的是，4月的某天，武科长来了，告知上级批准了我的请求，这让我好一阵惊喜。我本估计不可能被批准的，这次也可能是汪东兴批准的，因为我到广东插队，一切都是他安排的。

于是我开始做行前准备工作，首先写信把这件喜事告知斯亮，也写信到北京告知女婿。我设法买了30斤亮亮最爱吃的大米，买了15斤花生米。火车票托师部武科长帮助代买，从郑州转车到宝鸡，再转车到兰州。我又发电报把这些情况告诉了女婿张冀，要他在郑州车站等候，一起去探望亮亮。

这次探亲路途遥远，须转两次车，还要带才1岁6个月的外孙小亮，旅途并不轻松。或许师部领导想到了我的境况，特地派了一位30多岁的老连长，打算送我到宝鸡，等我转车后他返回部队。

大约是5月初，我背着小亮，房东阿婆帮助挑着东西，终于从广东翁源县邱屋起程，又是步行，又是坐公共汽车，翻山越岭60多里才到达广东韶关乌石火车站。那里有第26师的一个招待所，我们暂住了下来。

半夜12点，从广州开往北京的火车到站了，只停留两分钟。这里没有站台，也没有搭板，我背着小亮根本上不去，连长便跳上车，连拉带扯地把我拉上了车，接着他又把行李搬上车来。

这时火车已缓缓开动。我与送我的房东告别,坐在硬座车厢里,在火车的轰鸣中,往北飞驰而去。

火车行驶了一天两夜,第三天凌晨2点钟到达郑州车站。我们正要下车,做转车准备,女婿张冀突然快步走到我面前说:"不要下车了,我已为你们买了回北京的车票,小亮必须留在北京,他若去亮亮那里,你就没办法帮助亮亮坐月子了!"

事出突然,我问连长:"怎么办?"

"你就去北京吧!我在这里下车回部队,把情况报告武科长!"连长说。这位连长对人严肃,但为人厚道,一路上相当照顾我们,我很感激他。

第二天我们抵达北京,住进了张冀那不足八平米的小房间里。对小亮的去处,张冀已做了安排:"我父母已解除拘押,被安排到华山脚下部队一所仓库所在地居住,把小亮送到那里去!"

我同意他的安排,在北京住了两天就又起程。到兰州后,我住进一个小旅馆,然后去买长途汽车票,这里离临夏还有200多公里,要翻山越岭,所以车要走七八个小时。

那时虽已是5月份,这一带却还是冰天雪地,而且人烟稀少。车要翻过一座叫七道梁的大山,都是盘山路,向外望去犹临万丈深渊。车在冰雪上扭来扭去,随时都可能掉进深沟。

一路艰辛劳顿,总算安抵临夏。因到医院还有8公里,我便雇了一个手拉板车。到了医院门口,碰上一位女护士,我请她喊亮亮下来。不一会儿亮亮就下来了。"你怎么没有大肚子?"我很奇怪地问她。

"昨天晚上生了,是个女孩,我这就上去抱下来,一同坐这板车回宿舍。"路上,亮亮告诉我,小女孩生下来居然有七斤重。

亮亮的宿舍是一间大小约十一平方米的小平房,放了一张床,中间又放了一个火炉,剩下的空间就很少了。不过,母女相逢的快乐冲淡了我对环境的要求,一想起来就很满足了。我心里决定一定要让亮亮把月子坐好。

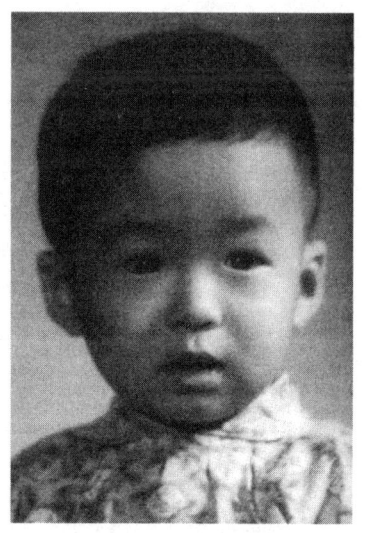

2岁的小亮是曾志在邱屋被监管劳动时唯一的亲人。

1970年代初，甘肃省临夏市街景。

那时临夏的东西非常便宜，一元五角可以买到一只三斤重的母鸡，瘦肉一斤才六毛钱，羊肉则更便宜。一元钱可以买到14个大鸡蛋。不方便的地方一是买鸡、肉、菜都要到八里外的市区，没有公共汽车，全靠步行。二是煤炭稀缺，不仅一块砖煤要两角八分，炉子一天要烧四至五块煤，还很难买到。三是那里的自来水冷如冰，刺骨地冷，产妇用水困难。为此我请了一个临时保姆，她每天为亮亮煲一只母鸡，煮六到八个鸡蛋，餐餐猪肉，猪肘子不断。

一段时间后，我发现自己很不适应那里的环境。临夏地势高，早晚气温差别大。早上天高气爽，蔚蓝色的天空清净极了，非常美丽，但气温低，都可以穿上棉衣。中午太阳很辣，紫外线强，只能穿单衣。下午3点左右，天一下子变了，狂风大作，飞沙走石，或者一阵大雨。晚上我要盖两床棉被。我不太适应低气压，走起路来像踩在棉絮上面，软绵绵的。我的脑子里总是喳喳作响，虽然没有生病，却整天昏昏沉沉。

不久恰逢张冀来信，要求我们去他父母那里，说那里已经准备好亮亮坐月子吃的东西，一家人可以团聚。想起在临夏的诸多不便，我们决定回北京。因此亮亮产后第18天，我们就抱着小外孙女经兰州乘火车到潼关车站下车。张冀来接，我们搭了一辆装煤车到他父母那里。

张冀的父母都是参加过长征的老红军，此时他们住在华山下一排三间的平房里，自己种了不少蔬菜，还挖了地窖，为亮亮储备了许多鸡蛋和炼乳。

动乱年代，亲人们聚在一起都很高兴。但好景不长，住了不到20天时间，管理那个地方的兵站政委通知了张冀父母，要我们马上离开，不允许外人在那里居住。后来政委意犹未尽地又找我谈话，要我规规矩矩地待在自己的地方，不要老在外面窜。

在他们的眼中，那时陶铸是反革命，是中国最大的保皇派，我是他的老婆，对我当然要监视。

但政委的话刺痛了我的心，我据理力争："我出来是党中央组织上批准的，不是我自己乱窜！"

说完把通行证、介绍信给他看，并有点赌气地对他说："我买到票就走，我是自由人，不是被监护的，同你们是一样的，哪里都可以去！"

过了三四天，吃完晚饭，张冀父亲张汝光①和我轮流背着小外孙女，张冀母亲用自行车托着行李，张冀用自行车载着小亮，沿着铁路去附近一个小站搭乘驶往北京的火车。约10点钟，我们到达目的地，告别了两位老人，从此他们又要过那种孤单的生活了。

记得我们来时，张冀的母亲何曼秋②曾说："今后我们生活在一起就是一家人了！"哪知不到20天时间，愿望就成了泡影。

一到北京，张冀马上四处找人托养小女儿，结果斯亮只喂了小女儿40多天奶就把她托给一位汽车司机的妻子喂养了。因为斯亮还不能

1971年，曾志与外孙小亮及小亮奶奶何曼秋（左）合影。

---

① 张汝光（1914~2000），河南渑池人。出身贫寒，1931年参加中国工农红军，1936年入党，曾任红军总司令部卫生科科长，并参加长征。新中国成立后曾任解放军卫生部副部长、部长，总后勤部副部长等职务，"文化大革命"中遭受迫害，1973年恢复工作。1955年被授予少将军衔。

② 何曼秋（1919~2014），四川江油人。1937年加入中国共产党，一生从事部队医疗工作，曾任军事医学科学院科技部副部长、部长、副军职顾问等职务。

完全自由行动，要受到一定限制。不久，医院来电报催她回去。我虽然还有近一个月的假期，也不想在北京待了，想提早回邱屋。在是否带小亮回邱屋的问题上，我们作了商讨。邱屋生活条件太差，小亮已有了佝偻病，当地没有条件医治。这种病会影响小孩发育，造成畸形。还有邱屋有些小孩患过脑膜炎，万一被传染上，小亮一生就毁了。此外，邱屋的蛇多，万一被咬了，也是很危险。我们反复商量的结果还是把小亮留了下来，我独自回邱屋。

1970年7月2日，我乘火车，坐了两天两夜的硬座，又坐了大半天汽车回到了邱屋。

第二次临夏探望女儿

时间在冷漠中一点一滴地离去，我在邱屋待了一段时日后，异常思念远在千里之外的亲人。

1971年4月，我又试着写了一份报告，请求批准我去看望女儿亮亮和两个外孙。这一次倒相当快就批准下来了，部队照样为我开了介绍信和通行证，有效期仍是截至8月。

这次部队没再派人护送我了，5月中旬我独自一人从邱屋起程，到北京后，因为张冀父母已基本解放，父亲张汝光分配在成都军区后勤部卫生部担任副部长，与他原任的总后卫生部部长相比，算是降级任用。他们全家都搬到成都，小亮也随去了，张冀好像也在成都出差。我便坐三轮车直接到了收养小外孙女阿妹的那家人里。

那对夫妇及其两个十一二岁的女儿对阿妹都很好，尤其那对夫妇对阿妹甚至比对自己亲生女儿还要疼爱，阿妹穿得很干净，对他们也很亲昵，我很欣慰。我对他们说明了带阿妹去甘肃临夏的来意，请求女主人一同前往，一同回来，为期大约一个月时间。他们很爽快地答应了。

我们先搭乘火车到了成都。小亮已2岁零7个月，已经上了幼儿园。他的嘴甜，见人熟，见人亲，更活泼懂事了，连站岗守卫的警卫人员都很喜欢他。

这次小亮见到我特别亲，我们在成都休息了两天，准备动身去兰州。张冀母亲一定要我把上海来玩的一位年轻姑娘带上，便于路上照顾小亮。

那天深夜2点多钟，我们一行五人才抵达兰州。半夜三更，人生地不熟,出了站,我们只好雇了两辆黄包车,由车夫把我们送到一家旅馆。那个旅馆只剩下一间房的一个床位,我们人多,老板娘只好把自己的住房腾了出来,给阿妹和保姆住。

万万没想到这时"文化大革命"正开始抓"5·16"分子,兰州街上四处贴满了反

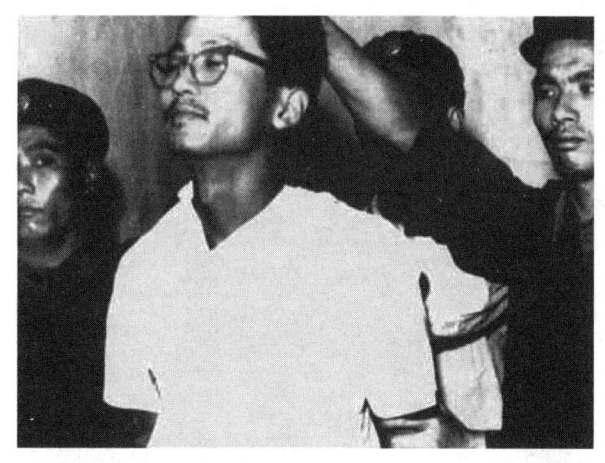

所谓"5·16反革命阴谋集团"是"文化大革命"扩大化冤案之一。图为当时流传最广的一幅抓捕"5·16分子"图片。

"5·16"标语。上海来的这位年轻姑娘穿戴很时髦,根本不像带孩子的保姆,因此老板娘和旅馆的职工对我们这老少五人产生了怀疑。

第二天,我们去买汽车票,到邮局给亮亮打电话,晚上8点多钟,派出所所长就到旅馆盘查我们。先是找那位上海姑娘盘问,回来时她吓得脸都发白了,害怕被拘留。后又找阿妹的养护人盘问,最后找我盘问。我如实告诉他是去临夏解放军第7医院看望女儿,并向他出示了证件、通行证。他还不大相信,继续盘问我,我只好与他周旋。

"你丈夫是谁?在哪里工作?"

"我丈夫叫陶寒剑,在中央办公厅工作!"

"什么职务?"

"厅级干部!"

"你哪里有这么多的钱请两个人为你带孩子?花这么多路费?"

"我老头子一个月200多元,外孙的爷爷是成都军区后勤部卫生部副部长,一个月300多元,钱很够用!"

那名派出所所长见问不出什么破绽,末了语气严厉地说:"现在到处都在抓'5·16'反革命分子,你们今后不要乱跑!"说完就走了。

第二天下午4点多钟,我们乘公共汽车到达临夏市车站。下车后,天下起雨来,正在无计可施之际,意外地发现亮亮不知从哪里找来一辆吉普车,正等着接我们。亮亮告诉我们,车是医院政委派来的。我猜测亮亮在医院的

1971年，曾志（前右）与女儿陶斯亮（前左）、外甥刘志修（后）以及小亮、阿妹合影。

处境有所好转。

果然，到了家里，政委马上来看我，并送来了好几斤鸡蛋，还说今后要什么可到厨房去拿。过了几天张冀也赶来了，住处不够，医院又另外给我们腾出了两间房，我很感激。

可是过了不到一个星期，情况又突变。那年代，真令人有一种朝不保夕的感觉。

首先是政工科科长找张冀，责问他带这么多人来医院是什么目的，医院又不是避难所。张冀同他大吵，两人要打起来，被亮亮拉开了。亮亮还向那位科长道了歉。

大概隔了一天，一位姓谢的科长找我谈话。我告诉他，我们这些人不经上级批准是不会出来的，并把证件、通行证都拿给他看。

医院领导虽没有再让我们马上离开，但从此以后，所有人，甚至先前对我们很热情的人，同我们也保持距离，不敢亲近了。

个中缘由，我后来才听说。原来，医院政治部主任去兰州开会，碰巧也住在我们住过的那个旅馆。他听说我们在旅馆住时，被公安局的人盘查、监视过，说我们可能是逃跑出来的"5·16"分子。于是这位主任回医院向领导作了汇报，弄得医院领导有些紧张。

因此，我们商量，上海姑娘不要住久了，过些时候陶铸的外甥刘志修还要来。不到十天，张冀、上海姑娘、阿妹北京的养护人都走了，家一下子也冷清了许多。

不久志修来了，住了两天，我们商量着两个孩子怎么办，阿妹是否还回北京。大家的意见是，先送小亮回成都再说。因为张冀父母曾邀请我在成都住些日子。

我们正准备买票去那里，就在这时，突然接到小亮奶奶曼秋的来信，信中希望我还是直接去北京再转回广东为好。我猜测成都情况有变，到处抓"5·16"分子，风声鹤唳，他们也处境困难，自身不保。我一下子踌躇了，大家都束手无策。但亮亮无论如何带不了两个孩子。怎么办？想来想去，现在条件最好的就数小亮的爷爷奶奶，还是把小亮送到成都去为好。

于是我和志修还是决定带着小亮、阿妹到成都去。到成都已经是晚上12点钟，幸好赶上了最后一班公共汽车。司机见我这个老人身上背的手里牵的都是小孩，发了善心，路过成都军区后勤部门口时居然停车让我们下，否则我们又得走回头路。幸运的是后勤部门口站岗的战士都认识小亮，没有把我们挡在大门外。

从门口到小亮爷爷奶奶的住处有一里来路，弯弯曲曲，有的路段没有路灯，一片漆黑，我一下子不知道怎么走。小亮自告奋勇地说，"姥姥，我会走，我带你走。"说完他牵着我的手，东拐西转，走了好一阵，停在了一栋楼房面前。他先爬上楼敲门，大叫："小亮回来了！"

他奶奶开门看到突然而至的我们，又惊又喜。我苦笑着说："没办法，只好我自己送小亮回来，明天就买票回广东。"此时张冀也正好在成都，他建议阿妹也留在成都，请人抚养，不要回北京了。

第二天，我听小亮奶奶和在新都县办事的爷爷通电话，把我来成都的事告诉他并小心地问："报告上面了没有？"

"已经报告过了，还没有说什么！"

我后来了解到这件事的情况是，报告到了成都军区政委张国华①那里，张国华反问一句："曾志有什么问题？"

这个话我后来听说是毛主席讲的，不

张国华

---

① 张国华（1914~1972），江西永新人。1929年参加中国工农红军，1931年加入中国共产党，参加长征到陕北后入"抗大"学习。新中国成立后任解放军第18军军长，1950年率部进军西藏，促成西藏和平解放。1955年被授予中将军衔。1962年指挥对印自卫反击战，1967年任成都军区政委，1971年任四川省委第一书记。1972年突发心脏病倒在会议室里，随即与世长辞。

知在一次什么会议上,谈到陶铸问题,联系到我时,毛主席就有点不悦地说:"曾志有什么问题?陶铸是陶铸(大意)。"

总之,这次探亲遭遇了许多波折,我在成都只住了三天,大约7月上旬转道北京,比规定期限提前许多回邱屋了。

当我离开时全村人泪流满面

虽说邱屋是南国一个穷困落后的村庄,可是我在那里生活一段时间后,深感世代生活在这个偏远角落的人有许多美德。穷苦并没有掩没他们善良的品质。他们那种美好的、朴素的情操,我至今历历在目,对这个村庄充满了无限的留恋之情。

邱屋村风气好,全村路不拾遗、夜不闭户,全村各家各户从早到晚,下地、出远门、走亲戚,从不关门上锁。他们视偷鸡摸狗等偷窃行为为奇耻大辱,哪怕有人无意间挖了人家一个红薯,全村都集合起来对他进行批评。

这种传统的好风气影响到孩童,连3岁的小孩都不会去拿别人家屋里的东西。即使他们再饿,宁可去捡连队洗菜扔了的连猪都不吃的菜叶子、菜根,去挖连队埋在地下的死猪病猪,也不去动连队种的没有人看管的蔬菜、红薯。连队喂猪的大包心菜、红薯随便堆在那里,也无人看管,从没有人去拿。无论我在水沟里洗衣服丢了肥皂,还是晒衣服弄丢了夹子,村里的小孩看到了,都会捡了送还给我。我有四个樟木箱子存放在无人住的空屋子里,并曾把箱子里的皮大衣、毛衣、呢子衣服拿到空地上去晒,然后又放回箱子里,即使附近有人看到也不去撬锁。

他们对我不是没有好奇心,但由于我来邱屋插队时,驻地军队交代生产队不要向我打听任何事情,全村人就遵守纪律,从没有向我问过一句有关的话。

邱屋人虽穷,但不自私。按照那里的风俗,从腊月二十三四开始,各家各户都热闹起来,做大米年糕(又叫糍粑),炸糍粑,大年三十杀鸡宰鸭,多的十几只,少的也有四五只,并用大锅煮,煮熟后捞出吊在房梁上,用鸡鸭汤煮上一大锅自制的蕉芋面条,自己除了留下一点在年三十晚上吃,其余的都用来送礼或给各家各户送上一碗。并且，村民们很注重做"情面"，自己吃的少，给别人的多。从年初二开始，各家各户担着一点鸡鸭、糍粑走亲戚拜年。而邱屋的习惯是走亲戚时，一旦接到好吃的东西，回来后都要送给邻居尝尝。杀猪或是煮了一点新鲜菜，也都要分送给邻居一部分。

有位叫四婆的孤寡老人，64岁了，手头十分拮据，但她煮了一小罐糖醋肉，也要给邻居送上一点。邻居摘到不足一碗的新鲜豌豆，也要给小亮和其他邻居送一把。村里不管谁在山上采到什么野果子、菌子，煮好了也都拿出来与邻居分享。大家都这样互相送劳动所得，互相关心，从来不只顾自己，以送东西给其他人为荣。

他们的身上折射出了中国农民善良朴素的美好品德。

邱屋人参加集体劳动虽然积极性不高，但生性很勤劳，易满足。他们天一亮就起床，不是上山砍柴，就是下地劳动，采猪菜、忙家务，从早到晚起码劳动11个小时。人们参加集体劳动有些磨洋工，为自己劳动总是小跑着赶路。

邱屋人不大愿意让自己的孩子念书，而要求他们参加劳动，带弟妹或做家务。6周岁的孩子就用背带背两三个月的弟妹，小婴儿不会抬头，脑袋像安装在轴承脖子上，转来转去，真可怜。八九岁的孩子就要帮助挑水做饭或上山背木柴，12岁的小孩就要和大人一样参加劳动了。因此那里学校条件虽然较好，大队还有一所初小，教员都是部队干部的家属，教学质量还好，老师到各家各户动员孩子们上学，入学率仍不高。并且男孩子高小毕业就满足了，只有我的房东女儿上了初中，后来儿子也上了初中。

也许正因为文化低、见识少，邱屋人的思想很单纯。"文化大革命"中没有人搞打砸抢，没有人参加武斗，军管说什么村民们就听什么，没有反抗的话。粮食不够吃，也不怨天怨地，新稻子割下了，就像过年办喜事一样，全村人自己带菜聚在一起美美吃一顿干饭，欢天喜地。他们只要能吃饱饭，不挨冻，就心满意足了，过着与世无争的日子。

"9·13"事件以前，我曾给邓大姐和周总理写了一个报告，说明广东地方太潮湿，妇女劳动强度大，我再卖力气也赶不上本地妇女能干，自己又不甘落后，年届六十的人，如果拼命干，对身体有影响，要求调北方工作。过不多久，广东军区来人说，周总理指示，同意你调北方，并且同意把我和女儿调在一起。问我是否肯去陕西临潼干休所？我同意了。

晚年周恩来夫妇

大概是1972年2月初,广州军区分别派来了一位处长和科长,为我办理了去陕西临潼的手续,那位科长直接送我去临潼。

掺杂着酸甜苦辣,我就要结束邱屋两年多的生活,离别时全村群众依依不舍都来送我,大家泪流满面,连接我去陕西的军队干部都被深深感动了。在送行的人群中,我没有见到房东的大儿子,便跑回来同他辞别,结果发现他一个人躲在门后面哭。面对此情此景,我感动得流泪了。

我在心里发誓,往后一定要在有生之年尽自己的能力为这些纯朴善良的老百姓谋福利,同时也深深地祝愿勤劳善良的邱屋父老兄弟姐妹们能过上幸福的生活。

一个革命的幸存者
曾志回忆录

第十五章 北京供养

● 做梦都没想到主席会让我回京
● 战友相逢万寿路
● 小外孙的『反动口号事件』
……

做梦都没想到主席会让我回京

我原以为这回周总理指示,允许我调北方,应该多少透露出我的命运有了转机,处境应该会好转起来,可以享受到组织上的温暖。可是随后发生的事情无情地粉碎了我的乐观,我的生活依然无处不充满阴影。

从抵达西安到临潼干休所,直至调回北京,我的遭遇真可谓峰回路转,柳暗花明!

我到西安后,住进了西安宾馆,一切手续均由送我来的张科长代办。头两天没人来见我,也没有人找我谈话。只是到西安的第二天上午,女服务员告诉我,说今天晚上宾馆礼堂有招待外地客人的晚会。晚饭后,全宾馆的客人,甚至连服务人员在内都去参加晚会了,看来一栋大楼就只没给我一个人发票。

虽然参加晚会是件很小的事,而且就是请了,我也不一定会去参加,我从来不热衷于这类活动,但从这件小事来看却反映出他们对待我的政治态度问题,我感到受了奇耻大辱。

我是一个堂堂正正的共产党员,党组织恢复了我的组织关系、工资关系,为什么在全宾馆上下人员中唯独不通知我一个人呢?这绝不是遗忘,也不是疏忽,而是陕西省委和省革委会有人作了指示。

难道他们仍然把我当成是有什么政治问题的人吗?

我认为这绝不是一件小事,不能容忍。于是我便提笔给省委书记李瑞山①写了一封信,说明自己在宾馆受到歧视的情况。我在信中写了这样的一段话:"在省委眼皮底下还遭受歧视,说明政治上仍然对我不信任。在省委尚且如此,到临潼干休所就更可想而知了。我是周总理亲自安排在临潼干休

---

① 李瑞山(1920~1997),陕西延长人。1936年加入中国共产党,1940年在陕甘宁边区工作。新中国成立后任湖南省委组织部部长、陕西省委第一书记等职。

所的，我和大家是一样平等的共产党员，而不是坏人。我在临潼干休所要长期生活下去，这样受歧视，精神上怎么能忍受得了？……"

我到西安后两三天，省革委会组织部姓赵的部长代表省委党组织来同我谈话，向我交代了这么几件事：

第一，你的组织关系留在省委组织部，在临潼干休所过组织生活。

第二，生活上由干休所代管。

第三，粮油关系由临潼县粮店按月送发，要买好的大米可由干休所代买高价米。

第四，医疗看病，可在干休所或在解放军第26医院看，医疗费交民政局报销。

第五，工资每月由陕西省直接发给。

他宣布了五条对我的安置办法后，也没有征求我是否同意，只说："明天由副部长送你去临潼干休所！"

出乎意料，到了临潼，上下左右的同志对我都相当热情，我第一次参加支部会时，大家表示欢迎。我又感到温暖，颇有"柳暗花明又一村"的感觉。

1972年3月，曾志（左三）、陶斯亮（右三）与大舅曾昭仁（右一）、表妹小敏（左一）在临潼干休所。

临潼干休所地址在解放军第26医院内。这是兰州军区直属干休所，几排平房，几栋两层的小洋楼均掩映在树丛中，环境幽雅洁净，很适合修身养性。

那里除我是周总理特批的地方干部外，其余20多人都是离休或靠边站的军队高级干部，其中包括兰州军区原副司令员韩练成[1]、装甲兵副司令员程世才[2]、工程兵后勤部部长李基[3]、总政治部政治学院院务部部长伍瑞卿[4]等。

我女儿陶斯亮在我调来后不久，从甘肃调到解放军第26医院做医生，我侄女曾敏也来帮我料理生活。东离西别，我们五个人在这里又有了一个新的家。我们共住着五间平房，相当宽敞，房子质量自然比现在的差，但暖气、自来水都有，医院里还有温泉浴池，晚上人少时可以洗温泉澡。我们的住处附近是骊山，离捉蒋亭只一里多，还有传说是杨贵妃洗澡的临潼温泉。医院大门外，有一片几百亩的石榴树，非常美丽。

那里各个方面的条件确实都不错，对于我这个已显身心疲惫的花甲老人来说极具吸引力。我当时思想上认为我这辈子大概就在干休所安家定居，养老送终了。因此，我设法使家庭周围的环境变好一些。

房前屋后所有空地底下都是鹅卵石，基本上没有黄土。我决定挤出时间，在这些地方种上果树、花草及蔬菜。为此，我和侄女两个人共挖掉了50多车鹅卵石，又运来50车黄土，搬来上百块从旧房子上拆下来的泥土砖。侄女还到公共厕所挑来二三十担粪便做肥料。随后，我们种上了六棵好品种的桃树、两棵梨树、四棵马上可以结果子的葡萄、四棵临潼特产的火井柿子、一棵花椒树，并种了五种蔬菜，还种了菊花、月季花。

---

[1] 韩练成（1909~1984），宁夏固原人。早年深入国民党要害部门为共产党做情报工作，1945年被国民党授予少将军衔。新中国成立后曾任兰州军区第一副司令员、甘肃省副省长等职务。1955年被共产党授予中将军衔。

[2] 程世才（1912~1990），湖北大悟人。1931年加入中国共产党，不久参加中国工农红军，参加长征后入"抗大"和中央党校学习。新中国成立后曾任沈阳军区副司令员、军委装甲兵副司令员等职务。1955年被授予中将军衔。

[3] 李基（1904~1993），湖南平江人。1928年加入中国共产党，早年参加中国工农红军，参加长征后入中央党校学习。新中国成立后曾任工程兵后勤部部长等职务。1955年被授予少将军衔。

[4] 伍瑞卿（1911~2004），湖北大悟人。1927年加入中国共产党，1931年参加红军，参加过长征，新中国成立后曾任解放军政治学院院务部部长等职务。1955年被授予少将军衔。

干休所距临潼城关三四里路。那时临潼虽没有什么新鲜鱼肉买，但东西很便宜，干休所管理员每十天出去采购一次，鸡、鸭、鱼、蛋、糖、油、大米、白薯，想买什么，只要开个单子交给管理员就行，不用自己上街。当时我没有冰箱，食品也不敢多买，大约买一次肉吃十天，煮得再熟也会变坏。我们总是头几天吃肉菜，后几天多吃蔬菜鸡蛋。

这种生活比在广东邱屋强十倍都不止，女儿、小外孙和小外孙女又都在身边，尽享天伦之乐，当时我对这种生活很满足。

我是自觉参加革命的，从一开始就不是为当官、为名利地位的。没有机会工作，当普通的老百姓仍是共产党员，也是革命者，也能作贡献，并无其他索求。相比起来，党和人民给予我的荣誉和待遇已经很多，这一辈子够了。

可是在临潼生活了近一年时间，感到我的组织、工资、医疗和供给关系要由四个地方解决，十分不方便，不能长此以往，应该尽快把这些关系一律转归干休所管理。不过，前提是我必须把自己转为军人，这个难度比较大。为此我又给毛主席写了一个报告，提出了请求。信中说明：临潼干休所是军队的，都是不在职的军人。我是最早的红军战士，有红军就有我这个红军战士。我请求转归军队，每年发一套军装就行。

我认为自己的理由很充分，便在等待回音。不久，省委书记李瑞山把我叫到西安，告诉我，毛主席看了我的信，并指示，如果我愿意留在西安，就在省委安排我的工作，不愿意可以调回北京。

回北京！乍听这个消息我简直不敢相信，过去是连做梦都不敢想这个问题。现在机会来了，多年的心愿就要变成事实了，我想都没想就答复李瑞山："请报告毛主席和周总理，我愿回北京工作！"

李瑞山

战友相逢万寿路

1973年3月8日，我们全家带着几件必要的行李，在陕西省委刘秘书的护送下搭火车赴北京，结束了整整一年的临潼干休所生活。当时中组部负责老干支部的刘同志接我们住在中组部招待所。大约两三天后，汪东兴找我谈话，在场的还有时任中组部部长的郭玉峰①。汪东兴对我说，来北京就不要再做工作了，算离休，由中组部供养。他问我是否同意，我同意了。汪东兴又交代郭玉峰为我安排六间左右的住房，办一张北京医院的医疗证，调配一名服务人员等。

后来我被安排在老年干部支部过组织生活，女儿斯亮分配到空军总医院做医生，两个小外孙在中组部幼儿园入托。我又可以安排一个新家了，总算可以喘口气了。

回想起来，我对毛主席、周总理的感激之情是无法言喻的。也很感谢汪东兴在"文化大革命"期间，能切实按照毛主席等领导的交代，关心照顾我。

因此，我一直很想做些事情回报党、国家以及关心爱护我的领导、同志们。

中组部万寿路招待所后院有五栋小楼，都是两层楼房。我们临时在三小楼楼西住了下来。另外给我定居的房子也有了着落，行政处按照郭玉峰的交代，把我带到南长街小桥北河沿胡同6号看房子。这是四合院，我看它就在中南海旁边，地点很适中，环境好，就对郭玉峰说："不必再看了，就定在这里吧！"只是这房子因为多年没住人，纱窗玻璃、门窗地板都破烂不堪，灰尘四布，地上还有人粪，不修理无法住人。

行政处郭同志见状便对我说："你确定后，我们派人来修，可能要三四个月才能修好，你们先住在万寿路招待所！"

---

① 郭玉峰（1919~2000），河北海兴人。1938年加入中国共产党，抗战时期参加八路军。新中国成立后曾任64军191师副政委、军政委等职，"文化大革命"后任中组部部长，"文化大革命"结束后他拒绝对冤假错案平反，被免职，后被开除党籍。1964年曾晋升少将军衔。

这期间，我打听到了同乡也是我的启蒙老师彭镜秋，还有彭儒也都在北京。彭儒4岁左右曾随其父母在我家短时期住过，后来她成了第三女子师范学校学生，比我低两班。湘南暴动时，她在家乡参加了革命，又上井冈山，与我成了朋友。也就在那期间，15岁的她与后来任八机部部长的陈正人结了婚。彭镜秋和彭儒还是两亲家呢，彭儒的女儿宜生是彭镜秋老师儿子吴方义的爱人。我们在北京奇遇，彼此都感到特别亲切，虽然公共汽车较拥挤，我还是常常去她们家玩。

后来，我在延安时期和东北解放战争时期的几位女友听说我调到北京，也来看望我，较常来往的有三位大姐：一位是广东人宋维静，她是大革命开始时的党员，参加过广州起义，1942年在延安高级党校与我同学。她个头高大，性格耿直，想什么就说什么，决不让人，完全男性化性格。可她勤劳能干，粗细活都能干，饭菜花样多，饼干、蛋糕、点心也会做，毛线活织得又快又好，针线活也不错。

延安整风期间，她倔强的男性化性格使她吃了不少苦头，挨打挨整很重。有人拉着她的头发在地上拖来拖去，把她一个人关在

宋维静

岗楼那样没有窗子的四面木头房，只能容一张小床，时间长达四个月之久。放出来后她与我同住一个窑洞。开始她连话都说不清楚，总是自己一个人说来说去，显然精神不大正常。我尽量与她说笑，她的精神才渐渐正常了，我们也成了好朋友。

另一位是在东北三年解放战争中一个地区的战友，叫丁修。她同宋维静性格差不多，都是直肠子，爽直人，对不顺眼的人和事，嘴里就唠叨，尤其对"四人帮"，想到什么就破口大骂。我怀疑我家被装了窃听器，她骂"四人帮"的话，万一被窃听出去就会当反革命。我劝她少说这些，她还骂我胆小鬼。后来我们就在厕所里尽量利用洗脚时间谈话，一人坐在一条矮凳子上，一边洗脚，一边听她谈论。

除了这两位常客，还有在郑州棉纺厂居住的83岁的堂姐龙淑，常带儿孙

来我家探望。她是1927年衡阳农民协会妇女主任，既是我的领导，又是我的结婚介绍人。她是大革命时期湖南衡阳特委书记、后为湖南省委组织部部长陈佑魁的遗孀。

4月份，我作为最早的一户搬进了三小楼楼西。从5月份开始，一些解放出来的各省和部委负责同志都陆续搬进了小楼。如陶鲁笳[①]、陶希晋[②]、朱琏、廖志高[③]、江渭清[④]、叶飞、江华、曾生[⑤]和杨奇清[⑥]等人，小楼一下子热闹起来了。

见到他们我真高兴，似有一种隔世之感。朱琏曾是我在延安马列学院的同学，当时我们同住一炕，和郭明秋、王季青都玩在一起。

每个同志解放出来，我都当成最大的喜事，致以衷心的祝福。老朋友、老同事历经灾难又相聚，都有一种劫后余生的感觉，怎么能不值得祝贺呢？

但出来的同志大都被摧残得半死不活。曾生在秦城监狱待了七年，放出来后，说话中气不足，声音很小，很难让人听清，行走缓慢，过去任广州市市长时的活跃劲头再也见不到了。叶飞讲话也是磕磕巴巴，不连贯。此情此景，令人非常痛心。相比之下，我因出来早些，生活条件、身体状况各方面都好些。在内心深处，我对他们有一种说不出的亲近感。

也许这是因为过去共同的志向、共同的战斗经历所培植的一种同志间的深厚感情，我有责任对他们尽量给予同志式的关心。我把烧好的鸡汤给叶飞送去。那

---

① 陶鲁笳（1917~2011），江苏溧阳人。1936年加入中国共产党，新中国成立后曾任山西省委宣传部部长、省委第一书记等职务。

② 陶希晋（1908~1992），江苏溧阳人。1935年加入中国共产党，新中国成立后曾任政务院副秘书长、国务院参事室主任等职务。

③ 廖志高（1913~2000），四川冕宁人。1934年加入中国共产党，曾参加长征，新中国成立后曾任四川省委第一书记、福建省委第一书记等职务。

④ 江渭清（1910~2000），湖南平江人。1929年加入中国共产党，新中国成立后曾任江苏省委第一书记、江西省委第一书记等职务。

⑤ 曾生（1910~1995），广东惠阳人。1936年加入中国共产党，1955年被授予少将军衔，新中国成立后曾任广东省副省长兼广州市市长等职务。

⑥ 杨奇清（1911~1978），湖南平江人。1929年加入中国共产党，1930年参加红军，新中国成立后曾任公安部副部长等职务。

1973年3月，在毛泽东的举荐下，邓小平被解放出来，并主持中央工作。

时宋任穷①住北京医院，他的夫人钟月林②住在我们的前院客房，自己不能起伙，常常到我厨房做些菜肴送到医院。

此时，毛主席又批示要邓小平出来主持工作，因此，时隔不久，除欧阳钦③年老体弱长期住院外，这些同志都陆续分配了工作，走出了招待所。

廖志高出任福建省委书记，江渭清出任山西省委书记，叶飞出任交通部部长，曾生出任交通部副部长。不久叶飞调任海军司令，曾生任交通部部长。江华在全国四届人大上被选为最高人民法院院长，我也当选为四届人大常委。

许多老同志又走上新的工作岗位，意味着重新登上了政治舞台，这是每个同志人生的转折点，也成了中国当时极具代表性的缩影。

---

① 宋任穷（1909~2005），湖南浏阳人。1926年加入中国共产党，早年参加红军，长征中任中央纵队干部团政委，抗战中是冀南地区共产党主要领导人，解放战争中在华野任副政委。新中国成立后曾任云南省委第一书记、云南军区政委、三机部部长、东北局第一书记等职务，1955年被授予上将军衔。"文化大革命"中受到迫害，粉碎"四人帮"重新工作后，任中组部部长、中顾委副主任等职务。

② 钟月林（1915~2009），江西于都人，宋任穷夫人。早年参加革命，走过长征，新中国成立后曾在云南省及东北局任职。

③ 欧阳钦（1900~1978），湖南宁乡人，曾留学法国、苏联。1924年加入中国共产党，走过长征，新中国成立后曾任黑龙江省委第一书记等职务。

一个革命的幸存者
——曾志回忆录

我所在的"老年干部支部"的成员，都是外地回来的老同志，只有十来人，支书杨士杰①是20世纪60年代鞍山市委书记，1962年开七千人大会时突发心脏病，一直在休养。我由中组部供养，也被编入这个支部，后被推选为支部副书记。

在这个支部里的同志还有张策、袁任远、郭述申、王学文、曹菊如、吴岱峰、塞先任、孙以瑾、曾碧琦、李凡夫、李初黎、吴克坚，其中后三人因为病重，很少参加支部生活。

老干部支部的学习活动室在中组部办公大楼以外的平房里，出入证与在职干部不同，我们只能进中组部第一道大门岗哨，办公大楼另有岗哨，我们不准进去，被隔离了起来。这显然是认为我们还有问题，楼里楼外两种待遇，有些东西看来真是阴魂不散呀！

我们支部一星期学习两次：一次看文件，但规定不能看省军级文件，只能看县团级文件，和《参考消息》《参考资料》《内部参考》《红旗》杂志等；另一次是学习讨论会，因为人少，学习和讨论都不分小组，大家开支部会都很愉快，精神舒畅。

曾志与老战友彭儒（左一）、谭震林（右一）、江华（右二）合影。

---

① 杨士杰（1911~1988），河北定县人。1932年加入中国共产党，早年参加革命，新中国成立后曾任山西省委副书记、中组部副部长等职务。

我们虽然年迈，身不在其位，但都很关心国事。杨士杰、袁任初两个消息灵通人士，常在支部会上传播一些"小道"消息。如毛主席有什么指示啦，"四人帮"中有什么问题啦，哪些人又要解放了，等等。

"文化大革命"后，国家在"五一""十一"都不举行游行了，只是分散在五六个公园举行游园活动。上级领导对老同志参加节日游园非常关心重视，所以人们常常能从中看出一些关系到自身命运的消息来。如果被打倒的同志第一次被通知参加游园或茶话娱乐晚会，《参考消息》等报纸都要把参加人的姓名登出来，哪怕是成百人也不能例外，因为这是一种极重要的政治待遇，报上有名，表明这个同志政治上解放了。有些老同志，即使病入膏肓，不能行走，也要坐上轮椅游园一趟。因此那时报纸上常有一种有趣的现象，就是有时名字就占了报纸大半版篇幅。

1973年五一国际劳动节，我被通知参加节日游园，并派专车接送。会后见了报，这才算真正亮了相，算初步公开解放吧！

小外孙的"反动口号事件"

在20世纪六七十年代，灾难似乎总是无休止地纠缠着我家，有时刚刚过上一段宁静舒心的生活，却又横遭不测。就在"批林批孔"运动前后，我们全家人又遭受了不白之冤。

起因说起来令人哭笑不得。我的外孙女和外孙经组织批准入托中组部幼儿园。大字报就此借题发挥，大肆批评，说按幼儿园规定只有在职干部和职工的儿女才能入托，曾志是姥姥，不是父母，隔代入托，就是利用特权。

我并没有太在意这样的大字报，但另外一个更严重的问题提醒我们不能掉以轻心了。

幼儿园的某位老师向中组部政工处报告，说我的外孙女告诉小朋友，她姥爷不是病死的，是被人害死的。还说我的外孙在小朋友中喊反动口号。这位老师借题发挥地指出小孩子的行为都是父母亲教的，告诉儿童从小就要记住阶级仇恨，以图将来报复。

这种事竟被上纲上线报到了政治局。纪登奎批示，要严查。汪东兴又批示，要中组部找我谈话，指出这样的事要及时教育。中组部两位同志严肃地

纪登奎

要求我要加强对女儿女婿的教育,不要在儿女面前灌输错误思想等。我无言以对,所有有良知的人做梦也想不到,一个仅3岁零7个月,另一个5岁多的小儿童会有反动言行!

"我感到很意外,小小儿童怎么会讲反动的话?我去幼儿园了解一下,确有这事,我做检查,接受处分!"我只能这样对那两位同志说。

这两位同志还算好,没有对我责备。但我一定要弄清事情的来龙去脉不可!

"你们向两孩子讲过姥爷的什么事没有?"我首先问女儿女婿。

"我们没有讲过,两个小孩子只知道姥爷早死了,连姥爷是陶铸都没有告诉他们,他们也从来不知叫姥爷,因为爷爷健在,便只知叫爷爷!"女儿女婿有点委屈地说。

心中有底之后,我到幼儿园,找到了小外孙的班主任,她告诉了我事情的经过:有一天,我外孙女阿妹与同龄的小男孩一起玩。后来那个小男孩不知怎么对他妈妈说:"阿妹说自己的姥爷不是病死的,是被人家害死的。"小男孩的妈妈便把这话告诉了幼儿园管政工的老师了。

"3岁多的小孩懂得什么!那个男孩同妈妈讲这话,也不会懂得什么意思,只不过胡乱讲着玩的。小孩子闹着玩的事,你不要在意!"班主任老师安慰了我一番。

是啊!事情原本简单,却闹得越来越荒唐。真相大白,我的心情轻松了不少,又去找外孙小亮班主任,他也介绍了情况:"孩子们喊喊叫叫,吵吵闹闹的,有时学大人喊打倒这个,打倒那个,有时喊打倒刘少奇,打倒邓小平,打倒毛主席,等等,他们哪里懂得'打倒'是什么意思?他们哪知道毛主席、刘少奇、邓小平是什么样的人物?都是闹着玩的。打倒毛主席不单张亮喊过,至少有七八个孩子都喊过。我的孩子也在这个班,同张亮一样大,天天在一起玩,我的孩子也喊过。孩子们乱喊时,我们都是制止了。但孩子们玩起来,喊溜了嘴或有喊错的,这些事你不要去计较,要讲责任,我们比你大。放心吧,没有事的!"

事情虽然已明了了,但我还有点不放心,接着去找幼儿园负责人,她也说:"几岁孩子懂得什么?小孩的话,不要信以为真!"

看来那个令人压抑的年代虽然时常黑白颠倒,善恶不分,公道还是自在人心的。只是,那位向上级打报告的老师的态度就令我费解了。

"你们要教育孩子学好,不要教那些坏心眼,你们要紧跟党,紧跟毛主席。"她板起面孔,一本正经地教训我,好像这些道理我不懂,把我这个有四五十年党龄的老革命当成市井老妇了。

粉碎"四人帮"后,中央专案办被撤销,一切档案材料移交中组部。中组部清退档案材料时,查出了中组部政工组关于我两个小外孙的问题向中央的报告、纪登奎和汪东兴的批示以及我的检查材料。搞清理的同志拿给我看,见上面注着"汪东兴同志批示,存入永久档案"的字样。这份材料本应退给我,存入永久档案有什么意义呢?但材料在我手上放了一年多,又退了回去,也不知出于何意。兹将我的复制件抄录如下:

时间:1974年2月16日起至1974年4月7日止。根据本部档案材料保管期限,保管永久年。

老郭(中组部部长)、老郑(副部长)同志:

曾志女儿陶斯亮的两个孩子在我部幼儿园,据反映陶的小孩说伟大领袖是坏蛋,还说过陶铸的死是"坏蛋"害死的。据小孩说是他爸爸(陶斯亮的丈夫)说的。对于这件事,幼儿园的同志向陶的小孩进行过教育,我向本园同志反映过。我认为这是阶级斗争,是大是大非问题,是他们要报杀夫之仇、杀父之仇,值得深思!

×××
1974年4月7日

郭玉峰、郑屏年圈阅后,呈给了登奎、东兴。
纪登奎指示:

请郭玉峰、郑屏年处理。你们只圈阅上来,也不提处理意见,这种做法希望能改正。

汪东兴批示：

> 郭玉峰、郑屏年：请当面找曾志谈清楚，如果有攻击毛主席的言论，不批判不抵制是错误的。

就这样，两个分别为3岁多和5岁多小孩玩耍时的胡言乱语，竟成了我要"报杀夫之仇"，女儿要"报杀父之仇"的罪证。

俗话说"吃一堑长一智"，既然小亮、阿妹入托中组部幼儿园有人批评，我便设法把阿妹转至离家很近的中山公园幼儿园，天天可以回家。小亮6岁多，刚好幼儿园毕业，进了离家更近的南长街小学分校，过马路就到了学校。

曾志在北京南长街与女儿、外孙、外孙女合影。

不久，亮亮到河北宣化农村作为期半年的巡回医疗，把两个孩子甩给了我。那些年，我经常都因为张冀打孩子而同他吵架，至于他与亮亮闹别扭之类的事情，我基本不理。不过他们最终还是因为性格冲突而于1980年分手了。后来，张冀与王恩茂同志的小女儿结婚，而陶斯亮也找了作家理由，两个外孙则一直留在了我身边。

亮亮和张冀这对曾共患难的夫妻虽然离了婚，但彼此谁也没伤害谁，仍是很好的朋友。特别是张冀的两位老人一直与我们感情笃厚，这真是值得庆幸的。

周总理询问我的病情

不平凡的20世纪六七十年代，与我在生活上、政治上遭受种种不幸相伴随的是，病魔一直纠缠着我……

1967年陶铸被打倒时，我仍是半个病人，心律不齐、冠心病、甲状腺机能亢进、膀胱泌尿系统炎症等病经常发作。1968年2月，我泌尿系统感染厉害，中南海门诊医生要看管我们的警卫带我去北京医院检查。去医院要先查体重，医生惊奇地说，你怎么瘦成这样？加上秋衣秋裤，只有67斤。

下放农村插队后，我的身体逐渐好了起来。1973年调回北京，一年来倒也没发生什么大病。只有几次比较严重。一次是下公共汽车时，我的脑袋被车门夹住，造成短期脑震荡和前鼻软骨损伤。其次是常犯冠心病，有一次心绞痛不已，尤其是胆结石症一犯起来就痛得在床上直打滚，有时连胆汁苦水都吐了出来，而且发烧。医生诊断是心脏痉挛。不管医生还是女儿都多次劝说要把胆囊切除，以保心脏。我的思想有些松动，但又感到身体很瘦弱，动手术是否会一命呜呼呢？左思右想，最后才下定决心切除胆囊。

为了使手术安全，医生建议我休息一段。于是我写信给汪东兴，说明病情，请求批准去北戴河疗养。很快，汪东兴在我的信上批示，同意我去北戴河休养，并交代了有关人员。7月中旬，我和两个外孙、女婿、侄女来到了北戴河，女儿在医院工作，不能请假，没有同行。

我被安排在中直管理局西山三区。那里背靠山，面对海，空气新鲜，树木参天，郁郁葱葱。我体重虽仍不足80斤，但精神很好，我因经不住亲人的怂恿，也下了海，套个救生圈在海水里泡泡。

那段时间我的活动量相当大，早上6点准时起床（如果要去海滩散步则5点就起来了），经常提着网袋，上山采蘑菇，跑遍从莲峰山到吊死鬼楼的山峰，有时也带小亮去。一次晚饭后，小亮跟随我上后山采蘑菇。我自己只顾埋头找蘑菇，转身发现小亮不见了，大声喊叫都没有回声。我从这山头跑到那山头，跑上跑下，还是不见小亮。

北戴河疗养对于曾志来说是故地重游。图为1960年曾志（前排右一）在北戴河疗养时与毛泽东（前排右二）、王光美（后排右二）及其他几位领导家属合影。

看看天即将黑下来，我焦急地想，夜深人静，要是小亮在山沟里遇上野兽，遇上蛇就糟了。我不死心，又跑到靠西山的顶上往马路方向看，忽然看见小亮在同一个解放军很自在地说话，心里的一块石头才落了地。

我跑步下山，走到大路边，小亮才跑过来。他说："姥姥你到哪里去了？总找不到你！"

"你到哪里去了？"

"对面的山上有人割草，还有小孩，我跑去玩了，回头找不着你，走着走着就走到这里。我以为你回家了。"

"你害怕吗？"

"在山上害怕，见到解放军叔叔就不害怕了。"

小亮虽小，但跑南走北，跟着大人走过五个省份，也算见多识广了，脑袋灵活，换成是没见过世面的5岁孩子，在深山沟里找不到大人，一定大哭大叫了。

1974年的北戴河冷冷清清的，尤其海滨街道的商店很少，游客更少得可怜。那时还是公社制度，私人不能自由买卖，一切由公家定价，北戴河的鱼虾螃蟹非常便宜，且大多是活蟹，每星期可到供应站订购两次。当时的伙食也不贵，我家大小五口人，住了一个多月，也只花了200元。

这是我一生中过得最舒心的生活，从来没有这样自由自在过。

我们在北戴河疗养了一个月，8月底搭朱总司令专机回到北京。9月上旬，我入北京医院做胆囊切除手术。

术后，外科主任高兴地说："你的手术很成功。切除胆囊到探查肝脏到缝合，只40分钟。手术时间短，主要是因为你太瘦，没有什么脂肪，你整个内脏都下垂四指多，割开肌肉，就现出肝脏，胆囊手术很容易进行。"

住院半个月，我已完全痊愈，就出了院。不久，我出席了第四届全国人民代表大会。

1975年1月13日，牵动人心的第四届全国人大在京开幕。我是天津选区选举的代表，庆幸的是，周总理也是天津选区的代表。

自从1966年底以后，我再没有见过周总理。人大会上，周总理一来，大家欣喜欢腾，惊天动地的热烈鼓掌声持续了好几分钟。我触景生情，使劲地鼓掌，把手掌都拍红了，既激动，又心酸。激动的是周总理来主持四届人大，心酸的是看见周总理瘦骨嶙峋，脱了人形。但总理精神尚好，他只念了政府工作报告的开头和结尾两段，其余是播音员播的，不过从早到晚，他都坚持在会场上。

中间休息时，天津代表集中在台湾厅，周总理与天津全体代表见面。周总理手拿着代表名册看，凡是他认识的，都叫名，并问几句。

他看到民主人士刘斐①时，问："刘老，好久不

在第四届人民代表大会第一次会议上作报告的周恩来

---

① 刘斐（1898~1983），湖南醴陵人。早年加入国民党桂系，参加过北伐战争，后进日本陆军大学学习，抗日战争中任国民政府军事委员会作战组组长，解放战争中促成湖南和平解放。新中国成立后任国防委员会委员、全国政协副主席等职务，人称的民国"三个半军事家"，刘斐就是那"半个"。

见,你好吗?"

"身体不好,快不行了啊!"刘斐感动地回答。

"我比你病得还厉害,我得了膀胱癌,做了手术,不过现在不要紧了。"周总理感叹地说。

代表们听说这话,心情都很紧张。周总理却显得轻松平静,见到大港海上采油的代表,便兴奋地问海上采油平台建设怎么样了,并问海上采油具体情况。代表同志一一回答。

"人大会后,我要去大港海上采油平台看一看!"总理说。

"你不能去,你身体不好,海上风浪大,乘海船会影响你的病体。"代表们赶紧劝阻。

"不碍事,今年三四月我一定要去一趟!"总理很肯定地表示。可是四届人大会后,他的病逐渐加重,海上之行并没有实现。

总理与代表们交谈着,在名册上继续翻着,当发现我的名字,便叫:"曾志同志来了吗?"

我站起来,他深情地看着我,问道:"你好吗?你的病好了没有?"

记忆的闸门一触即开,总理对我的关怀一幕幕涌了出来。记得还是1965年,我因心脏病和甲状腺机能亢进住进北京医院,周总理去医院看民主人士陈叔通①时,也看望了我。时隔快十年了,他还记得我有病。

接着总理马上又说:"看你神色很好呀!"

"我现在身体很好,谢谢总理。"我非常激动地回答说。

我还记起1973年广东李坚真大姐来北京看望了周总理,后来李大姐告诉我,说周总理问她见到曾志没有。她说打算去看看她。总理说:"好!去看看她吧!"

唉,我这样的普通干部,总理都常关心,对其他人士就更不用说了。

代表们知道总理患癌症后,小组讨论开始都转移到关心周总理的病症上来,有的同志讲着讲着就流下眼泪。这时又听说李富春也得了肺癌,住在北京医院。他虽也是代表,却不能出席大会。

---

① 陈叔通(1876~1966),名敬第,浙江杭州人。中国政治活动家,爱国民主人士,曾留学日本,参加戊戌维新运动和辛亥革命,并长期担任商务印书馆董事。新中国成立后任中央人民政府委员、全国人大副委员长、全国政协副主席等职务。

"反击右倾翻案风"我的处境又险恶起来

邓小平主持中央工作以后，1975年初，"四人帮"感到了威胁。他们不甘心坐以待毙，想尽一切办法反扑。他们极尽挑拨离间之能事，借毛主席"指示"，攻击邓小平等中央领导，由此逐步展开了所谓"反击右倾翻案风"运动。一时共和国的天空又阴云密布。

中组部部长郭玉峰等对我们老年支部同志的态度也有了改变，宣布今后不安排我们外出参观，就是北京的工厂企业、名胜古迹也不安排，说是有人批评我们参观太多，影响不好。

那时清华大学出了不少批判邓小平的大字报，郭玉峰通知我们去看大字报。我们老年支部的人都没去。谁肯去看那批判邓小平等老一辈领导同志的大字报？！

大概在11月下旬，中央召开打招呼会议，共有一百五六十人参加，我们老年支部的同志全都去了。与会者绝大多数是不在位的"文化大革命"中被批斗刚出来的老同志，也有在位的一部分年轻人。后来知道，那些年轻人是掺沙子来的，目的是监督小组讨论，起带头批判作用。

打招呼会表面上还是由邓小平主持。当时邓小平没讲什么，大意只是叫大家展开讨论。会上，宣读了据说是经毛主席审阅批准的"打招呼的讲话要点"。

"要点"指出："中央认为毛主席的指示非常重要。清华大学出现的问题，绝不是孤立的，是当前两个阶级、两条道路、两条路线斗争的反映，这是一股右倾翻案风。有些人总是对这次'文化大革

宣传画"反击右倾翻案风"

1975年,曾志在镜泊湖留影。

命'不满意,总是要算'文化大革命'的账,总是要翻案。"

接着,与会者分成几个小组进行讨论,根据"讲话要点",让每个参加讨论会的同志作自我检查和批评。我们小组同志们的发言,大都是重复"讲话要点"的重要意义,根据报纸上登载的讲几句,没人点名批评小平。

我说,我多年没有工作,也没有参加学习,今天才第一次听说两条路线、两条道路的阶级斗争及严重性情况,会后要加紧学习,站稳阶级立场,等等。

宋任穷和李素文[①]也在我们小组。李素文原本是沈阳卖菜的劳模,这时已是副委员长和财经领导小组组长,代替李先念组长职务。她见我们小组讨论不热烈,首先向宋任穷发难,严正批评任穷在东北局领导"文化大革命"工作中的一些思想路线错误。她手指着宋任穷说三道四,她讲的问题我们不了解,也很不愿听她的指责,所以她批任穷什么问题,完全记不起来了。好像打招呼会后,又把宋任穷送回盘锦去喂猪了。

打招呼会议以后,不点名的批邓扩大到全国各地区、各部门。从此,全国全党开展了"批邓反击右倾翻案风"运动,中组部掀起了批邓高潮,大会报告、小组讨论,大字报贴满了组织部办公大楼,所到之处,一片乌烟瘴气。

郭玉峰等人忠实执行"四人帮"的路线,在党员干部大会上极力辱骂邓小平是"邓纳吉""反革命",7~9月三个月那么多谣言都是从"邓记公司"里发出来的。他说邓小平包庇叛徒,1975年上台后,任用了好多坏人;还说国务

---

① 李素文,1933年生,河北乐亭人。"文化大革命"风云人物、"批邓"急先锋,曾当过辽宁省委书记、全国人大副委员长,粉碎"四人帮"后退出政坛,退休后自办企业。

院政策研究室是私设的没有经中央批准的非法机构,邓小平是最大的"死不改悔的走资派",是"马克思主义的叛徒";又说"全面整顿"是邓小平的复辟纲领,邓小平推行反革命干部路线,干部工作也受到了邓小平修正主义干部路线的影响,邓小平讲的"台阶论"完全是打击限制新生力量。

郭玉峰说,去年的整风整党草稿是错误的,重点调查"双突",是把"双突"看得太重了,都是邓小平修正主义的影响。

中组部一张大字报批判小平主张把石油煤炭棉布压价出售给资本主义国家是"汉奸行为";污蔑买船是"假洋鬼子";诬蔑四个现代化就是资本主义化,就是复辟资本主义;说什么四个现代化实现之日就是资本主义到来之时,搞四个现代化是假,让红旗落地才是真;卫星上天是幌子,红旗落地才是真意;说什么四个现代化是十足投降卖国,倘若误服这帖毒药,我国的自然资源将化为帝国主义廉价原料,国家主权将化为乌有,社会主义所有制将成为官僚买办所有制,半殖民地苦难又将重演,等等。

他们还排除异己,千方百计迫害各类干部,搞"一锅端"干部政策。中组部和中监委原有600多名干部,他们除了给中组部留下20人,中监委留下5人之外,把其余的干部一律下放干校劳动或打倒监禁起来,连服务人员也不放过。中组部原来也有200多名服务人员(包括公务员、司机、打字员、电话员、厨师等),结果也只留下20余人,其余的都被下放了。

无数干部被诬陷迫害,长期拖着不作结论,不分配工作,再三刁难患病的干部。例如,舒同①生病后,他们就把他放在招待所房间的行李扔出去,锁上房门,强迫他回延安,把他赶走。甚至残忍到把上访的人员两脚朝天地拖出大门。他们把中组部由党员之家变成了"阎王殿",变成了"门难进、人难见、脸难看、话难谈"的地方。

时任中组部部长郭玉峰

---

① 舒同(1905~1999),字文藻,江西东乡人。1926年加入中国共产党,1930年参加中国工农红军。新中国成立后曾任山东省委第一书记、陕西省委书记等职务。

批邓，当然也连带批我们这些老同志。说邓小平是"还乡团"，反攻倒算的"总后台"，我们这些出来了的老干部当然也是"还乡团"了。

"反击右倾翻案风"的形势一步一步紧张起来，让我们这些老同志去参加打招呼会，其用意绝对不是关心老同志，而是向我们亮黄牌。许多老同志被笼罩着的恐怖气氛弄得提心吊胆、如履薄冰。

我估计我的处境还会恶化，陶铸问题又没有解决，我当然是被监视侦查的对象。1976年的"天安门事件"后，"四人帮"暗中逮捕许多人，我觉得也许哪一天我也可能被抓走，所以做好了被抓的准备。

周恩来逝世引发"天安门事件"

1976年1月9日，我躺在床上听6点半的新闻。

突然一个声音无比悲伤地报道，周总理已于1月8日逝世。我一下子泪流满面泣不成声，把小外孙从睡梦中惊醒。他从小床上爬过来问："姥姥怎么啦？是不是哪里疼？"我说"周总理去世了"，说着又流泪不止。

虽然在全国四届人大会上见到周总理那瘦弱的身体，我就想到他将不久于人世了，所以对他的去世并不意外，但一个在人人自危的时期，能够力挽狂澜，使更多的人幸免于难的伟人走了，那种对他尊敬的感情，感激的心理使我实在不能自禁，只能以泪洗面。

这时"四人帮"却通知，一切机关团体以及个人都不准挂总理像，不准设灵堂，不准戴黑纱，不准开会悼念。他们还派人到各机关、团体、各家各户进行检查，把周总理挂像取下，把灵堂也拆掉。我们组织部设的灵堂倒是照旧，在举行的追悼会上，机关同志自动上台讲话悼念，老干支部推举我作为代表致悼词。

"四人帮"不准讲周总理是伟大的马克思主义者，我在悼词中，首先就强调周总理是伟大的马克思主义者。

悼念活动之势日增，不可遏制，人们通过各种方式对总理表达深切的哀思和怀念，长期以来被压制的情感像火山一样爆发了。"四人帮"越是禁止，参加悼念活动、送花圈的人就越多，真是民心不可违呀！我因家就住在天安门附近，几乎天天去看，所以有幸亲眼目睹了总理去世后，在那里发生的一切。

首都人民十里长街送总理

劳动人民文化宫进行三天悼念活动，只准3000人前去，群众就自动到天安门广场人民英雄纪念碑前悼念。每天都有上百人秩序井然流着眼泪向总理致悼词，念决心书。天安门摆满了各式各样的花圈，纪念碑、花坛、电线杆以及树上都是花圈，许多青年在天安门纪念碑前张贴自己的文章、诗歌、绘画以及标语等，进行宣传。

"四人帮"把天安门广场及除纪念碑前面以外的电灯全部关闭，使平日灯火辉煌的天安门广场变成了黑暗世界。

但是黑暗也阻止不了络绎不绝的人流及上百万群众的悼念活动。没有警察，没有维持秩序的人员，但一切井井有条。几万辆自行车自动有序地排列在黑暗的广场上，没有一辆丢失……

最悲壮的是全北京市人民为周总理送灵柩。市民群众因为不知道总理的灵车什么时候从劳动人民文化宫出来开往八宝山，所以一大早就等候在长安街两侧。

1月，正是最寒冷的时节，马路两侧男女老幼不畏寒冷，等待灵车。人们忘了饥饿、忘了寒冷，从劳动人民文化宫门外一直到八宝山，沿路人山人海。十里长街二百来万人为总理送灵。灵车经过之处，哭声震天动地。当时出现在电视里的场面比那悲恸的现场要逊色多了，大概也是受了"四人帮"的限制。

"四人帮"采取种种卑劣的手段，压制和禁止悼念总理，更加激起广大群众对"四人帮"的愤怒。

4月5日清明节前几天，工农商学兵四面八方的群众自动会集天安门，送花圈、贴诗词，有些漫画明显地影射"四人帮"。一些青年学生不点名地反对"四人帮"。"四人帮"惊慌不已，如临大敌，除派大批警察外，还强迫各工厂的工人民兵拿着木棍集体出动，名为维持秩序，实为做打手。故宫广场、北长街、南长街、东华门摆满了装人的大卡车，地上睡满了打手们。4月4日深夜，警察和所谓工人民兵冲到天安门纪念碑前大打出手，抓走了看守花圈的群众，不少人被打伤。

"四人帮"的暴力行为并没有吓倒悼念总理的广大群众。4月5日清明节那天花圈照送，人群继续涌向天安门。警察还有军队在人群中抓人，把人抓进人民大会堂，抓走了好几百人。愤怒的群众把他们的小汽车都掀翻了。一部分群众涌向人民大会堂东门，讨要抓走的群众。双方发生冲突，有人放火烧了指挥部的房子以及小汽车。这就是所谓的"天安门反革命事件"。

"四人帮"在天安门又是打人又是抓人，残酷镇压无辜的群众，造成了流血事件。据来我家的南长街一位年轻的女户籍警说，天安门纪念碑附近到处是血，爪牙们调动水龙头来冲洗。不但如此，"四人帮"还指示便衣们，把在天安门广场进行悼念的群众的照片暗地拍下来，然后根据照片把许多人抓来当作反革命分子关押，并且要求不论机关、团体，每个人都要填表，说明有没有去天安门，还要代填子女亲属的情况，甚至连有没有听谣、传谣也要填写。"四人帮"真可谓风声鹤唳，草木皆兵了。

7月6日，又一个不幸的消息传来，我们爱戴的总司令朱德也逝世了。我的胸口感到一阵揪心地疼痛。

据说他得病是因吃了不洁净的生黄瓜，腹胀还呕吐，接着发高烧，并发性肺炎，最后心肾衰竭而去世。如果不是误吃了不干净的食品，他老人家那样健康的身体活100岁是完全可能的。

此时毛主席的病情一天天加重，周总理、朱总司令相继去世，邓小平被撤销党内外一切职务，失去了自由。这真是多灾多难的岁月呀！

这真是国家的不幸，是人民的不幸啊！

"四人帮"等一帮妖孽却趁机在党内外大肆活动，制造舆论，暗示江青当女皇，抓紧了篡权的准备。他们在上海、北京等大城市组织工人民兵武装，发枪支，暗中进行篡党夺权准备。

1976年9月9日，我们敬爱的毛泽东主席去世，江青毫无悲痛，竟未流一滴眼泪。在百万人的追悼会上，她虽身着黑纱，我想，她心早已在做其女皇美梦了。

共和国的擎天巨柱轰然倒地，"四人帮"失去了最后的掣肘，篡党夺权更加明目张胆、有恃无恐。他们以为美梦就要实现了，得意忘形，殊不知坏事做尽，必遭天谴！

大概10月7日上午7点多钟，我家里的电话突然响了起来。我有点纳闷：这么早来电话，会有什么事？我疑惑地拿起来一听，原来是罗荣桓元帅的夫人林月琴①打来的，她兴奋地说："告诉你一个好消息，那四个人昨晚被抓起来了！"

我一时反应不过来，忙问她："哪四个人？怎么一回事？"

"就是江青、张春桥、王洪文、姚文元他们'四人帮'呀！"

首都人民庆祝粉碎"四人帮"。

---

① 林月琴（1914~2003），安徽金寨人。1927年加入中国共产党，早年参加红军，走过长征，1937年与罗荣桓元帅结婚。新中国成立后任北京市第11小学校长、解放军总政治部主任办公室副主任等职务。

"谢天谢地，谢谢你告诉我世界上最好的消息！"我一听，兴奋得手都在发抖。恶魔终于伏法了，我如释重负。林月琴赶着继续打电话告诉别的同志。

1976年10月是我最后一次见主席，我满含悲痛地向他老人家的遗体做了最后的告别。但我内心深处总有种深深的惋惜：毛泽东英明了一世，为什么在他的晚年，要搞这么一场天怒人怨的"文化大革命"？！

我的女儿总问我一个问题："爸爸死得那么惨，你在'文化大革命'中受了那么大的罪，你怨不怨毛主席？"这是个很肤浅的问题。我跟随主席半个世纪，并不是靠个人感情和恩怨，而是出于信仰。我对我选择的信仰至死不渝，我对我走过的路无怨无悔，那么我对我的指路人当然会永存敬意！我叹口气，对我女儿说："不怨。主席晚年是个老人，是个病人嘛！"

第十六章 耀邦麾下

- 中组部风波
- 胡耀邦出任中组部部长
- 胡耀邦的勇气和领导艺术

……

中组部风波

1976年10月6日晚,万恶的"四人帮"终于被送上历史的审判台。但冰冻三尺,非一日之寒,"四人帮"的种种倒行逆施及其蛊毒已深深渗透到社会肌体中,"两个凡是",不能否定"文化大革命"以及不准搞群众运动等框框,都成了一条条绊脚绳,阻碍着全国人民揭、批、查"四人帮"及其余孽。

"凡是毛主席作出的决策,我们都要坚决拥护;凡是毛主席的指示,我们都要始终不渝地遵循。"华国锋同志上任后奉行这"两个凡是"的观点,把它视为金科玉律,实质上对扭转全国的形势无益。

华国锋

坚持"两个凡是"观点,结果使大批被"四人帮"迫害和打倒的干部不能平反,冤假错案不能纠正,各级造反派头头大都仍稳坐台上。

但"两个凡是"压制不了全国人民和党员要求揭批"四人帮"、要求拨乱反正的呼声。全国各地仍旧运用种种形式揭批"四人帮",如大字报、小字报、报纸杂志以及大会小会揭发批判。

倒是中组部宛如一潭死水,在职的所有干部一张大字报都未写,不言不语,埋头上班。我们老干部支部和部机关的老干部支部,在球场周围贴出许多大字报,没有一名在职干部去观看,更没有一人公开或半公开对我们的大字报表示支持。这与"批邓反击右倾翻案风"时,紧锣密鼓布置大字报栏,贴出许多批邓文章，尤其是小组讨论，好像人人都要过关的情景形成鲜明对比。

这并非说中组部干部是没有良知和感情的人，而是被郭玉峰一伙人严格控制封锁压制所致。

据说郑××还在纪登奎那里汇报，认为我们写大字报批判"四人帮"和揭露中组部领导人批邓的错误事实是企图反攻倒算。郭、郑他们还派人偷偷抄录我们写的大字报，其意明显是要算我们这些老干部的新账。还有人暗地散布谣言，说我们这些"老家伙"的尾巴长不了，嘱咐在职干部，坚守岗位，不准靠近我们这些"老家伙"。

他们对揭批"四人帮"老是按兵不动，一声不响，后来将中组部王××及陶××、李××三人抛出来，而这三个人是"四人帮"的忠实爪牙。"批邓反击右倾翻案风"时，这几个人又以批邓还没有形成更大的高潮为由，指责郭玉峰、中组部等批邓不力。郭玉峰抛出这三个人，却不公开批判的材料，不与群众见面。

即使在1977年8月8日，党的"十一大"宣告"文化大革命"结束后，他们也只提继续批判王、陶、李三人，但长期未能公开揭发批判，仍然不准我们进办公大楼，不让我们与大楼里在职干部接近，不让我们知道大楼里揭批"四人帮"的情况。

我们老干支部的同志在小组讨论时，对粉碎"四人帮"后还继续深入批邓的做法很有意见，认为小平1975年再度出来并主持党中央和国务院工作时，提出的要全面整顿和工业企业发展二十条、科学院工作汇报提纲以及综合提纲都是正确的。

我们还揭露"四人帮"借批林批孔，实际批判周总理、邓小平等老一辈中央领导同志，共同要求为反"四人帮"的正义行动"天安门事件"平反。我们列举出了许多有目共睹的事实，要求尽快释放因"天安门事件"被捕的人员，为"天安门事件"死去的人员昭雪等。

总之，粉碎"四人帮"的半年多时间内，老年干部支部的同志利用每星期两次或三四次讨论机会，尽力揭批"四人帮"和中组部郭玉峰等错误。那时我们对他们只是一桩一桩举出错误事实，要他们站出来检讨。但是郭玉峰采取不理不睬的态度。

我们老年干部支部的同志们实在忍无可忍了，无法控制住内心的愤

发生在1976年4月的"天安门事件"

懑。我们不能眼看着许多人用鲜血和生命换来的江山毁在少数不讲原则的无能分子手中,便以个人签名形式,在中组部球场的墙壁上贴出了一张大字报——

向郭玉峰同志进一言

郭玉峰同志传达了我党"十一大"的盛况和精神,我们都十分兴奋。但是你传达报告为什么和组织部的问题毫不联系?在推选你和高淑兰同志做代表时,你毫无表示,就光荣参加了"十一大"。现在外面广泛传言,你在"十一大"受了好多代表的批评,但你为什么传达时一字不提呢?你传达时说,你有好多感受,为什么唯独对于这些批评没有感受?你的这种态度,能算是恢复和发扬毛主席为我们党树立的优良传统和作风吗?能说是实事求是吗?能说是有自我批评精神吗?邓副主席说:"这是一个共产党员的起码标准。"你为什么不能按这个起码标准来做呢?揭批"四人帮"已有十个多月了,你的这种态度,能符合华主席的号召和"十一大"的路线吗?

可是，局面并没有从根本上扭转过来。这更加激怒了我们老年干部支部的老同志。看来光写大字报绝对督促不了他们检查，如此的中组部及领导怎能挑起拨乱反正、平反冤假错案的重担呢？

支部的同志们一致同意把中组部郭玉峰他们不揭批"四人帮"的一切，向中央反映。于是大家共同起草了一份报告，请管我们老干部的同志带回去找人抄写，并请其寄中央办公厅交中央领导。管我们的同志一口答应了，可中组部办公室不负责承担抄写任务，也不负责转报中央，不能替我们代办这件事。

第二天早上9点钟，我们老干部召开紧急会议，大家商量，请袁任远[①]去办。袁老的儿子在总参工作，通过他儿子把我们的报告和材料送到中央负责同志手里。大概过了四五天，汪东兴找袁老、杨士杰、我以及郭述申四个老同志到人民大会堂谈话。大概是中央领导已经讨论过了，汪东兴对我们很客气，除了清茶，还在每人面前放一小碟哈密瓜。袁老汇报时，边讲边流泪，我们也感慨万千。

汪东兴听完我们的汇报后说："你们老同志很关心中组部的问题，这种精神很好，中组部要改组，郭玉峰他们的问题，很快就会解决，你们放心，回去继续搞揭、批、查工作。"

他的一席话，使我们精神大振，好似吃了定心丸，回来告诉了老年干部支部的同志，大家都很高兴。此时，我们最想知道的是谁来接替郭玉峰的工作。

胡耀邦出任中组部部长

因为关系到党的命运以及大批蒙冤老干部的"解放"问题，也关系到我们个人的尊严，我们老年干部支部的同志一直关注中组部改组一事。

传说胡耀邦要出任中组部部长，大家都无比高兴，杨士杰马上跑去询问胡耀邦。胡耀邦说，华主席找他谈过了，还没有正式任命，不要公开出去。

---

① 袁任远（1898~1986），湖南慈利人。1925年加入中国共产党，新中国成立后曾任湖南省副主席、青海省省长等职务。

果然，1977年12月10日，中共中央任命胡耀邦为中央组织部部长兼任中央党校副校长，免除了郭玉峰、郑屏年等人的职务，中组部原领导班子，即核心组亦停止工作。这样一宣布，大楼里在职干部也活动起来了，他们贴出了欢迎胡耀邦的标语。

月底，胡耀邦到任后，首先召开全体工作人员大会。一开始，他传达了华国锋在党的"十一大"作的政治报告，讲抓纲治国八条方针，即"八个一定"。但他不是照本宣科，而是根据华国锋讲话的八条方针，用他自己的语言，一条一条作解释说明，既传达了华国锋政治报告的精神，又充分表达了自己的见解，真是妙得很。

出任中组部部长的胡耀邦

他在会上强调要把"四人帮"颠倒了的是非，尤其是干部路线是非再纠正过来，要尽快进行拨乱反正，落实干部政策。他宣布机关各单位业务工作照常进行，努力搞得更好。

另外，他开宗明义宣布成立三个大组：一是接谈组，由陈野苹①任组长，与来访的老干部接谈，一般接待工作由信访组负责；二是安排待分配干部工作组，由曾志任组长；三是"右派"改正工作组，由杨士杰任组长。老年干部支部及干校留守支部的同志大部分都参加到这几个工作组里工作。

胡耀邦还在大会上宣布，中组部要恢复为干部之家，把关闭多年的大门打开。第一道窗口是传达室，做好传达室工作是政治任务。他要求传达室改变作风，任何来人来访都要礼貌相迎，耐心谈话。针对十年间老干部的身体大都受过摧残，上楼不大方便，耀邦特地要求接待组在办公楼一层腾出两间

---

① 陈野苹（1915~1994），四川冕宁人。1933年加入中国共产党，新中国成立后任中组部处长、常务副部长兼秘书长等职务。

好的办公室，摆上沙发，让来访的老同志坐着谈话，还指示要让他们喝上热茶。中组部在职干部和不在职干部的精神十分振奋，面貌一新。

"阎王殿"砸碎了，西单中组部大门敞开了，门岗以及大楼内外别的出入证取消了，我们这些老同志可自由进出大楼了。传达室的同志热情接待，耐心倾听来访同志的申述。来信来访者络绎不绝，对过时还没有离开的来访者，负责接待的同志就拿出自己的饭菜票为他们买饭菜。许多老同志来访时，被请坐在沙发上，手里捧着热茶，心里热乎乎的，他们激动得热泪盈眶地说："我们又回到家了！"全国各地又纷纷传开"中组部又是我们党员之家了！"这句话，从中反映出中组部的面貌已大为改观。

随后，胡耀邦召开部分老同志和部分在职干部座谈会，商讨组织部本身的"揭、批、查"活动是采取整风的形式，还是就搞"揭、批、查"的问题。会上只有少数同志发言，有主张用后者的，也有主张用前者的，一时间众说纷纭、莫衷一是。

我建议，用整风形式较好，其中也含有"揭、批、查"内容，只是要更加和风细雨。后来胡耀邦同意我的主张，并宣布除有严重问题的同志要处理外，整风期间，机关各部门每个干部职工上午参加整风，下午照常抓业务工作。既要积极参加整风，又要努力搞好本职工作，揭批"四人帮"和中组部郭玉峰等与"四人帮"有关的人和事等。大家都赞成。大楼里的大多数在职干部卸去了思想上的包袱，积极参加"揭、批、查"活动！

参加完一段机关集中整风后，我就投入落实干部政策工作中去，安置中央、国家机关待分配的干部。这是一件很棘手的事情，不仅工作量大而且十分困难，仅待分配干部的人数就有六七千人，如果加上仍在干校的和不适当地分配到外地需要回来重新安排工作的，则将近万把人。这些干部分散在各机关，年龄不一，情况各异。年轻的，既有党政干部，也有技术干部。他们之所以没有安排工作，主要是所在单位认为他们政治或历史上有问题，或"文化大革命"中派性斗争所致，或是机构撤销暂时找不到接收的单位，各种各样的原因，造成他们长期没有工作。一时要给他们安排工作实在是既艰难而又复杂，特别是国家机关一些仍在台上的造反派们，千方百计阻挠那些被排斥出去的干部再回来工作。因此，还得先为这些干部落实干部政策，为其平反或纠正与其相关的冤假错案。

幸好胡耀邦已充分考虑到问题的难度，适时主持召开了中央和国家机关26个部委的部长、副部长座谈会,商量待分配干部方面的问题。胡耀邦特别强调要坚持党的"十一大"政治报告第八条关于"一定要贯彻执行统筹兼顾、全面安排"的方针,要尽快安置待分配的干部,对那些年老体弱不能工作的干部,也要妥善安置,对需要做出审查结论的少数人应尽快加以办理。基本上先请各部门自己解决,个别难以解决的,提出来和中组部共同商量解决。他指出这些工作做得怎么样,关系到认真贯彻党的"十一大"路线的问题。

确实,干部能否尽快分配工作,关键在于落实干部政策。我们根据胡耀邦座谈会讲话精神,督促和帮助各单位按具体情况开展工作,落实干部政策;并要求各部门各单位都要成立由一位部级领导亲自抓的待分配干部工作办公室。可是,在台上的某些领导和一些干部群众都强调待分配干部的问题不够明确,开展工作举步维艰。

胡耀邦了解情况后,征得华国锋的同意,分批从省和中央国家部门找些疑难案件,由中组部共同集体研究解决。具体分两部分同时进行。第一部分是安排湖南等四省组织部各带几份疑难案件来中组部,由耀邦亲自主持,参加开会的同志集体讨论。另外,也召集了六七个部近30名负责落实干部政策工作的同志,以及国务院政工组管干部的同志开会,先由一个部提出一个疑难案件向与会同志汇报,如果其他部门也有同类型案件亦提出来一起共同研究。会场上气氛很热烈,各种观点、看法并存,互相争论。有些同志抱着"两个凡是"的观点,强调不能改变和平反毛主席批示过、指示过或过去已决定了的人或事。也有些同志认定"文化大革命"运动都是对的,认定某案件的人在某些问题上有反"文化大革命"行为等。这种种原因使落实干部政策、平反冤假错案工作进展很不顺利。

1977年,任职中组部的曾志(右)在北京与女儿合影。

针对这种情况,1978年3月底,

中组部召开了国家机关14个单位研究疑难案件座谈会,胡耀邦在会上作了重要讲话。他从全国形势讲到如何贯彻执行党的方针政策的自觉性,以及理论与实际相结合的问题,还讲到如何振奋精神问题,点面结合,深入浅出,目的是提高落实干部政策的同志们在新形势下的认识水平,消除思想顾虑和抵触情绪。他的讲话对人触动很大。会后我们待分配干部办公室的同志们趁热打铁,分头到各单位参加落实干部政策的研究讨论,以及揭批"四人帮"大会等。这样一来,虽然因情况各异,还有难度,但各部门待分配干部的工作和落实干部政策的工作进展逐渐顺利起来。

胡耀邦的勇气和领导艺术

胡耀邦从1977年任中组部部长到1978年调中央工作,整整一年时间。这一年,是中组部翻天覆地、改头换面、工作突飞猛进的一年。从此以后,胡耀邦在我心目中的形象也渐渐高大起来。

我是1940年在延安王家坪认识胡耀邦的。那时,他担任总政组织部部长,住在一栋平

青年胡耀邦(左)李昭夫妇

房里,与同期调总政治部秘书长兼宣传部部长的陶铸住的窑洞相隔不足30米,只隔一个上下坡。胡耀邦和陶铸很谈得来,是好朋友,每周六都与几个关系好的同志到胡耀邦家或我们家聚会,一起聊到深夜。后来,老杨送亮亮去东北得到过胡耀邦关键性的关照。不过我与胡耀邦很少交谈,与李昭[①]反而接触更多一点。全国解放后,陶铸每次到北京,差不多都要去看胡耀邦,而我仍旧很少接触耀邦。

---

① 李昭,生于1921年,安徽宿县人。1940年加入中国共产党,在延安大学学习期间认识胡耀邦,1941年两人结婚。

1973年我调回中组部供养，只是礼节性地去胡耀邦家里看望过一次。当时陶铸还没有平反，我怕会给人家惹麻烦，所以我估计胡耀邦对我并没有什么了解，甚至对我的工作历史也是不大了解的。

胡耀邦任中组部部长，我第一次在他的直接领导下工作，与他的接触、联系密切了。他也常找我谈心、谈话。有一次，他告诉我，他听到老同志说，曾志这个人很厉害，在大会上居然敢公开点名批评调查部久拖不安排一批同志的工作。我问他，那些人是不是对我意见很大？胡耀邦笑吟吟地说道："不要紧，只要做得对，就不怕有意见！"

他对我是既鞭策又鼓励，坦诚地对我说："做工作要多交朋友、多交心，中青年朋友都要交，不要只交几个朋友，要广交朋友。交朋友要知心、交心，这是很重要的一点！"

他还掏心似的对我说："我有很多朋友，甚至还有小学生，八九岁的朋友，同他们交朋友也有好处。做工作、了解情况要注重听取正反两方面的意见，要从全面去了解，不要听一面之词。有时候，反面意见或少数人意见很有价值，要重视反面意见，有时反面意见也会出真知，多讨论讨论反面的意见有好处。对不同意见和反对过自己意见的人，不要抱成见，还应该主动和这些同志多接触，多接触可以多了解不同意见。在诚意的下面，也可以请持反面意见的同志考虑自己的意见，对持反面意见的同志不要动不动抱成见，甚至有个别同志想报复。这种思想不可能实现团结，尤其是做领导工作的同志更应该注意这一点！"

有时胡耀邦也跟我商谈工作上的问题，征求对某些问题的看法，讲他自己的意见，一点也不拿架子。在他面前，我没有一种上下级的特别感觉，他总是能给人营造一种轻松愉快的工作氛围。耳闻目睹，观其行察其言，虽然只有短短的一年时间，但他给我留下无比深刻的印象，我从中也大受裨益，我的认识和水平等因此有很大提高。随着时间的流逝，这些认识不仅没有淡化，而是越来越明朗化了。

胡耀邦实事求是，高瞻远瞩，有谋有勇。胡耀邦任中央党校副校长时，校长仍是华国锋，那时四处笼罩着"两个凡是"的阴影，胡耀邦却召集党校《理论动态》杂志和党校的其他同志，组织人力写出了《把"四人帮"颠倒了的干部路线纠正过来》和《毛主席的干部政策必须认真落实》两篇文章，先后在报刊上发表出来，石破天惊，大快人心。

这在1977年还要继续深入批邓的环境中，在华国锋是顶头上司的压力下，是要冒很大政治风险的。但胡耀邦却在这夹缝中巧妙地掌握斗争艺术，把自己对时局的真知灼见公之于众，既不得罪华国锋，又要把颠倒了的干部路线纠正过来的见解宣传、推广开了。真可谓谋略与勇气俱全！

在就职讲话时，他不是照本宣科，一开口就讲一番夸夸其谈的训词，而是以传达党的"十一大"华国锋政治报告的八条方针入手，以"八个一定"为蓝本，有重点地按照自己的意思发挥、解释，为拨乱反正、平反冤假错案、落实干部政策推波助澜。当中央专案办公室不肯提交中组部整理的"六十一人叛徒案"材料、档案时，胡耀邦就组织中组部干部配合外地干部重新调查，搜集大量事实材料，用真实材料作判断报给中央。

正因为如此，胡耀邦做工作注重走群众路线，为他的正确决策提供了难得的一手材料。胡耀邦初到中组部时，部里有关机构没有正式成立，处于非常时期，工作千头万绪。可是他不事事包办，总是首先找有关同志商谈某个事情、某个问题，然后交代任务，放手信任地让这个同志去完成。他还经常到我们各个办公室去找同志们座谈，鼓励大家放手工作，并教以工作方法。

在一次中央工作会议上，胡耀邦说，他喜欢在会前与到会的同志交谈、磋商，听取大家意见，对不同的认识作些解释，力求意见一致，在会上就尽量少发言。我认为这也是胡耀邦的工作艺术，也就是他经常所讲的"对人对事就是要实事求是做好群众工作"的观点的具体运用。在关于实践是检验真理的唯一标准和福建务虚会议上，耀邦采取这种方法推动大家在会上畅所欲言。

在那样的年代，在大的原则问题上，胡耀邦总是勇敢地站起来，直接顶撞两个"凡是"。当然，要做到这点很不容易，有时甚至是要付出代价的，惟其如此才显得可贵。

如，胡耀邦在中央信访会议上理直气壮地讲："不管是哪个领导批了、圈了，不管是已经决定了的，不管是历史上的问题或是'文化大革命'中的问题，都要实事求是，从实际出发去弄清事实，搞清真相。"

高效率，快节奏。胡耀邦工作效率之高，也是惊人的，他一天至少工作12小时，是个典型的"工作狂"。他早上8点钟左右来部里，中午只在办公室长沙发上休息一会儿，下班后也要8点左右才回家，回家后不是看人民来

实事求是、雷厉风行是胡耀邦的一贯作风。

信,就是看报纸。据说那时人民来信每天1000多件,信访处看头遍,把约两三百件比较重要的来信交胡耀邦秘书阅读,然后提送耀邦批阅。据说他每天要批阅200多封人民来信。耀邦做工作总是先着手弄清情况,一旦情况明了,马上决定,决定了的就马上干,有下文、有结果,做到言必行、行必果,行事风格很是果断。

胡耀邦这种扎实、果敢、高效的工作作风深深地感染了中组部的干部,那时差不多每个干部甚至连传达室、食堂的干部职工,人人都主动工作、高效工作。像干部部门的同志,差不多每天加班到深夜2点左右,第二天又照常上班,没有加班费也没有什么夜餐供应。

胡耀邦艰苦朴素、热情待人的工作作风也给我留下深刻印象。耀邦这点在中组部是有口皆碑的。刚来组织部,他与大家一样在大食堂排队买饭。有一天中午,他牙痛,饭菜咬不动,可仍然忍痛在食堂吃饭。只见他用手托着下巴,很痛苦地慢慢嚼着。

粉碎"四人帮"后的最初几年,耀邦家门庭若市,老、中、青都去他家,来打听消息的、了解情况的、交流意见的、看望的都有。胡耀邦来者不拒,一律热情接待,若刚好碰上吃饭就一起吃。那时,国家经济还很困难,油、盐、柴、米都凭票供应,也没有人送什么礼,招待客人吃饭,完全是靠自己全家节省下来的,他宁愿自己少吃点,总是乐呵呵地让大家吃安心饭。很多同志都在他家吃过饭。这种没有什么架子,平易近人的作风,给我留下强烈的印象。

胡耀邦虽然已去世多年了,我永远怀念他。

所谓的"陶铸叛徒集团"罪

后来,我终于弄清了陶铸历史上的一个疑点。

1973年我调回北京不久,就开始为弄清陶铸问题而奔波。首先,我向曾在南京军人监狱与陶铸同监的同志调查。住在北京的,我就设法去拜访,在外地的,我就去信了解实情。

从大字报的材料和一些老同志谈话来看,陶铸的问题好像主要是"呈文"问题。"四人帮"把南京监狱政治犯都定为以陶铸为首的叛徒集团,说陶铸是南京监狱叛徒集团的主要头头,是陶铸带头成立一个组织,发动监牢的政治犯签名,向国民党写"呈文",要求释放政治犯参加抗战的。据说"呈文"是陶铸负责起草的,内容主要是根据我党发出的抗日救国十大纲领而来,据说其中有拥护蒋介石领导抗日、取消边区政府、改编红军,等等。专案人员认定此文是一种自首行为。

我四处申诉也主要是为"呈文"问题。我请求陈云、华国锋、韦国清、邓小平等同志向中央转过信。我把陶铸专案组要陶铸重新写的说明中关于"呈文"一节全部抄录下来。

他在说明中说,西安事变以后,监狱中一些政治犯谈到释放蒋介石问题,有的认为党中央主张释放蒋介石是错误的,同意改编红军、放弃土改、取消边区政府都是右倾机会主义。陶铸不同意这些同志的看法,他拥护党中央发出的抗日救国十大纲领,觉得当前中国的关键点是日本帝国主义对中国的侵略战争,是国家民族生死存亡。我们党不计前仇,争取蒋介石国民党一致对外抗日,团结全国一切力量,抵抗日本帝国主义的侵略战争,主要矛盾变化了,党的方针政策要符合团结统一抗日。

关于"呈文"问题,陶铸是这样说明的,狱中同志得到西安事变和中央发布抗日救国十大纲领消息以后,非常振奋,希望早日出狱走上抗日前线。为此狱中政治犯各执己见,发表各种各样的主张。有主张向报界发呼吁书呼吁释放政治犯抗日的,有主张集体签名向国民党写"呈文"的,有主张分散写、个人写的,也有人主张写信给有资望的亲戚朋友,向他们呼吁,甚至有个别人急于想出去,提出找亲戚朋友代为履行简单手续,保出去。

1937年9月26日,陶铸(前排左二)于出狱之日与陈曾固(前排右一)等同时出狱战友留影。

陶铸坚决反对这些动摇行为。他对狱中的同志说:"我们在监牢坐这么久了,现在为什么不堂堂正正走出监牢,而要从狗洞里爬出去呢?"这些话坚定了一些同志的信心。

陶铸说,写"呈文"一事,有些同志同他商谈过,他觉得写"呈文"没有什么意义,自己没有写也不反对写,但不主张政治犯集体签名写"呈文"。后来也没有几个人写"呈文",因为这时候监狱里已与外面的同志有了联系,个别同志已经出狱。所以,可以明确地否认写"呈文"及呼吁书是陶铸执笔的。

我相信陶铸说的是事实。记得1937年10月,我从上海、南京出来,途经武汉,与陶铸重逢以后,他向我讲述了在南京监狱几年的情形,其中也谈到在对待释放蒋介石和中央抗日救国十大纲领问题上,与狱中某些同志争论过。那时他讲的和说明中写的基本相同。而且,他还说,出狱以后,在南京招待所他曾把在监狱中争论的问题向审查组的同志提了出来,审查组认为他是对的。因此我辩白陶铸不是叛徒,请求中央早日为他做出审查结论。

一天,陈云把我叫到他家,拿出陈曾固①由甘肃寄给他的信。陈曾固也

---

① 陈曾固(1907~1988),原名陈文光,贵州安顺人。早年在北平求学,1931年加入中国共产党后在北平做地下工作。新中国成立后曾任贵州省委副书记、省人民政府副主席、教育部副部长、甘肃省委常委等职务,"文化大革命"中被关押十年之久。

粉碎"四人帮"之后的陈云

是南京军人监狱政治犯,与陶铸同时由八路军办事处的同志直接到监狱接出来的。同时接出监狱的共有六个同志,这六个人后来在延安、在东北都在一起工作,已是好朋友。陈曾固的信中也写了关于"呈文"问题。他说,"呈文"是他和陶铸等五个同志共同商量,然后报国民党的,内容是按照中央抗日救国十大纲领,要求释放政治犯参加抗日。

陈云认为,写"呈文"要求释放政治犯参加抗日,不算自首叛变行为。他从书架上找出有关党的"六大"以来的一本厚书,找出中央抗日救国十大纲领给我看,并允许我拿回家看了再还。陈云说,你根据这十条去为陶铸说明"呈文"不是政治问题,不是叛变自首,即便"呈文"个别词句不大确切,也不算政治错误(大意如此)。陈云同我谈话很亲切。那时他还没有出来工作,还是靠边站的时候,他这样信任陶铸,我万分感激。粉碎"四人帮"以后,在党的十一届三中全会上,也是陈云首先提出为彭德怀、陶铸平反昭雪的。这是当时任中央组织部部长的胡耀邦告诉我这一内情的。

党的十一届三中全会以后,陈曾固由甘肃回北京,我去看他,才真正弄清楚了这一问题为什么弄得阴差阳错。

针对"呈文"一事,我对他说:"陶铸专案组,包括所谓'南京叛徒集团'专案组,审查了几年,结果发现呼吁书是那时《法国时报》登载的,是搞中国情报的人写的,有名有姓,与陶铸无关。而以全监狱政治犯写的'呈文',是一位叫何云①的政治犯自己个人写的,他自己的文章中也详细述说了写'呈文'情形,其他一些同志都说,有七八人签名,有的说了签名内容,有的说没有,但都未见正式'呈文'的东西。你怎么会记得这样详细?"

陈曾固回答说:"'呈文'的事我与陶铸、何云等商量过,但后来是以

---

① 何云(1905~1942),浙江上虞人,原名朱士翘。1932年加入中国共产党,早年在上海从事文化救国工作,1933年被国民党逮捕,判处无期徒刑,关押在南京中央军人监狱,1937年国共重新合作后出狱,做党的报纸编辑,后在《新华日报》华北版任主要领导,1942年死在日本人枪口之下。

陈曾固

全监狱政治犯名义签名还是分散签名我记不清楚了;说'呈文'由何云执笔、由陶铸修改是瞎编的。专案组要我承认,在压力下,我只能瞎编一套。写给陈云的信也是瞎编的。我对不住陶铸,但我不是故意的。那时各种意见都有,谁的什么主张也记不清楚,有些情形凭想象、凭估计。"

听了陈曾固这些话,我觉得很可笑,也有点气愤。不过那时他身体很坏,"四人帮"把他整得半死,加上女儿和妻子都有精神病,脑子有些糊涂。我同情他,也原谅了他。

耀邦的信任

疑难案件座谈会议后,我们中组部待分配办公室的同志们就分别参加到有关部委批揭"四人帮",拨乱反正和落实干部政策的工作中。我参加的单位挺多,这里只着重写几个与我相关,甚至关系我个人前途命运的典型例子。

在地质部,揭批"四人帮"开始后,一批被迫害下台的科技干部仍得不到平反,曾在中南地质局工作的那些老熟人纷纷来找我,诉说他们在整个"文化大革命"中的遭遇。甚至著名地质学家、地质部部长李四光[①],也被打成反革命,含冤逝世。

我深入了解,听了各方面的意见,参加了几次他们的"揭、批、查"会议,发现两种观点截然对立。掌权的一些同志,他们一口咬定失势的那些干部(大多为技术干部)是支持打砸抢造反派的,说那些人反对"文化大革命",反对毛主席、周总理,但说不出什么具体内容,缺乏真凭实据。

---

① 李四光(1889~1971),湖北黄冈人,著名地质学家、教育家。1904年赴日本留学,1913年赴英国留学地质专业,1920年任北京大学教授。新中国成立后曾任地质部部长、中国科学院副院长等职务。

例如,"文化大革命"初期地质部一位副局级干部积极分子支持李四光等技术干部,也为一般科技干部说过公正话,因而指责她支持部里一伙造反派。"揭、批、查"总结报告草稿中,仍然把她列入部内"三种人"里面。

我相信这个同志绝不是反党反毛主席的。因为我查了她的历史,全家人都在革命队伍里,抗战初期,8岁的她就被叔父带到革命队伍里生活,一直到"文化大革命",从来没有离开过革命队伍,是在革命队伍中成长和培养起来的。

我找部领导商谈,传达胡耀邦"不要提团伙或一伙,这样不利于团结"的讲话

李四光教授

精神,要他们实事求是地帮人,是什么问题就只写什么问题。可是,在最后大会报告时,仍把她列入有打砸抢行为的一伙里面去了,同时也不给地质部其他一些支持李四光的科技人员和党政干部,特别是局处级以上党政负责人安排工作。后来地震局重新调整班子,要中组部推荐人才,才安排了相当一批地质部的科技干部和党政工作干部。

可是事隔两年,在1982年党的"十二大"小组讨论会上,原地质部一位同志竟批评我包庇"三种人"。

轻工业部与其他一些部门一样,都是一派当权,另一派在台下,台上、台下干部对立。除此之外,轻工业部还有一个特殊情况,是内部原本就有了裂痕、有成见。主要因为轻工业部是"文化大革命"前由轻工业部、地方工业部、食品工业部、手工业合作总社四个单位合并起来的。

1967年10月,军代表进驻轻工业部,后来变成军代表只支持一派,另一派都被打下了台,形成了一派当权、一派在台下的局面。这种局面一直持续到粉碎"四人帮"后,几年都没办法扭转,几任部长都觉得棘手。

我奉组织之命到该部帮助搞"揭、批、查"及落实干部政策工作,没想到惹上了一场麻烦,受到了当时轻工业部一位领导同志的无端指责。她给中央常委写信,说我不按胡耀邦指示召开部党组会,而是偏听偏信,主观行

事，颠倒是非，蒙骗中央……

于是，我致信中央领导，详述了我去轻工业部帮助搞"揭、批、查"及落实干部政策工作的过程和做法。我特别指出，轻工业部"文化大革命"以来的历史和是非，应该说是清楚的，现在的问题是以什么观点、立场、方法来分析研究和认识。一种是坚持党中央《关于建国以来党的若干历史问题的决议》中指出的，"'文化大革命'是一场由领导者错误发动，被反革命集团利用，给党、国家和各族人民带来严重灾难的内乱"，是在特定历史条件下的产物。我们分析研究和处理轻工业部"文化大革命"中的遗留问题，要根据决议精神。另一种是坚持"文化大革命"期间的老观点，一成不变地认定"保"自己的一派不算造反派，是正确的。这两种不同的观点，就是轻工业部问题的焦点所在。

最后，我写道：

> 我的思想、理论、文化水平都很低，说话、处理问题、做工作一定有不少错误。但我自信自己是兢兢业业，尽自己最大努力，想把工作做得稍好些。工作中发现了错误，我也是尽力去改正的。1978年恢复工作以来，我虽然不多提意见，但还是敢于负责的，也深深感到现在做工作的确很难。调查研究、处理问题，凡涉及到人，就会有各种意见。特别是个别老同志，不顾事实，就向中央领导同志写信，指责我和经济局的信已有三四起了。例如，×××同志写给中央的信，报送给中央常委、书记处、中纪委、国家机关党委，相当的广泛。竟把我当成了一个别有用心、搞阴谋诡计、毫无党性原则的人。她是大革命前的老前辈，一直受人尊敬的老大姐。她对我的种种指责，流传出去是会令人相信的。我估计现在有的同志已经对我有了看法。她这种指责在我平生还是第一次，我怎么去解释呢？不免有些委屈！当然，我决不会因此去做"难得糊涂"的人，我会照旧尽自己最大的努力工作。虽然我即将退下来，但原则问题绝不迁就。我最后写上这几句话，是向领导倾诉内心的难处。

不当之处，恳请指教。

曾志
1982年7月2日

幸好中央领导很英明，洞悉一切，很相信我，对我报告中反映的一些问题极为重视。7月4日，胡耀邦迅速做了三条批示意见：

仲勋、野苹同志：

（一）这些年，曾志做了大量的工作，办事勤勤恳恳，对待干部公道正派，历史证明，是一位久经考验的女干部。对此，是应充分肯定的。

（二）×××也是我们党一位资历很老、饱经风霜的女同志，但"文化大革命"以后犯有毛病，对此缺乏认识，应给予帮助。

（三）曾志提出中央有些部门要注意的三个问题，我认为有道理，请告紫阳和万里，采取什么方法和步骤适当地解决才好。

时任中共中央书记处书记习仲勋

胡耀邦
1982年7月4日

7月7日，仲勋在报告上对我提的三条意见做了批注："这三条意见是正确的，请中组部研究一下，提出具体政策界限和解决办法，以便有章可循，不出偏差。"

同时紫阳和万里都在阅办件上做了批示："同意胡耀邦同志的意见，也同意仲勋同志的批注。"

《一封终于发出的信》轰动全国

在陶铸受迫害的日子里，最让我揪心的就是他的历史问题，无时无刻不在因此伤脑筋。死者已矣，不管从夫妻情分还是从战友关系上来说，我都不能让他的英灵蒙尘。我始终相信历史和人民会还他公道的，我也时时在寻找着为他平反的机会。我在心里暗自盼望着那一天早点降临。

粉碎"四人帮"后,心里的那个愿望悄悄萌动了,苦难的日子应该熬到头了,我全家翘首等待着。我们等呀盼呀,日子在期盼中流逝着,可是梦寐以求的事情却迟迟没有出现。

当然这种情况并非陶铸一人仅有,许多被"四人帮"打倒的老同志也都没有平反。原因何在?主要症结在于"两个凡是",使拨乱反正困难重重。

虽然"四人帮"的头面人物被粉碎了,但其帮派体系、机构人员基本未动,尤其是为制造被打倒老干部罪名而设立的专案办公室全套机制还在照常运转。甚至到1978年11月20日中央召开工作会议的前夕,中央专案办还匆匆做出"陶铸犯有政治上动摇的错误"结论,其意实在是欲置陶铸的政治生命于死地!但是以邓小平、陈云、胡耀邦为核心的一班英明的领导同志时刻都在为此斗争着。1978年12月召开的中央工作会议上,我们得到了为陶铸和彭德怀平反的喜讯。会上陈云率先打破了沉默,随后不管是与会的中央领导还是其他同志都对陶铸光明磊落的一生给予了高度的评价和赞赏,有些同志谈到陶铸的为人,还情不自禁地流下了眼泪。

兹把一些同志在会上发言的原始记录摘要如下:

王鹤寿(左)怀抱陶斯亮与陶铸在延安合影。

陈云说:陶铸、王鹤寿[①]等是南京军人监狱坚持不进反省院,直到"七七"抗战后由我们党向国民党要出来的一批党员,他们"七七"抗战后还坚持在狱中进行绝食斗争。这些同志的党籍问题现在或者被定为叛徒,或者虽然恢复了组织生活,但仍留着一个尾巴,例如

---

① 王鹤寿(1909~1999),河北唐县人。1925年加入中国共产党,1927年到莫斯科中山大学学习,1928年回国,1933年被捕入狱,1937年获释后到延安。新中国成立后曾任国家建委主任、中纪委常任书记等职务。

说有严重的政治错误。这些同志有许多是省级部长级的干部。陶铸一案的材料却在中央专案组一办。中央专案组是"文化大革命"时期成立的,他们做了许多调查工作,但处理中也有缺点错误。我认为专案组所管的属于党内部分的应当移交给中央组织部,由中央组织部复查,做出实事求是的结论。这些结论都应该放到当时的历史情况中去考察。现在既有中央组织部又有专案组,这种不正常的状态应该结束。

王任重说:陈云的发言,我完全同意。陶铸和我一起工作多年,他的历史是没有问题的。姚文元那篇《评陶铸的两本书》的文章是荒谬的。其中一篇文章中提到:"太阳是光辉的,但有黑点。"这本来是正确的,因为太阳确有黑子。姚文元却诬蔑陶铸反毛主席。本来一部书出版前,作者进行修改是正常现象,但姚文元硬说陶铸对一些文章修改,是因为有鬼。姚文元还说陶铸是"南霸天"。实际上陶铸民主作风好,接近群众,是善于倾听群众意见的(几位同志插话说,陶铸确是一位好同志,是一位有能力的好干部)。

陶铸因患胰腺癌,1969年逝世于安徽,死得很惨,应该给他平反昭雪。姚文元那篇文章应该彻底批判,肃清流毒。

"文化大革命"的经验教训是深刻的,要认真总结。哪些是对的,哪些是错的,要分清楚。不然,心有余悸的问题解决不了。

赵紫阳说:听了陈云、王任重关于要求为陶铸平反的发言,我完全同意他们的意见。陶铸是个好同志。他在广东工作17年,贯彻中央路线方针是坚决的,工作是有很大成绩的,至今广东人民和干部对他还很怀念。1962年

1959年,陶铸、曾志、陶斯亮摄于庐山。

2月下旬，在解决广东军管问题会议上，周总理传达毛主席的指示时说过，广东工作做得比较好，有成绩，其中陶铸有一份。我认为陶铸同志是受"四人帮"和陈伯达迫害的。1971年我去内蒙工作时，周总理找我谈话，讲道：陈伯达所以要打倒陶铸是为了抢他第四的位子。毛主席本来要把陶铸的问题放在中央内部解决，可是陈伯达把这个问题搞到社会上去了，造成既成事实。我认为还有一个原因，就是陶铸在"文化大革命"初期，为各省市和中央各部领导同志说了很多话，保了不少人，所以遭到陈伯达、江青的打击迫害。

关于陶铸的历史，我不太了解。但我听说他被捕后在狱中表现是好的，斗争是英勇的。至于写过什么信没有我不知道。去年我收到他女儿的一封信，说她在"文化大革命"中看到小报上关于陶铸历史问题的材料时，曾问过她父亲历史上有没有问题。陶铸付之一笑，说请你们放心，我的历史经得起考查。他女儿提出对中央专案组审理陶铸问题不相信，认为他们只看一面的材料，要求增加一些新成员。我把此信转给了华主席。有关陶铸的材料应转到中央组织部处理。陶铸的审查结论要同其家人见面。现在到了实事求是地解决陶铸问题的时候了。

金明①说：关于陶铸的问题，我同意陈云和许多同志提的意见。我原在中南局同陶铸工作过，他给我的印象是为人正派，工作积极，善于团结同志。他对搞好广东、广西的工作起了很大的作用，在群众中有较大的影响。我在广东时不止一次在街上听到群众议论，怀念陶铸在广东工作时他们生活比较好过的情景。陶铸是同江青、陈伯达和康生等人在"文化大革命"初期因有完全不同的意见被排斥和遭受迫害的。

这些发自内心的发言，是对"四人帮"恶行最直接的控诉，是有亲密战友情谊的同志们，对陶铸表达的无尽缅怀。

我女儿陶斯亮激动得激情迸发，将积压了十年的悲愤和感情诉诸笔端，立即写成了长达1万多字的《一封终于发出的信》，悼念她的父亲。文章一发出，引起了全国无数同胞的感同身受和强烈共鸣，引起震动。

安徽省委的同志看到斯亮的文章后，马上发来电报，告知陶铸的骨灰已经找到。次日，空军派专机送我全家去合肥接陶铸的骨灰。

---

① 金明（1913~ ），山东青州人，原籍江苏常州。1932年加入中国共产党，早年在山东做地下工作。新中国成立后曾任湖南省委书记兼湖南军区政委、中共中南局委员等职务。

1978年12月24日，在陶铸追悼会上，华国锋（右）向陶铸的夫人曾志表示亲切的慰问（左一为陶斯亮）。

抵达合肥已近上午11时，安徽省一些党政领导同志专程到机场迎接我们，随即直奔陶铸骨灰存放处。陶铸骨灰原来已被改名"黄河"，存放在合肥殡仪馆一间破房子的一个角落里。我们去时，那只用了九年的破旧骨灰盒已改换成新的，并设了一个灵堂。瞻仰完，我们又到解放军第105医院，向医生、护士了解陶铸从住进医院到去世前的细节。次日下午2时，我们捧着骨灰盒返回北京，抵达西郊机场已薄暮冥冥。可是我一下飞机，竟有几十位陶铸生前的同事朋友们冒着凛冽的寒风在飞机场等候陶铸骨灰的归来。那一刻我再次被感动了，我在心底为陶铸感到由衷地自豪。

1978年12月24日，中共中央在人民大会堂西大厅为彭德怀、陶铸举行追悼会，参加人员除中共中央和国务院各部委党政军同志外，还有参加中央工作会议和中央全会的全体同志，共2000多人，陈云、邓小平分别为陶铸和彭德怀致悼词。随后，陶铸的骨灰按党和国家领导同志规格安放在八宝山骨灰堂第一室。

一个革命的幸存者
曾志回忆录

第十七章　照人余光

- 抓住黄昏尾巴报答党的信任
- 当选『十四大』代表，列席『十五大』

抓住黄昏尾巴报答党的信任

胡耀邦一就任组织部部长，即安排我们老年干部支部的同志参加中组部工作。他在部务会议上正式宣布任命我和杨士杰为副部长，我分工负责经济干部局。

以前，规定我们退休年龄一律为70岁。我满70岁的第二天就向中组部领导写报告，请求退休，结果拖到1983年7月29日才正式行文免职，前后总计五年半①。

风风雨雨大半辈子的我，随着国家形势的好转也发生重大的变化。陶铸问题的彻底解决，卸去了我内心最大的心病和包袱，我们再也不用躲在受禁锢的环境里生活。

时光荏苒，岁月无情，承蒙党和人民的信赖，又给了年过花甲的我工作的权利，我只有加倍努力，才能报答这份信任，我集中精力投入到经济、科技战线干部和人才的考察、了解、培养、使用及其领导班子的调整研究工作中。

经济干部局所辖的单位多、范围广，除国务院机关、各部委办局、参事室等单位的副司局以上干部由各部委管理，中组部备案、审查外，各部委的直属工厂、企业、科研院所相当于副司局的干部亦需中组部做具体工作。两者总计700多个单位，分布在全国各地，不但要直接去考察了解处以上干部，还要对这些单位的领导班子全面考察，提供有关情况以及使用、培养、调整等意见向中组部汇报。而经济局的干部仅50多人，如果仅靠这些人想做好工作几乎是不可能的，因此，我们常常与部委中管理那些单位的同志及省市组织和经济部门的同志共同配合开展工作。

---

① 曾志生于1911年5月2日，按说她要到1981年才满70岁。作者这里这样写，大概是她在虚岁70时就提交了退休报告。

20世纪70年代，邓小平创造性地提出科学技术也是生产力的理论，他说，现在我们面临的一个危机，不是四个现代化路线方针对不对，真正的危机是缺乏一大批年富力强，有专业知识的干部。他还强调，各级领导干部要注意吸收年富力强的中青年干部参加各级领导班子。

胡耀邦也要求经济部门重用科技干部，以此来从根本上改善企业的经营管理。陈云也多次指出，各级领导要吸收青年干部。他建议中组部成立青年干部局，专门在全国各地考察了解青年干部，要储备大批青年后备干部名单。后来正式规定，各级领导班子的干部要成为革命化、年轻化、知识化、专业化的"四化"干部。

1979年1月，曾志（中）在广州与女儿一家合影。

根据这些精神，我们随即召开了经济战线和科技部门各部委负责干部工作会议，作了传达。还要求各部委都要抽调干部到企业和基层单位去蹲点、调查、发现、考察、选拔优秀中青年干部人才。

普遍反映的是，老年科技人员虽有职有位，但年老力衰，科学知识赶不上现代化生产发展的需要，中年科技干部则有职无权，无用武之地。

青年科技干部更是如此。一些"文化大革命"前毕业的有专业特长的青年，有的仍在车间当工人，有的在机关部门打杂。青年技术人员工资低，生活困难，住房紧张、孩子上学难等问题成了他们沉重的精神负担。一些科技人员因为家庭或海外关系等，压得他们抬不起头，自卑感很强。"文化大革命"中提出知识分子要劳动化，科技人才劳动的多，搞科技工作的少。

更有甚者认为科技人员的发明创造如果没有他们去制造、操作，也是白

1979年，曾志（左二）以中组部副部长的身份访问日本。

搭，据此他们也提出要分发明创造奖金。所以有的年轻技术干部说，不搞技术发明创造倒好，若搞点，不要说得奖金，还得倒贴上自己的工资买糖果，分给工友们。在这种情况下，还有几个人肯伤神去搞发明创造？

至于落实科技人员和知识分子政策方面，就是在粉碎"四人帮"以后，也相当地困难。例如粉碎"四人帮"以后，邮电部在干校劳动的其他职工和干部都回北京了，唯独不让六位科技干部回来，直到我们发现后，提出询问，他们才被解放。还有地质部、煤炭部亦有同样情况，令人沉重。

1980年5月，中央组织部召开全国各省市组织部部长和各部委管干部的负责同志座谈会，主要研究选拔优秀中青年干部和调整"三位一体"（即选拔优秀中青年干部、调整不称职的干部、年老体弱的干部退居二三线）领导班子等问题。这时已担任总书记的胡耀邦以及已任组织部部长的宋任穷参加了会议。

胡耀邦在会上讲话时指出（大意）：

我们现在已经真正在搞"四化"建设了，现在第一个困难是领导班子不够理想，不适应四个现代化的要求。我们是一个大国，在干部工作上的打算要长远一点，局面要布得开一点，两年内一定要完成"三位一体"调整领导班子的任务。

会议一结束，我和经济局的同志商量后，从一机部、四机部、冶金部、交通部、经委等单位各抽调几位比较负责和有经验的同志,共同组成考察工作组,主要任务是宣传这次组织工作座谈会议精神,了解企业领导班子,并和当地党委组织部门商讨企业如何按照"三位一体"调整领导班子。

我们搞《民意调查题目》,对领导班子进行称职或不称职的民意测验。大家做这项工作非常认真,认为是组织给他们的民主权利,一定要实事求是地做好这项工作。有的同志把被推荐者的事迹,写了十几页纸,使我们从中发现了一大批优秀人才。

这样做最明显的效果就是把组织工作座谈会议关于选拔年富力强的优秀中青年干部、"三位一体"调整领导班子的要求和重视科技人才使用,以及今后要从有文化的工人中提拔干部等问题,一竿子插到底,使各工厂企业干部、职工都知道了有关精神,效果很好。

这次考察,我们走遍了陕西、成都、重庆,然后乘长江轮船到湖北武汉,与干部、群众接触面比较广,讨论和调查中同志们也提出了不少问题。

随后我们把到各地直属和地方企业了解到的优秀中青年干部和科技干部的情况几经筛选,基本上按照革命化、年轻化、知识化、专业化四个原则选拔了约二百来名较高级的优秀中青年干部。我们还把这200人的简历造册,每人另附一份优秀事迹表现材料,经部审阅后,由中组部报送中央书记处领导审核选拔。

中央领导同志看了,都认为是一份很有用的考察材料。

为了进一步培养和提高这200名比较优秀的中青年干部,特别是提高他们的党性原则和马列主义、毛泽东思想理论水平,我们在党校专门为他们开办了为期一年的中青年干部理论培训班。

这批同志毕业不久就陆陆续续参加了中央各部门、各大企业领导班子和省市部门的工作。特别是1982年国务院各部委调整领导班子,有好些人都是从这批干部中选拔的。

在1982年党的"十二大"召开前,党中央十分重视对

曾志在南下考察途中为一个活动题词

"十二大"代表和中委有关候选人员的考察,从有关部委抽调人员,组成专门的审核机构,由胡耀邦总书记亲自领导。我作为中组部的副部长,对"十二大"候选人的考察及一些准备工作理当有责。中组部还有两个副部长、12名局处级和一般干部被抽调到办公室和小组做具体工作。同时我们还要负责六届人大代表和政协委员的考察和审核。

所有被抽调的人员从1983年3月进入这个临时机构,直到六届人大和六届政协正式开幕时才完成使命。这也说明,党中央对党的每个代表,人大、政协每位代表与委员的资格审核都非常认真负责。

不过,对候选人意见不一致的事情常有发生。尤其是受十年"文化大革命"派性斗争的影响,对一些候选人的看法,往往掺杂着派性观点。遇到这样的问题,就要反复全面细致地调查考察,决不能只听一面或一派之词。

作为中组部干部,我有责任查清楚有争议的候选人情况,因此我的大部分时间都花在这上面。我本着对同志、对问题负责的原则,征求多方面意见,认真研究分析,提出实事求是、客观合理的意见。有时我也很可能会受到某一派观点的攻击,所以我必须要有维护真理、不畏攻击的精神准备。

我始终认为做组织工作就要对群众负责到底,不能让同志背包袱、受委屈。

卸任以后的曾志在庭院种花

我在这方面花了不少力气,遇到候选人审查组人员有分歧意见,我还得用大量事实,几经说明,才能说服持不同意见的同志。

当然,在考察代表候选人中,我们也发现过鱼目混珠的现象,一些属于"文化大革命"中的造反派或支持造反派错误很严重的人,根本不适宜做代表候选人,经过慎重讨论研究,被我们退了回去。这些都要求我们必须要明辨是非,保持清醒的头脑。

1983年7月29日,中央通知免去我中组部副部长的职务,党的"十二大"又把我选为中央顾问委员会(以下简称"中顾委")委员。

我还有被聘请为各种顾问的聘书20多本。当然，除了全国工业企业思想政治工作研究会的顾问外，其他的都是挂名的。我之所以当全国工业企业思想政治工作研究会的顾问，是有原因的。

早在1982年，我就想采取以全国工业企业思想政治工作研究会这种半群众、半行政性质的社会团体，把取消了的全国政治部门的思想政治工作承揽下来、维系下去。

为此，我费了相当多的精力，中央才批准这一组织成立，编委会也给了十几名专职工作人员的编制。这个组织先是挂靠在国家经委，后来改挂在中宣部。我对这个组织是重视的，所以我最早参加也是积极分子。可是很遗憾，后来我除了每年参加开会，没有做什么具体工作，严格地说我这个顾问也是不称职的。

当选"十四大"代表，列席"十五大"

大约1983年10月底，我去福州参加市委召开的征集党史资料座谈会，勾起了我在闽东战斗岁月的回忆。往事虽如烟，但犹历历在目，我十分怀念那里曾与我一同出生入死的父老乡亲们。

于是会后我毅然决定前往宁德、福安、霞浦、福鼎等地沿途走访。给我最大的感受是，这些地方经过三十四年时间的建设都发生了明显的变化。沿海市镇呈现出一派繁荣的景象，公路贯通各县，一些山区的羊肠小道也可以通汽车了。

不过四处郁郁葱葱的茂密森林不见了，满山遍野剩下的只是茅草灌木。闽东海岸线很长，有些港湾盛产黄花鱼、带鱼等，很多县都有很好的滩涂，极适宜发展养殖业，可是我这次沿海岸线跑了几百里，仍然像20世纪30年代我在闽东工作时一样，没有看见有一处滩涂被利用起来。

老区人民还没有摆脱贫困的阴影。

但这次闽东之行最令我震动和不安的是闽东老区地位的确认问题。

从1933年闽东成立五县市连成一片的苏维埃，到1937年抗战开始，叶飞带领闽东红军独立团编入新四军，整整五年时间内，闽东人民与国民党军队及地主民团反动武装进行了殊死搏斗，房屋被烧数万间，牺牲了上万名干部

1983年，曾志（前排中）重返闽东，与当地干部群众合影。

群众，不管革命处于高潮还是低潮时期，一直没有放弃斗争，为革命胜利做出了不可磨灭的贡献。

可是福建省政府仅把闽东定为游击区，竟没有承认它是老苏区、老根据地，也没有充分认识闽东在我党革命斗争史上的历史地位。

因此，一些老游击队员、老交通员、老赤卫队员得不到国家、政府的照顾，他们贫困交加，有的老队员连儿女也不愿意赡养。儿女们说，你出生入死，为革命战斗一生，新中国成立了，国家政府、党对你毫不理睬，做儿女的也养不了你。有一位七十来岁的老交通员，儿女都不愿养他，自己便在深山里挖一个地洞居住，平时在地洞周围种点红薯之类的东西，以红薯、野菜度日，还准备以地洞当坟墓。这一切看了令人心酸！这种现象着实不该存在。我感到坐立不安，下决心要尽自己所能奔走呼告，帮助解决这个事关闽东发展的大事。

因此，我把闽东革命斗争的前前后后，以及二十来天在闽东各县的所见所闻详细写成了一个报告，着重提出了包括闽东老区问题在内的八条建议，向项南①和省委几位领导同志作了汇报。

一回到北京，我又针对这八个问题向中央写了书面报告。耀邦、仲勋都分别作了批语，由中央办公厅以[1984]第八号文件转发给福建省委和各地。闽东老区问题解决了，那八条建议也被采纳了，闽东人民奔走相告，十分高兴。

十年后，我应邀参加闽东苏区创建六十周年纪念活动，再次回到这片红色的土地。我惊奇地发现，闽东老区发生了很大的变化：宁德、福安市区高楼林立，灯火辉煌，呈现一派欣欣向荣的景象；104国道沿途的山上种满林竹和各种果树；赛江沿岸遍植绿竹，形成百里长廊；沿海滩涂和海域被利用起来发展养殖业，农民的生活水平有了很大提高。

项南

当年闽东苏区的首府柏柱洋修通了全区第一条村级柏油公路并开通了程控电话，我高兴地参加了通车剪彩仪式和电话开通仪式。当我兴致勃勃地接通了北京家里的电话时，在场围观的数千名老区群众热烈地鼓起了长久的掌声……

1998年春，宁德地委荆书记到医院看望我。从他那里，我高兴地获悉：从1995年6月起，一场波澜壮阔的争创小康村活动在闽东大地全面展开。

至1997年底，全区共有8万多贫困人口摆脱贫困，消除了绝对贫困；造福工程搬迁近5万人，结束了近万人长期居住茅草房的历史；全区农村行政村基本实现了通水、通路、通电、通程控电话和电视覆盖。这可是一大了不起的成就！

听到这些消息的当晚，我躺在病床上心情激动、夜不能寐。我为闽东老区有今天的可喜变化而感到十分欣慰，同时也衷心地祝愿闽东老区人民有更加美好的明天。

我的一生虽然历经许多坎坷，但我又是幸运的、幸福的，生活得无怨无

---

① 项南（1918~1997），福建连城人。1938年加入中国共产党，解放后曾担任团中央书记、福建省委书记等职务。

中共"十四大"会场

悔。我加入共产党已有七十多年,虽然也犯过不少错误,可是党组织始终信任我,领导、同志们和群众也信任我,给了我许多荣誉。

1992年,我都82岁了,大家还选我当"十四大"代表,这在中直党代表中,年龄算是最高的。1997年,我又以列席代表身份出席了党的"十五大"。作为一名共产党员,党组织和同志们的信任比金子珍贵,甚至比生命还重要,我对这种信任终生感激不尽。

现在我已是一个耄耋老者,也不再担任任何职务,我的一生也就此告一段落,我愿足矣!

后　记

作为中国革命的幸存者和见证人，我深感有责任和义务把自己的革命历史过程记述下来留给后人。因此早就萌生撰写回忆录的念头，但后来由于公务繁忙而迟迟未能付诸实施。

1967年，陶铸在北京被"中央文革小组"打倒，我们被禁锢在中南海的"卍"字廊住所中。怀着痛苦的心情，在寂寞的时光中，我动笔开始了这漫长的写作，并且完成了初稿。然而骤变的政治风云，很快打乱了我的计划，我不得不停下笔来，与陶铸一道来抵御那场风暴的袭击。陶铸蒙冤去世后，我被下放广东监管，插队邱屋，每天除了下地劳动外还得照看年幼的外孙，根本无法动笔写作。

1973年，我获准回北京。1977年我出任中组部副部长，投入平反冤假错案等重要工作，写作依然搁浅。

1983年，我从中组部工作岗位退下来。尽管社会工作很多，但我还是忙里偷闲，并且充分利用数次到北戴河休养的有利条件抓紧写作。

爬格子确实是一件苦差事，更何况这是一个五六十万字的浩大工程，且前后历时二十几个寒冬酷暑。如果说在"卍"字廊住所时，我是被造反派们禁锢在紫红色的高墙中才求得暂时的空闲开始写作的话，那么在北戴河休养时，我是不得不将自己关在四周塞紧了的蚊帐里写作，以躲避众多蚊子的侵扰。

为了求真求实，我尽量自己构思框架，自己动手撰写。只是后来由于年岁已高，气力不支，才改由我口述，我的几任秘书刘朝辉、朱华、李东梅根据录音进行整理，有些部分则是引用了当年的文献材料、总结报告和工作简报等。经过十年坚持不懈的努力，我终于在1993年脱稿完成60余万字的第二稿。后来由于种种原因，我再也没有时间和精力去修改了。

这之后，女儿陶斯亮根据我的录音，写了一部约11万字的书《曾志的故事》。由于是本儿童读物，我觉得过于简单和概括，心想总有一天，我还是要将自传详细写出来。但没想到，1995年我被发现患了恶性淋巴癌，且已是中晚期，我以85岁高龄毅然接受了化疗，全力以赴与病魔进行斗争，写书的事自然暂时被搁置下来。

1997年秋天，虚弱不堪的我再次住进了北京医院。每当夜幕降临时，我常常因想到那尚未修改完成的书稿而难以入眠。因此我想借此次住院治疗之机，也抓紧时间治治那个"心病"。

1997年底，福建省宁德地区驻京联络处原主任郑向忠到医院看望我，言谈中我流露出了书稿至今尚未整理出版的遗憾及欲将此事相托的意愿。郑主任旋即将此事向宁德地委荆福生书记作了汇报。宁德地委十分重视，立即抽调缪小宁、程沛森、邱树添三位同志组成整理编写小组进京，担此重任。经过三个月的辛勤工作，形成了第三稿。随后他们分头前往厦门、漳州、沈阳、内蒙古、武汉、广州等地，在各地党史部门的支持下，对书稿进行了查实、补充、订正。最后缪小宁再次进京，完成全书的修改统稿任务。

在本书的整理出版过程中，宁德地委、宁德驻京联络处和福安、福鼎、宁德三市委在人力、物力、财力方面给予了无私的援助。在此我向所有关心支持本书的同志们表示衷心的感谢！

由于自己水平有限，加上年代久远，又由于时间有限，身体欠佳，我只能审读部分重要章节，而无法从头到尾看完。因此奉献给广大读者的这本回忆录很难尽如人意，遗漏和失误在所难免，我期待着读者们的批评指教。

曾志

1998年6月[①]

[①] 在本书作者曾志写出这篇《后记》不足一个月的1998年6月21日，这位意志坚强、令人尊敬的老人走完了一生的道路，于北京与世长辞，享年88岁。